孔子博物館藏孔府檔案彙編

明代卷 3

《孔子博物館藏孔府檔案彙編》編纂委員會 編

國家圖書館出版社

目録

第三册

租税

祀田

地畝錢糧

房租

集市

宮廷

朝賀進貢

灾异

資料

文書

大成殿

代号　卷号 0000048

衍聖公府

案卷標題

崇禎十五年孔廟平鉅屯六七甲祀田地畝糧銀册

機構或類目：租税

本卷張數：伍拾柒張

保管期限：

起止：崇禎十五年 公元一六四二 年 月 日

曲阜文物保管所整理

代号　卷号

卷内目錄

順序號	作者	内容摘要	文件上的號數	文件上的日期	文件所在的張次	備註
		孔廟平鉅屯六七甲祀田地畝糧銀冊		崇禎五年六月日	—	
				年月日	—	
				年月日	—	
				年月日	—	
				年月日	—	
				年月日	—	
				年月日	—	
				年月日	—	
				年月日	—	
				年月日	—	

填寫人

年月日

崇禎十五年至聖廟平巨屯六甲佃户祀田地畝糧銀清册

崇禎十五年六月二十九日

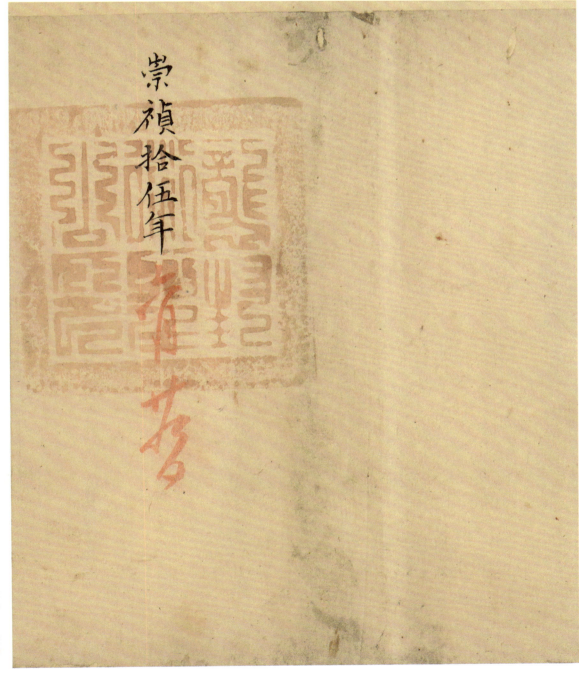

22.3cm x 24.7cm

崇禎十五年至聖廟平巨屯六甲佃户祀田地畝糧銀清册

崇禎十五年六月二十九日

陸甲

22.3cm x 24.7cm

崇禎十五年至聖廟平巨屯六甲佃户祀田地畝糧銀清册

崇禎十五年六月二十九日

22.3cm x 24.7cm

崇禎十五年至聖廟平巨屯六甲佃户祀田地畝糧銀清册

崇禎十五年六月二十九日

22.3cm x 24.7cm

崇禎十五年至聖廟平巨屯六甲佃户祀田地畝糧銀清册

崇禎十五年六月二十九日

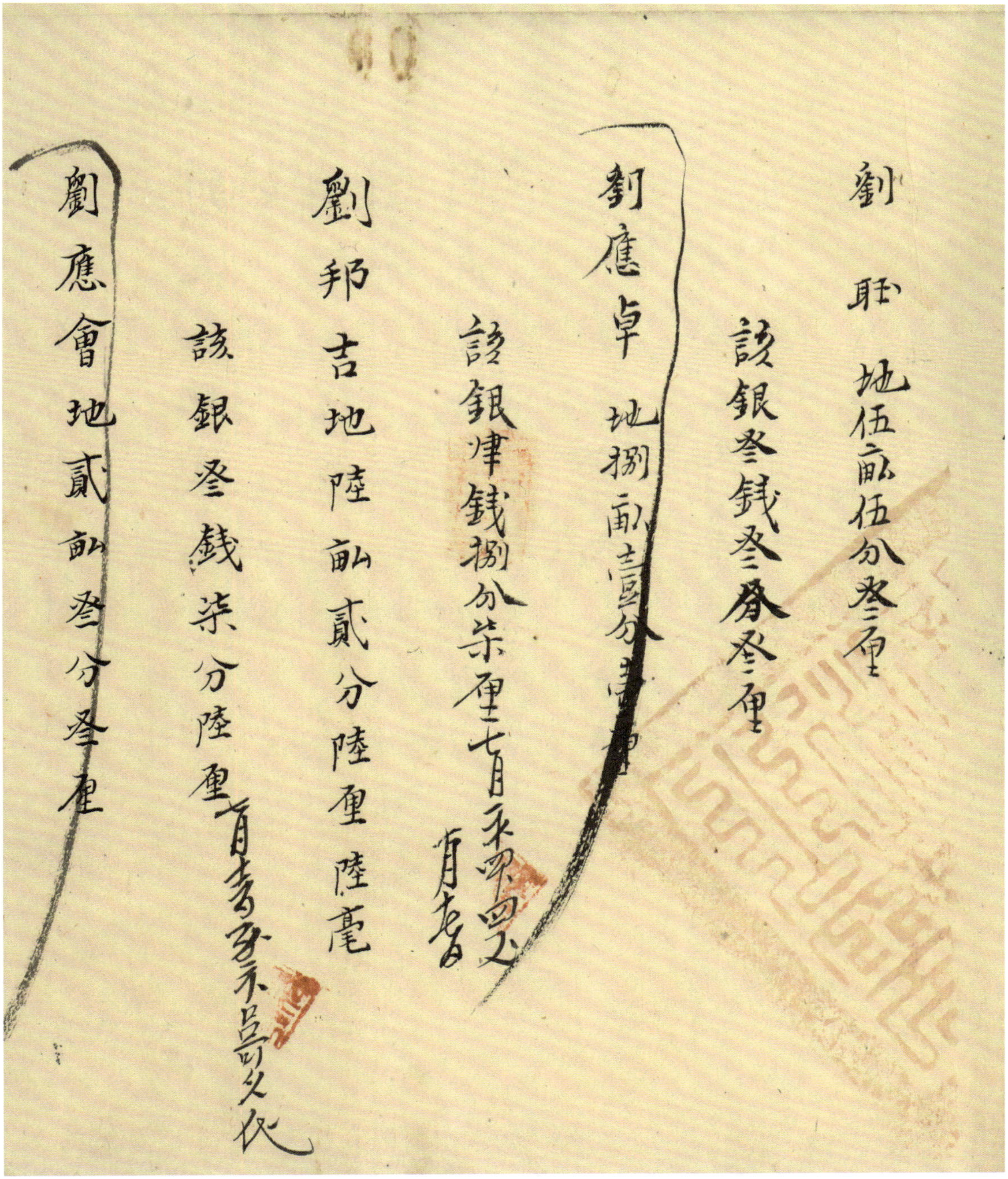
劉耿　地伍畝伍分叁厘
該銀叁錢叁分叁厘
劉應卓　地捌畝壹分壹厘
該銀肆錢捌分柒厘
劉邦吉地陸畝貳分陸厘陸毫
該銀叁錢柒分陸厘
劉應會地貳畝叁分叁厘

22.3cm x 24.7cm

崇禎十五年至聖廟平巨屯六甲佃户祀田地畝糧銀清册

崇禎十五年六月二十九日

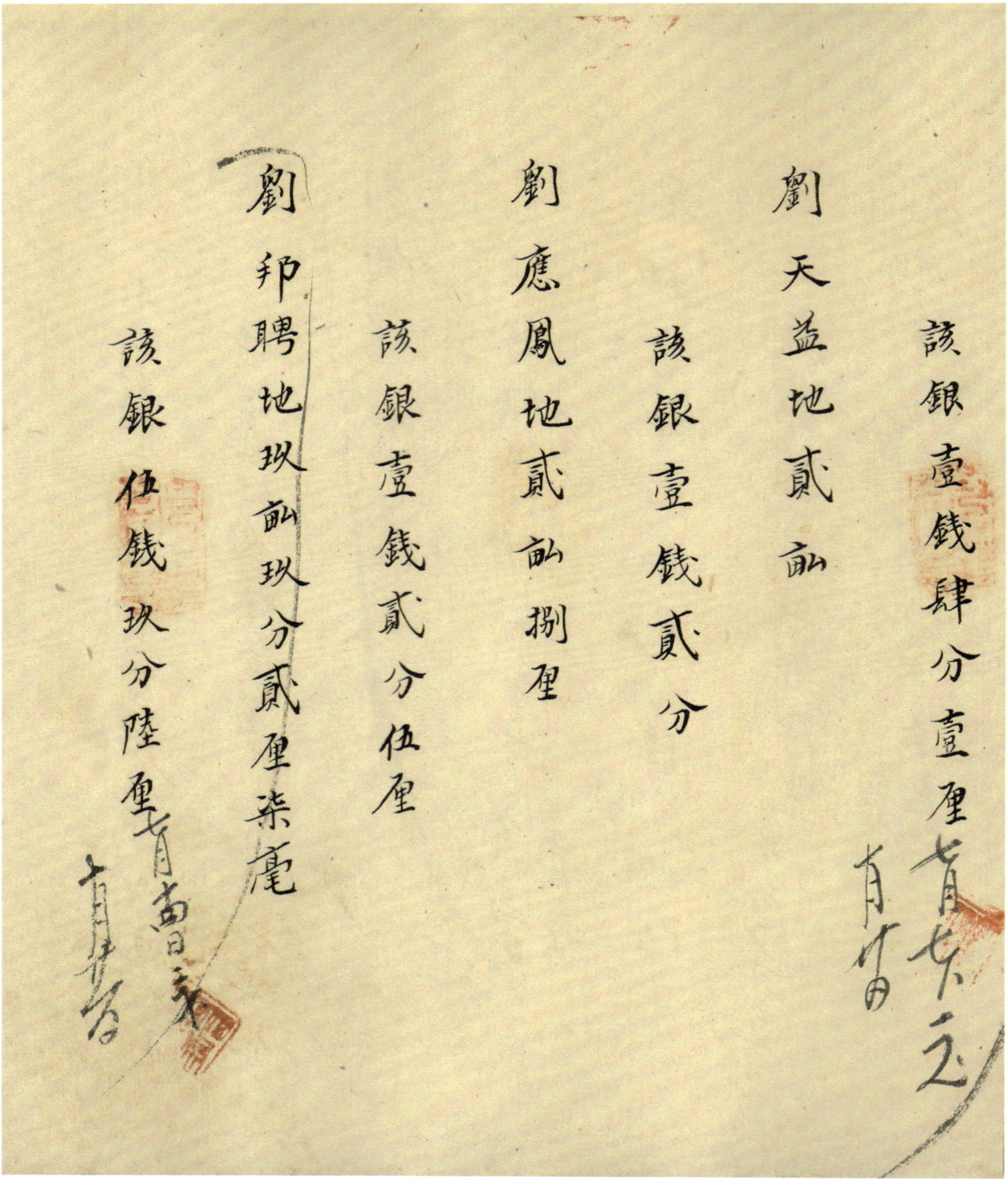
該銀壹錢肆分壹厘
劉天益地貳畝
該銀壹錢貳分
劉應鳳地貳畝捌厘
該銀壹錢貳分伍厘
劉邦聘地玖畝玖分貳厘柒毫
該銀伍錢玖分陸厘

22.3cm x 24.7cm

崇禎十五年六月二十九日

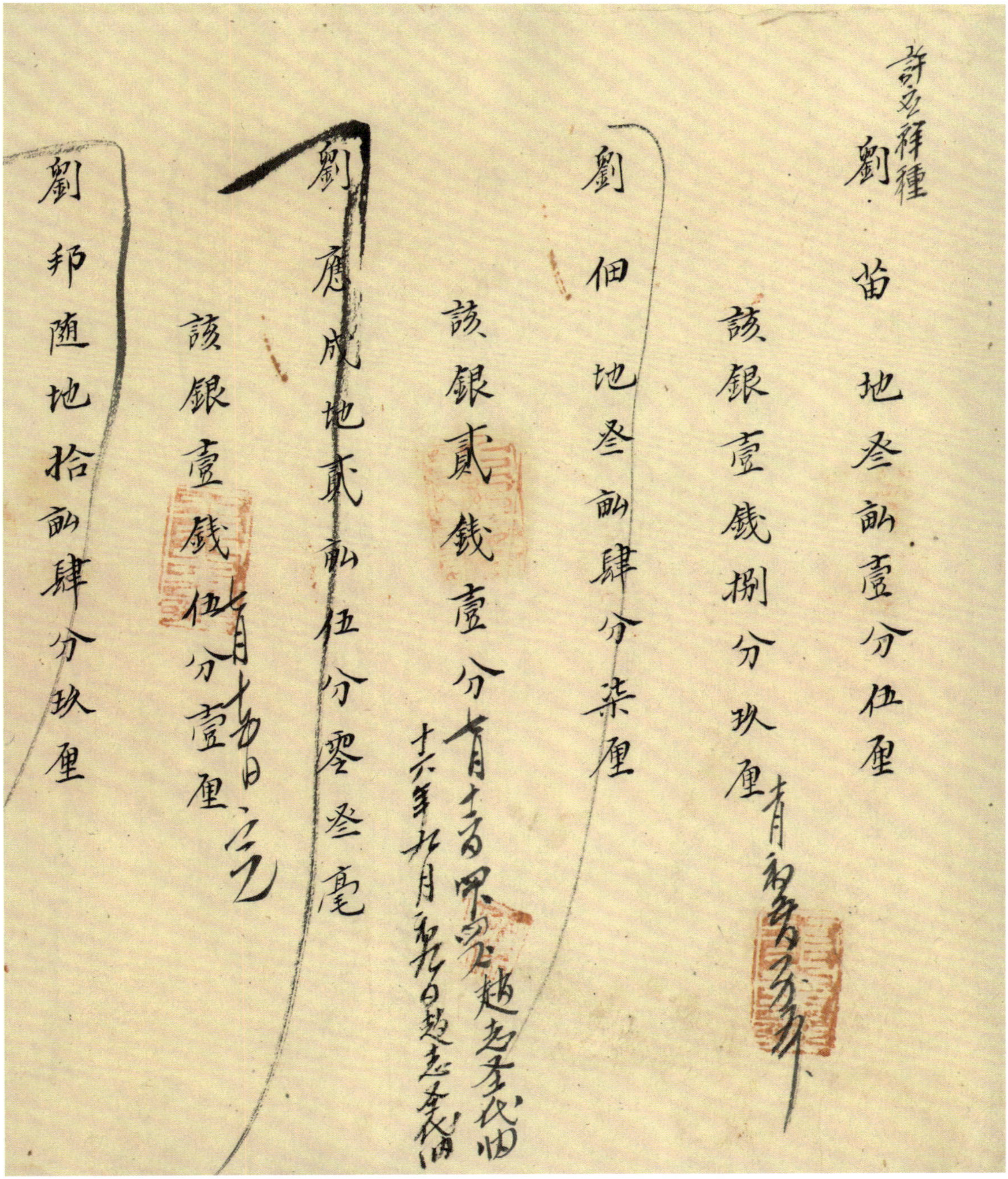

許文祥種

劉苗地叁畝壹分伍厘

該銀壹錢捌分玖厘　七月初五日完

劉佃地叁畝肆分柒厘

該銀貳錢壹分　七月十三日甲完趙志孝代納

十六年九月初九日趙志孝代納

劉應成地貳畝伍分零叁毫

該銀壹錢伍分壹厘　七月十五日完

劉邦隨地拾畝肆分玖厘

22.3cm x 24.7cm

崇禎十五年六月二十九日

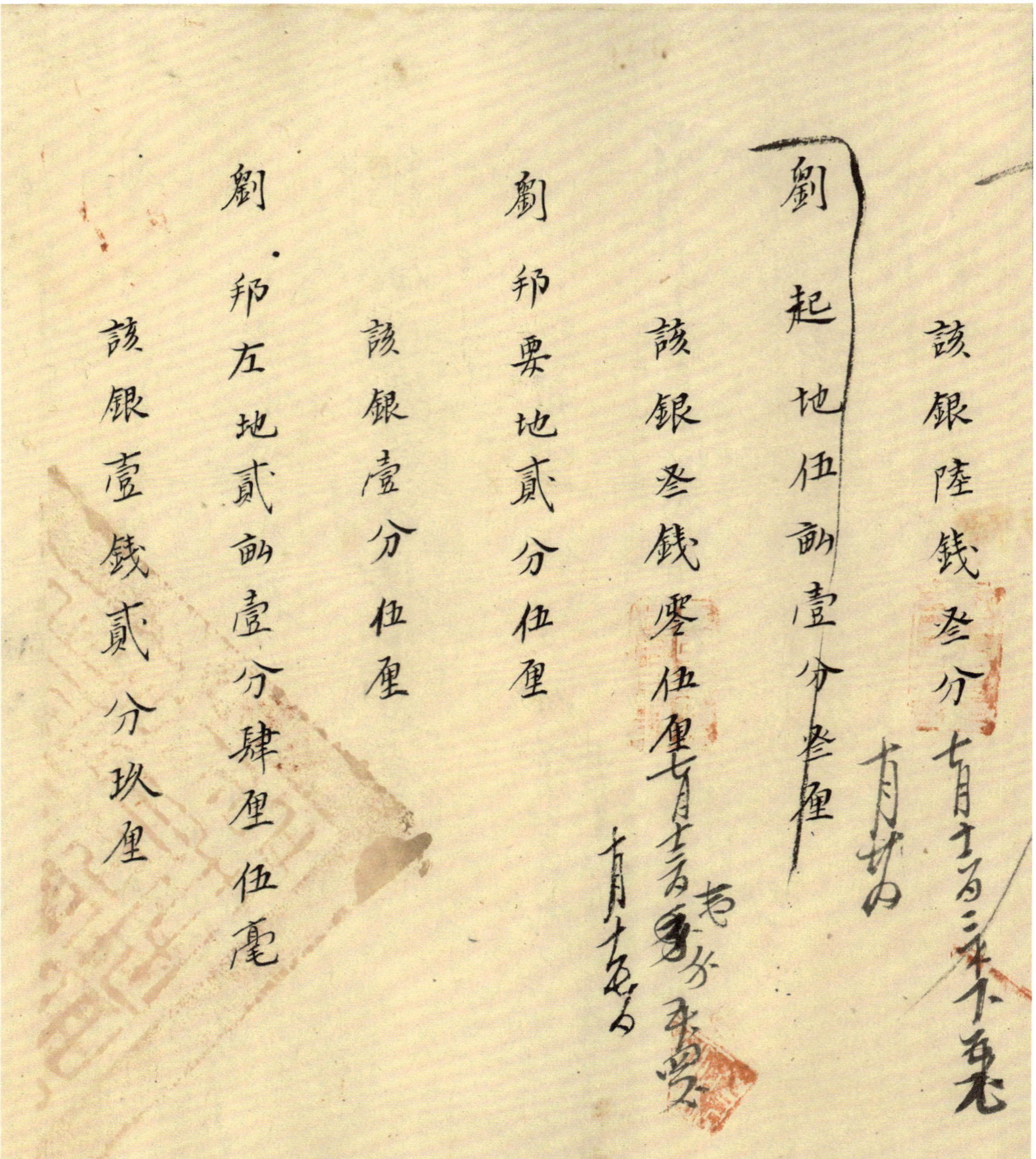

該銀陸錢叁分

劉起地伍畝壹分叁厘

該銀叁錢零伍厘

劉邦要地貳分伍厘

該銀壹分伍厘

劉邦左地貳畝壹分肆厘伍毫

該銀壹錢貳分玖厘

22.3cm x 24.7cm

崇禎十五年至聖廟平巨屯六甲
佃户祀田地畝糧銀清册

崇禎十五年六月二十九日

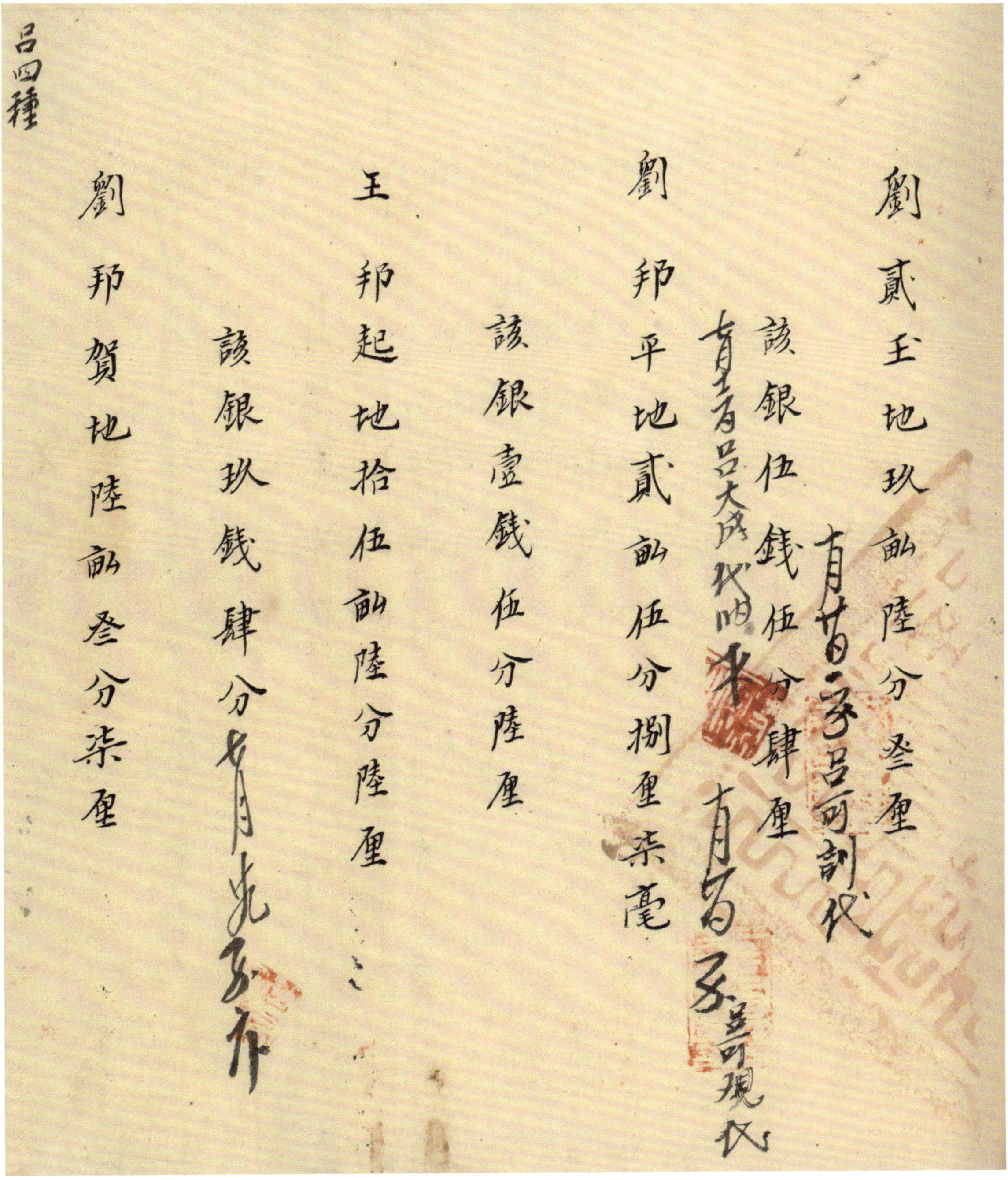
劉貳壬地玖畝陸分叁厘
六月廿二日呂可訓代
該銀伍錢伍分肆厘
六月十二日呂大成代納
六月廿日呂可現代
劉邦平地貳畝伍分捌厘柒毫
該銀壹錢伍分陸厘
王邦起地拾伍畝陸分陸厘
該銀玖錢肆分　六月[illegible]
劉邦賀地陸畝叁分柒厘
呂四種

22.3cm x 24.7cm

崇禎十五年至聖廟平巨屯六甲佃户祀田地畝糧銀清册

崇禎十五年六月二十九日

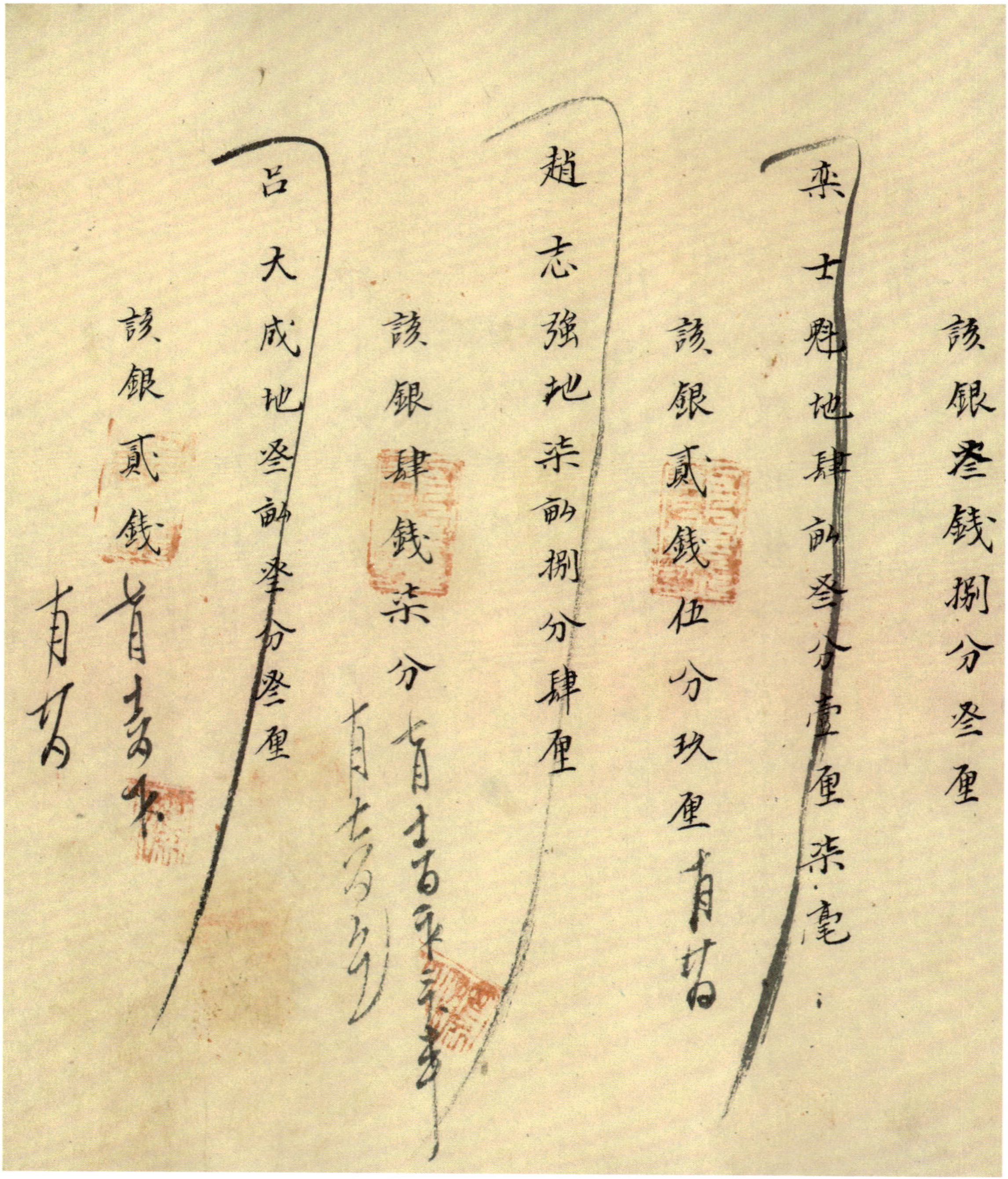
該銀叁錢捌分叁厘
栾士魁地肆畝叁分壹厘柒毫
該銀貳錢伍分玖厘
趙志強地柒畝捌分肆厘
該銀肆錢柒分
呂大成地叁畝叁分叁厘
該銀貳錢

22.3cm x 24.7cm

崇禎十五年至聖廟平巨屯六甲佃户祀田地畝糧銀清册

崇禎十五年六月二十九日

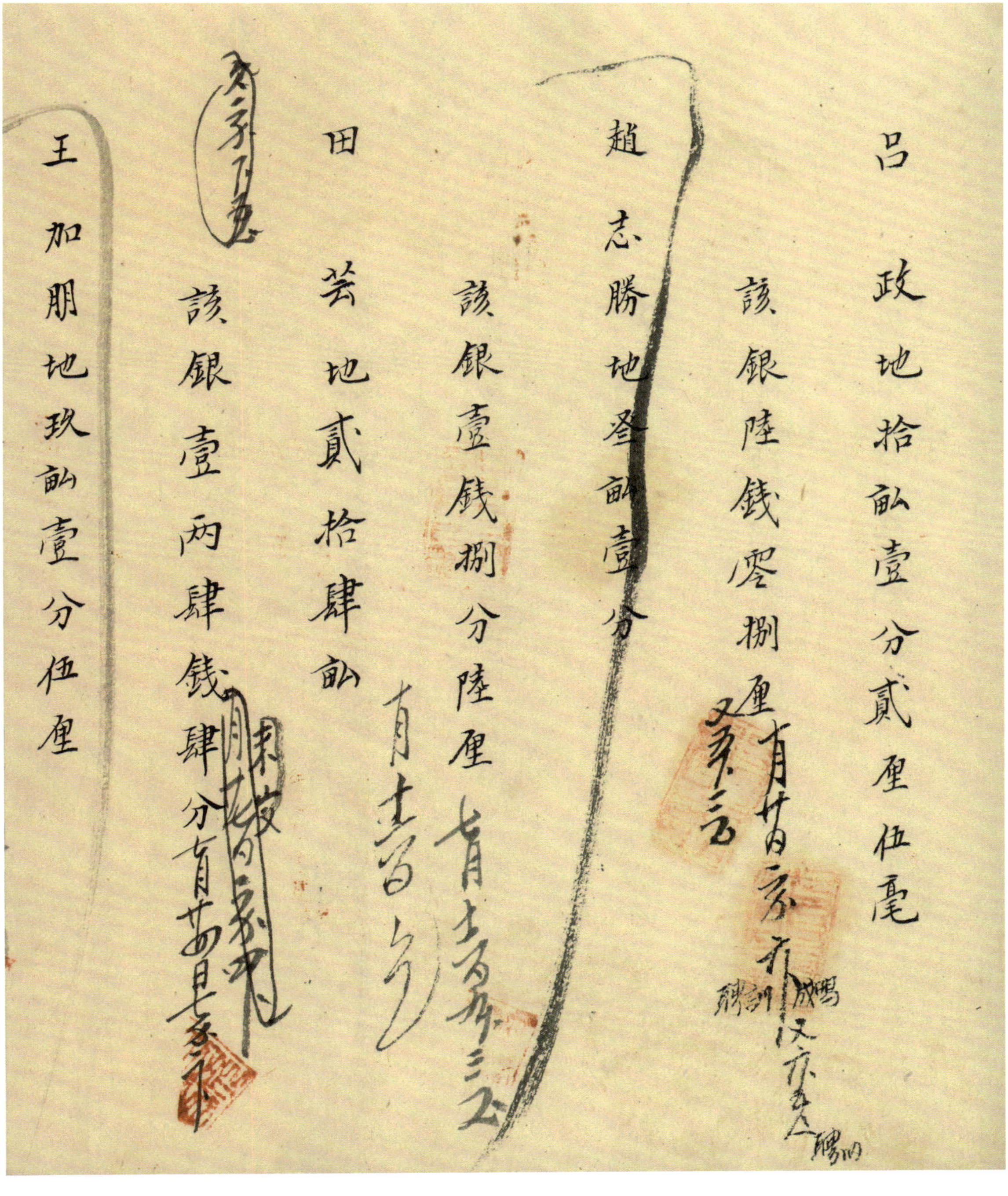
呂政地拾畝壹分貳厘伍毫
該銀陸錢零捌厘
趙志勝地叁畝壹分
該銀壹錢捌分陸厘
田芸地貳拾肆畝
該銀壹兩肆錢肆分
王加朋地玖畝壹分伍厘

22.3cm x 24.7cm

崇禎十五年至聖廟平巨屯六甲佃户祀田地畝糧銀清册

崇禎十五年六月二十九日

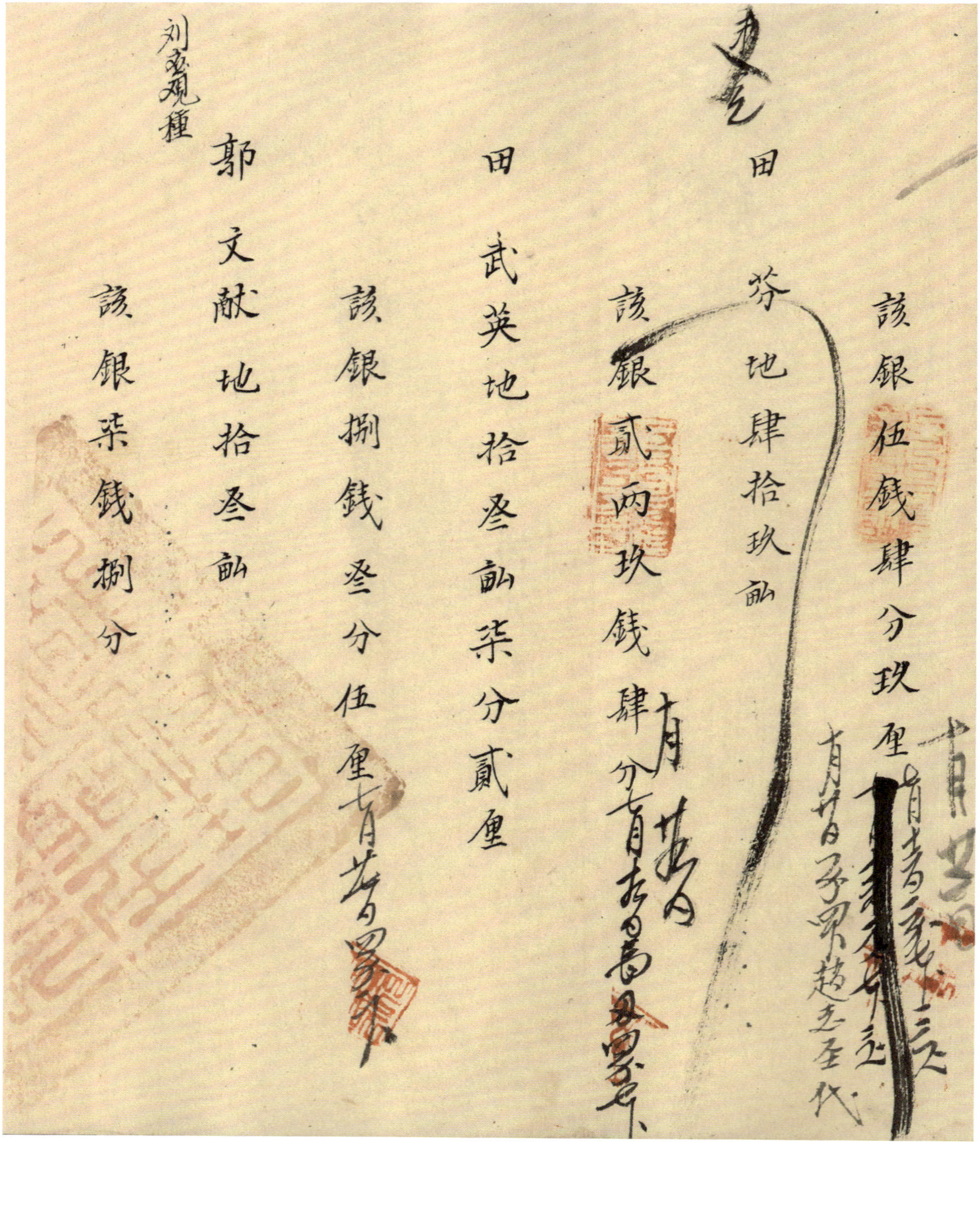
該銀伍錢肆分玖厘
田芬地肆拾玖畝
該銀貳两玖錢肆分
田武英地拾叁畝柒分貳厘
該銀捌錢叁分伍厘
郭文献地拾叁畝
該銀柒錢捌分
刘家观種

22.3cm x 24.7cm

崇禎十五年至聖廟平巨屯六甲佃户祀田地畝糧銀清册

崇禎十五年六月二十九日

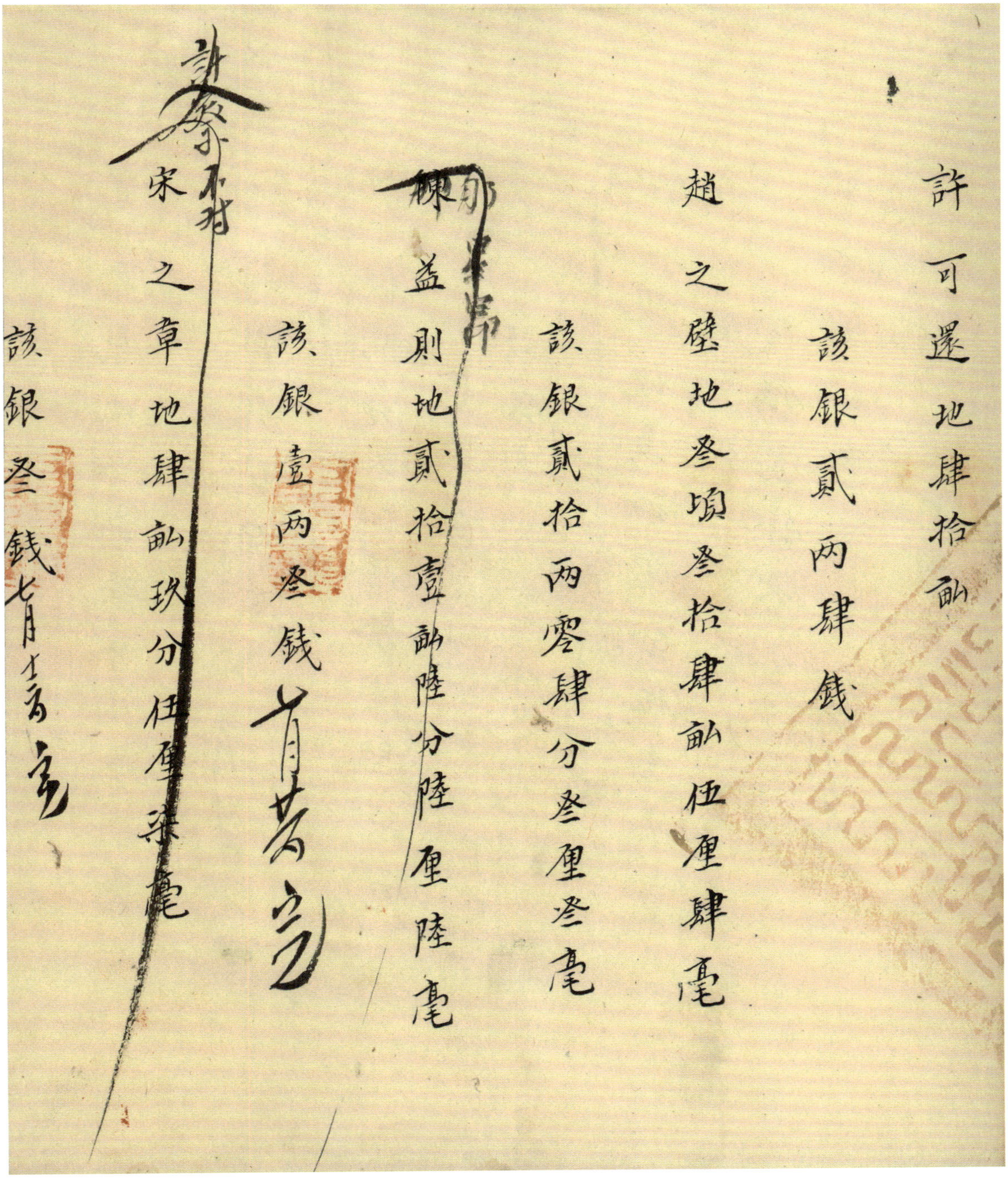
許可還地肆拾畝
該銀貳兩肆錢
趙之璧地叁頃叁拾肆畝伍釐肆毫
該銀貳拾兩零肆分叁釐叁毫
陳益則地貳拾壹畝陸分陸釐陸毫
該銀壹兩叁錢
宋之章地肆畝玖分伍釐柒毫
該銀叁錢

22.3cm x 24.7cm

崇禎十五年至聖廟平巨屯六甲佃户祀田地畝糧銀清册

崇禎十五年六月二十九日

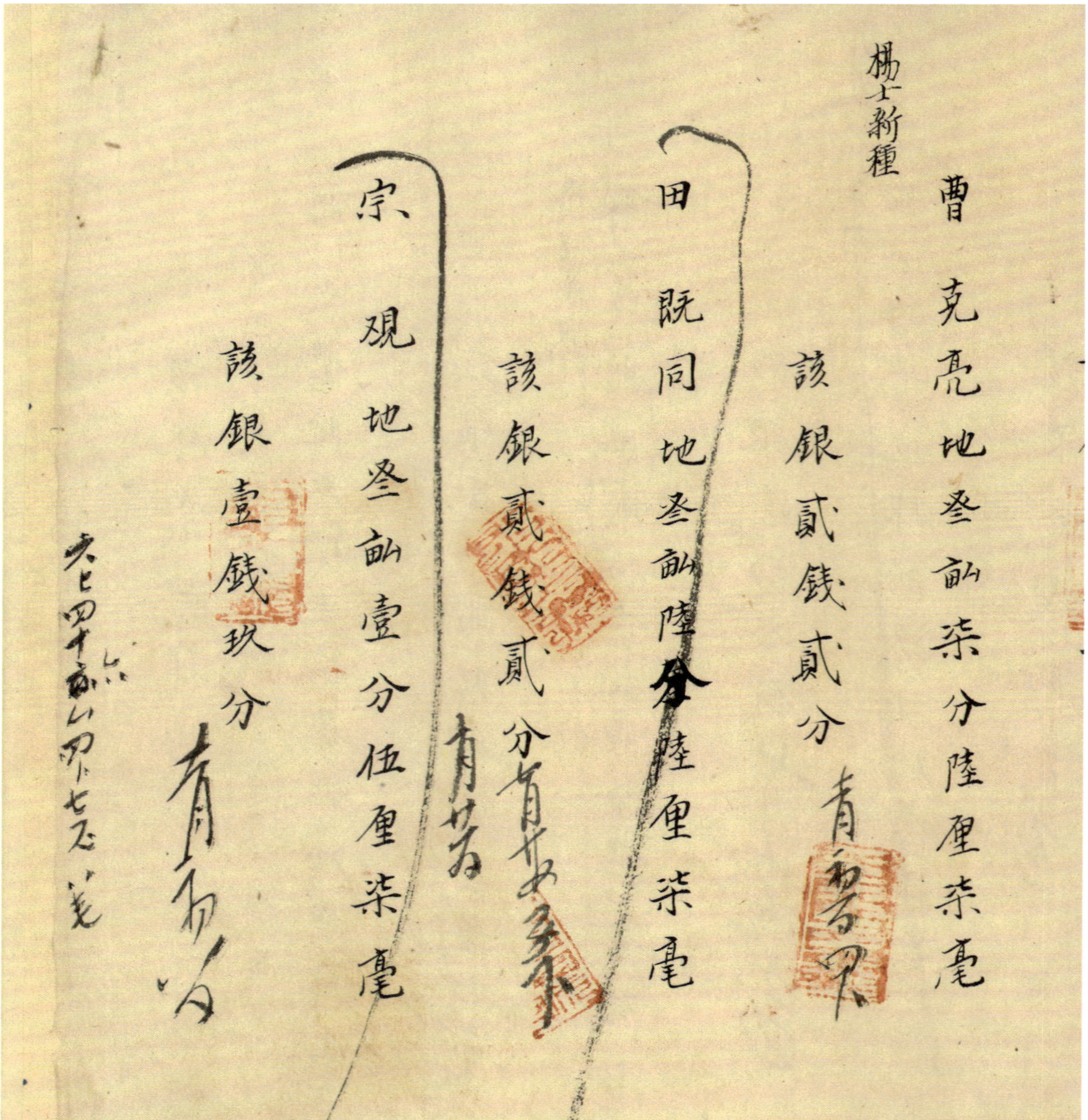

楊士新種

曹克亮地叁畝柒分陸厘柒毫

該銀貳錢貳分

田既同地叁畝陸分陸厘柒毫

該銀貳錢貳分

宗觀地叁畝壹分伍厘柒毫

該銀壹錢玖分

22.3cm x 24.7cm

崇禎十五年至聖廟平巨屯六甲佃户祀田地畝糧銀清册

崇禎十五年六月二十九日

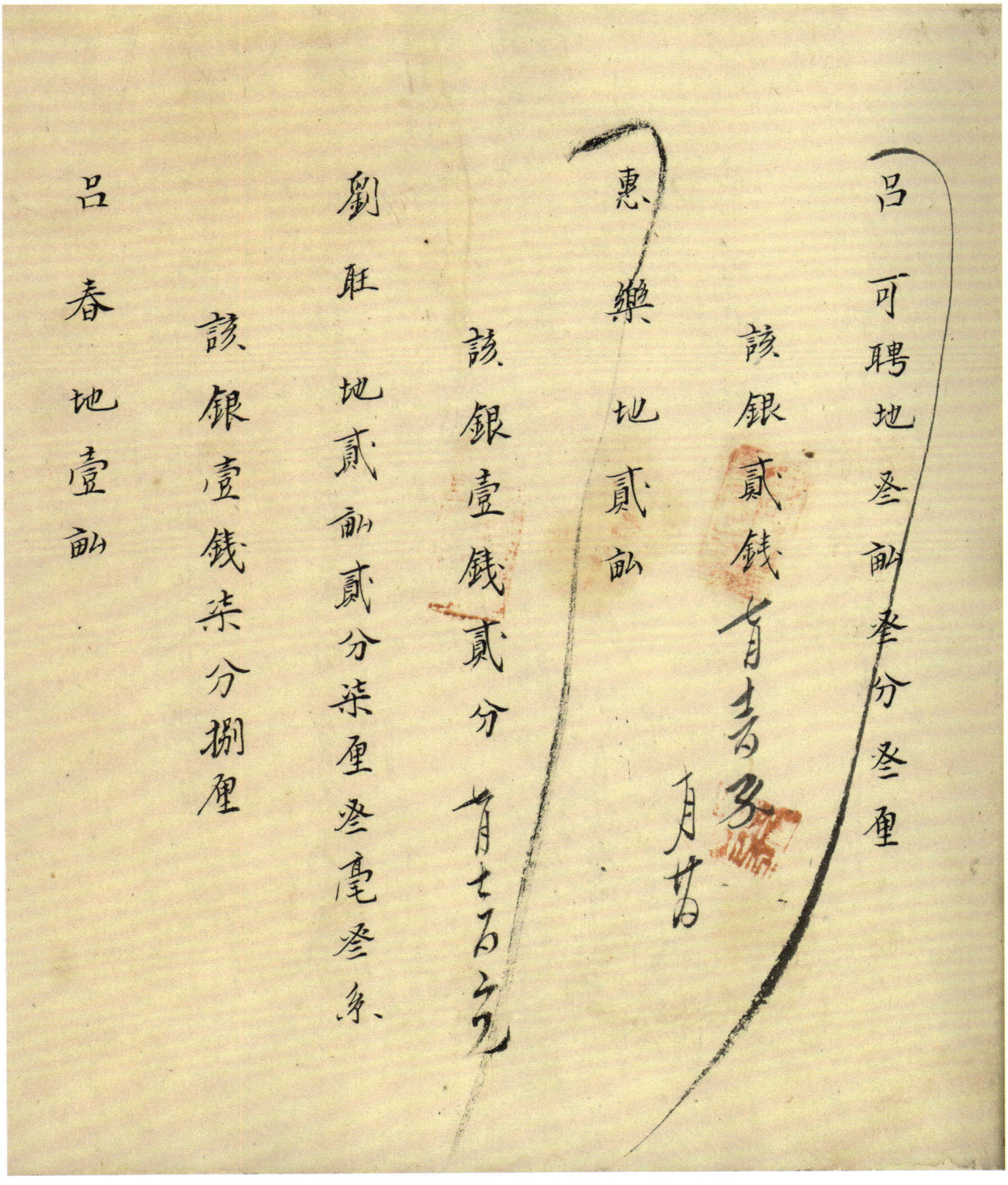
吕可聘地叁畝叁分叁厘
該銀貳錢
惠樂地貳畝
該銀壹錢貳分
劉旺地貳畝貳分柒厘叁毫叁糸
該銀壹錢柒分捌厘
吕春地壹畝

22.3cm x 24.7cm

崇禎十五年至聖廟平巨屯六甲佃户祀田地畝糧銀清册

崇禎十五年六月二十九日

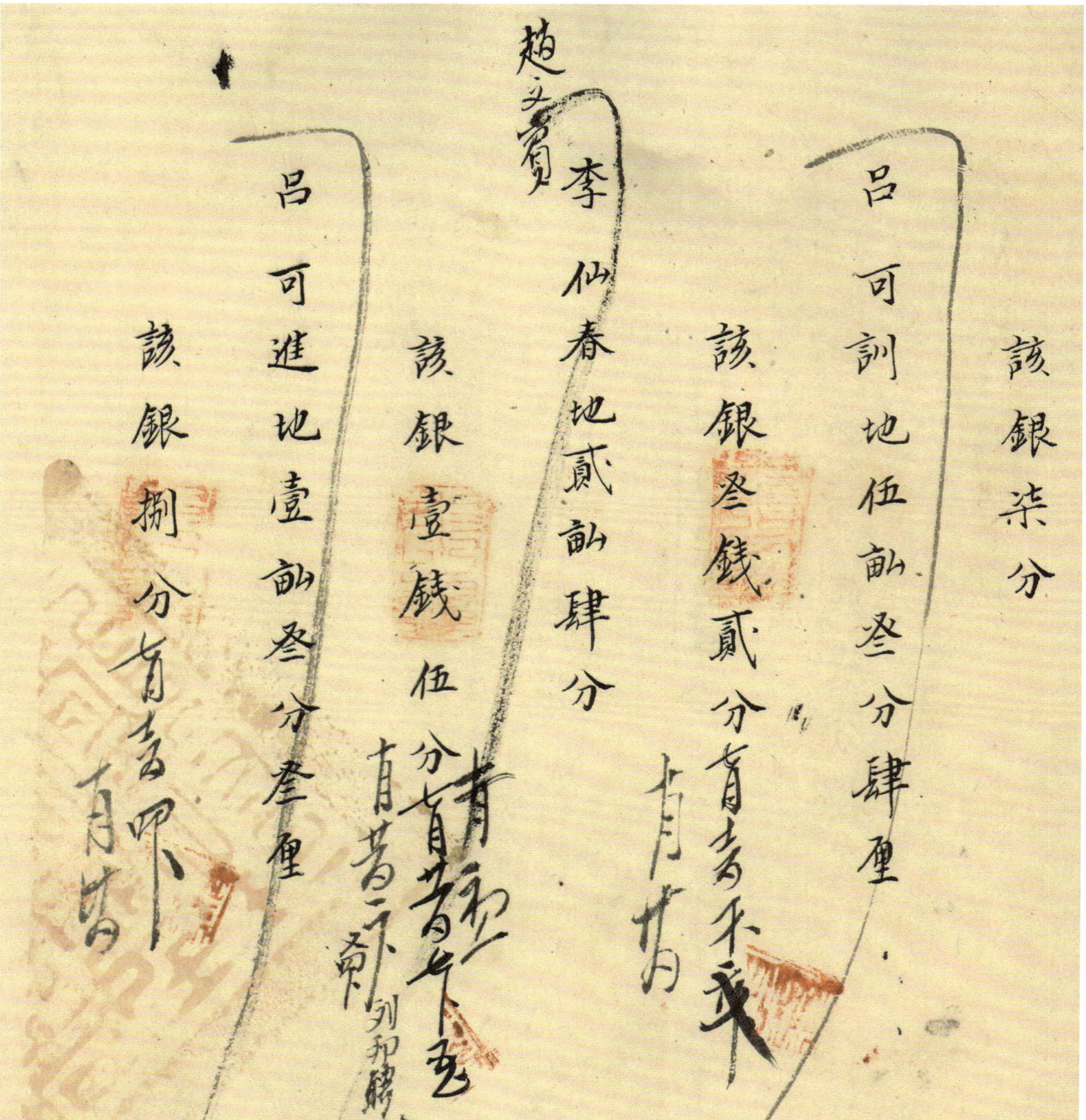

該銀柒分

呂可訓地伍畝叁分肆釐

該銀叁錢貳分

趙文寬

李仙春地貳畝肆分

該銀壹錢伍分

呂可進地壹畝叁分叁釐

該銀捌分

22.3cm x 24.7cm

崇禎十五年六月二十九日

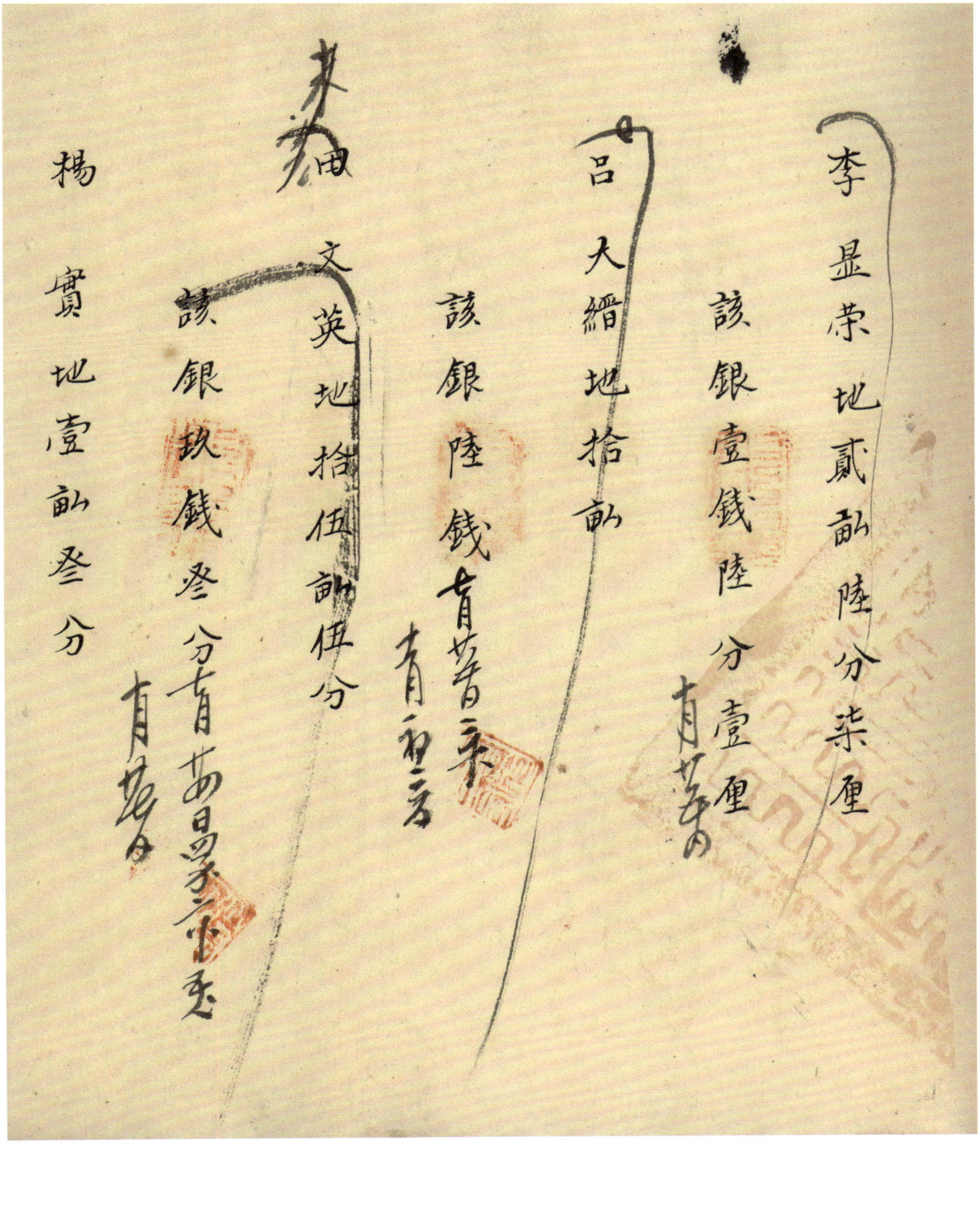
李昷荣 地貳畝陸分柒厘
該銀壹錢陸分壹厘
呂大縉 地拾畝
該銀陸錢
田文英 地拾伍畝伍分
該銀玖錢叁分
楊賓 地壹畝叁分

22.3cm x 24.7cm

崇禎十五年至聖廟平巨屯六甲佃户祀田地畝糧銀清册

崇禎十五年六月二十九日

該銀陸分陸厘

史邦閑地壹分壹厘

該銀柒厘

張永嗣地壹畝貳分

該銀柒分貳厘

[illegible]

馮周旺地壹畝壹分陸厘陸毫

該銀柒分壹厘

[illegible]

22.3cm x 24.7cm

崇禎十五年六月二十九日

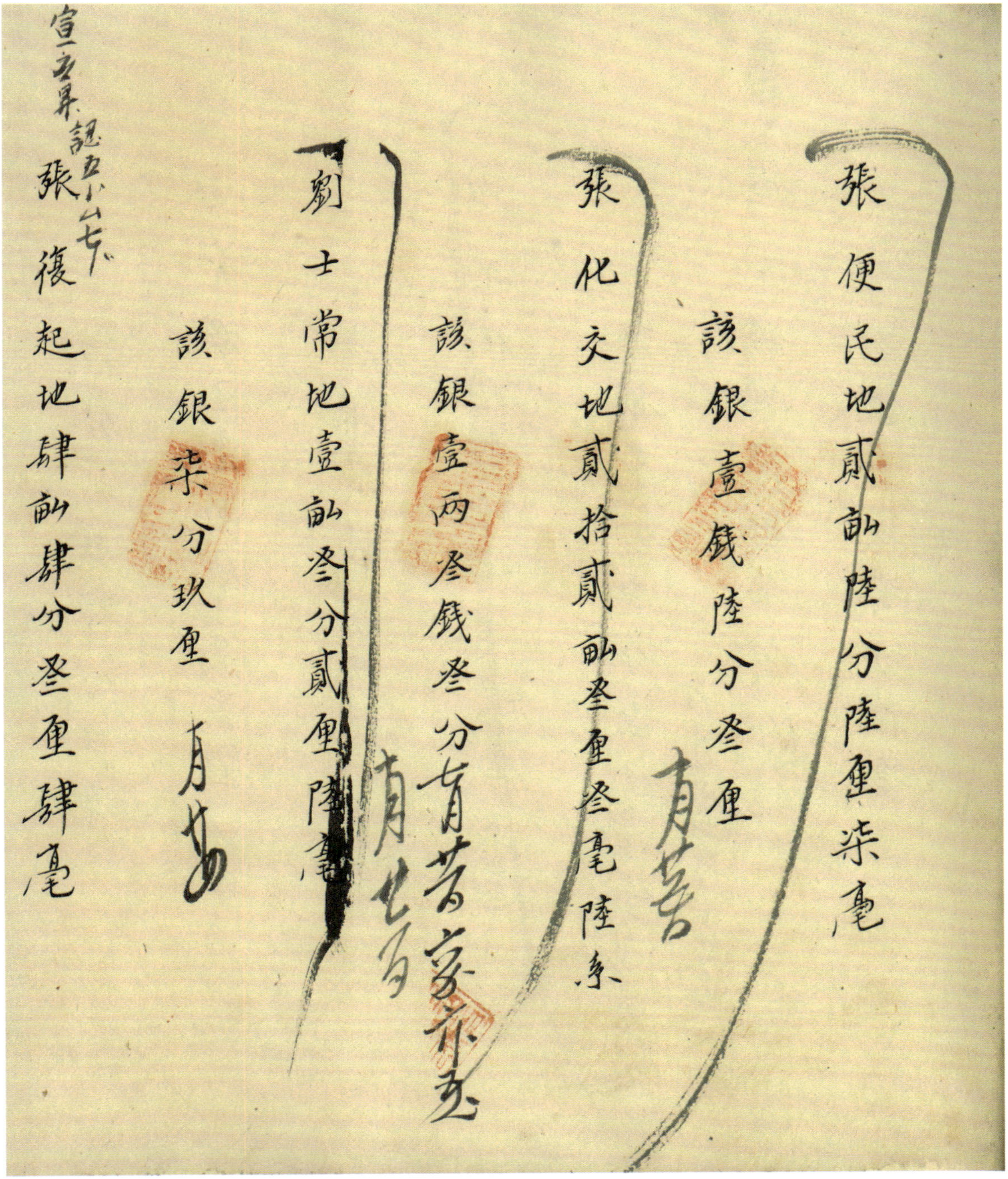
張便民地貳畝陸分陸厘柒毫
該銀壹錢陸分叁厘
張化交地貳拾貳畝叁厘叁毫陸系
該銀壹兩叁錢叁分
劉士常地壹畝叁分貳厘陸毫
該銀柒分玖厘
張復起地肆畝肆分叁厘肆毫

22.3cm x 24.7cm

崇禎十五年六月二十九日

蔣茂先認七小山手

該銀貳錢陸分陸厘

楊奇治地叁畝肆分叁厘

該銀貳錢零陸厘

楊化在地叁畝伍分壹厘叁毫

該銀貳錢壹分壹厘六月廿三日交四分之

六月十二日交

宣崇顯地陸畝叁分

該銀叁錢柒分捌厘

22.3cm x 24.7cm

崇禎十五年至聖廟平巨屯六甲佃户祀田地畝糧銀清册

崇禎十五年六月二十九日

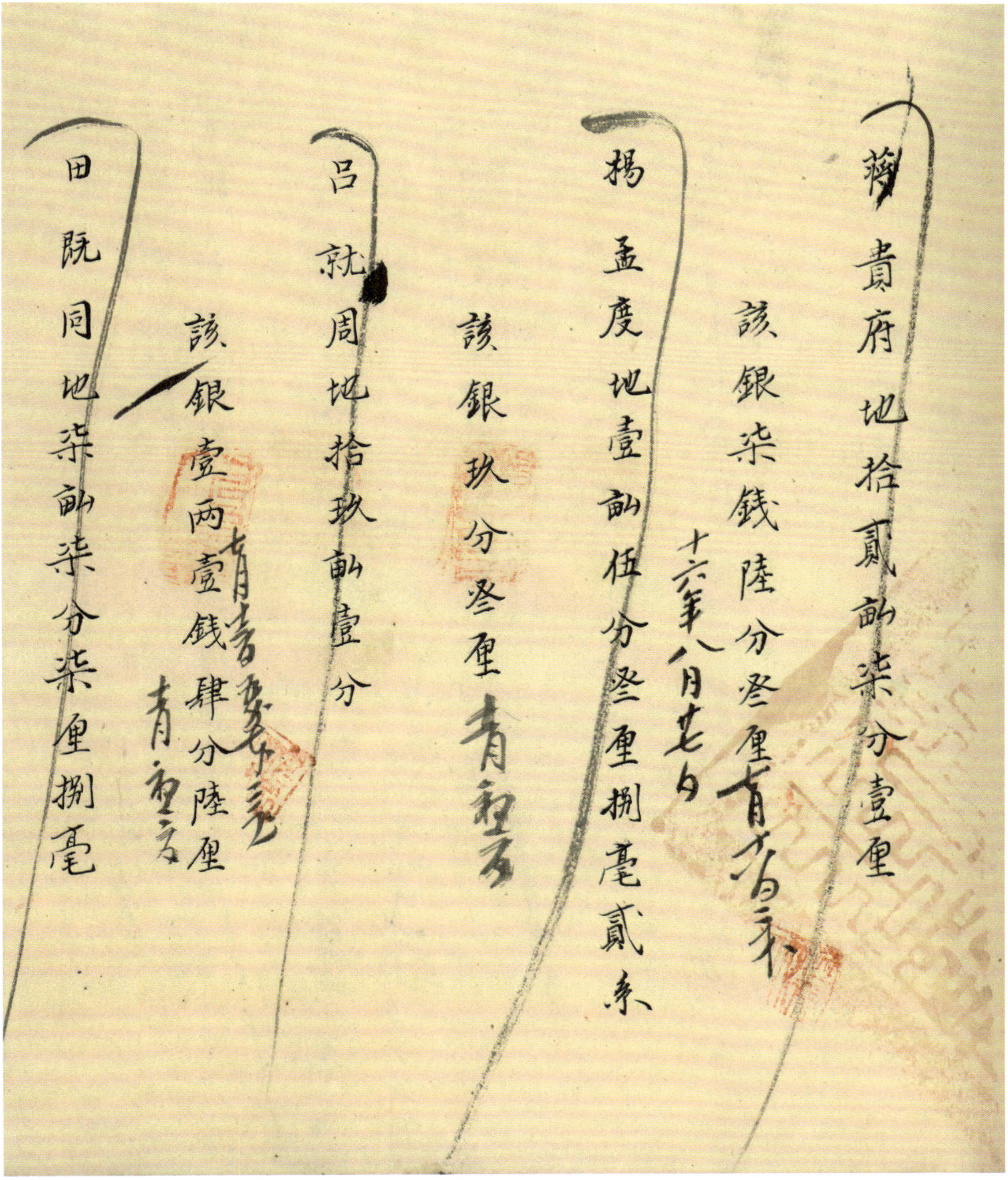

蔣貴府地拾貳畝柒分壹厘

該銀柒錢陸分叁厘

十六年八月廿七日

楊孟度地壹畝伍分叁厘捌毫貳絲

該銀玖分叁厘

呂就周地拾玖畝壹分

該銀壹兩壹錢肆分陸厘

田既同地柒畝柒分柒厘捌毫

22.3cm x 24.7cm

崇禎十五年至聖廟平巨屯六甲佃户祀田地畝糧銀清册

崇禎十五年六月二十九日

該銀肆錢陸分柒厘 七月廿四[illegible]三錢四分
十月廿四

姚一俊地肆畝零玖厘伍毫
該銀貳錢肆分陸厘 七月[illegible]三分
十月廿四日完

譚文質地肆畝肆分肆厘
該銀貳錢陸分柒厘
十月廿四日完 [illegible]代

楊一山地壹畝零叁厘叁毫
該銀陸分柒厘 七月廿四日[illegible]
十月廿四日

22.3cm x 24.7cm

崇禎十五年至聖廟平巨屯六甲佃户祀田地畝糧銀清册

崇禎十五年六月二十九日

楊守信地壹畝貳分貳厘捌毫
該銀柒分肆厘
楊一相地捌分
該銀肆分捌厘
石文才地貳畝捌分貳厘柒毫
該銀壹錢柒分
楊一振地壹畝貳分貳厘捌毫叁系

22.3cm x 24.7cm

崇禎十五年六月二十九日

該銀壹錢柒分　七月十五日完

張奉奇地玖分叁厘陸毫

該銀伍分柒厘　七月廿五完

馮李彥地貳畝貳分

該銀壹錢叁分貳厘　七月初十完

惠竹地肆畝

該銀貳錢肆分

22.3cm x 24.7cm

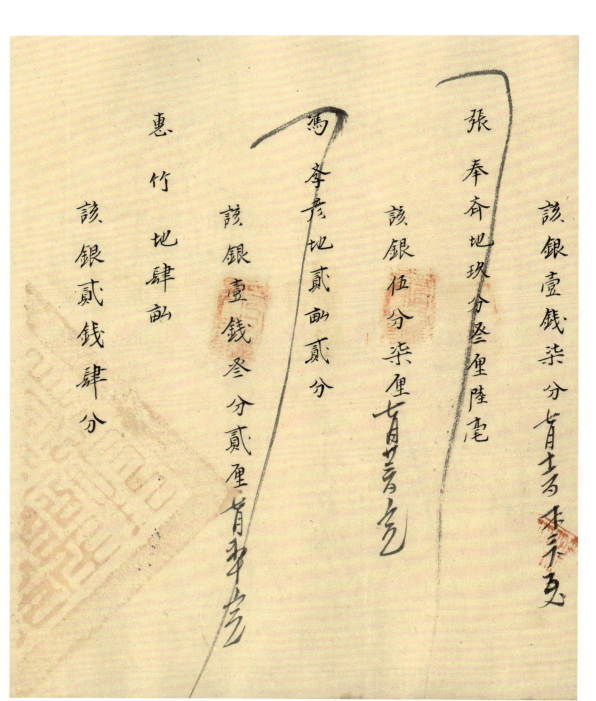

崇禎十五年至聖廟平巨屯六甲佃户祀田地畝糧銀清册

崇禎十五年六月二十九日

郝　言　地貳畝陸分捌厘玖毫

該銀壹錢肆分玖厘

七月廿七完

七月廿四

高　捷　地叁畝壹分壹厘壹毫

該銀壹錢玖分

七月廿四完

李　信　地貳畝肆分捌厘

該銀壹錢伍分

呂　籃　地叁畝捌分叁厘叁毫

杨化准全認

22.3cm x 24.7cm

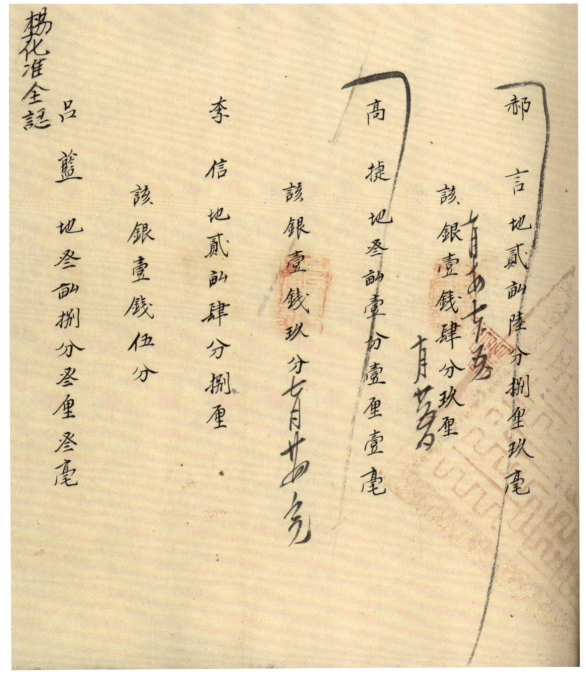

該銀貳錢叁分

鄧尚牟地貳畝陸分壹釐陸毫陸系

該銀壹錢陸分

有見在無下

有見在書

荒地宣守江地拾壹畝捌分柒釐捌毫

該銀柒錢

守敬告不種

荒地宣應奇地捌畝陸分壹釐陸毫陸系

該銀伍錢壹分柒釐

一百九十三畝六分五釐四毫六系

22.3cm x 24.7cm

崇禎十五年六月二十九日

宣守敬地玖畝貳分貳釐陸毫
該銀伍錢伍分肆釐 七月十二日[illegible]人
十月初[illegible]

地
宣應魁地伍畝壹分陸釐 守敬承種
該銀叁錢壹分

地
宣應茂地拾肆畝柒分壹釐陸毫 守敬承種
該銀捌錢捌分叁釐 十月[illegible]

宣應昇地拾壹畝叁分壹釐陸毫

22.3cm x 24.7cm

崇禎十五年六月二十九日

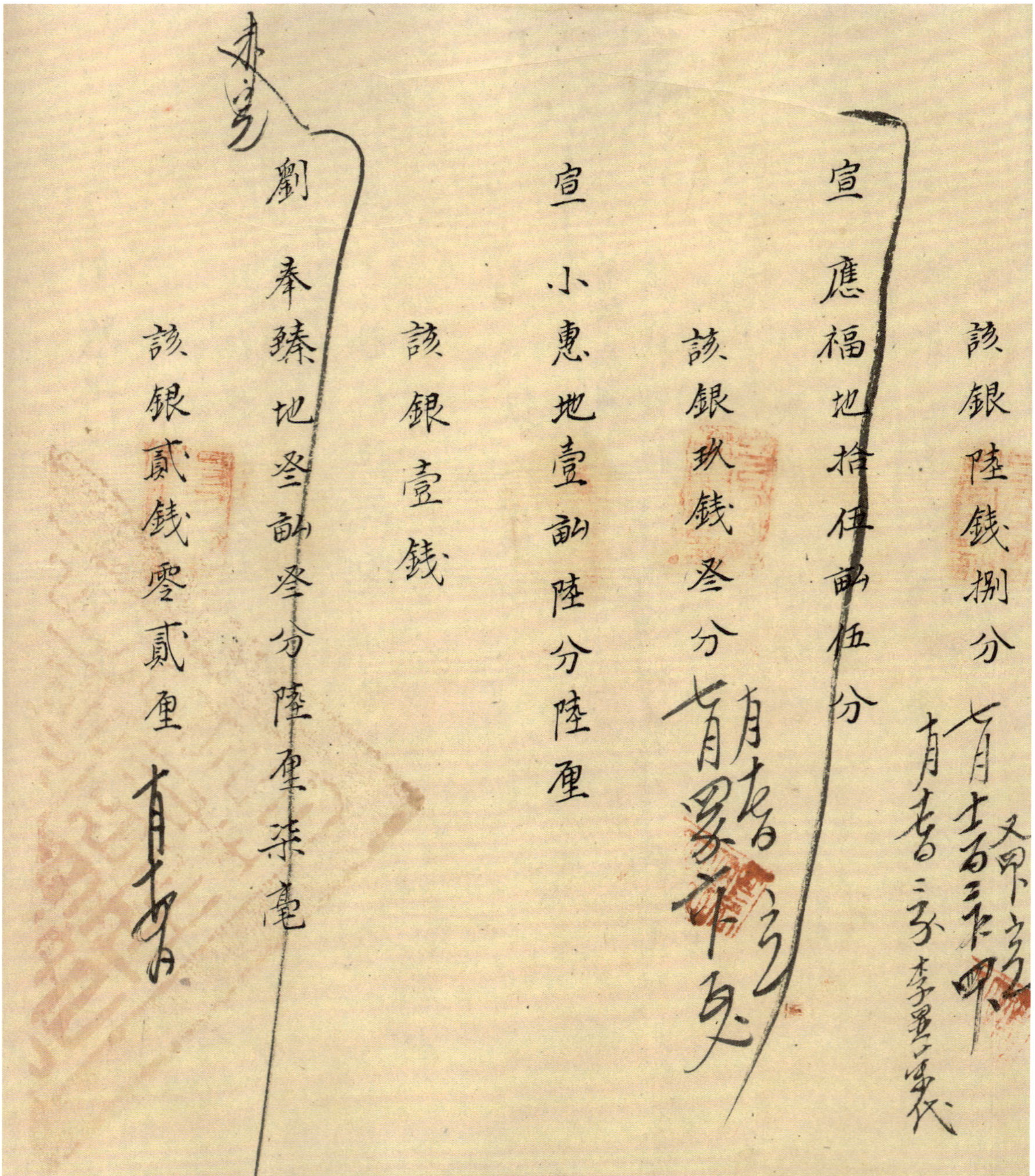
該銀陸錢捌分
宣應福地拾伍畝伍分
該銀玖錢叁分
宣小惠地壹畝陸分陸厘
該銀壹錢
劉奉臻地叁畝叁分陸厘柒毫
該銀貳錢零貳厘

22.3cm x 24.7cm

崇禎十五年六月二十九日

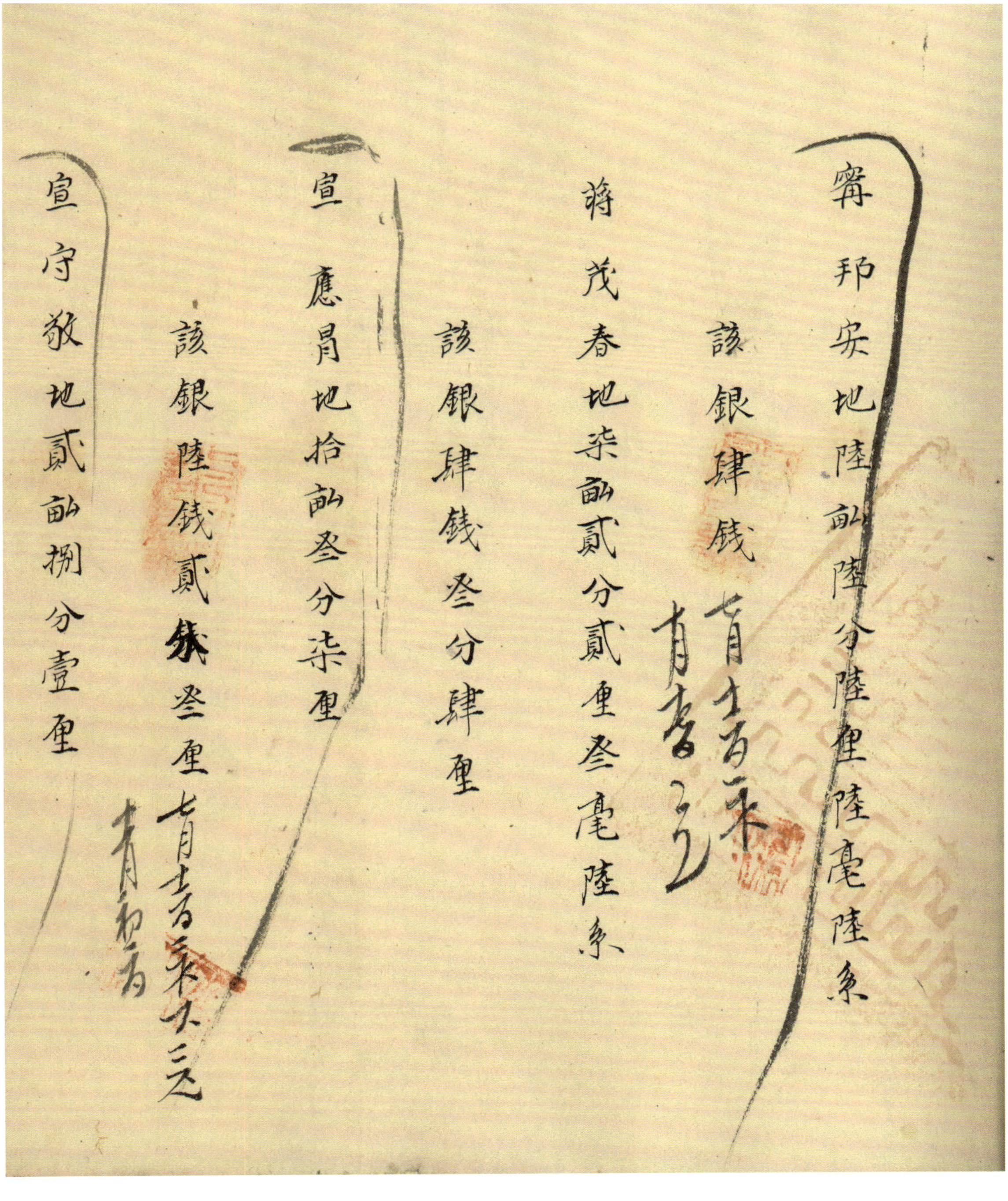

甯邦安地陸畝陸分陸釐陸毫陸系

該銀肆錢

蔣茂春地柒畝貳分貳釐叁毫陸系

該銀肆錢叁分肆釐

宣應昌地拾畝叁分柒釐

該銀陸錢貳分叁釐

宣守敬地貳畝捌分壹釐

22.3cm x 24.7cm

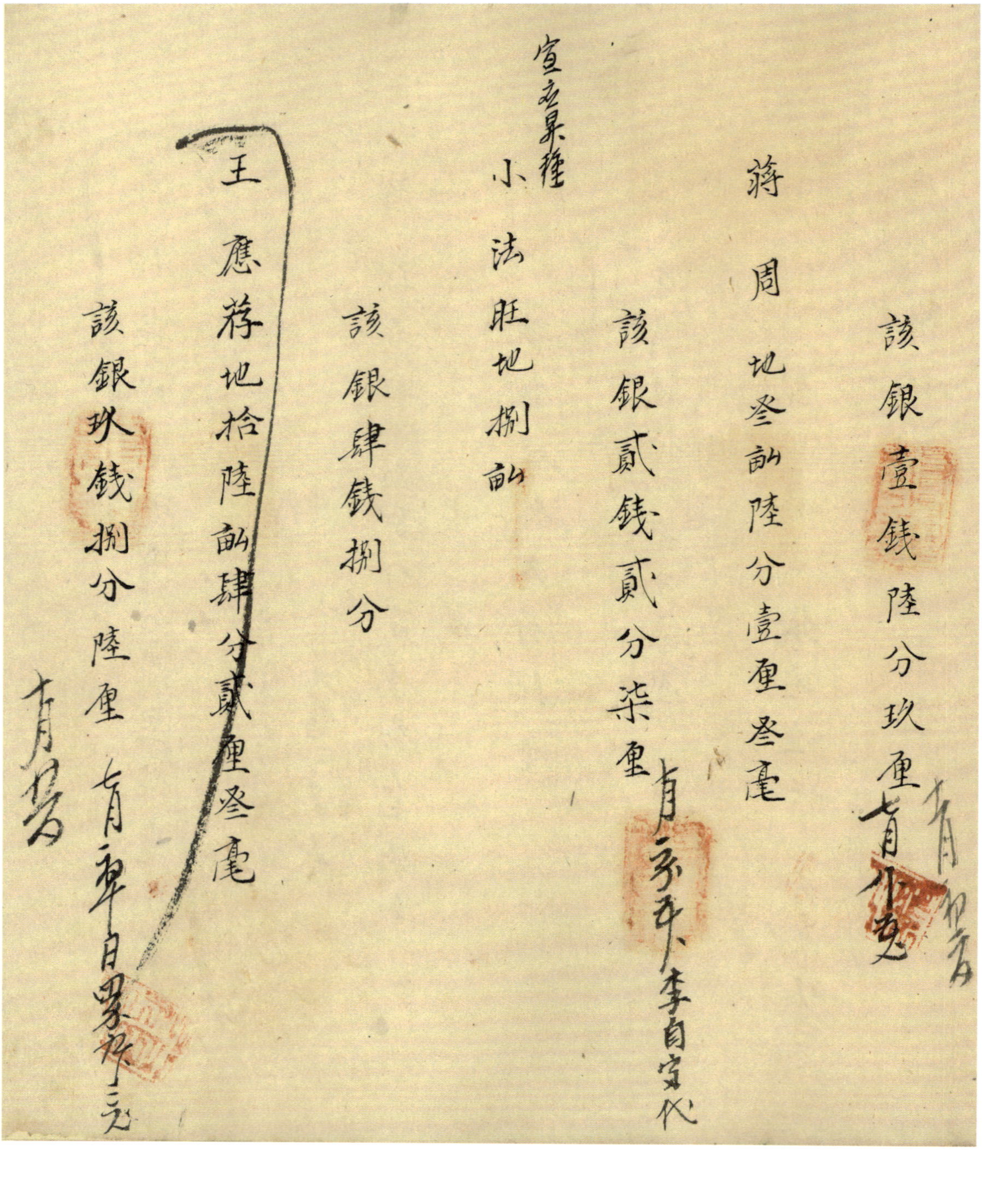

該銀壹錢陸分玖厘　有[illegible]　有[illegible]

蔣周　地叁畝陸分壹厘叁毫

該銀貳錢貳分柒厘　有承年　李自守代

宣玄桑種

小法旺　地捌畝

該銀肆錢捌分

王應蔣　地拾陸畝肆分貳厘叁毫

該銀玖錢捌分陸厘　有承年自[illegible]

有[illegible]

22.3cm x 24.7cm

崇禎十五年六月二十九日

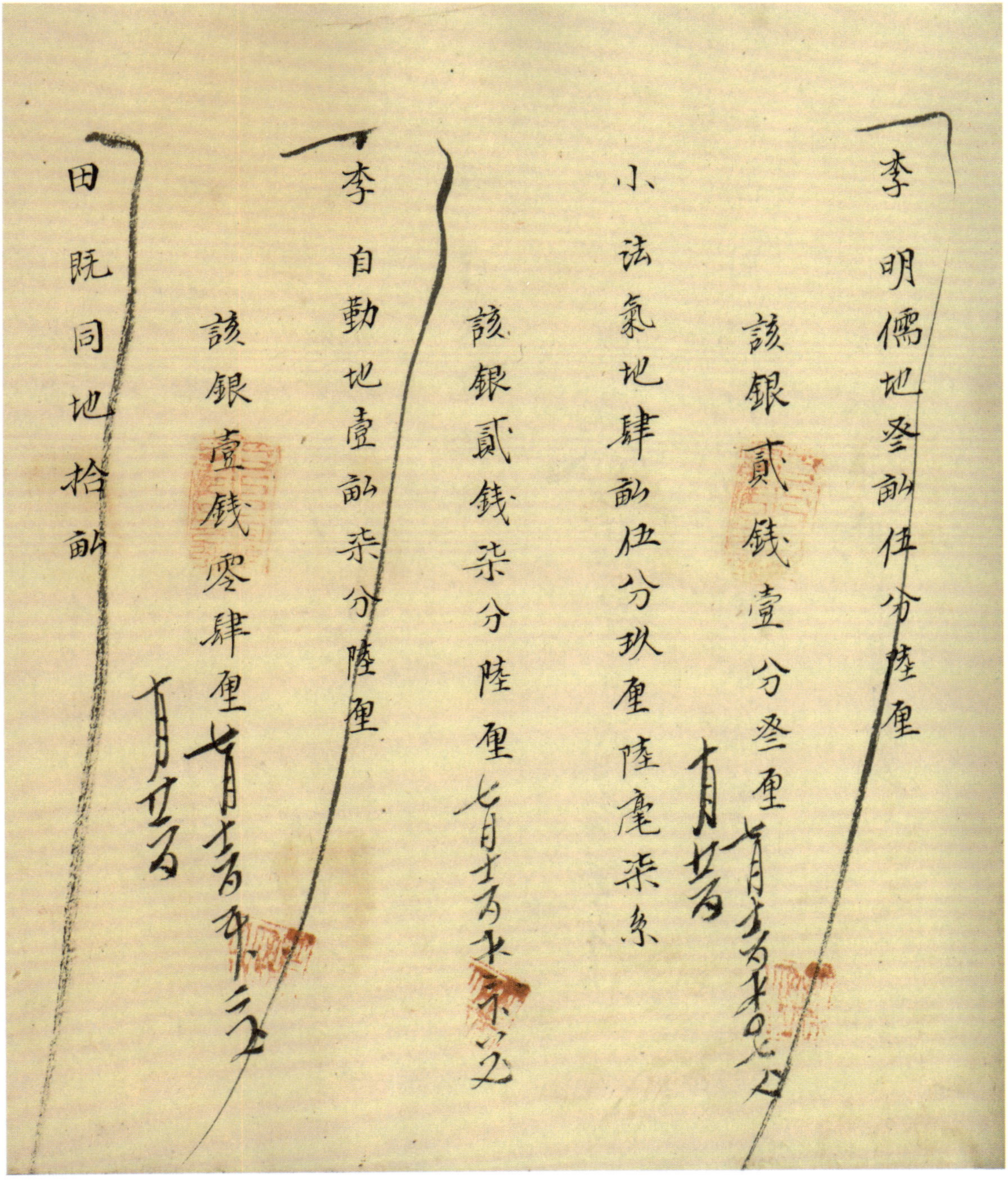
李明儒地叁畝伍分陸厘
該銀貳錢壹分叁厘
小法氣地肆畝伍分玖厘陸毫柒絲
該銀貳錢柒分陸厘
李自勤地壹畝柒分陸厘
該銀壹錢零肆厘
田既同地拾畝

22.3cm x 24.7cm

崇禎十五年至聖廟平巨屯六甲佃户祀田地畝糧銀清册

崇禎十五年六月二十九日

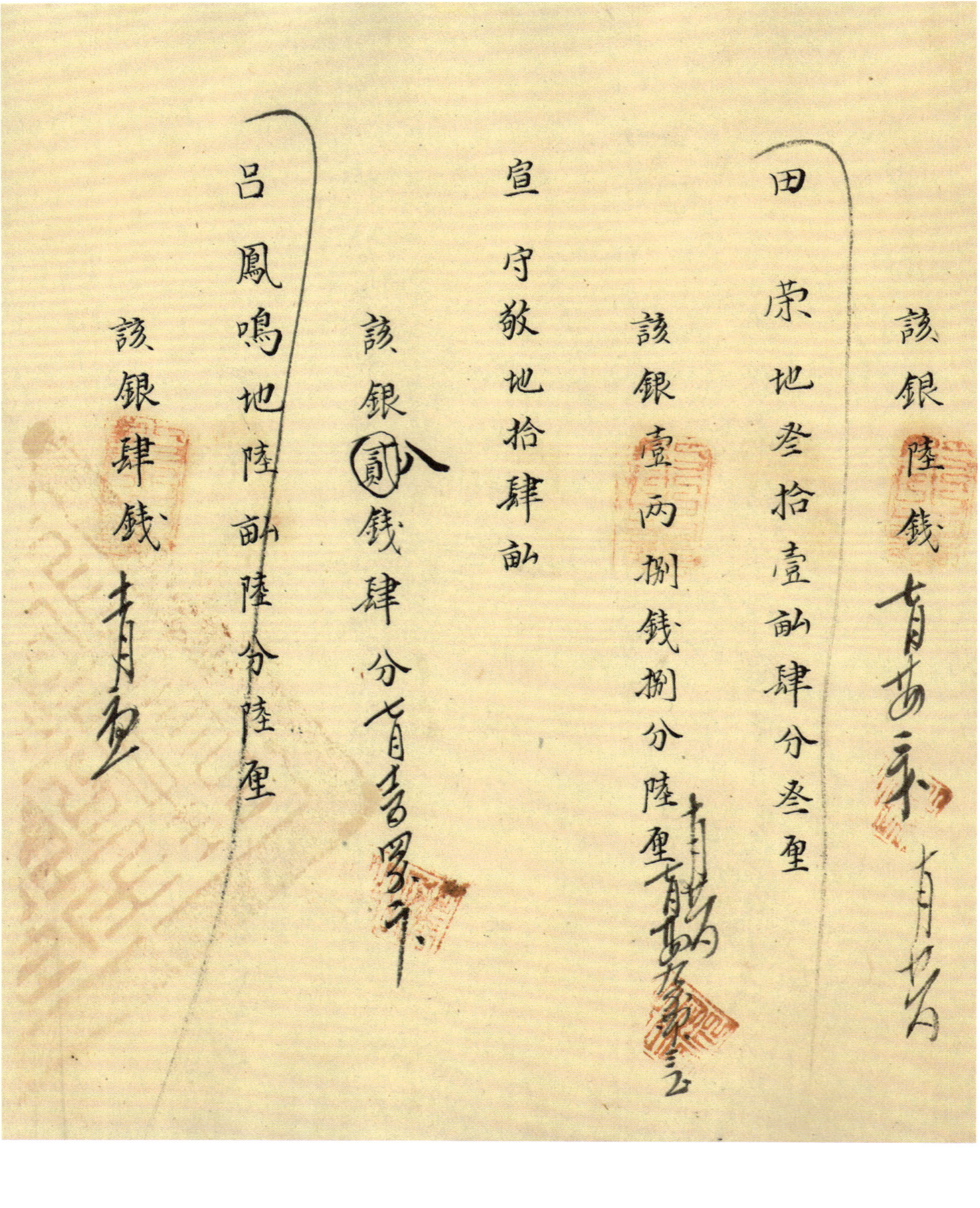

該銀陸錢

田崇地叁拾壹畝肆分叁厘

該銀壹兩捌錢捌分陸厘

宣守敬地拾肆畝

該銀貳八錢肆分

呂鳳鳴地陸畝陸分陸厘

該銀肆錢

22.3cm x 24.7cm

崇禎十五年六月二十九日

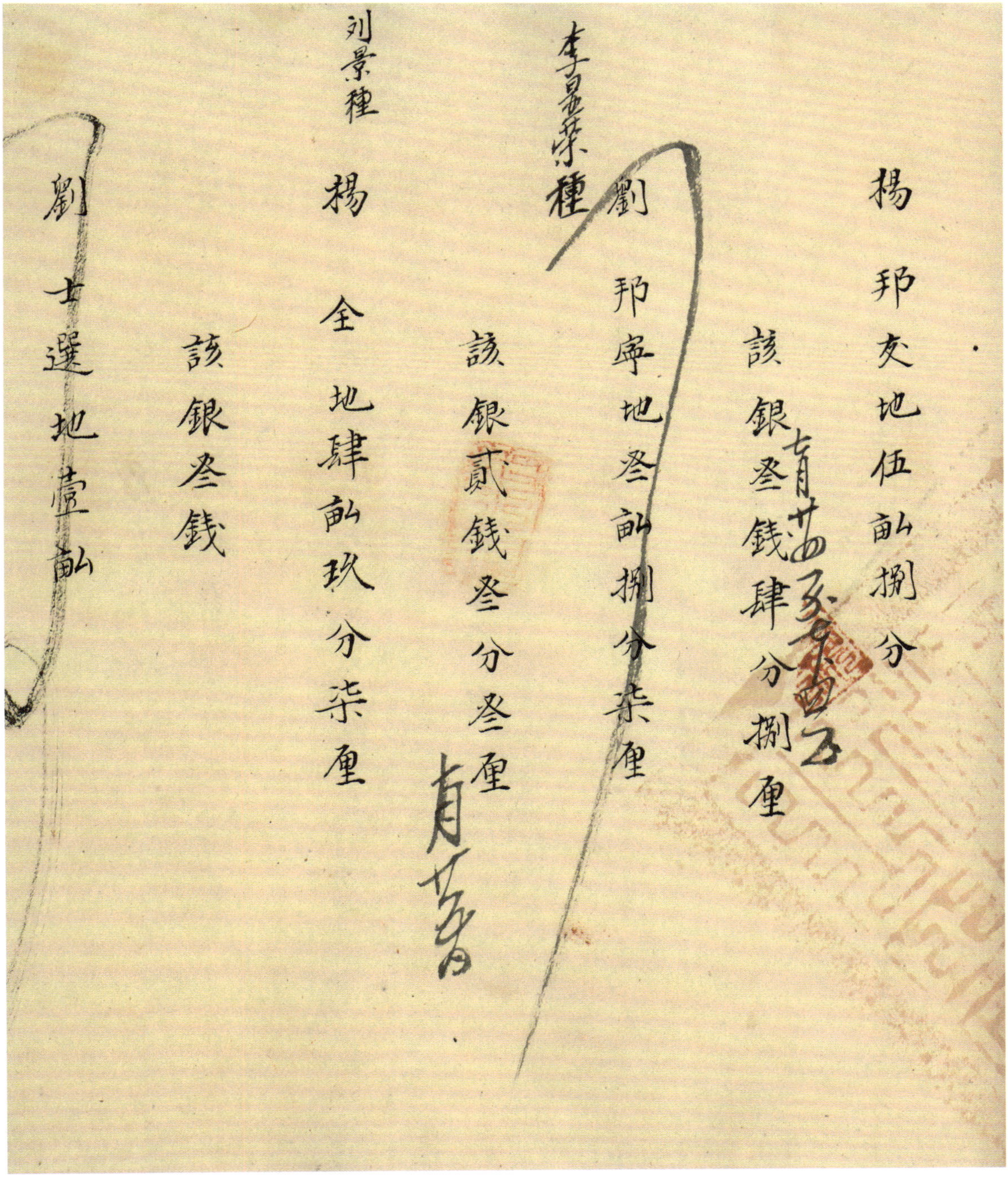
楊邦交地伍畝捌分
該銀叁錢肆分捌厘
李景榮種
劉邦寧地叁畝捌分柒厘
該銀貳錢叁分叁厘
刘景種
楊全地肆畝玖分柒厘
該銀叁錢
劉士選地壹畝

22.3cm x 24.7cm

崇禎十五年六月二十九日

一
該銀陸分 有白完
楊小虎地貳畝壹分
該銀壹錢貳分陸厘 有蕃完
劉章地貳畝零柒厘
該銀壹錢貳分伍厘 有蕃乔三九
有慮
吳應保地肆畝叁分
該銀貳錢伍分捌厘 有蕃乔十五
有壱

22.3cm x 24.7cm

崇禎十五年六月二十九日

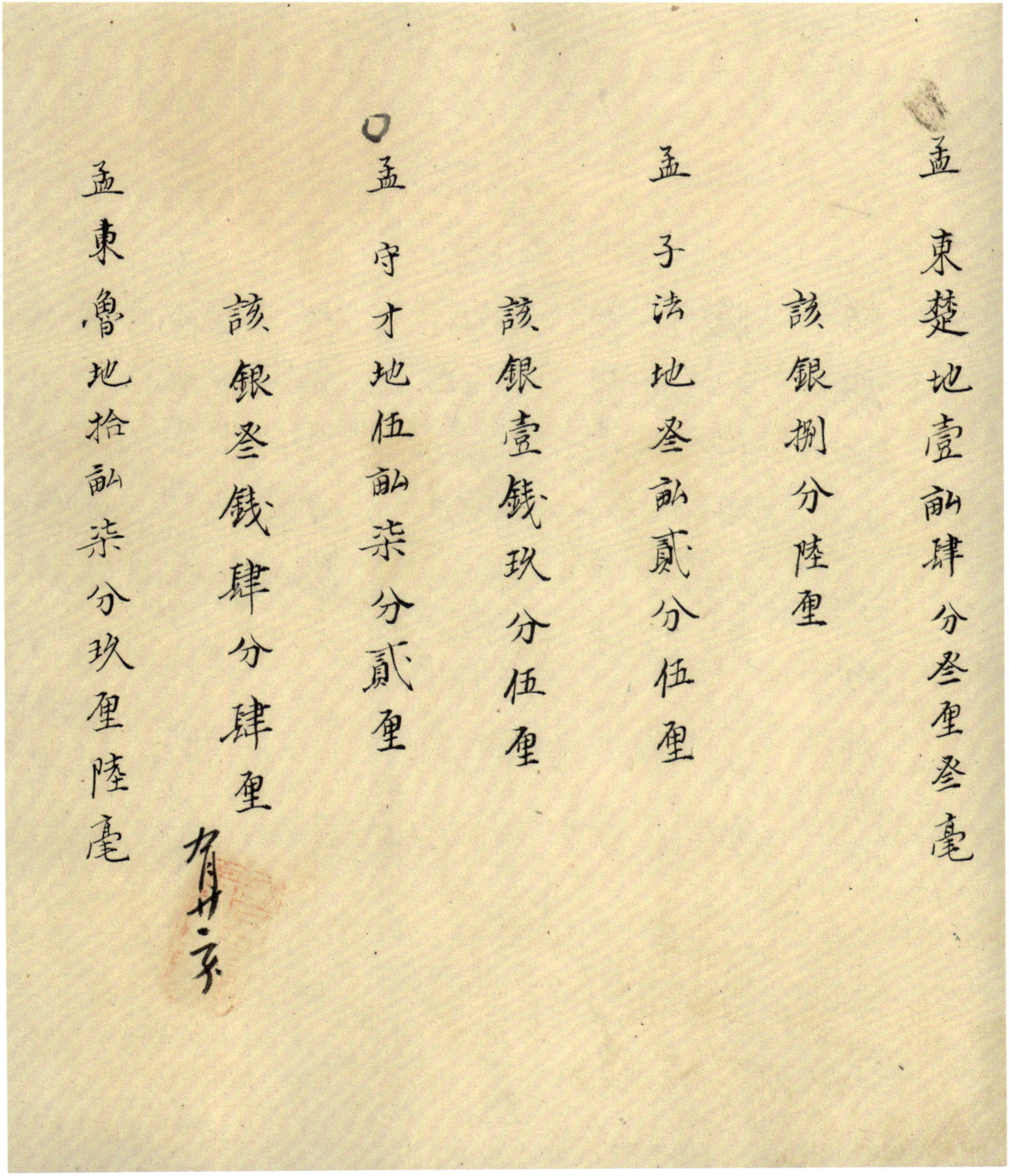
孟東楚地壹畝肆分叁厘叁毫
該銀捌分陸厘
孟子法地叁畝貳分伍厘
該銀壹錢玖分伍厘
孟守才地伍畝柒分貳厘
該銀叁錢肆分肆厘
孟東魯地拾畝柒分玖厘陸毫

22.3cm x 24.7cm

崇禎十五年至聖廟平巨屯六甲佃户祀田地畝糧銀清册

崇禎十五年六月二十九日

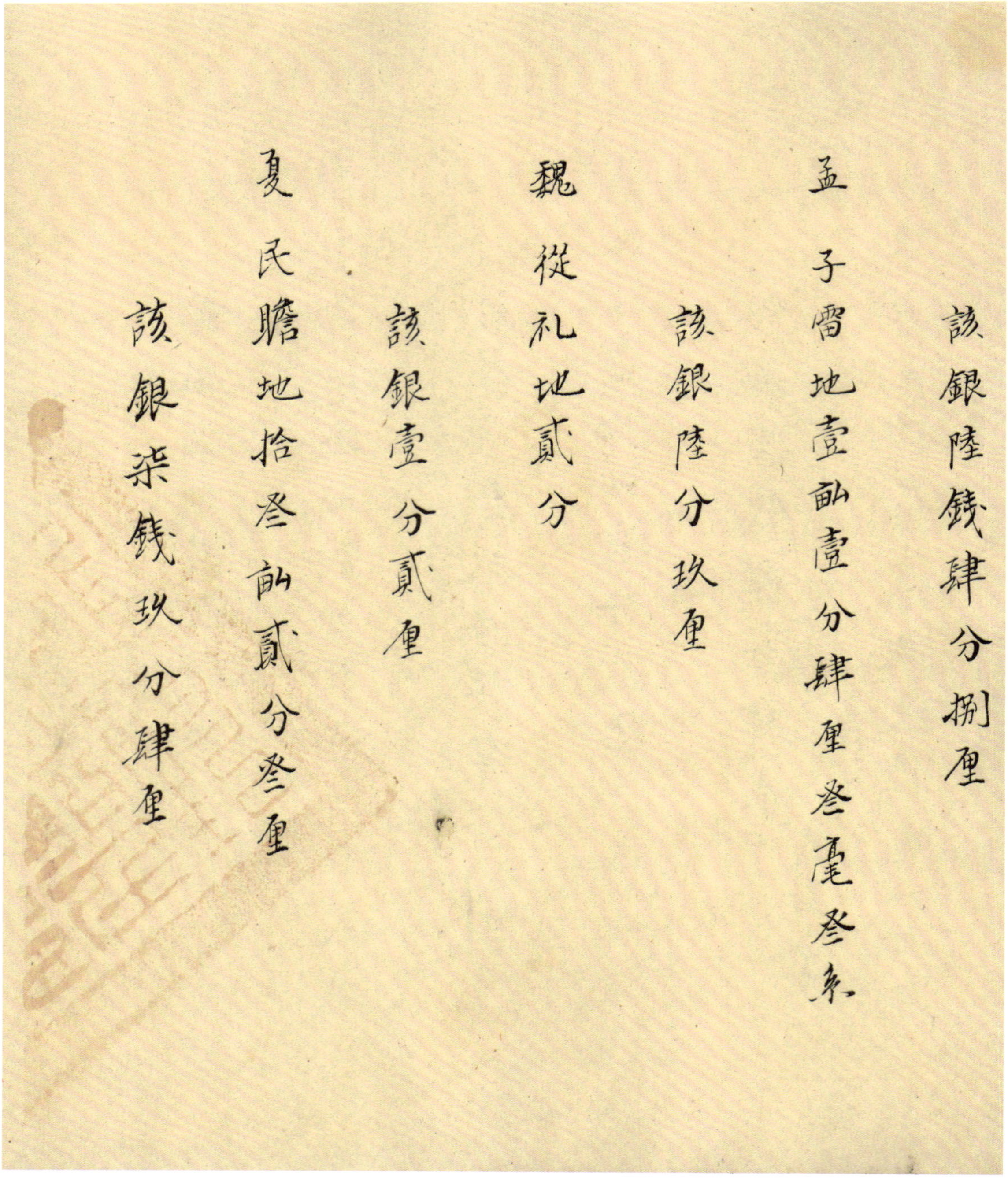

該銀陸錢肆分捌厘
孟子霤地壹畝壹分肆厘叁毫叁系
該銀陸分玖厘
魏從礼地貳分
該銀壹分貳厘
夏民贍地拾叁畝貳分叁厘
該銀柒錢玖分肆厘

22.3cm x 24.7cm

崇禎十五年六月二十九日

夏士宜地貳畝壹分陸厘陸毫
該銀壹錢叁分壹厘
夏民服地柒畝伍分柒系
該銀肆錢伍分壹厘
夏登高地貳畝陸分陸厘陸毫
該銀壹錢陸分
魏文昌地陸畝

22.3cm x 24.7cm

該銀叁錢陸分

魏文非地玖畝零貳厘

該銀伍錢貳分　系下

李子行地拾玖畝零貳厘貳毫叁系

該銀壹兩壹錢肆分貳厘

魏

季地貳畝零貳厘玖毫

該銀壹錢貳分貳厘

[illegible]

22.3cm x 24.7cm

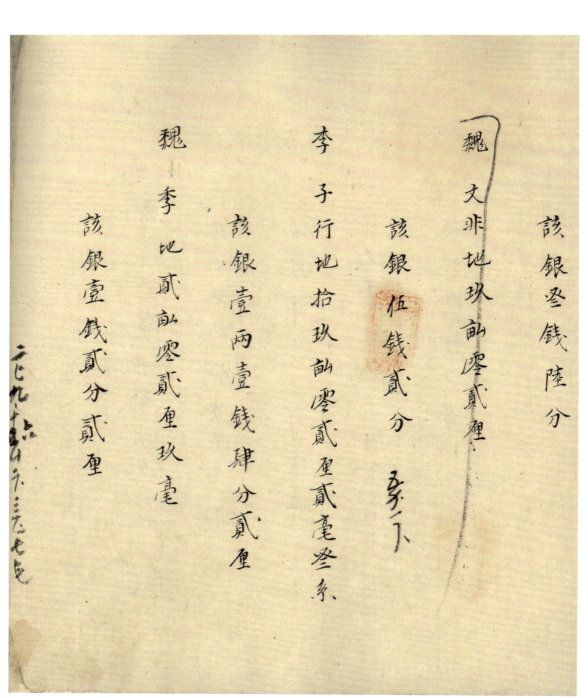

崇禎十五年六月二十九日

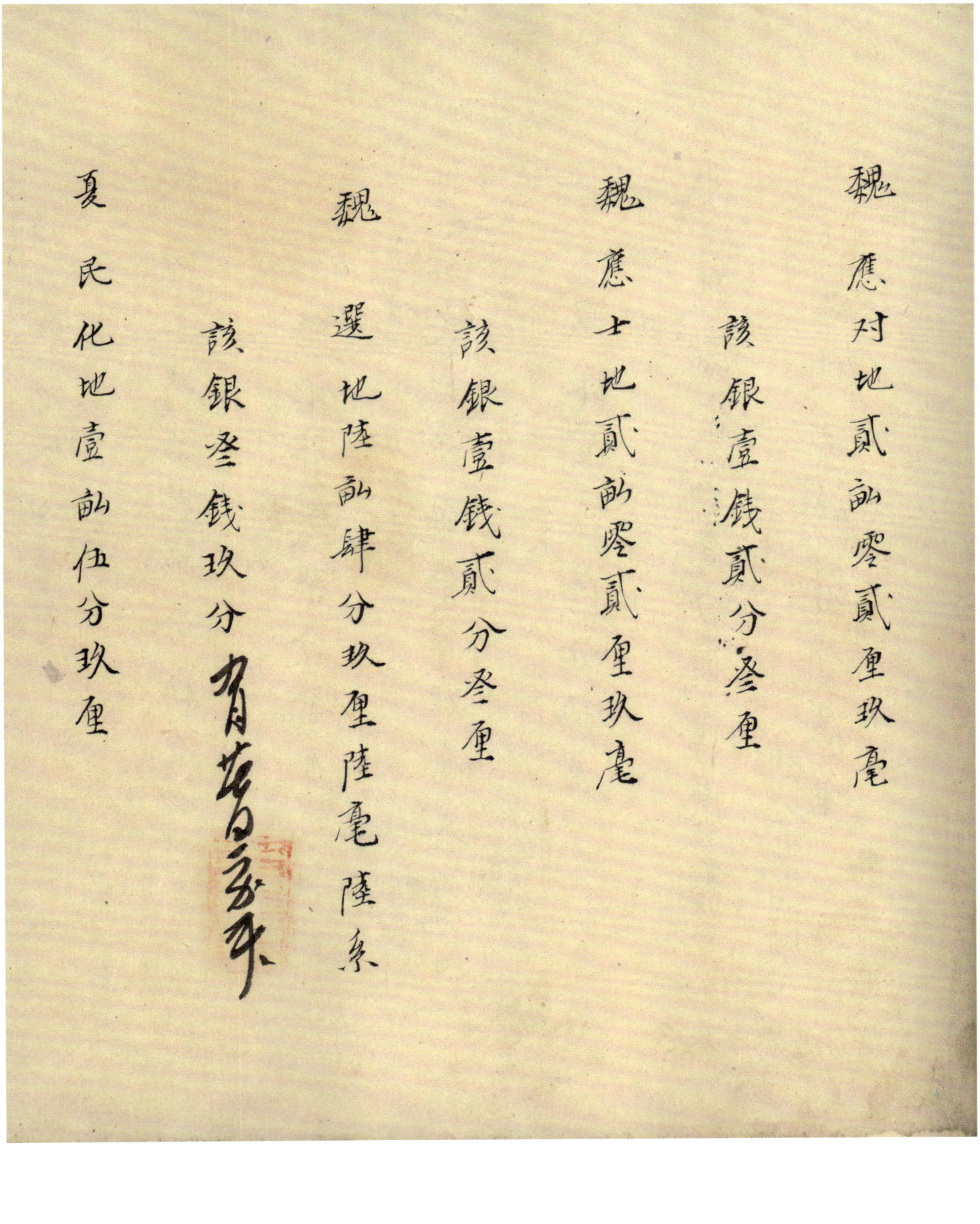
耗
應対地貳畝零貳厘玖毫
該銀壹錢貳分叁厘
耗
應士地貳畝零貳厘玖毫
該銀壹錢貳分叁厘
耗
選地陸畝肆分玖厘陸毫陸系
該銀叁錢玖分
夏民化地壹畝伍分玖厘

22.3cm x 24.7cm

該銀玖分陸厘

魏同述地柒畝玖分伍厘

該銀肆錢柒分柒厘

汪正民地貳畝柒分肆厘叁毫

該銀壹錢陸分伍厘

王傳地貳畝叁分伍厘壹毫

該銀壹錢肆分貳厘

十五年六月

崇禎十五年六月二十九日

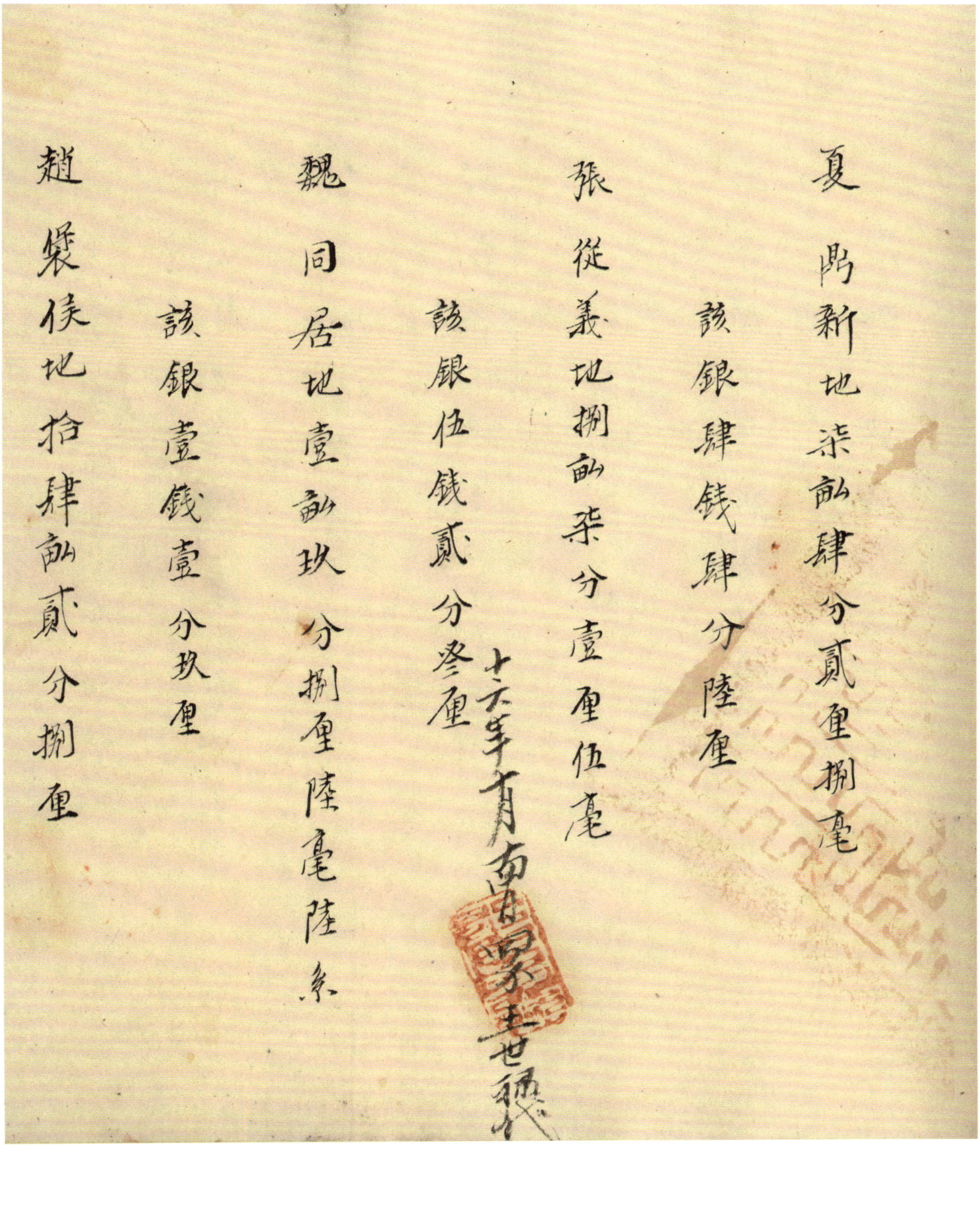
夏照新地柒畝肆分貳厘捌毫
該銀肆錢肆分陸厘
張從義地捌畝柒分壹厘伍毫
該銀伍錢貳分叁厘
十六年十月南[illegible]管家王世[illegible]
魏同居地壹畝玖分捌厘陸毫陸系
該銀壹錢壹分玖厘
趙鍨侯地拾肆畝貳分捌厘

22.3cm x 24.7cm

崇禎十五年至聖廟平巨屯六甲佃户祀田地畝糧銀清册

崇禎十五年六月二十九日

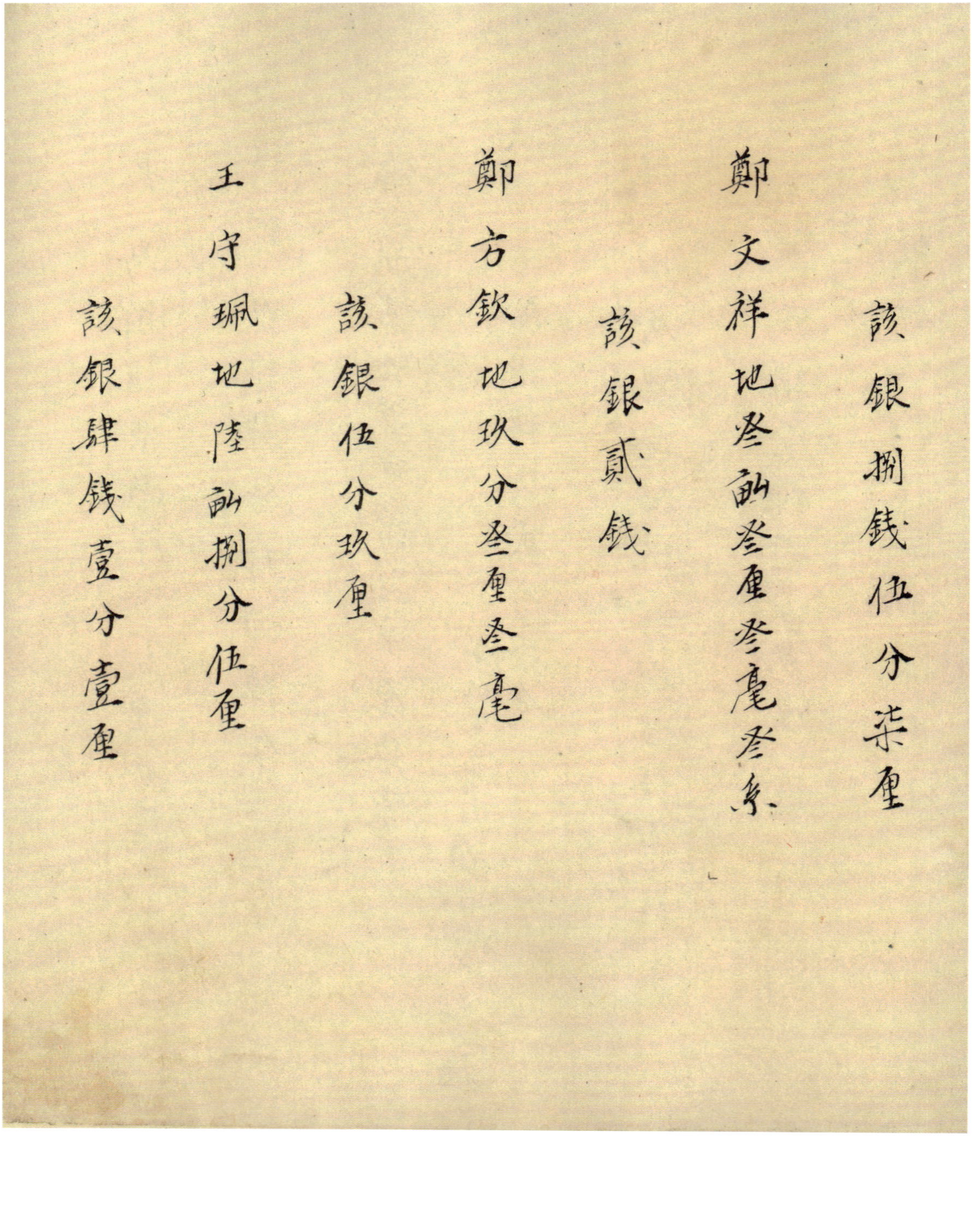

該銀捌錢伍分柒厘

鄭文祥地叁畝叁厘叁毫叁系

該銀貳錢

鄭方欽地玖分叁厘叁毫

該銀伍分玖厘

王守珮地陸畝捌分伍厘

該銀肆錢壹分壹厘

22.3cm x 24.7cm

崇禎十五年六月二十九日

魏助　地伍畝壹分
該銀叁錢零陸厘
魏秋方　地陸畝捌分叁厘
該銀肆錢壹分
魏圖南
李銀　地陸畝柒分貳厘壹毫伍絲
該銀肆錢零捌厘
位圖南
李金　地陸畝柒分貳厘壹毫伍絲

22.3cm x 24.7cm

崇禎十五年六月二十九日

該銀肆錢零肆厘 有和三六下

李反 地壹畝壹分捌厘伍毫叁系

該銀柒分貳厘

郭守德 地壹畝壹分捌厘伍毫叁系

該銀柒分叁厘

魏湖 地肆畝壹分玖厘肆毫陸系

該銀貳錢伍分貳厘 五七下

22.3cm x 24.7cm

崇禎十五年六月二十九日

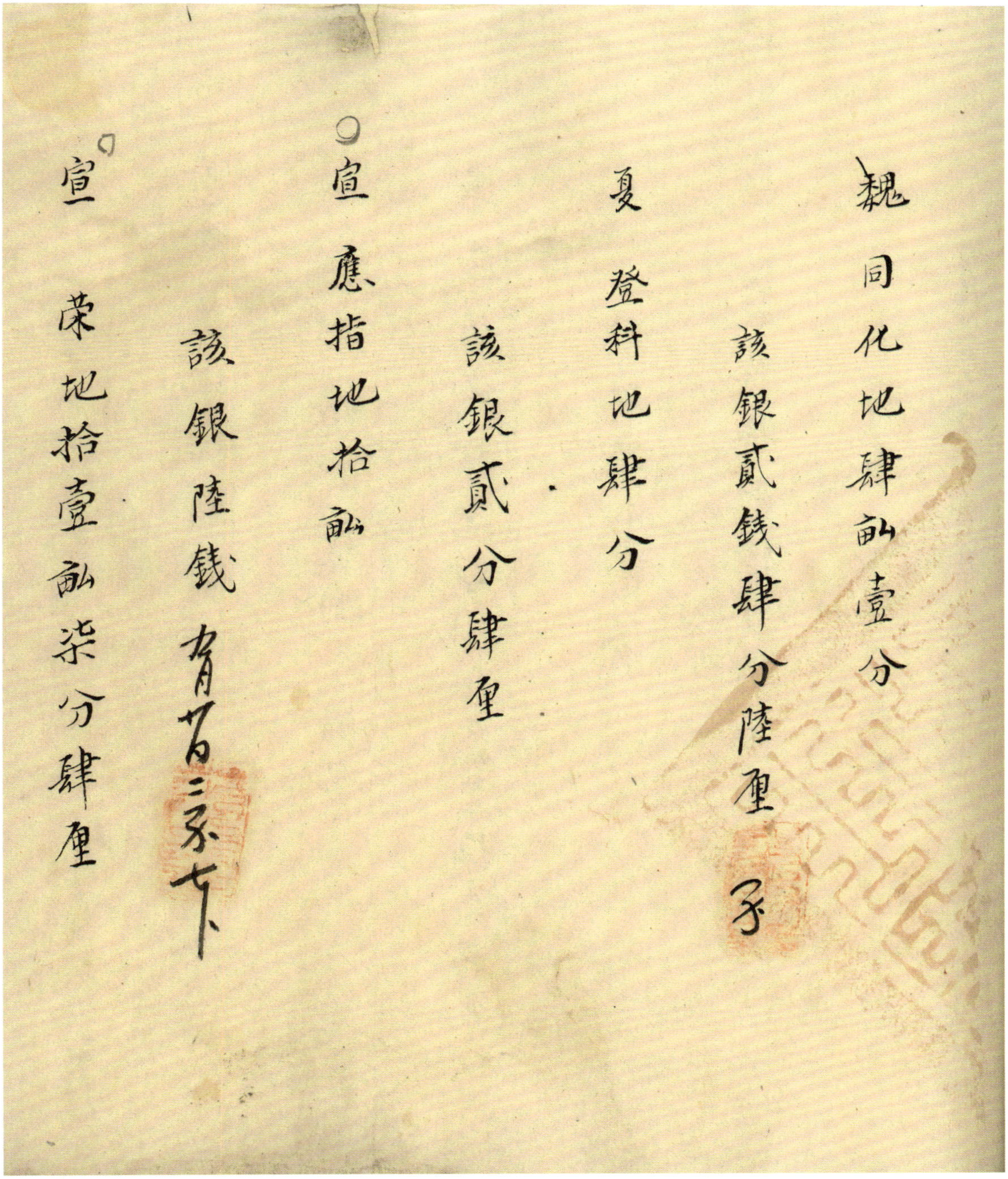

魏同化地肆畝壹分
該銀貳錢肆分陸厘 子
夏登科地肆分
該銀貳分肆厘
宣應指地拾畝
該銀陸錢 [illegible]
宣榮地拾壹畝柒分肆厘

22.3cm x 24.7cm

該銀柒錢壹分柒厘

宣應秋地肆畝捌分

該銀貳錢捌分捌厘

宣應相地拾壹畝捌分貳厘伍毫叁系

該銀柒錢壹分

宣貴地拾畝伍分玖厘

該銀陸錢叁分陸厘

22.3cm x 24.7cm

崇禎十五年六月二十九日

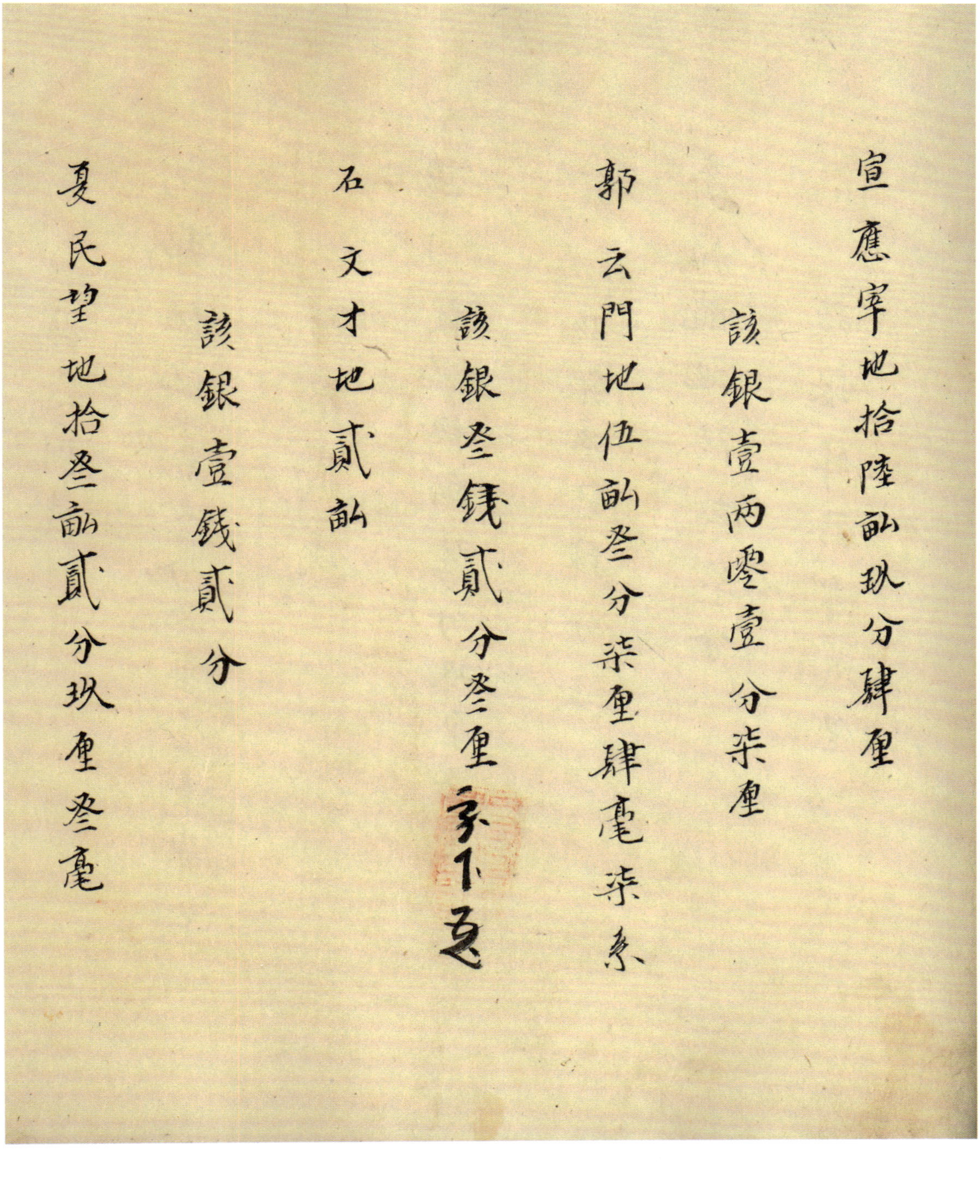
宣應宰地拾陸畝玖分肆厘
該銀壹兩零壹分柒厘
郭云門地伍畝叁分柒厘肆毫柒系
該銀叁錢貳分叁厘　家下完
石文才地貳畝
該銀壹錢貳分
夏民望地拾叁畝貳分玖厘叁毫

22.3cm x 24.7cm

崇禎十五年六月二十九日

該銀捌錢

楊邦祐地叁畝叁分叁厘壹毫肆糸

該銀貳錢

魏同敎地伍畝陸分玖厘叁毫

該銀叁錢肆分

李如龍地陸畝柒分

該銀肆錢零貳厘

22.3cm x 24.7cm

崇禎十五年六月二十九日

魏大器地貳畝捌分玖厘
該銀壹錢柒分肆厘
魏同交地拾伍畝柒分柒厘叁毫
該銀玖錢肆分陸厘
張現地伍分
該銀叁分
魏德俊地陸畝捌分柒厘

22.3cm x 24.7cm

崇禎十五年至聖廟平巨屯六甲佃户祀田地畝糧銀清册

崇禎十五年六月二十九日

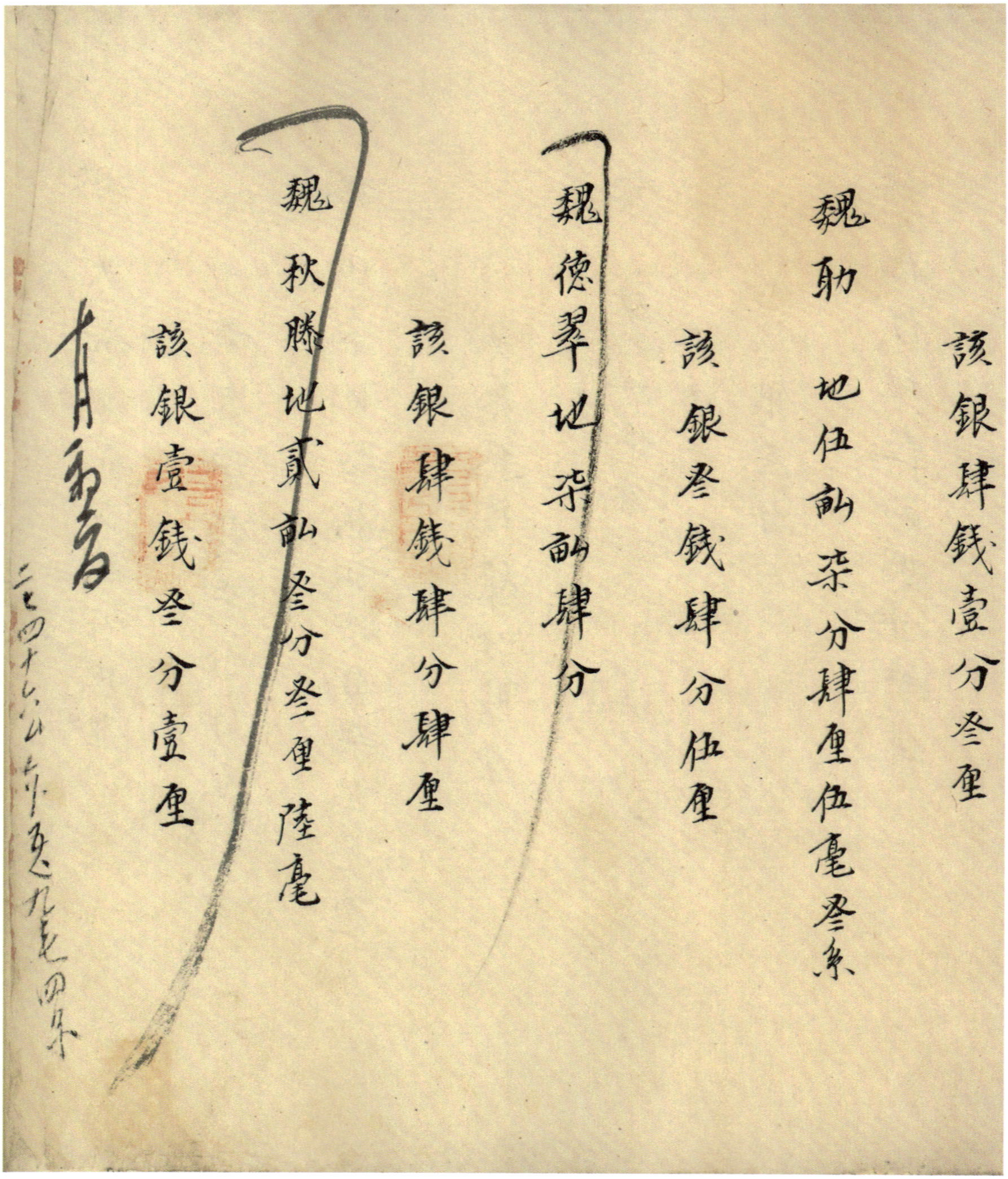

該銀肆錢壹分叁厘

魏勳 地伍畝柒分肆厘伍毫叁系

該銀叁錢肆分伍厘

魏德翠 地柒畝肆分

該銀肆錢肆分肆厘

魏秋勝 地貳畝叁分叁厘陸毫

該銀壹錢叁分壹厘

22.3cm x 24.7cm

崇禎十五年六月二十九日

魏秋臚地肆畝陸分陸厘陸毫陸系

該銀貳錢捌分

畢

趙玄玉地叁畝柒分捌厘

該銀貳錢貳分柒厘

楊奇地貳畝伍分陸厘貳毫柒系

該銀壹錢柒分叁厘

魏四体地貳畝玖分貳厘

22.3cm x 24.7cm

該銀壹錢柒分伍厘

王允成地肆畝伍分貳厘柒系

該銀貳錢柒分貳厘

王允忠地叁畝柒分柒厘捌毫肆系

該銀貳錢貳分柒厘

魏秋云地叁畝貳分

該銀壹錢玖分貳厘

22.3cm x 24.7cm

崇禎十五年六月二十九日

邢分于地玖畆壹分叁厘壹毫

該銀伍錢陸分

魏秋桂地柒畆叁分捌厘

該銀肆錢肆分叁厘

王可選地壹畆陸分柒厘捌毫

該銀壹錢零壹厘

揚仁地壹畆壹分伍厘叁毫

22.3cm x 24.7cm

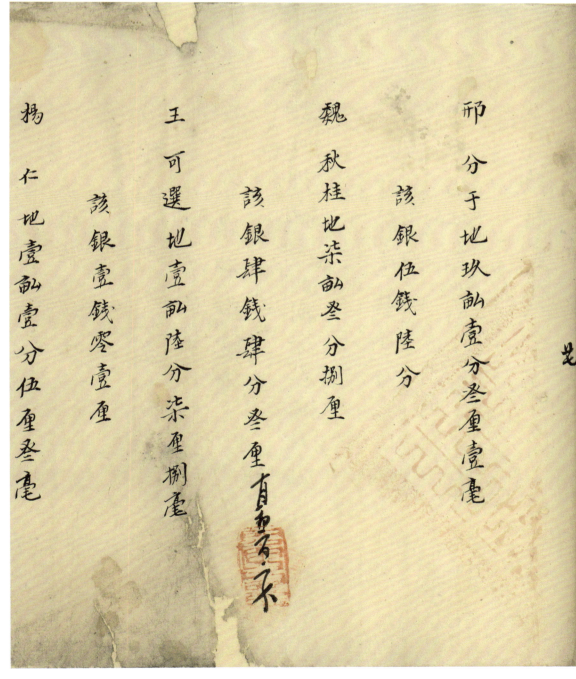

崇禎十五年至聖廟平巨屯六甲佃户祀田地畝糧銀清册

崇禎十五年六月二十九日

該銀陸分玖厘

閆邦儒地捌分伍厘

該銀伍分壹厘

魏同行地壹畝捌分叁厘叁毫

該銀壹銭壹分

李天福地叁畝捌分叁厘叁毫

該銀貳銭叁分

22.3cm x 24.7cm

崇禎十五年至聖廟平巨屯六甲佃户祀田地畝糧銀清册

崇禎十五年六月二十九日

佐圖难魏　試準地壹畝玖分
該銀壹錢壹分肆厘
馬本立地叁畝肆分叁毫
該銀貳錢零伍厘
佐圖难馬宗奇地柒分叁厘叁毫
該銀肆分肆厘
夏應期地拾畝貳分肆厘玖毫叁絲

22.3cm x 24.7cm

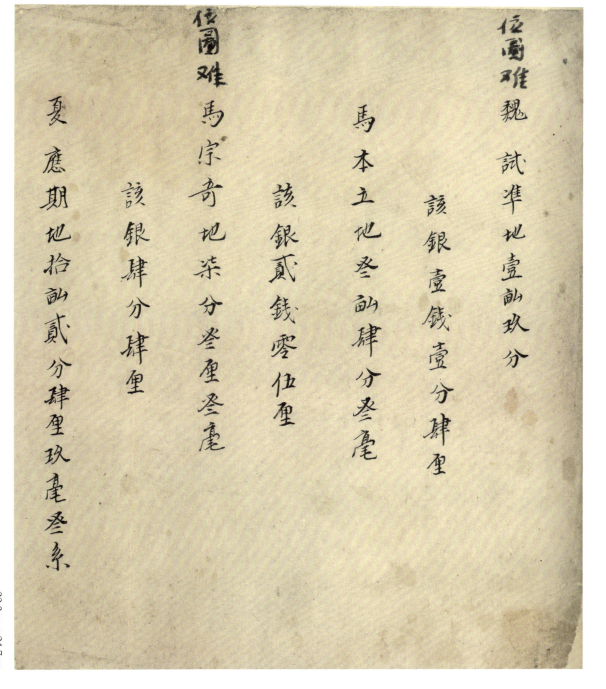

崇禎十五年至聖廟平巨屯六甲佃户祀田地畝糧銀清册

崇禎十五年六月二十九日

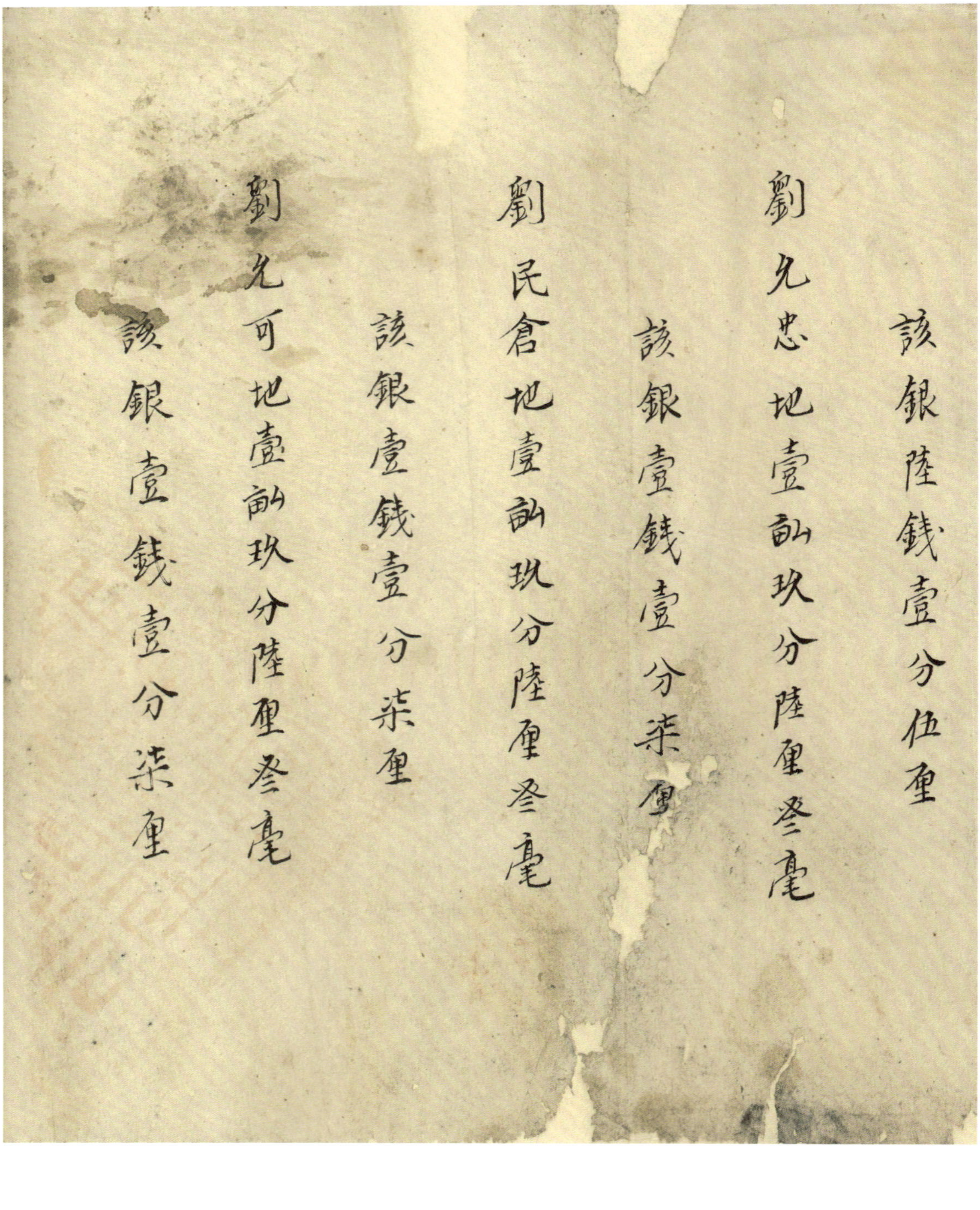

該銀陸錢壹分伍厘

劉允忠地壹畝玖分陸厘叁毫

該銀壹錢壹分柒厘

劉民倉地壹畝玖分陸厘叁毫

該銀壹錢壹分柒厘

劉允可地壹畝玖分陸厘叁毫

該銀壹錢壹分柒厘

22.3cm x 24.7cm

崇禎十五年至聖廟平巨屯七甲佃户祀田地畝糧銀清册

崇禎十五年六月二十九日

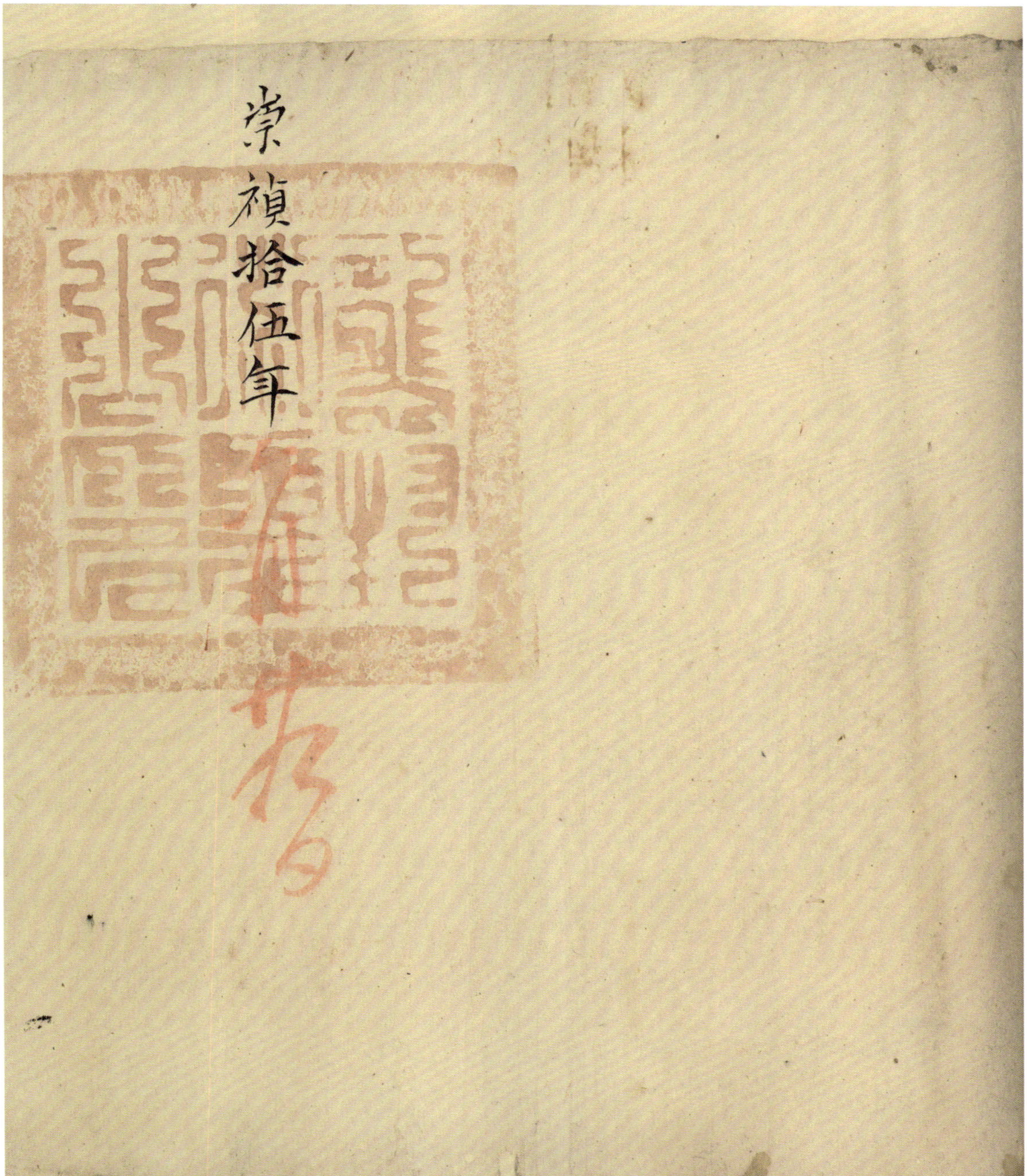
崇禎拾伍年

22.3cm x 24.7cm

崇禎十五年至聖廟平巨屯七甲佃户祀田地畝糧銀清册

崇禎十五年六月二十九日

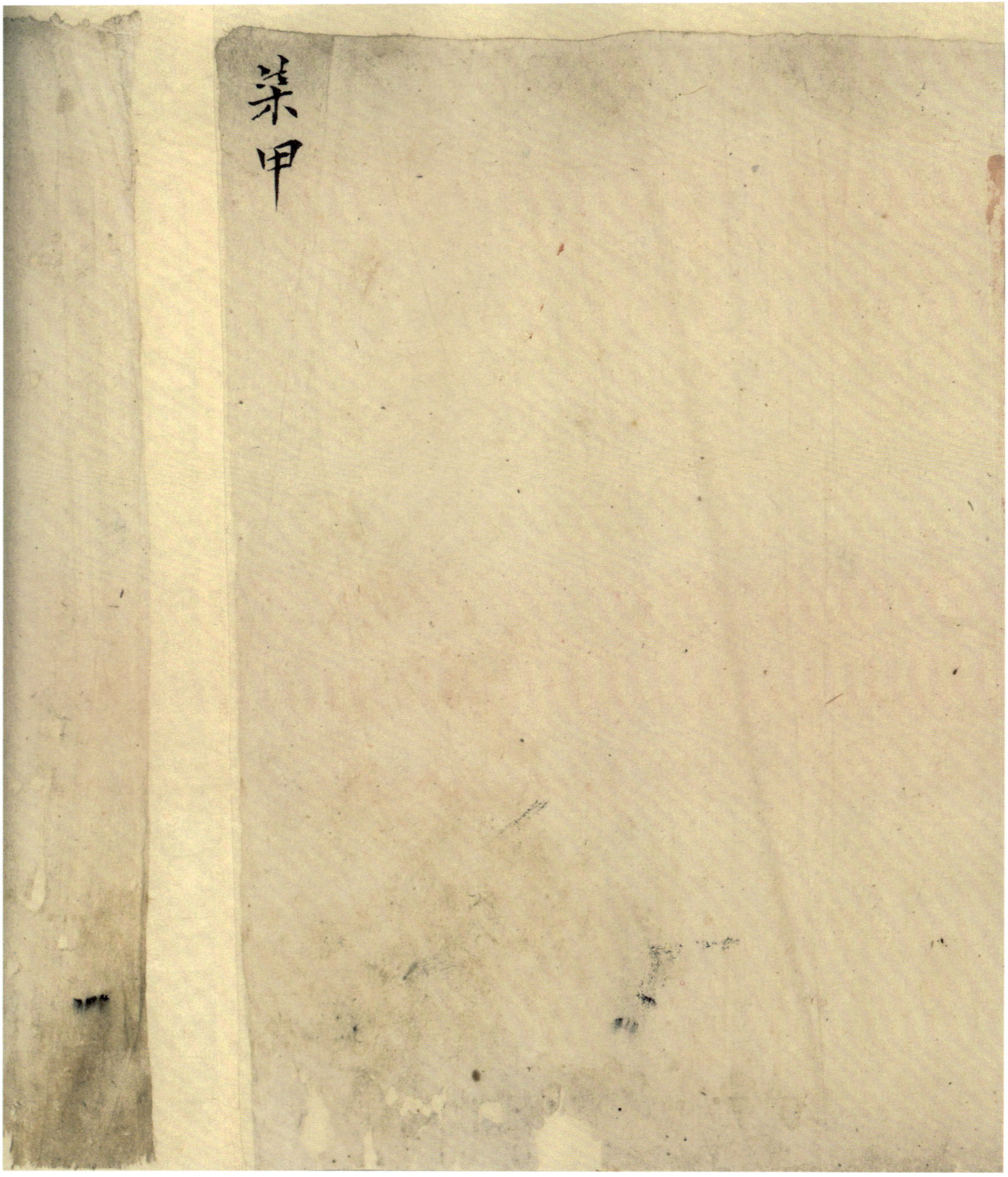

22.3cm x 24.7cm

崇禎十五年至聖廟平巨屯七甲佃户祀田地畝糧銀清册

崇禎十五年六月二十九日

22.3cm x 24.7cm

崇禎十五年至聖廟平巨屯七甲佃户祀田地畝糧銀清册

崇禎十五年六月二十九日

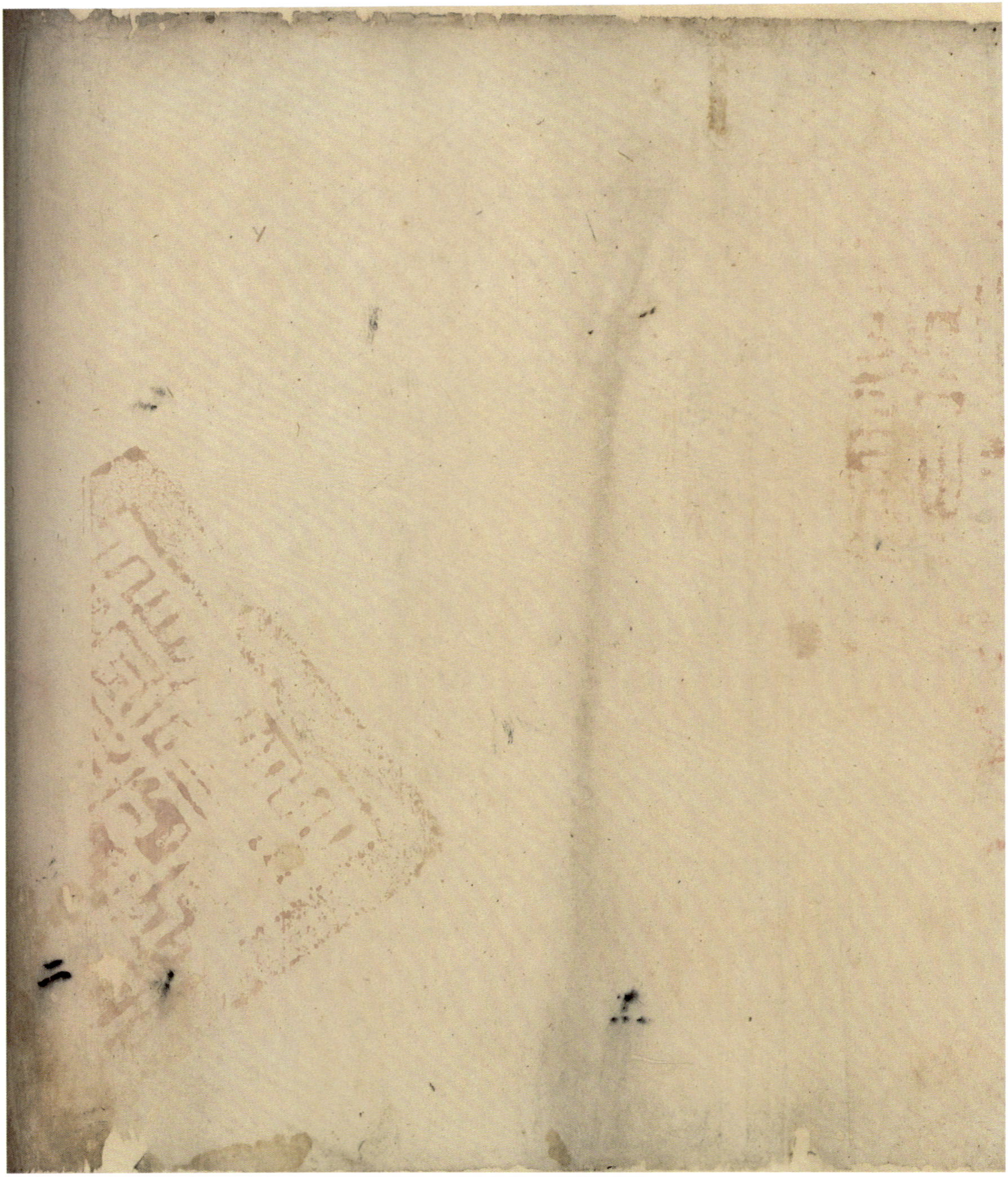

22.3cm x 24.7cm

崇禎十五年至聖廟平巨屯七甲佃户祀田地畝糧銀清册

崇禎十五年六月二十九日

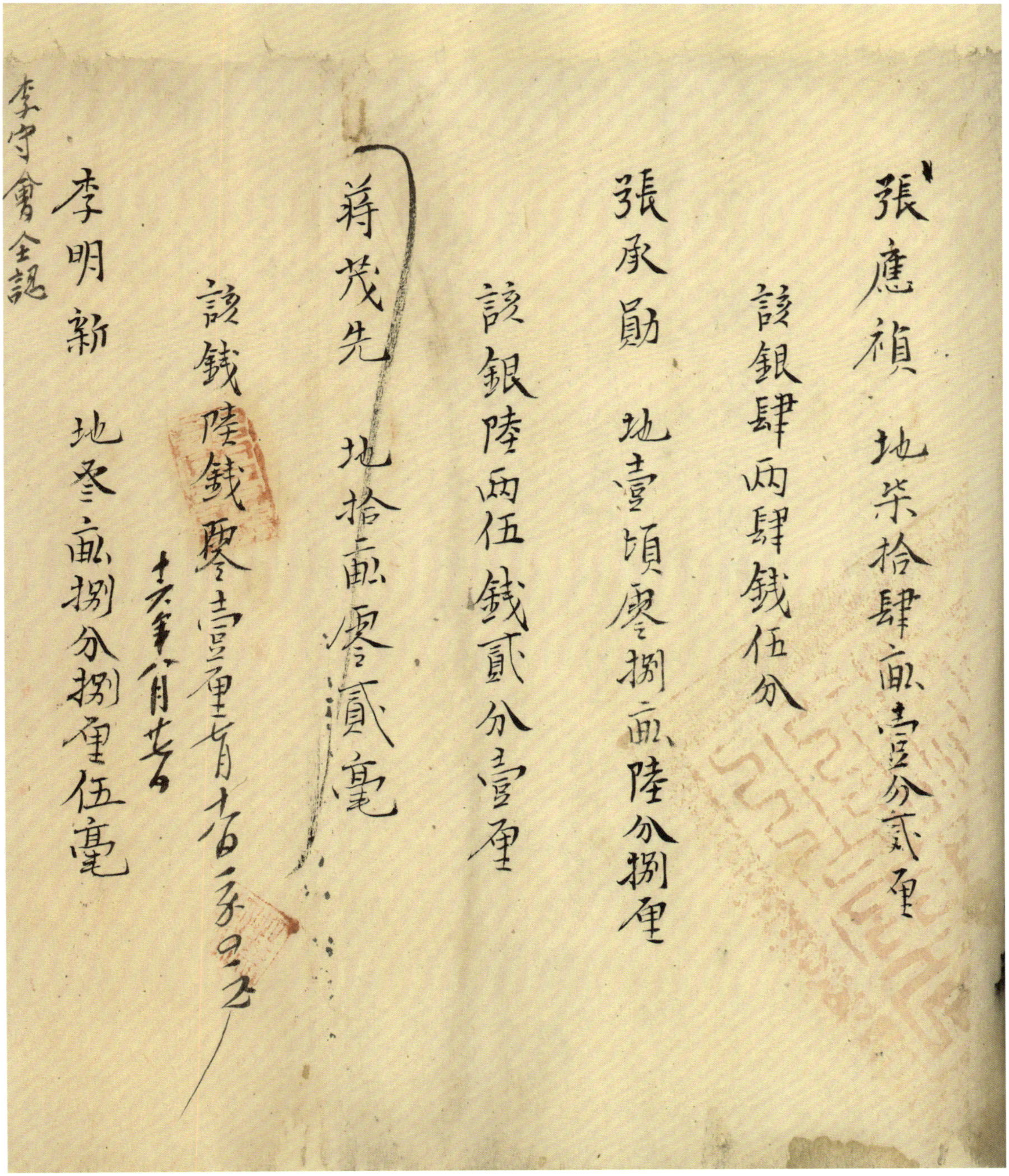
張應禎　地柒拾肆畝壹分貳厘
該銀肆兩肆錢伍分
張承勛　地壹頃零捌畝陸分捌厘
該銀陸兩伍錢貳分壹厘
蔣茂先　地拾畝零貳毫
該錢陸錢零壹厘 [illegible]
[illegible]
李明新　地叁畝捌分捌厘伍毫
李守會全記

22.3cm x 24.7cm

崇禎十五年六月二十九日

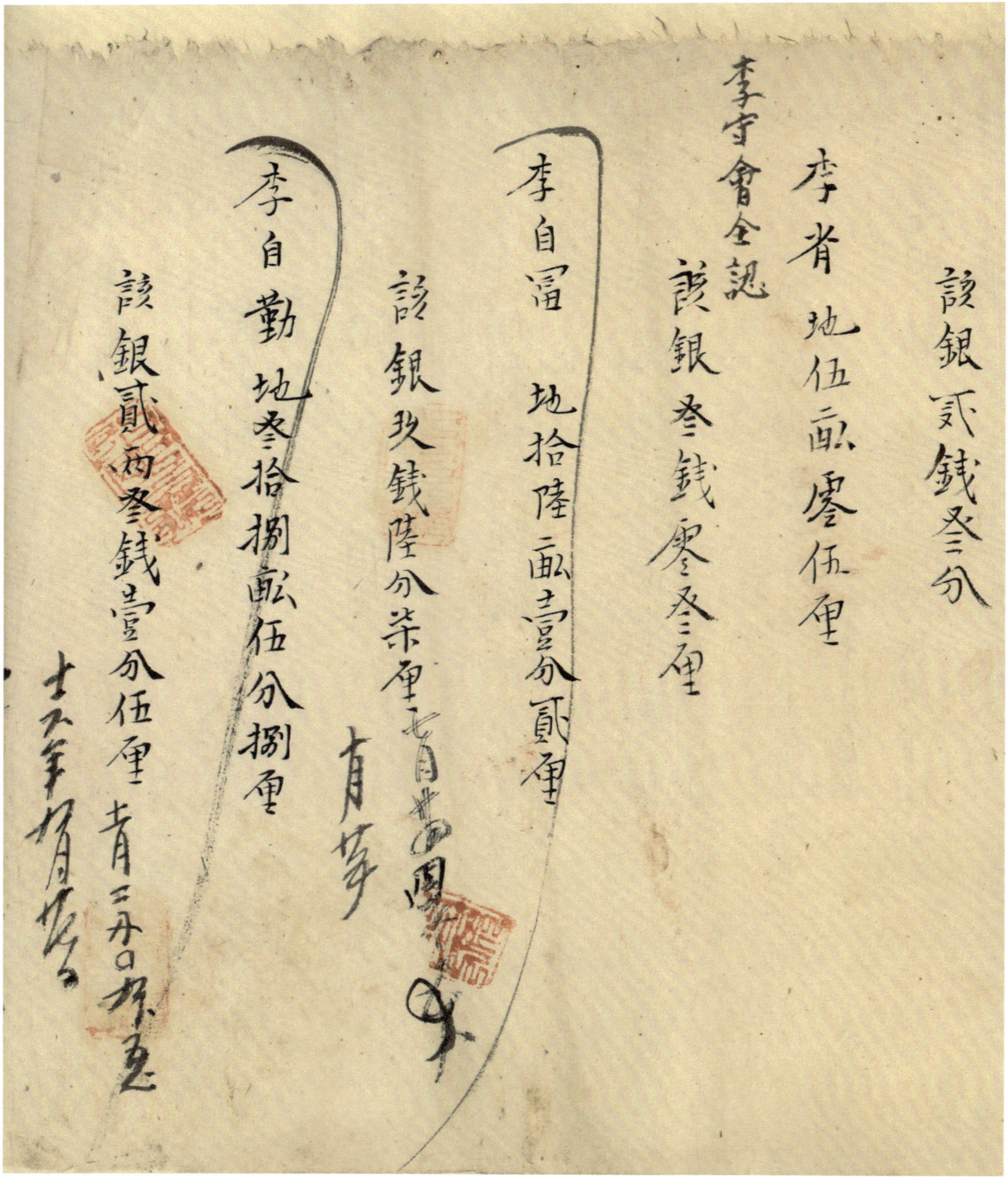
該銀貳錢叁分
李省　地伍畝零伍厘
李守會全認
該銀叁錢零叁厘
李自富　地拾陸畝壹分貳厘
該銀玖錢陸分柒厘
李自勤　地叁拾捌畝伍分捌厘
該銀貳兩叁錢壹分伍厘

22.3cm x 24.7cm

崇禎十五年六月二十九日

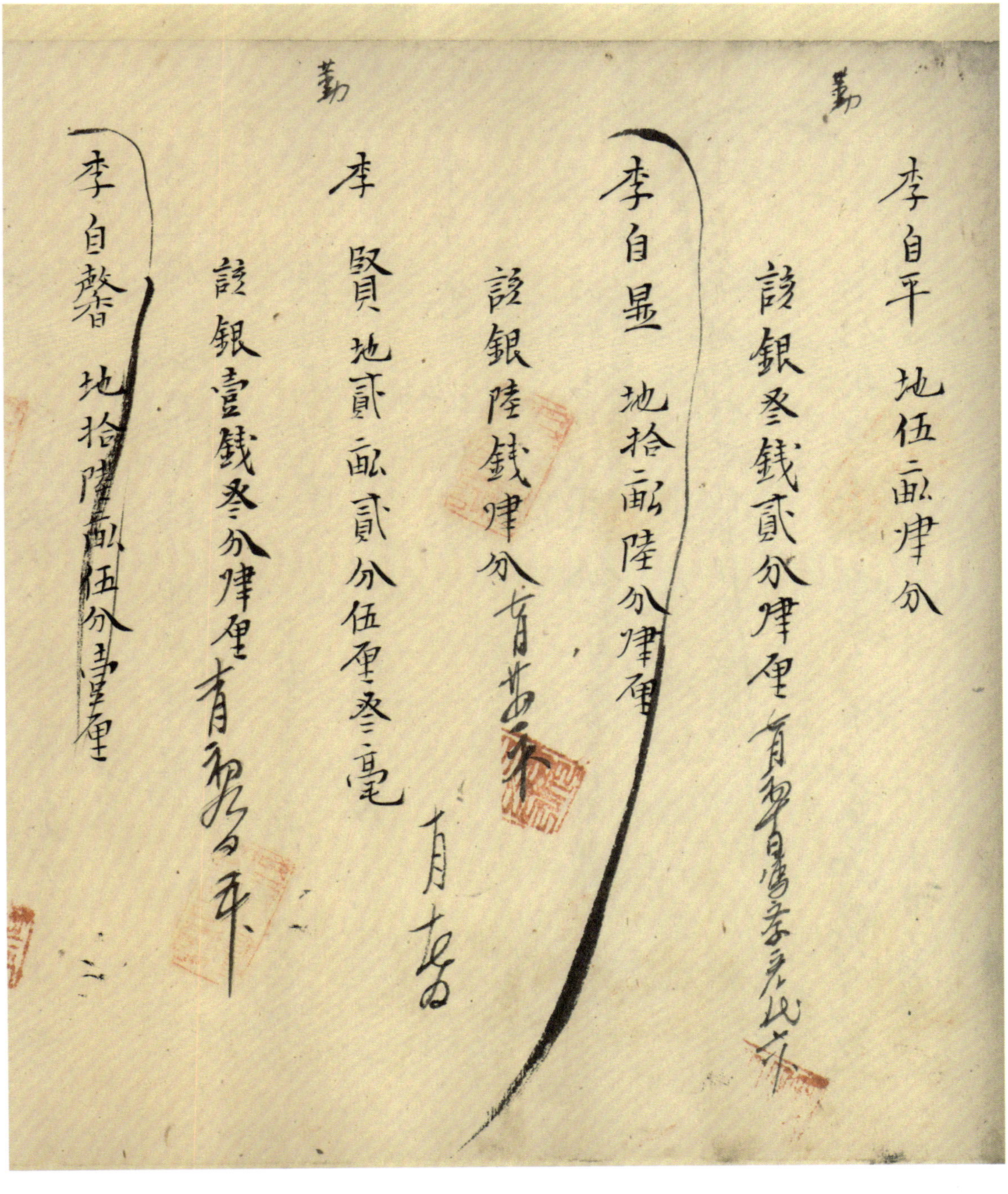

勤

李自平　地伍畝柒分　該銀叁錢貳分柒厘　有契自寫李元代收

李自显　地拾畝陸分柒厘　該銀陸錢柒分

李賢　地貳畝貳分伍厘叁毫

李自磬　地拾陸畝伍分壹厘　該銀壹錢叁分柒厘

22.3cm x 24.7cm

崇禎十五年至聖廟平巨屯七甲佃户祀田地畝糧銀清册

崇禎十五年六月二十九日

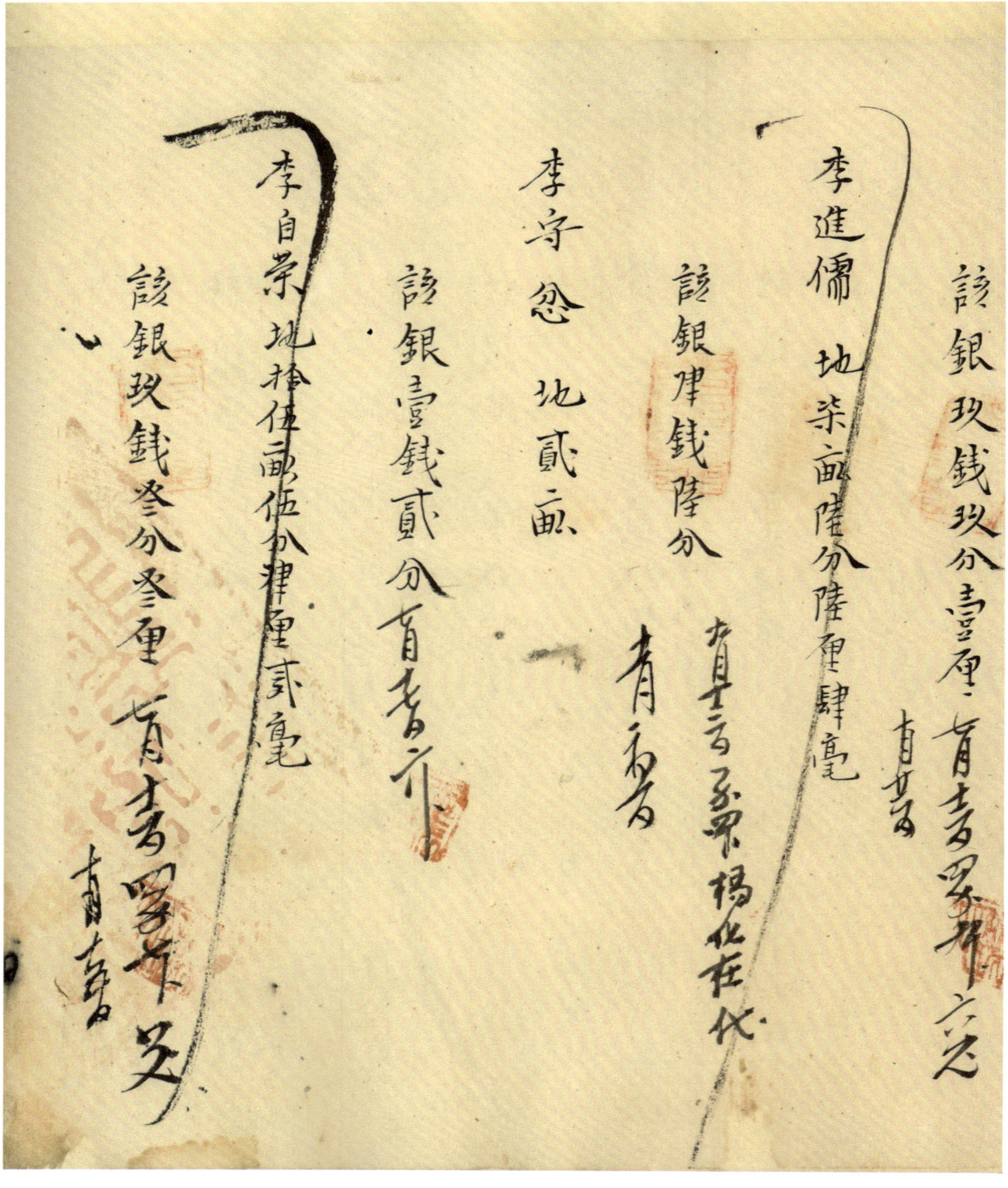
該銀玖錢玖分壹厘 首事羅年六之 首事
李進儒 地柒畝陸分陸厘肆毫
該銀肆錢陸分 首事羅楊化在代
李守忩 地貳畝
首事
該銀壹錢貳分 首事
李自榮 地拾伍畝伍分肆厘貳毫
該銀玖錢叁分叁厘 首事羅年足
首事

22.3cm x 24.7cm

崇禎十五年至聖廟平巨屯七甲佃户祀田地畝糧銀清册

崇禎十五年六月二十九日

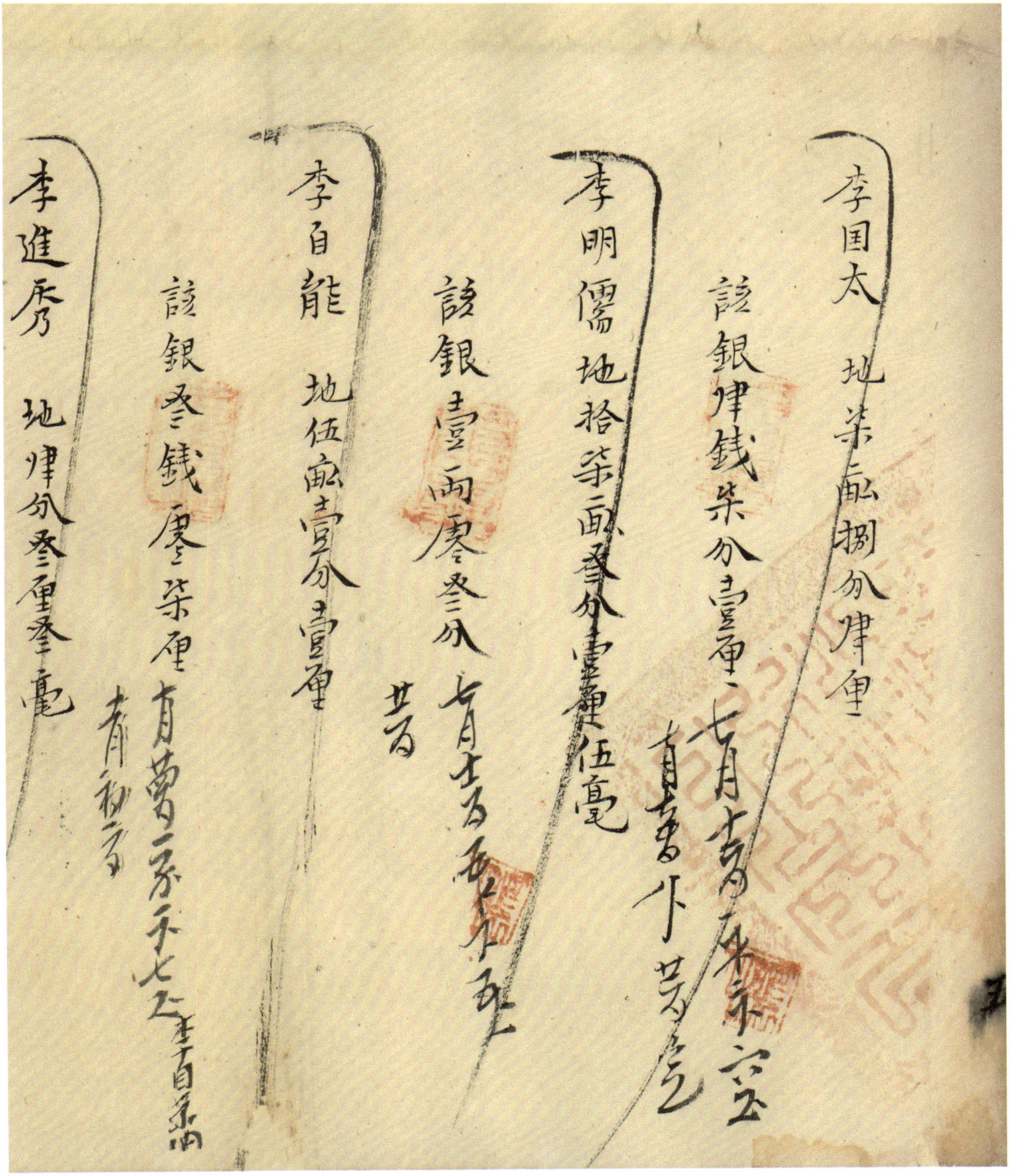

李国太　地柒畝捌分肆厘　該銀肆錢柒分壹厘、七月十五日[illegible]
[illegible]

李明儒　地拾柒畝叁分壹厘伍毫　該銀壹兩零叁分、七月十五日[illegible]
[illegible]

李自能　地伍畝壹分壹厘　該銀叁錢零柒厘　[illegible]
[illegible]

李進秀　地肆分叁厘叁毫

22.3cm x 24.7cm

崇禎十五年六月二十九日

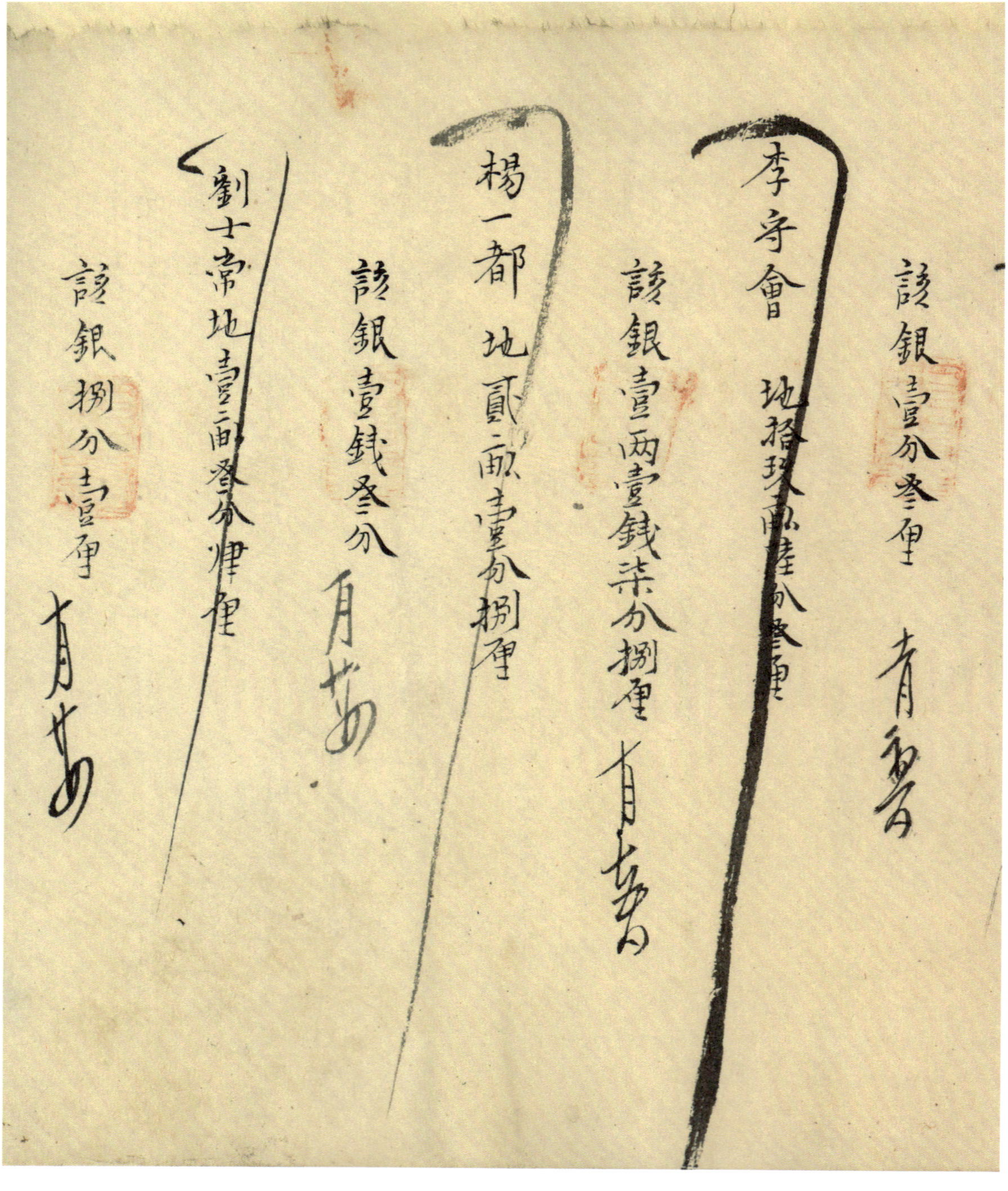
該銀壹分叁厘

李守會 地拾玖畝肆分叁厘
該銀壹兩壹錢柒分捌厘

楊一都 地貳畝壹分捌厘
該銀壹錢叁分

劉士常 地壹畝叁分肆厘
該銀捌分壹厘

22.3cm x 24.7cm

崇禎十五年六月二十九日

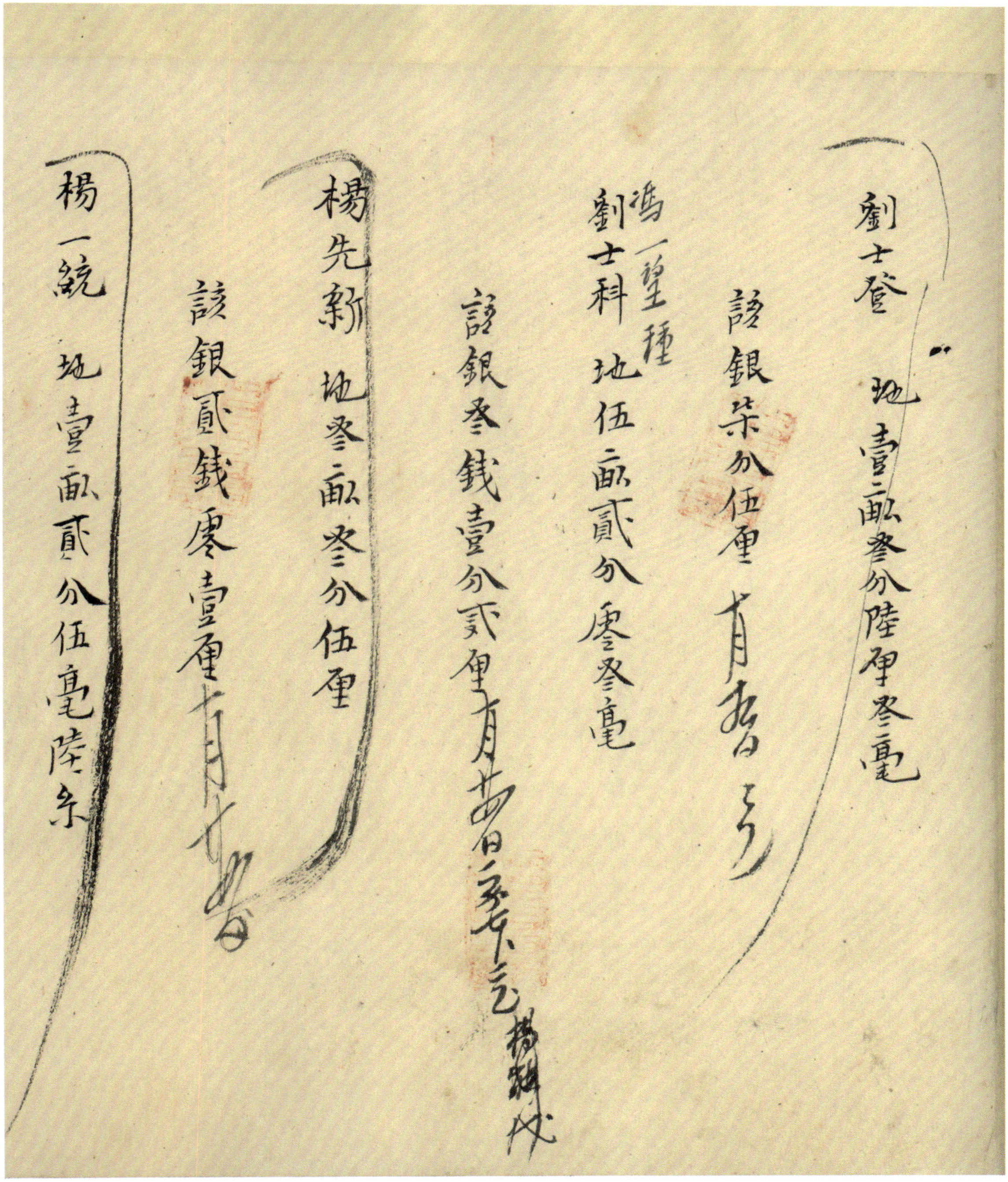
劉士登 地壹畝叁分陸厘叁毫
該銀柒分伍厘 有書[illegible]
馮一望種
劉士科 地伍畝貳分零叁毫
該銀叁錢壹分貳厘 有[illegible]
楊先新 地叁畝叁分伍厘
該銀貳錢零壹厘 [illegible]
楊一鋭 地壹畝貳分伍毫陸絲

22.3cm x 24.7cm

崇禎十五年六月二十九日

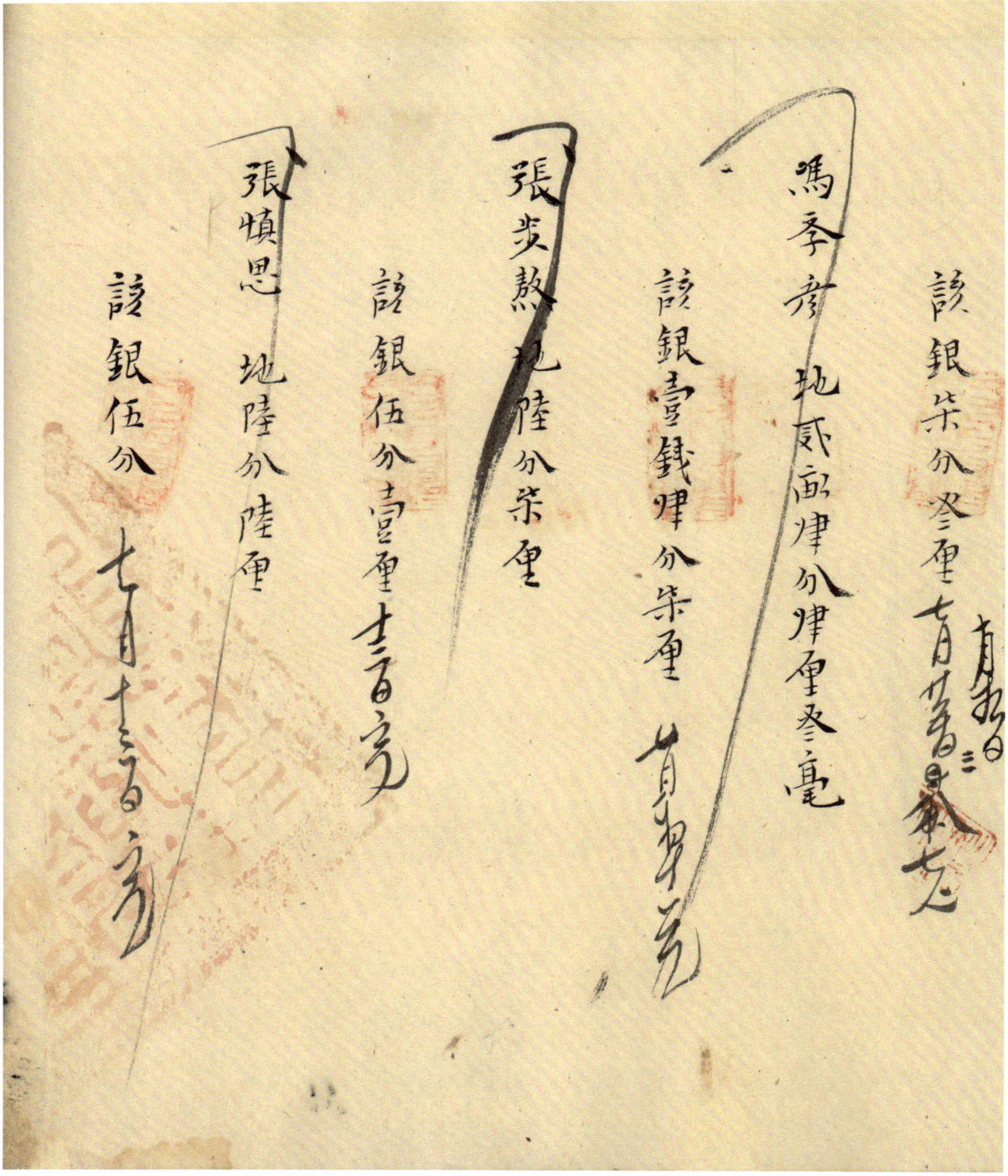

該銀柒分叁厘　七月廿三日 完 七厘

馮季彥　地貳畝肆分肆厘叁毫

該銀壹錢肆分柒厘　七月廿四日完

張炎敖　地陸分柒厘

該銀伍分壹厘　七月十三日完

張慎思　地陸分陸厘

該銀伍分　七月十三日完

22.3cm x 24.7cm

崇禎十五年至聖廟平巨屯七甲佃户祀田地畝糧銀清册

崇禎十五年六月二十九日

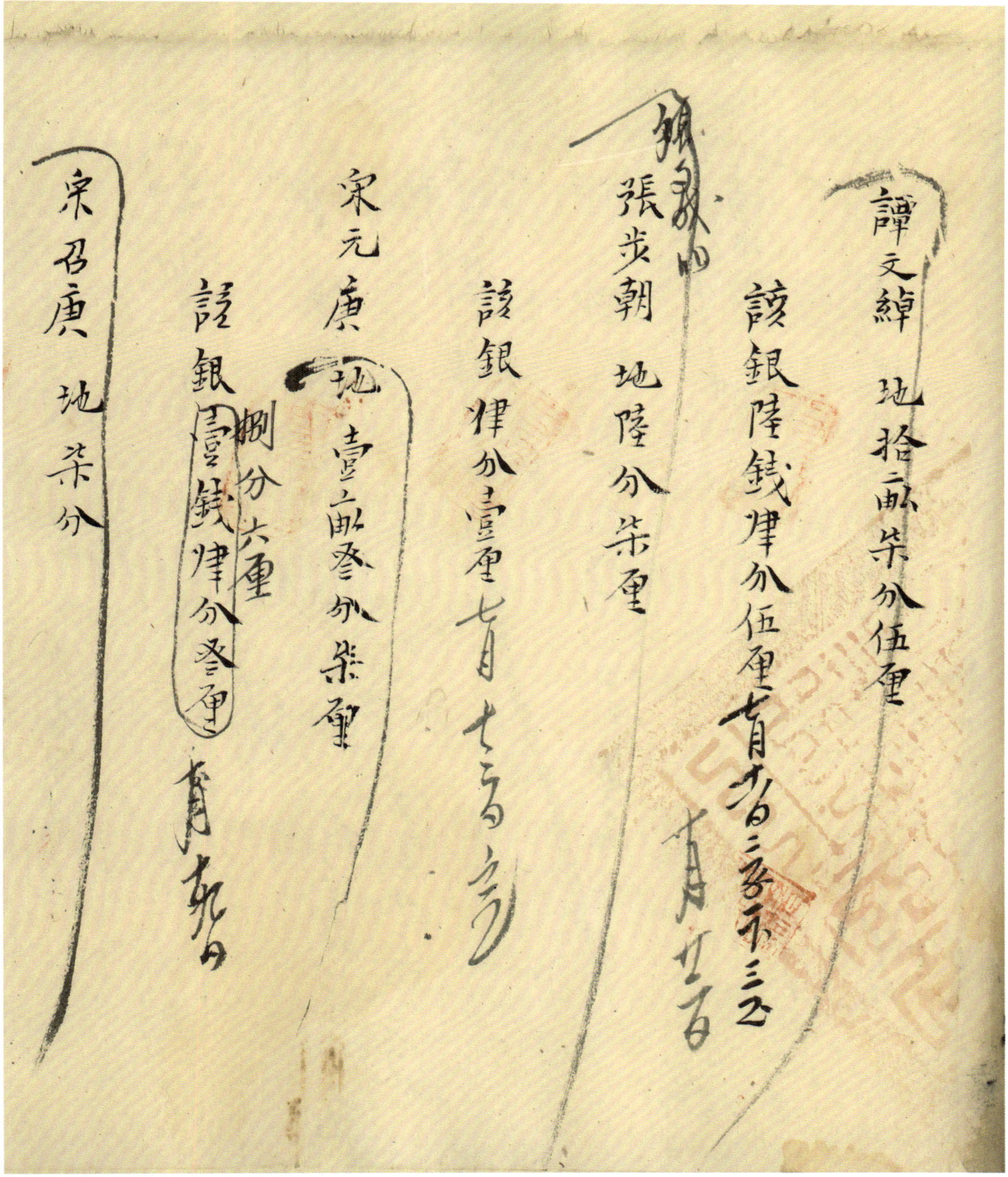
譚文綽 地拾畝柒分伍厘
該銀陸錢肆分伍厘
張光朝 地陸分柒厘
該銀肆分壹厘
宋元庚 地壹畝叁分柒厘
該銀壹錢肆分叁厘 捌分六厘
宋召庚 地柒分

22.3cm x 24.7cm

崇禎十五年六月二十九日

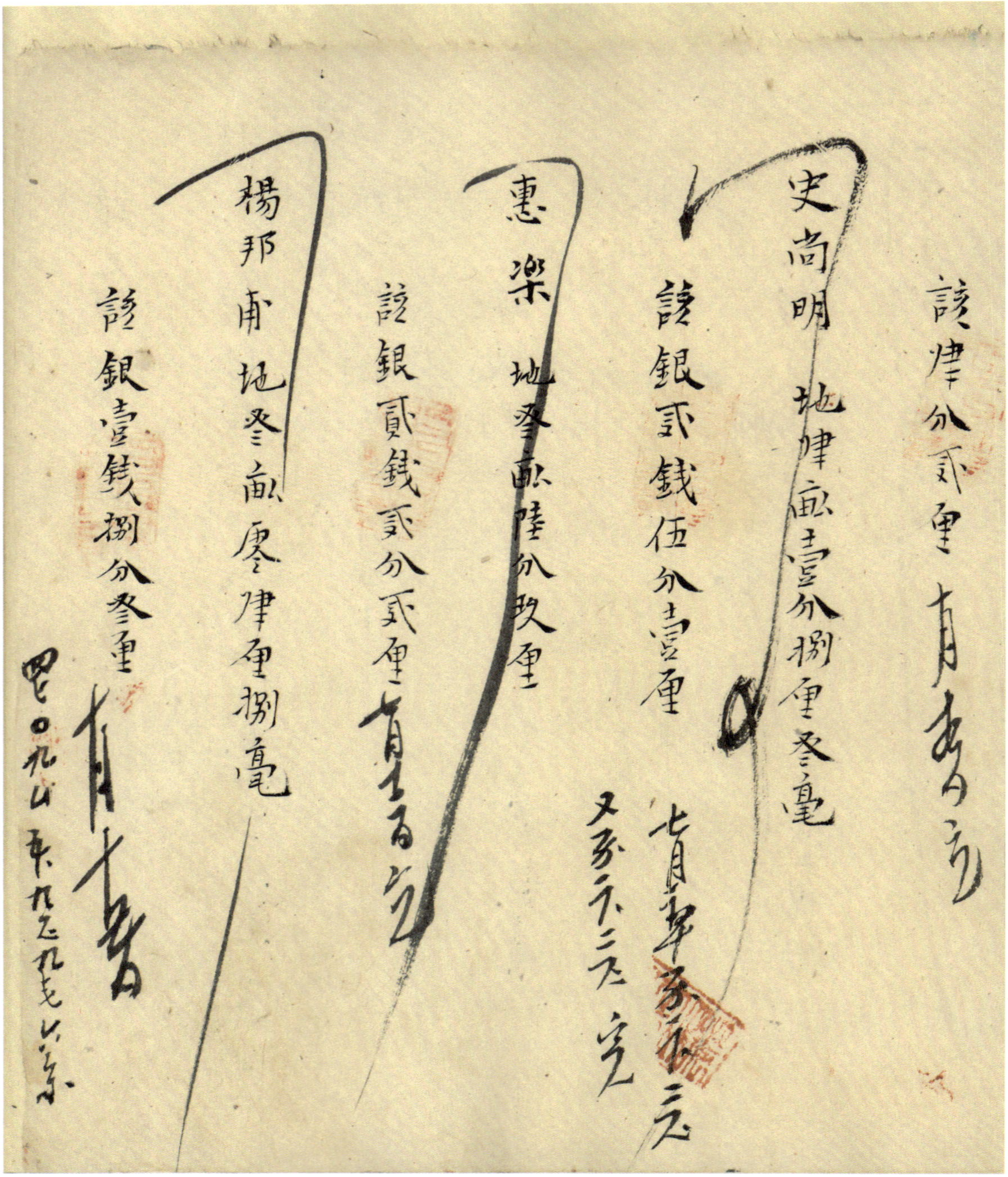
該肆分貳厘 [illegible]
史尚明 地肆畝壹分捌厘叁毫
該銀貳錢伍分壹厘 [illegible]
惠樂 地叁畝陸分玖厘
該銀貳錢貳分貳厘 [illegible]
楊邦甫 地叁畝零肆厘捌毫
該銀壹錢捌分叁厘 [illegible]

22.3cm x 24.7cm

崇禎十五年六月二十九日

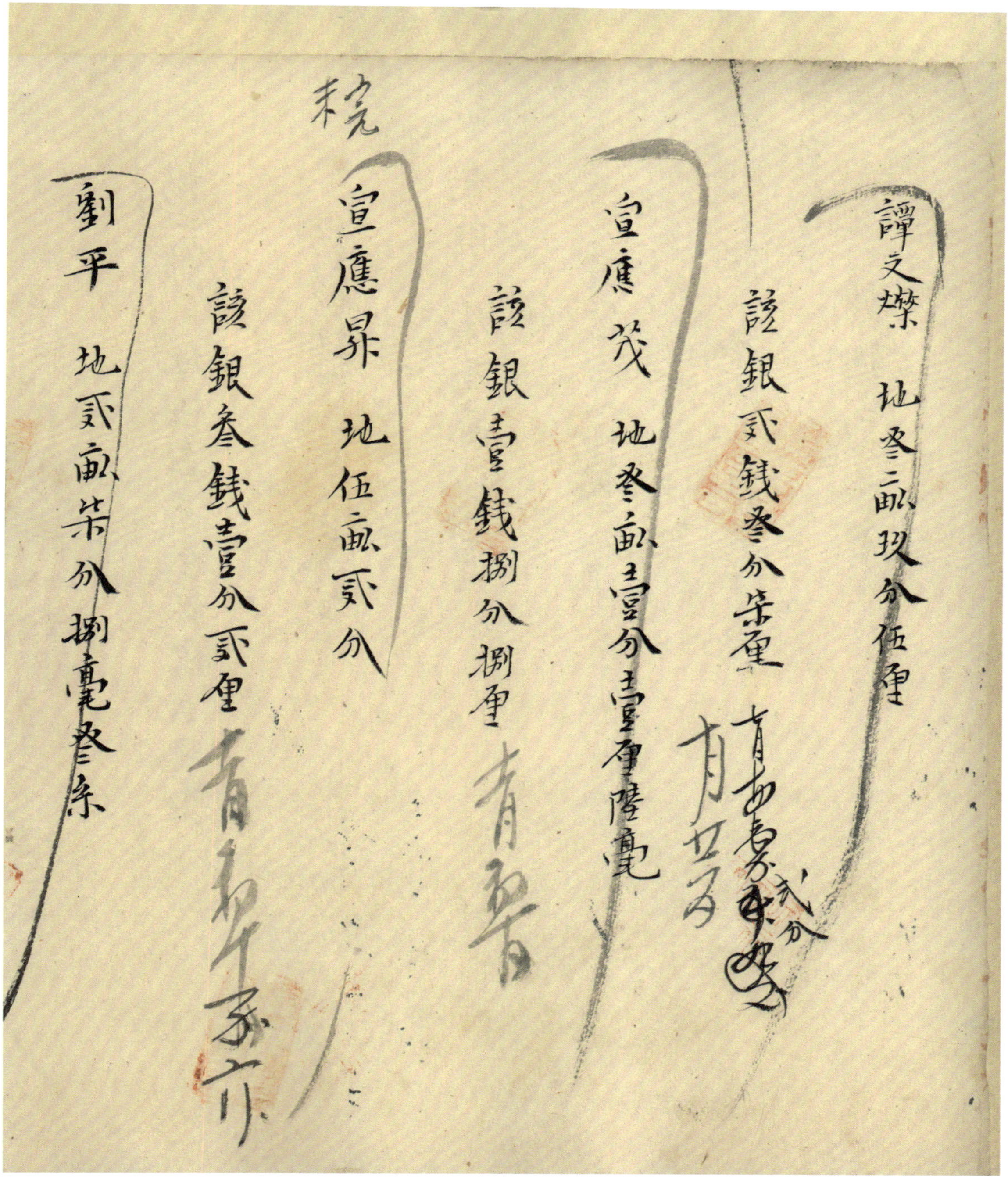
税

譚文爍 地叁畝玖分伍厘
該銀貳錢叁分柒厘

宣應茂 地叁畝壹分壹厘毫陸毫
該銀壹錢捌分捌厘

宣應昇 地伍畝貳分
該銀叁錢壹分貳厘

劉平 地貳畝柒分捌毫叁系

22.3cm x 24.7cm

崇禎十五年六月二十九日

該銀壹錢陸分叁厘 有書

楊一帥 地伍畝貳分玖厘貳毫

該銀叁錢壹分捌厘 有書

楊能 地叁畝玖分毫

該銀貳錢叁分肆厘 有書

張陽 地伍分壹厘陸毫

該銀叁分貳厘

李自勤認

22.3cm x 24.7cm

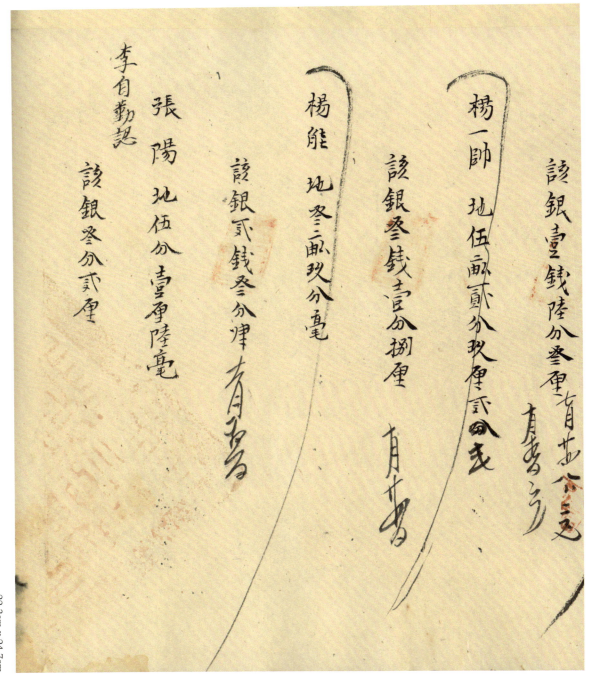

崇禎十五年六月二十九日

九

譚文方　地伍畝貳分叁厘叁毫
該銀叁錢壹分肆厘　七月[illegible]七人

趙九功　地貳拾柒畝陸分貳厘伍毫
該銀壹兩陸錢伍分捌厘　[illegible]九人

十月[illegible]

楊元領　地貳畝
該銀壹錢貳分

楊明傳　地壹畝柒分

十月[illegible]

22.3cm x 24.7cm

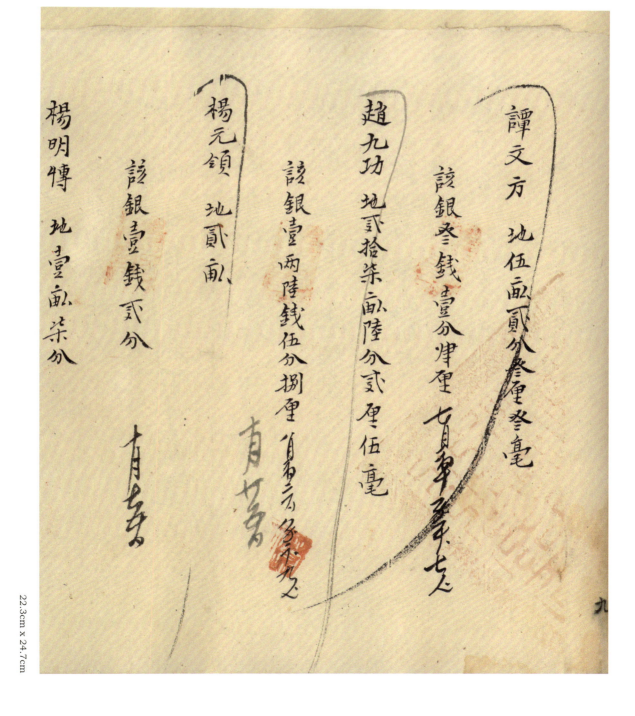

崇禎十五年六月二十九日

該銀壹錢貳厘

楊先遇　地伍畝壹分貳厘貳毫

該銀叁錢零貳厘　十六年背查

楊化敬　地壹畝零柒厘

該銀陸分零伍厘

蔣宗教　地壹畝貳分

該銀柒分貳厘

22.3cm x 24.7cm

崇禎十五年六月二十九日

楊一京 地壹畝捌分伍厘壹毫
該銀壹錢壹分壹厘
有昔
張棟 地壹畝陸分伍厘壹毫
李自勤認
該銀壹錢
劉綏
劉士行 地陸分捌厘叁毫
該銀肆分貳厘
張士登 地叁畝壹分陸厘

22.3cm x 24.7cm

崇禎十五年六月二十九日

該銀壹錢玖分　七月[illegible]立

楊一振　地貳畝捌分肆厘貳毫

該銀壹錢柒分壹厘

有[illegible]立　楊一富代

楊守信　地壹畝叁分肆厘

該銀捌分壹厘

有[illegible]立　楊一富代

李太

李希尧　地壹畝叁分柒厘

該銀捌分叁厘

22.3cm x 24.7cm

崇禎十五年六月二十九日

李孝種
李忠　地柒分貳毫陸系
該銀肆分叁厘
楊一實　地叁畝伍分陸厘柒毫
該銀貳錢壹分伍厘
李孝種
李希書　地柒分肆厘柒毫
該銀肆分伍厘
楊一相　地壹畝貳分

22.3cm x 24.7cm

崇禎十五年六月二十九日

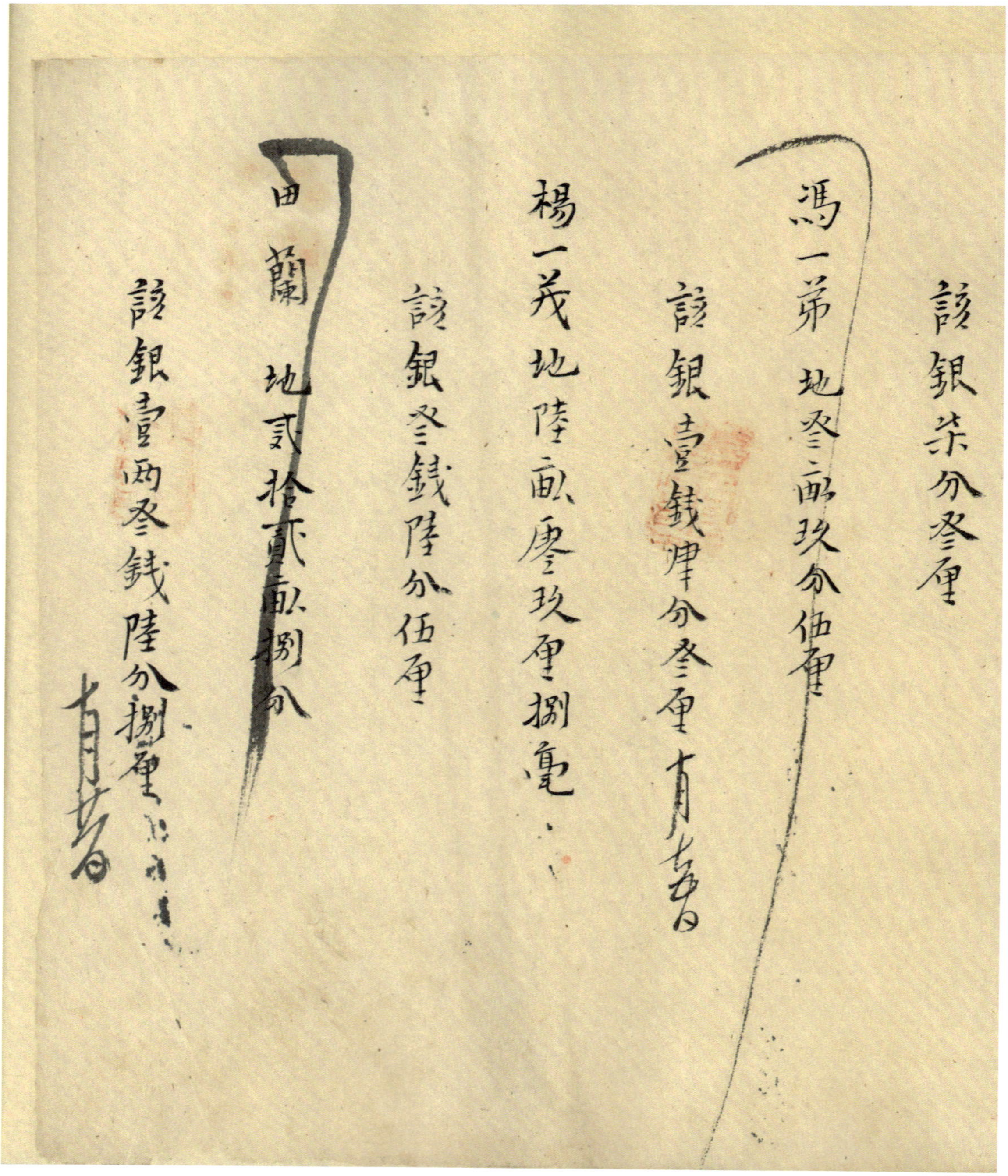

該銀柒分叁厘

馮一第 地叁畝玖分伍厘

該銀壹錢肆分叁厘 有者

楊一茂 地陸畝叁玖厘捌毫

該銀叁錢陸分伍厘

田蘭 地貳拾貳畝捌分

該銀壹兩叁錢陸分捌厘 有者

22.3cm x 24.7cm

崇禎十五年至聖廟平巨屯七甲佃户祀田地畝糧銀清册

崇禎十五年六月二十九日

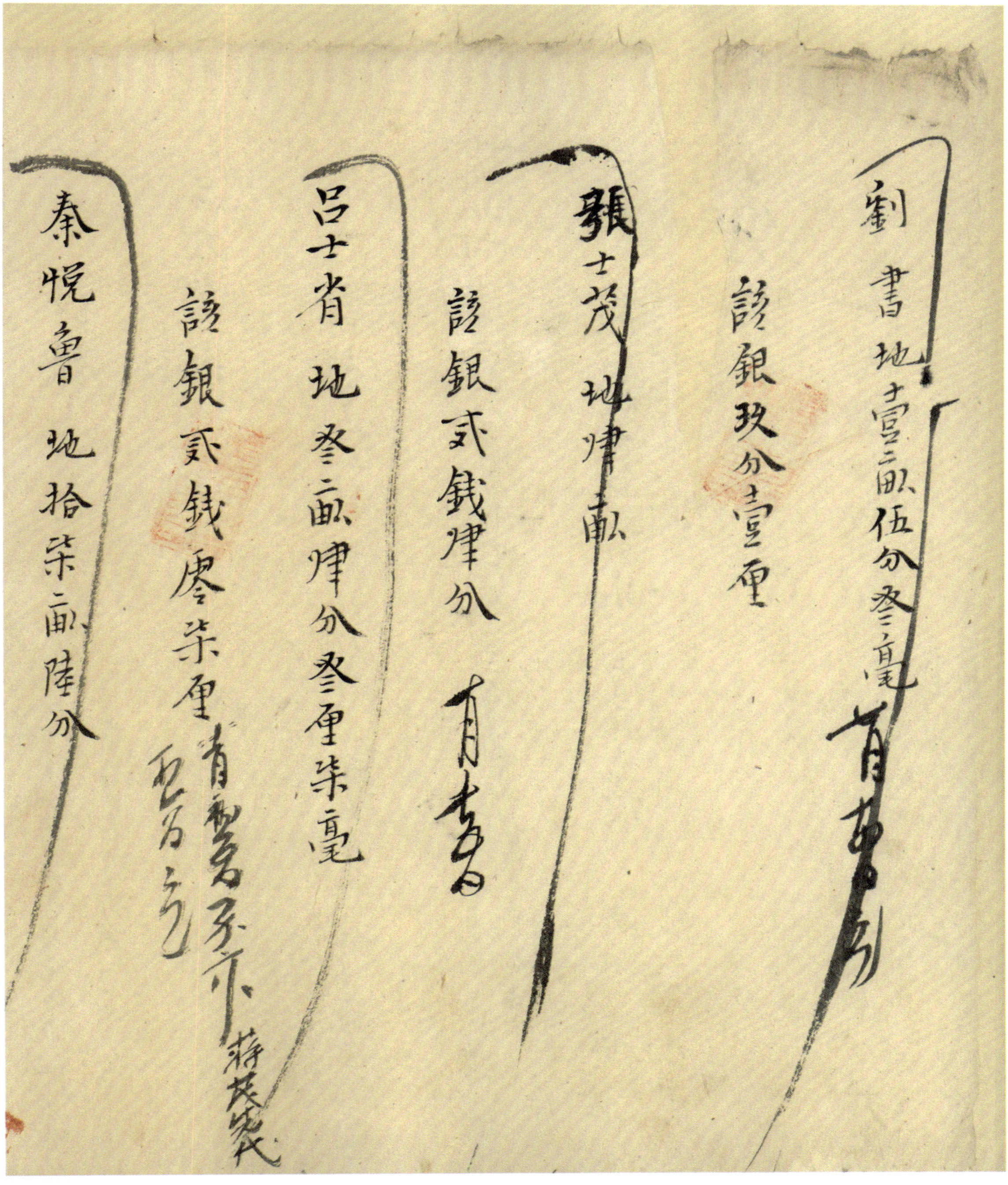

劉書 地壹畝伍分叁毫
該銀玖分壹厘
張士茂 地肆畝
該銀貳錢肆分
呂士省 地叁畝肆分叁厘柒毫
該銀貳錢零柒厘
秦悦魯 地拾柒畝陸分

22.3cm x 24.7cm

崇禎十五年至聖廟平巨屯七甲佃户祀田地畝糧銀清册

崇禎十五年六月二十九日

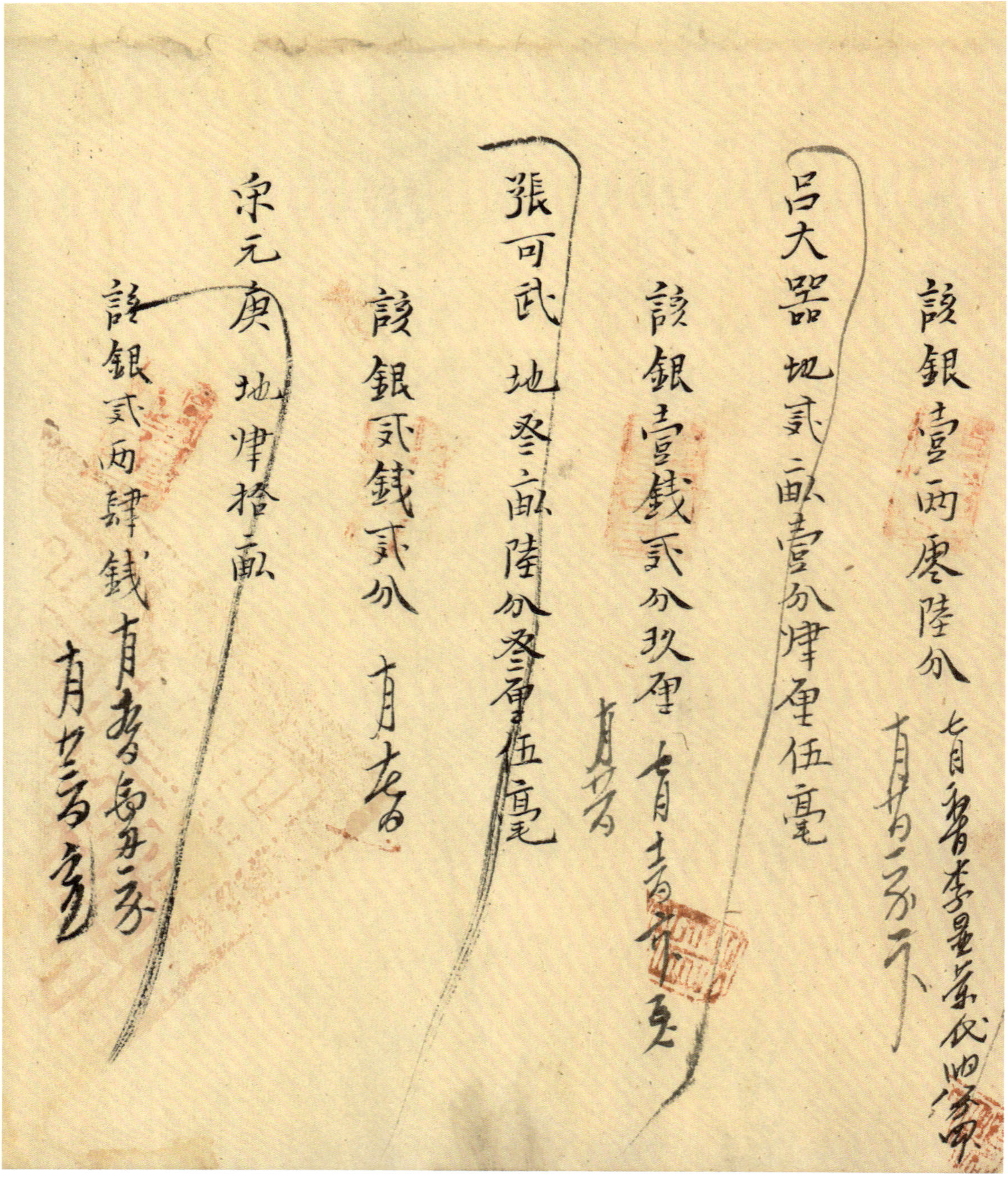
該銀壹兩零陸分
呂大器 地貳畝壹分肆厘伍毫
該銀壹錢貳分玖厘
張可武 地叁畝陸分叁厘伍毫
該銀貳錢貳分
宋元庚 地肆拾畝
該銀貳兩肆錢

22.3cm x 24.7cm

崇禎十五年六月二十九日

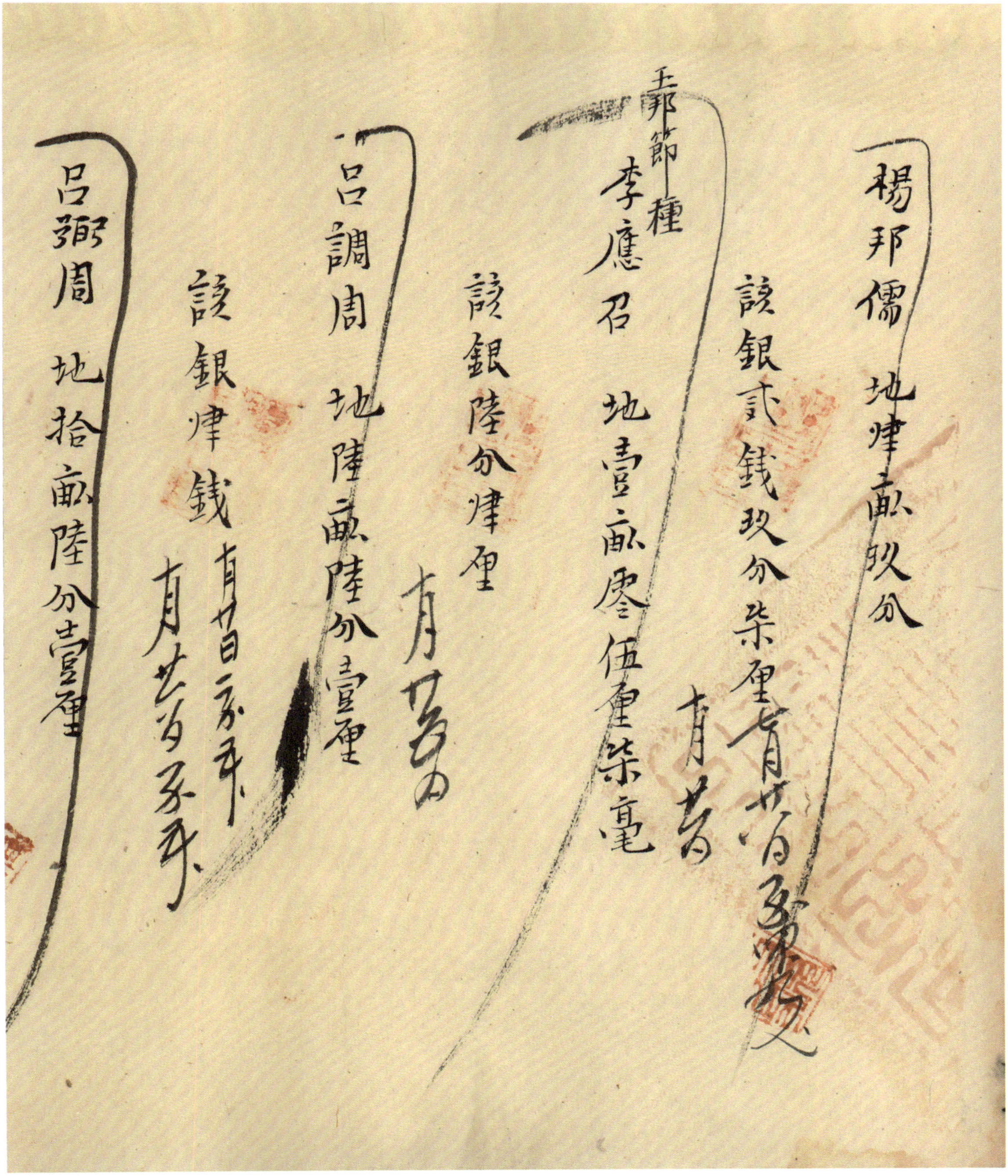
楊邦儒 地肆畝玖分
該銀貳錢玖分柒厘

王邦節種
李應召 地壹畝零伍厘柒毫
該銀陸分肆厘

吕調周 地陸畝陸分壹厘
該銀肆錢

吕鄉周 地拾畝陸分壹厘

22.3cm x 24.7cm

該銀陸錢肆分　七月十日完　十月廿一日完

楊邦正　地肆畝伍分伍厘柒毫
該銀貳錢柒分肆厘　十月廿四日

張志茂　地伍畝柒分捌厘
該銀叁錢伍分

王鳳祥　地玖畝柒分伍厘
該銀伍錢捌分伍厘　七月十二日完
二七四畢土山下口不足四錢

22.3cm x 24.7cm

崇禎十五年至聖廟平巨屯七甲佃户祀田地畝糧銀清册

崇禎十五年六月二十九日

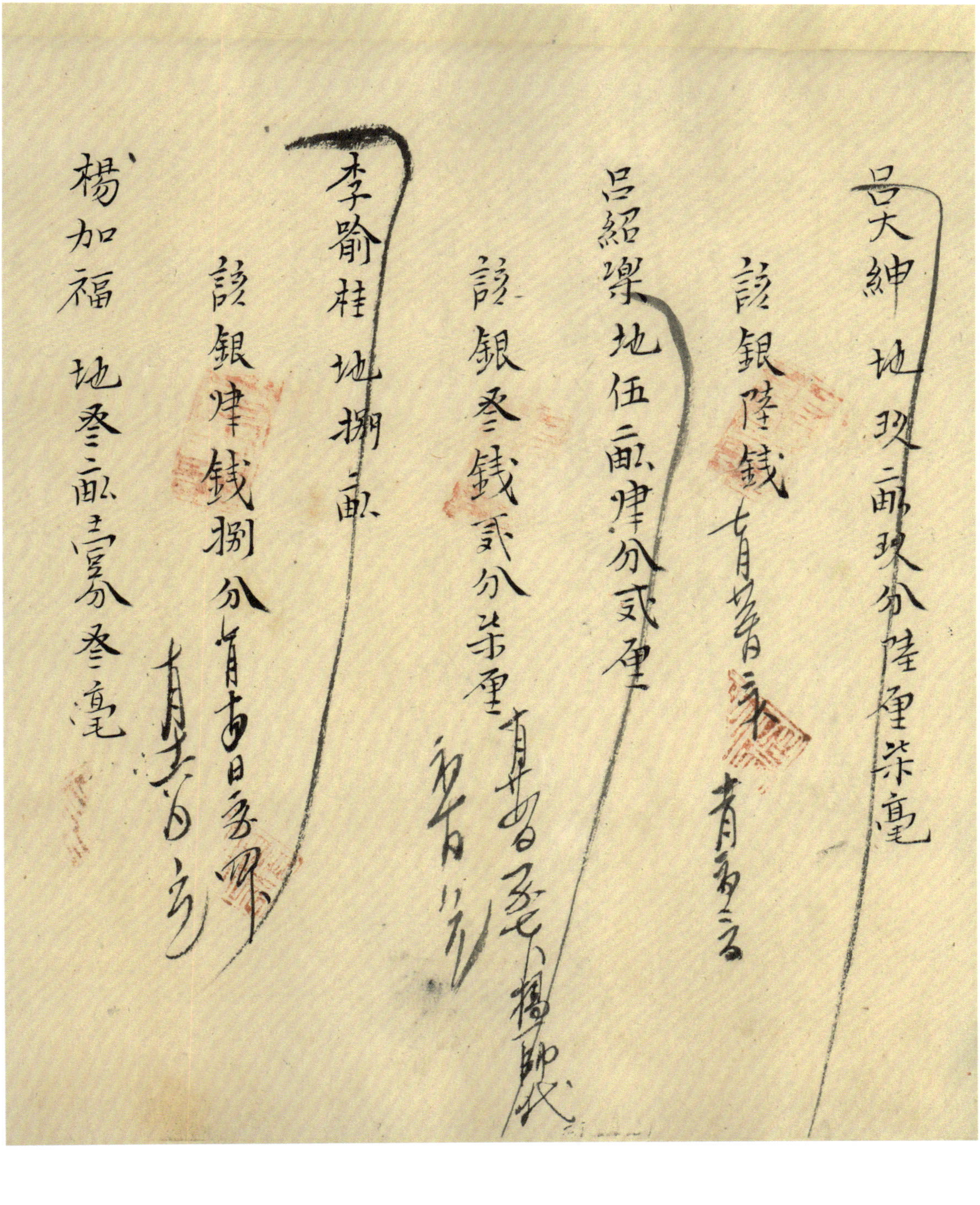
呂大紳 地玖畝玖分陸釐柒毫
該銀陸錢
呂紹樂 地伍畝肆分貳釐
該銀叁錢貳分柒釐
楊帥代
李餘桂 地捌畝
該銀肆錢捌分
楊加福 地叁畝壹分叁毫

22.3cm x 24.7cm

崇禎十五年至聖廟平巨屯七甲佃户祀田地畝糧銀清册

崇禎十五年六月二十九日

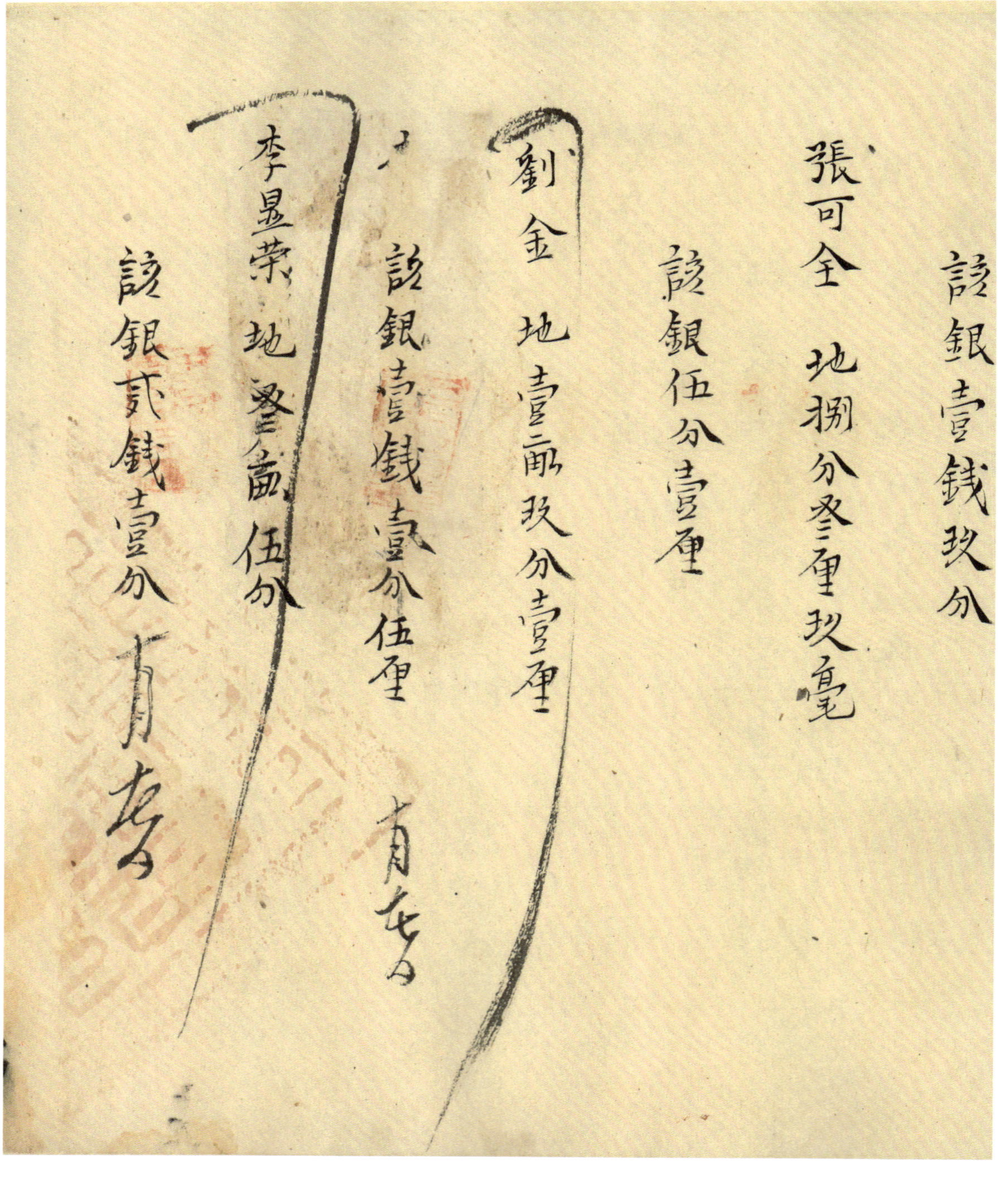
該銀壹錢玖分
張可全　地捌分叁厘玖毫
該銀伍分壹厘
劉金　地壹畝玖分壹厘
該銀壹錢壹分伍厘　有查
李昷榮　地叁畝伍分
該銀貳錢壹分　有查

22.3cm x 24.7cm

崇禎十五年至聖廟平巨屯七甲佃户祀田地畝糧銀清册

崇禎十五年六月二十九日

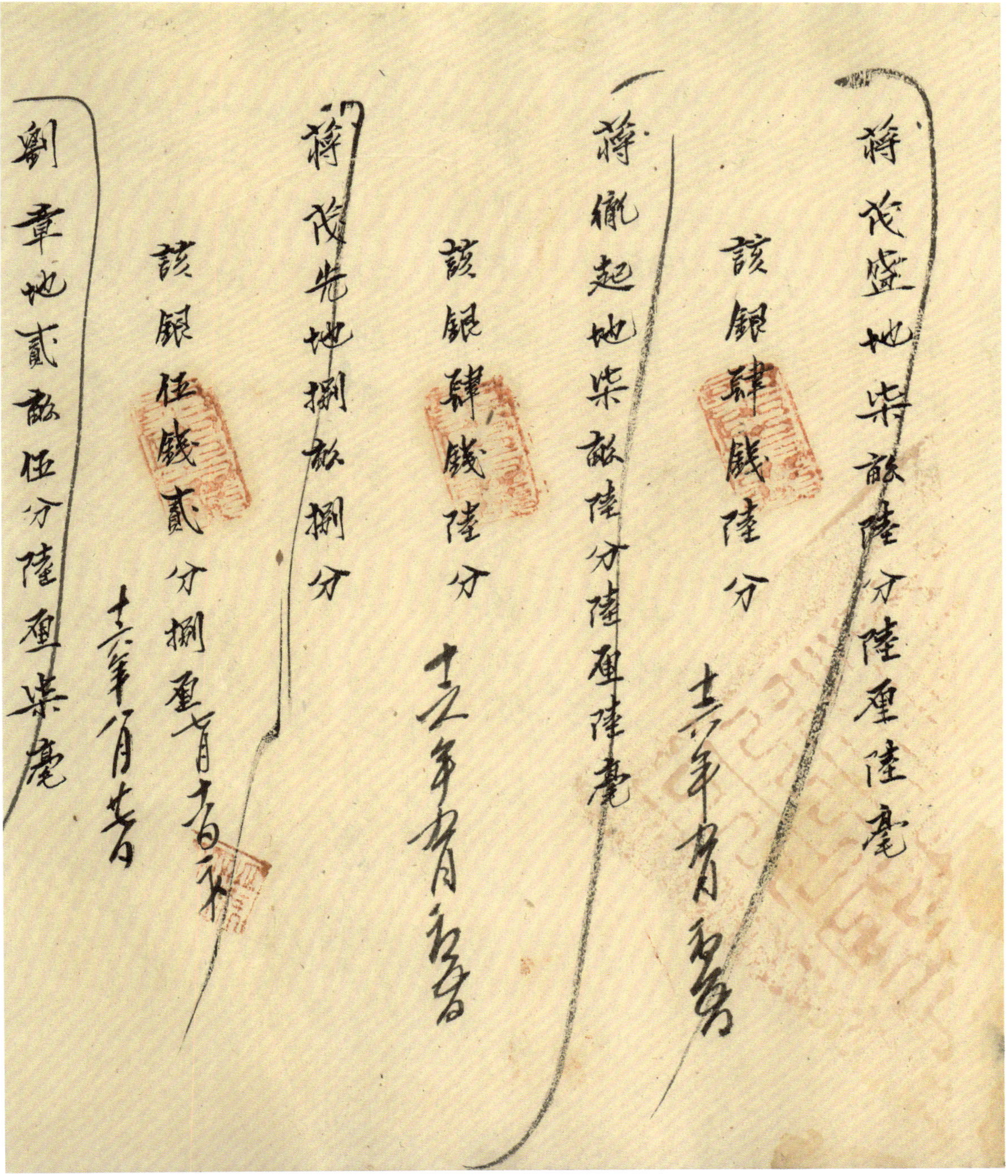

蔣茂盛地柒畝陸分陸厘陸毫
該銀肆錢陸分
十六年[illegible]月[illegible]

蔣億起地柒畝陸分陸厘陸毫
該銀肆錢陸分
十六年[illegible]月[illegible]

蔣茂先地捌畝捌分
該銀伍錢貳分捌厘七月[illegible]
十六年[illegible]月[illegible]

劉章地貳畝伍分陸厘柒毫

22.3cm x 24.7cm

崇禎十五年至聖廟平巨屯七甲佃户祀田地畝糧銀清册

崇禎十五年六月二十九日

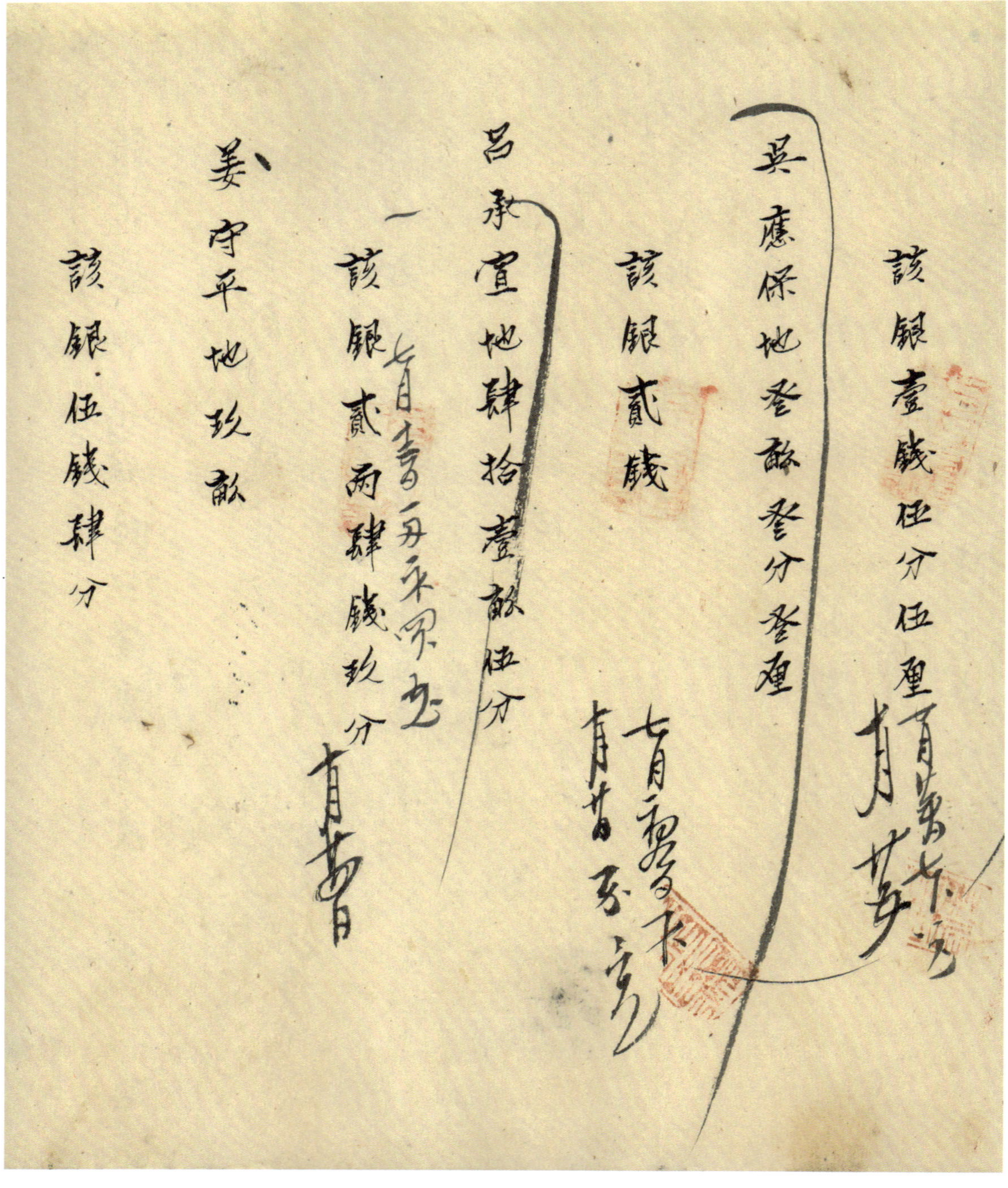
該銀壹錢伍分伍厘
吴應保地叁畝叁分叁厘
該銀貳錢
呂承宣地肆拾壹畝伍分
一 該銀貳兩肆錢玖分
姜守平地玖畝
該銀伍錢肆分

22.3cm x 24.7cm

崇禎十五年六月二十九日

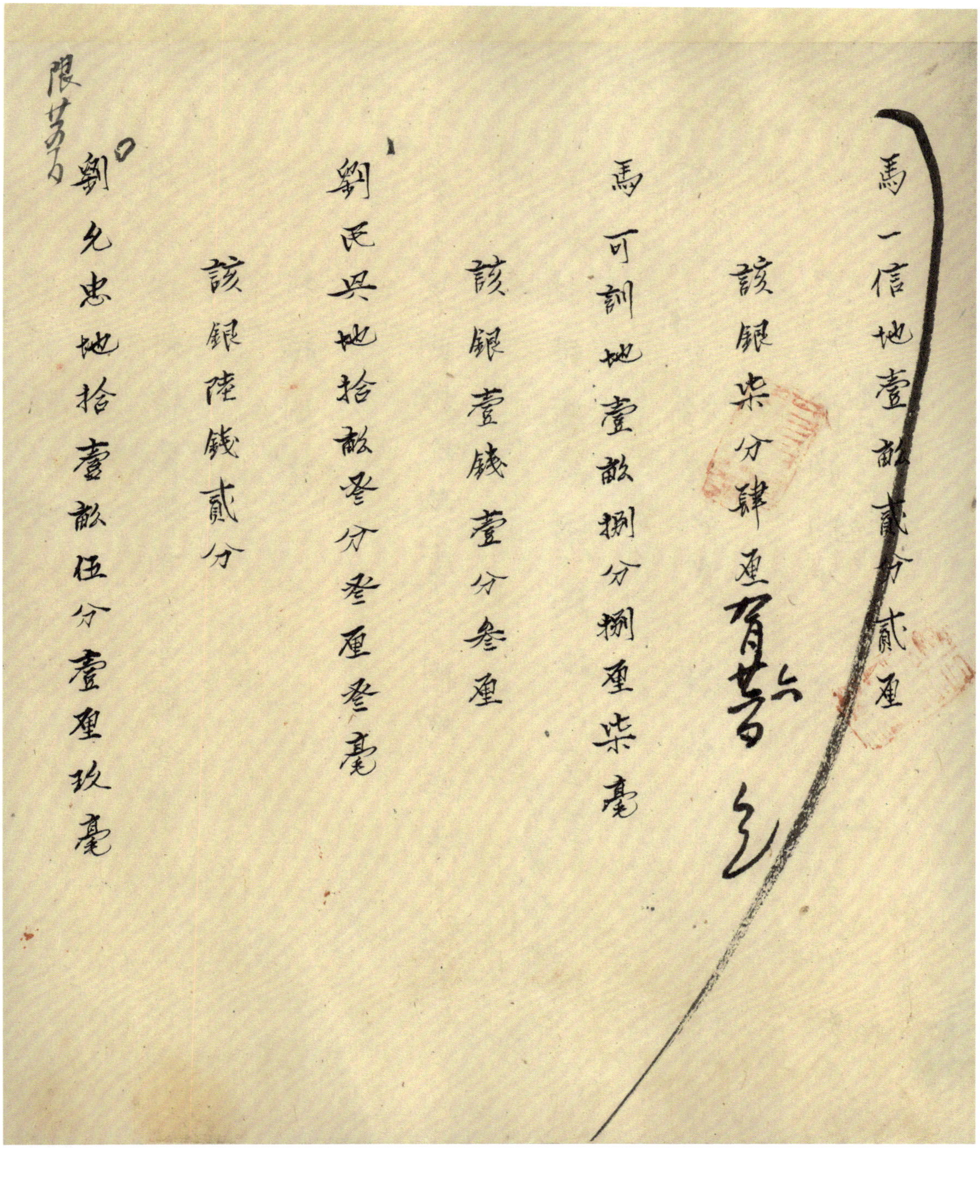
馬一信地壹畝貳分貳厘
該銀柒分肆厘
馬可訓地壹畝捌分捌厘柒毫
該銀壹錢壹分叁厘
劉氏吳地拾畝叁分叁厘叁毫
該銀陸錢貳分
劉允忠地拾壹畝伍分壹厘玖毫
限廿五日

22.3cm x 24.7cm

崇禎十五年至聖廟平巨屯七甲佃户祀田地畝糧銀清册

崇禎十五年六月二十九日

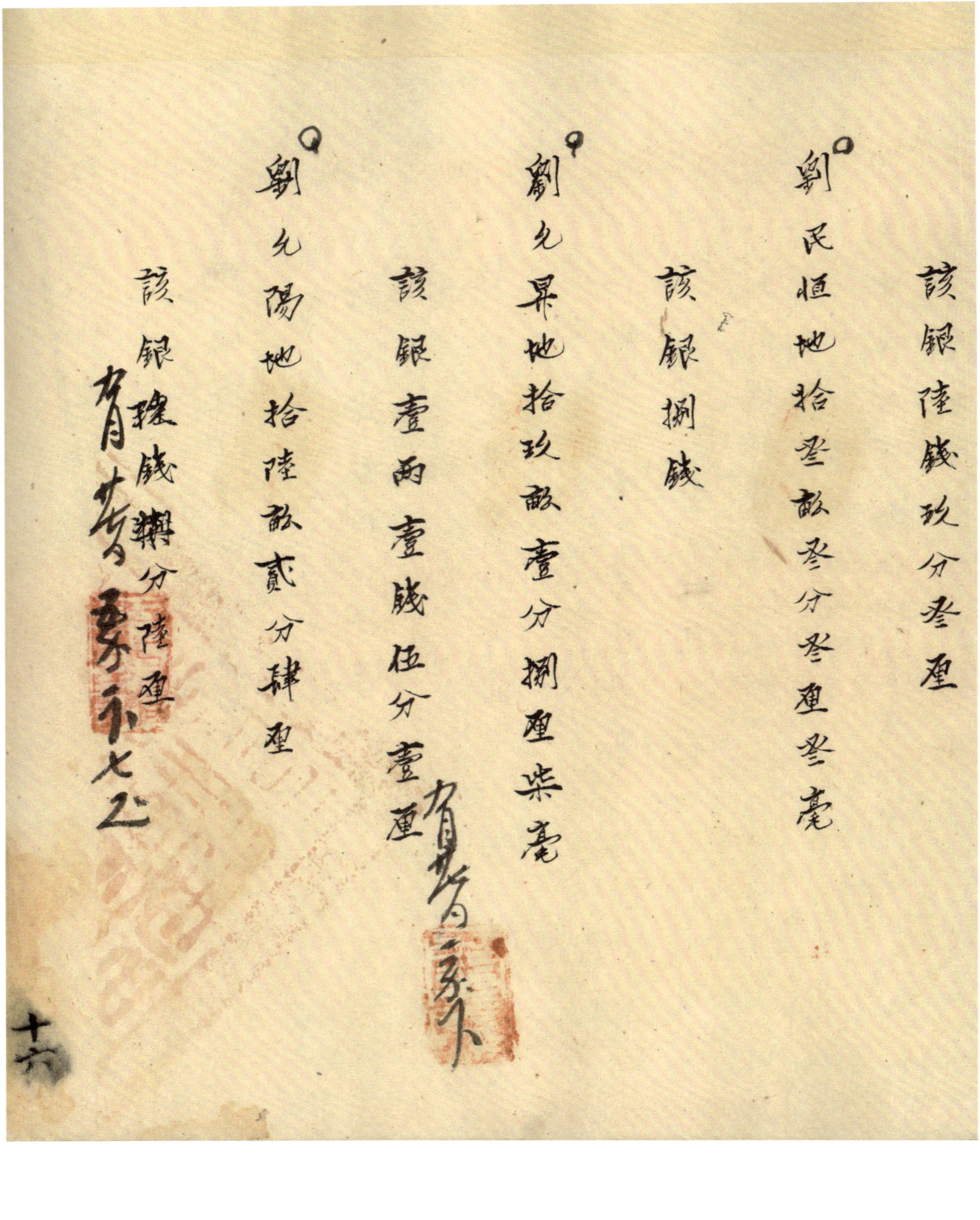
該銀陸錢玖分叁厘
劉氏恒地拾叁畝叁分叁厘叁毫
該銀捌錢
劉允昇地拾玖畝壹分捌厘柒毫
該銀壹兩壹錢伍分壹厘
有恭
劉允陽地拾陸畝貳分肆厘
該銀捌錢捌分陸厘
有恭
十六

22.3cm x 24.7cm

崇禎十五年六月二十九日

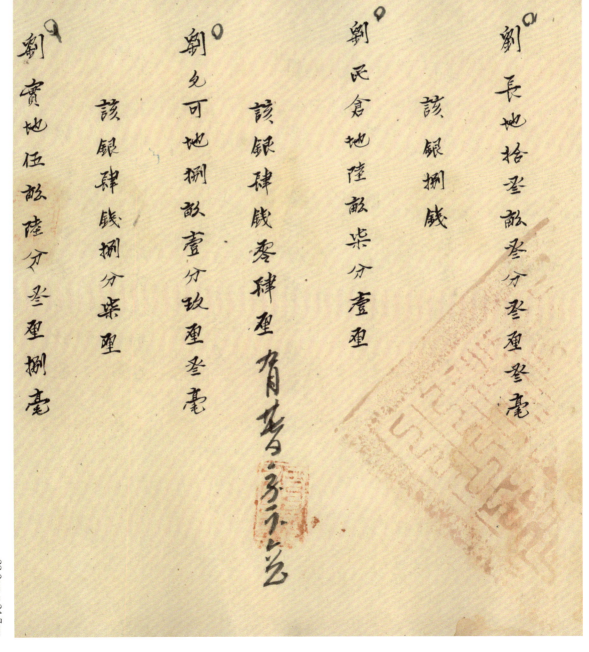

劉長地拾叁畝叁分叁厘叁毫
該銀捌錢
劉民倉地陸畝柒分壹厘
該銀肆錢零肆厘
劉允可地捌畝壹分玖厘叁毫
該銀肆錢捌分柒厘
劉實地伍畝陸分叁厘捌毫

22.3cm x 24.7cm

該銀叁錢叁分玖厘

劉允化地拾貳畝貳分叁厘

該銀柒錢壹分叁厘

劉公信地拾肆畝壹分柒厘

該銀捌錢伍分壹厘

劉允賀地捌畝伍分伍毫叁糸

該銀伍錢壹分貳厘

22.3cm x 24.7cm

崇禎十五年至聖廟平巨屯七甲佃户祀田地畝糧銀清册

崇禎十五年六月二十九日

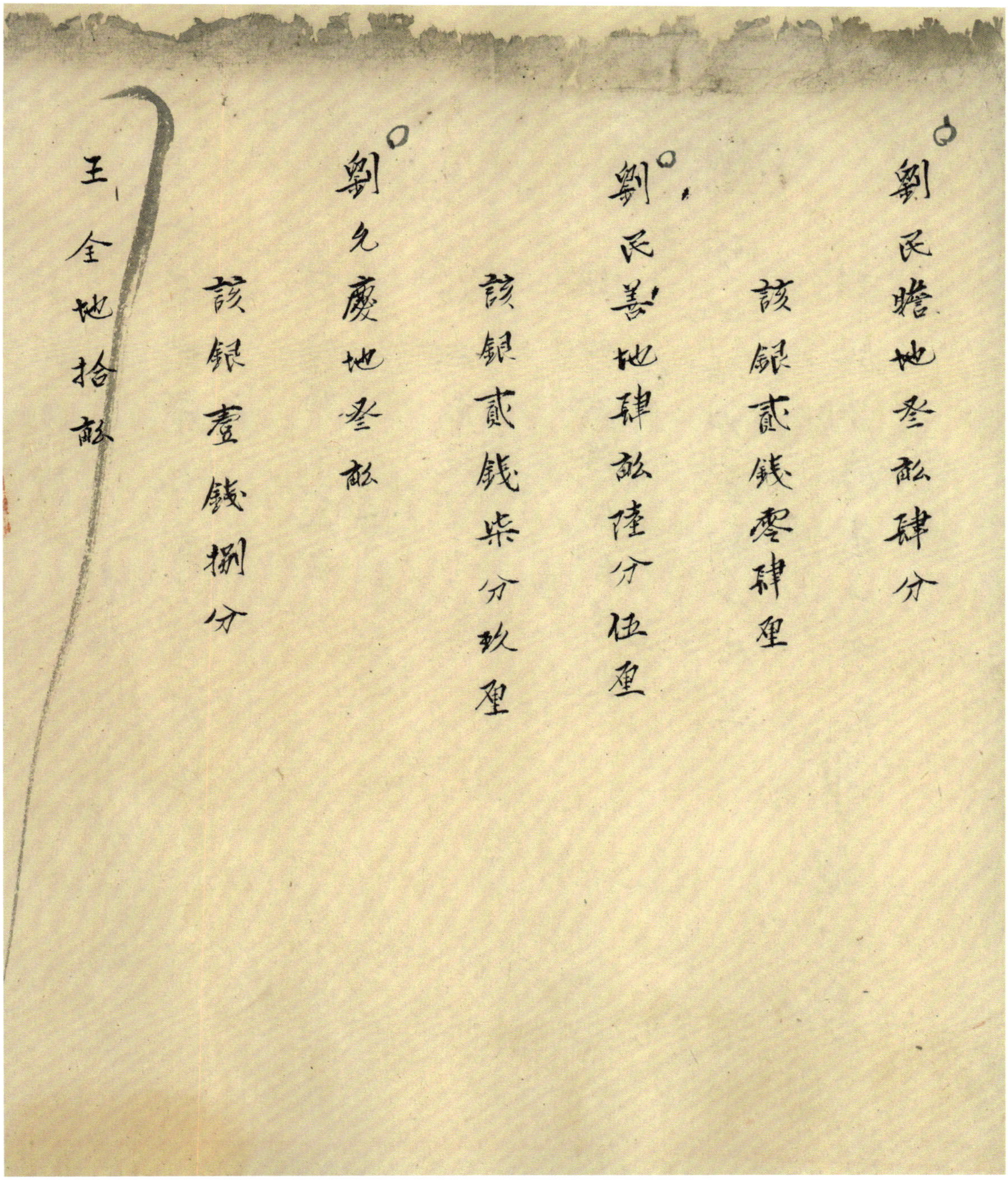
劉氏贍地叁畝肆分
該銀貳錢零肆釐
劉氏善地肆畝陸分伍釐
該銀貳錢柒分玖釐
劉允慶地叁畝
該銀壹錢捌分
王全地拾畝

22.3cm x 24.7cm

崇禎十五年六月二十九日

該銀陸錢

李士貴地壹畝零叁厘貳毫

該銀陸分貳厘

夏琛地伍畝玖分叁厘

該銀叁錢伍分陸厘

劉臻地拾壹畝捌分伍厘

該銀柒錢壹分壹厘

十八

22.3cm x 24.7cm

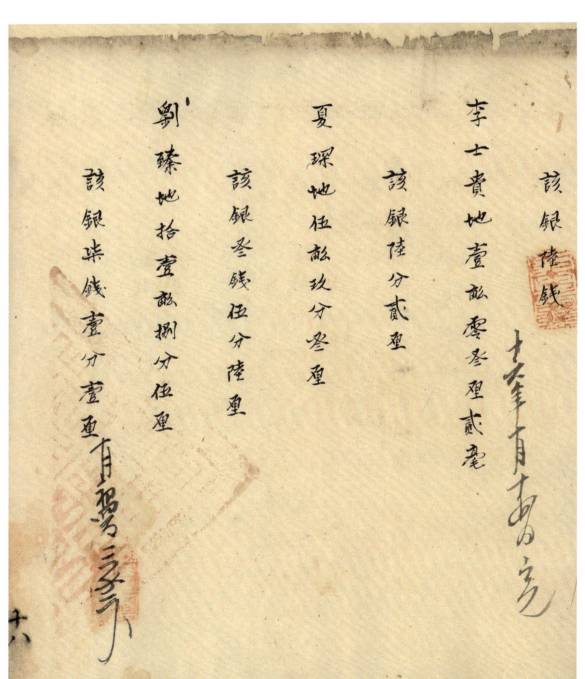

崇禎十五年至聖廟平巨屯七甲佃户祀田地畝糧銀清册

崇禎十五年六月二十九日

劉傑地叁畝玖分玖厘貳毫
該銀貳錢肆分
夏琚地伍畝零貳厘
該銀叁錢零壹厘
劉楷地拾肆畝捌分捌厘伍毫
該銀捌錢玖分肆厘
宋庙明家
劉科地捌畝捌分肆厘叁毫

22.3cm x 24.7cm

崇禎十五年六月二十九日

該銀伍錢叁分壹厘

夏時正地柒畝零陸厘肆毫

該銀肆錢肆分玖厘

夏中振地玖畝叁分叁厘陸毫叁糸

該銀伍錢叁分陸厘

夏民化地叁畝捌分

該銀貳錢貳分捌厘

三氏畢共來六九[illegible]

22.3cm x 24.7cm

崇禎十五年六月二十九日

夏民望地拾叁畝肆分貳厘叁毫

該銀捌錢零陸厘

夏民瞻地伍畝捌分壹厘陸毫

該銀叁錢五分

夏士宜地貳畝五分肆厘捌毫陸絲

該銀壹錢伍分肆厘

楊如松地貳畝伍分壹厘貳毫

22.3cm x 24.7cm

崇禎十五年至聖廟平巨屯七甲佃户祀田地畝糧銀清册

崇禎十五年六月二十九日

該銀壹錢伍分壹厘

石萬粮地伍畝玖分肆厘貳毫

該銀伍錢陸分

魏元龍地貳畝零貳厘捌毫

該銀壹錢貳分貳厘

魏元湧地叁畝肆分肆厘叁毫

該銀貳錢零柒厘

22.3cm x 24.7cm

崇禎十五年至聖廟平巨屯七甲佃户祀田地畝糧銀清册

崇禎十五年六月二十九日

魏元仕地壹畝伍分零叁系
該銀貳錢零柒厘
魏元傑地貳畝零玖厘捌毫叁系
該銀壹錢貳分陸厘
魏元罷地伍分柒毫
該銀叁分壹厘
張相地壹畝陸分壹厘

22.3cm x 24.7cm

崇禎十五年至聖廟平巨屯七甲佃户祀田地畝糧銀清册

崇禎十五年六月二十九日

該銀玖分柒厘
李士堯地貳畝壹分五厘貳毫
該銀壹錢伍分
馬振京地壹畝伍分貳厘柒毫叁系
該銀玖分貳厘
劉茂忠地壹畝柒分玖厘玖毫
該銀壹錢零捌厘

22.3cm x 24.7cm

崇禎十五年六月二十九日

趙玄玉地陸畝

該銀叁錢陸分

魏同交地捌分陸厘叁毫

該銀伍分貳厘

薛金地拾壹畝貳分柒厘

馬一信種

該銀陸錢柒分柒厘

宣貴認去訖

薛府地捌畝陸分捌厘伍毫

陳册

六月廿八票奉上信代

老老

22.3cm x 24.7cm

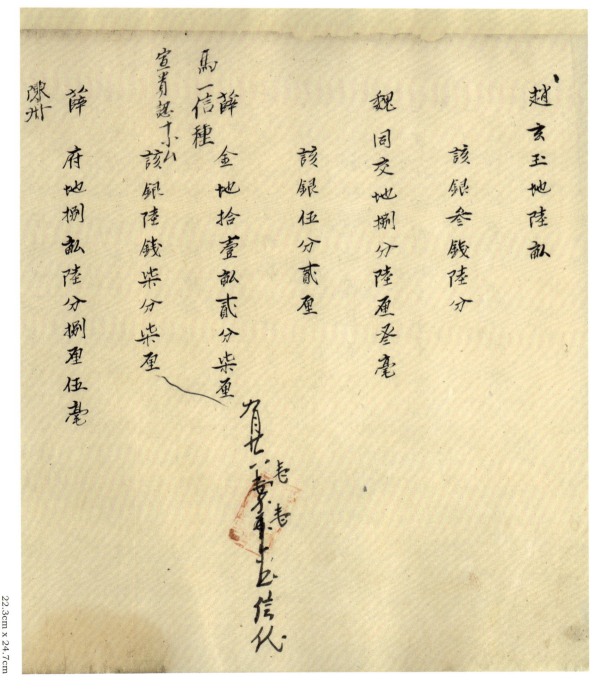

崇禎十五年六月二十九日

該銀伍錢貳分壹厘
譚登花地陸畝陸分陸厘
該銀伍錢肆分
左 春地壹畝柒分肆厘叁毫
該銀壹錢零伍厘
宣應秋地貳畝叁分叁厘
該銀壹錢貳分柒厘

22.3cm x 24.7cm

崇禎十五年六月二十九日

宜應夏地壹畝肆分陸釐柒毫
該銀捌分捌釐
魏清地肆拾柒畝
該銀叁兩貳錢貳分
陳奇章地拾肆畝柒分
該銀捌錢捌分貳釐
宜應相地伍畝五分

22.3cm x 24.7cm

崇禎十五年六月二十九日

該銀壹錢捌分陸厘
趙連城地貳畝零壹厘柒毫
該銀壹錢貳分貳厘
陳有弟地柒分捌厘叁毫
該銀肆分柒厘
陳文見認
江順地叁分陸厘柒毫
該銀貳分叁厘
十月廿四

22.3cm x 24.7cm

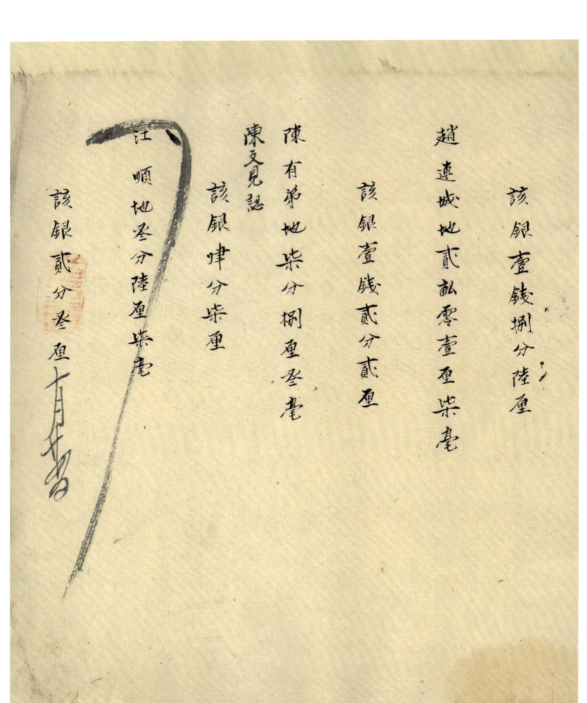

崇禎十五年六月二十九日

張應實地伍畝壹分柒厘柒毫
該銀叁錢壹分壹厘
張應選地拾叁畝壹分柒厘叁毫
該銀柒錢捌分捌厘
李逢時地貳畝捌分捌厘柒毫
該銀壹錢柒分五厘
張言地貳分捌厘

22.3cm x 24.7cm

崇禎十五年至聖廟平巨屯七甲佃户祀田地畝糧銀清册

崇禎十五年六月二十九日

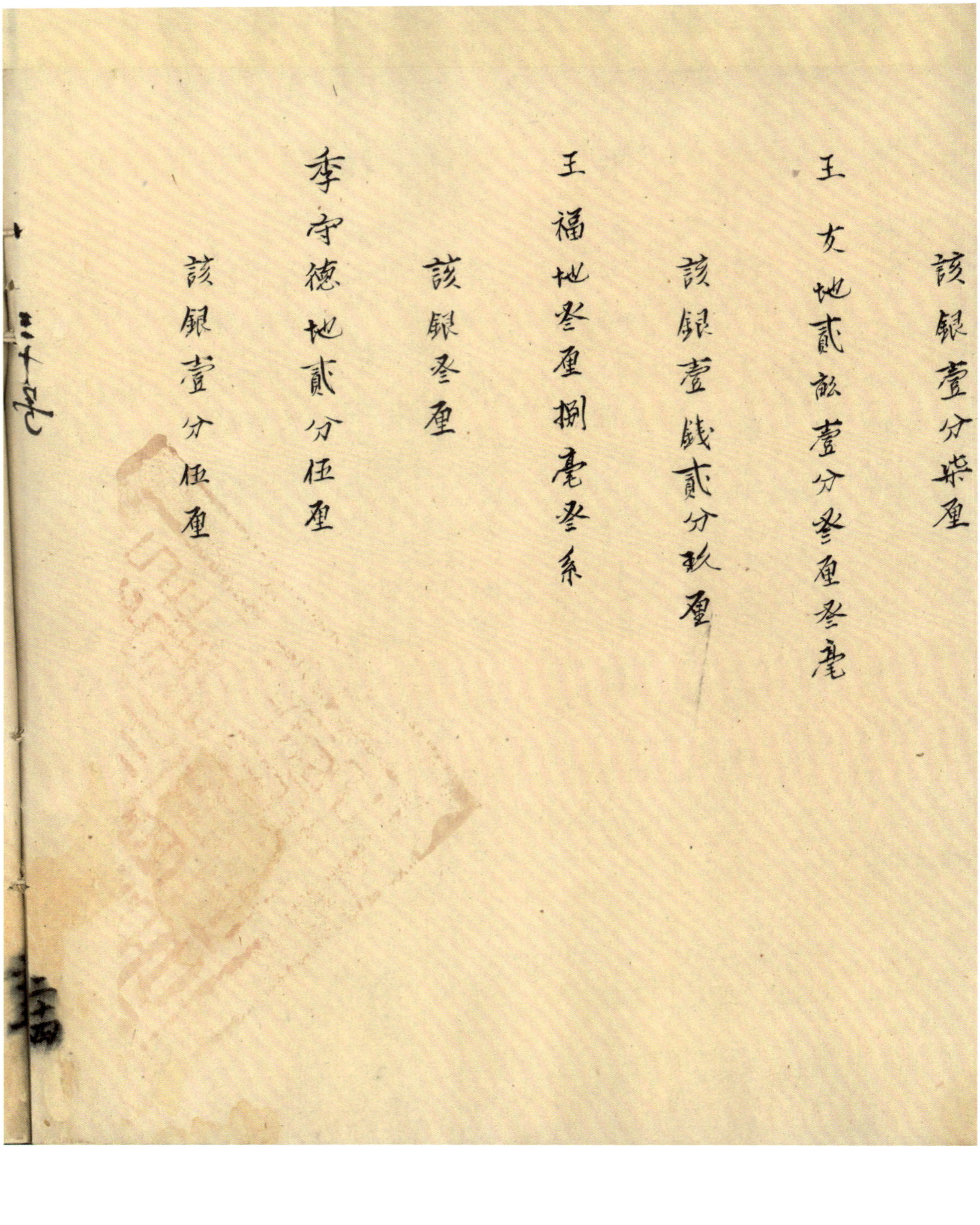

該銀壹分柒厘

王　友地貳畝壹分叁厘叁毫

該銀壹錢貳分玖厘

王福地叁厘捌毫叁系

該銀叁厘

李守德地貳分伍厘

該銀壹分伍厘

22.3cm x 24.7cm

崇禎十五年六月二十九日

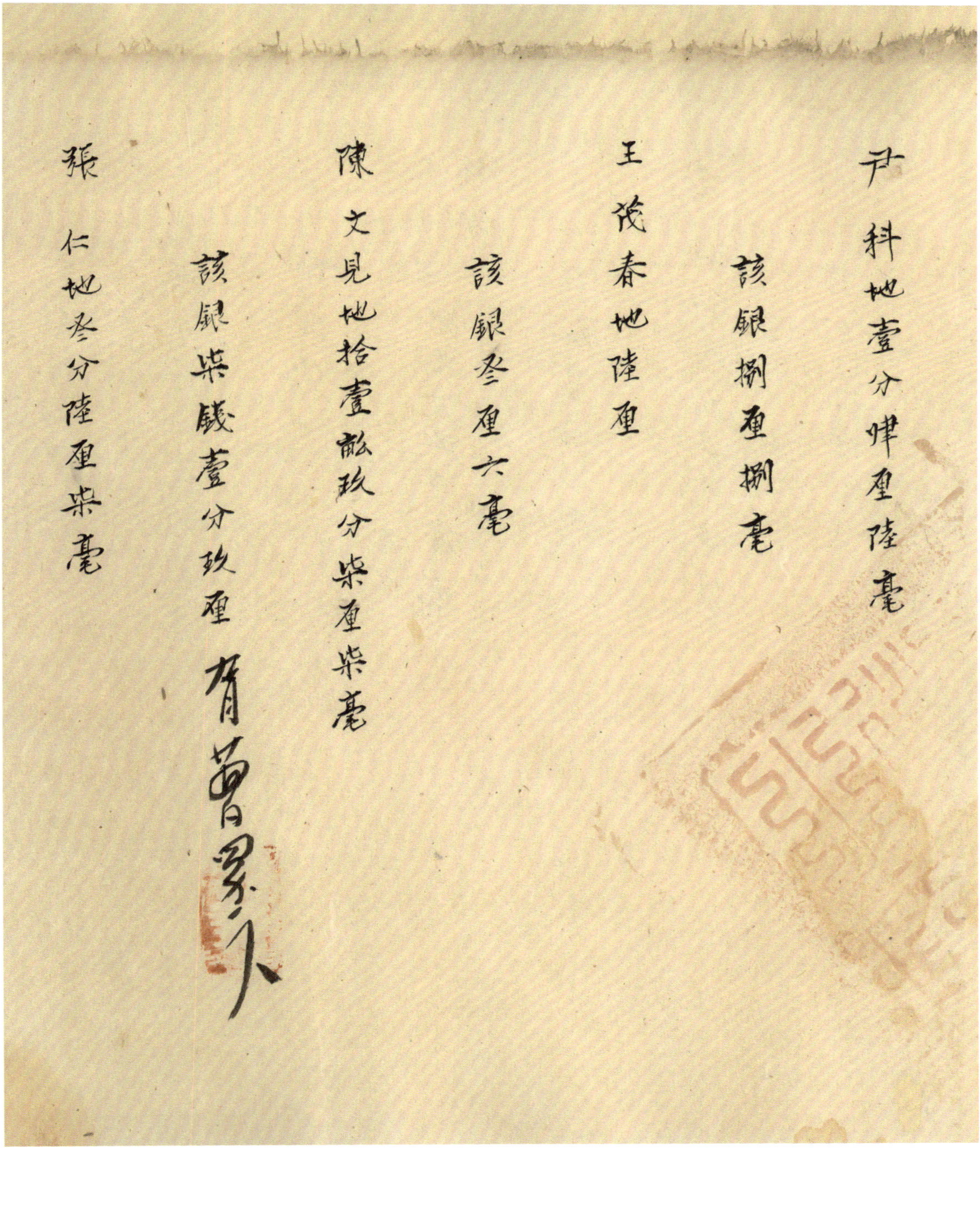

尹科地壹分肆厘陸毫
該銀捌厘捌毫
王茂春地陸厘
該銀叁厘六毫
陳文見地拾壹畝玖分柒厘柒毫
該銀柒錢壹分玖厘
張仁地叁分陸厘柒毫

22.3cm x 24.7cm

崇禎十五年六月二十九日

該銀貳分貳厘
王思順地叁分壹厘柒毫
該銀貳分
張明岳
徐養玉 地叁分叁厘壹毫
該銀壹分玖厘
王好地壹分五厘五毫
該銀壹分
巨屯六下七乙九良

22.3cm x 24.7cm

崇禎十五年六月二十九日

錢徵声地壹分伍厘玖毫

該銀壹分

鄭文仕地壹畝肆分肆厘

該銀捌分肆厘

楊一青地壹畝肆分柒厘

該銀捌分玖厘

楊一祥地壹畝陸分柒厘

22.3cm x 24.7cm

崇禎十五年六月二十九日

該銀壹錢壹厘

尹成起地柒分叁厘叁毫

該銀肆分肆厘

趙榮貴地壹分

該銀陸厘

徐小秋地壹畝肆分肆厘

該銀壹錢捌分陸厘

二十六

22.3cm x 24.7cm

崇禎十五年六月二十九日

王養正地壹畝玖分柒釐
該銀壹錢壹分玖厘
張一化地柒畝零陸釐陸系
該銀肆錢貳分肆厘
徐琰仕地陸分
該銀叁分陸厘
尹科地壹分肆厘

二十七

22.3cm x 24.7cm

崇禎十五年六月二十九日

該銀玖厘

王三河地柒分捌厘陸毫陸系

該銀肆分捌厘

魏應仕地叁畝壹分柒厘

該銀□錢玖分壹厘

魏三仕地叁畝肆分

該銀貳錢零四厘

22.3cm x 24.7cm

崇禎十五年至聖廟平巨屯七甲佃户祀田地畝糧銀清册

崇禎十五年六月二十九日

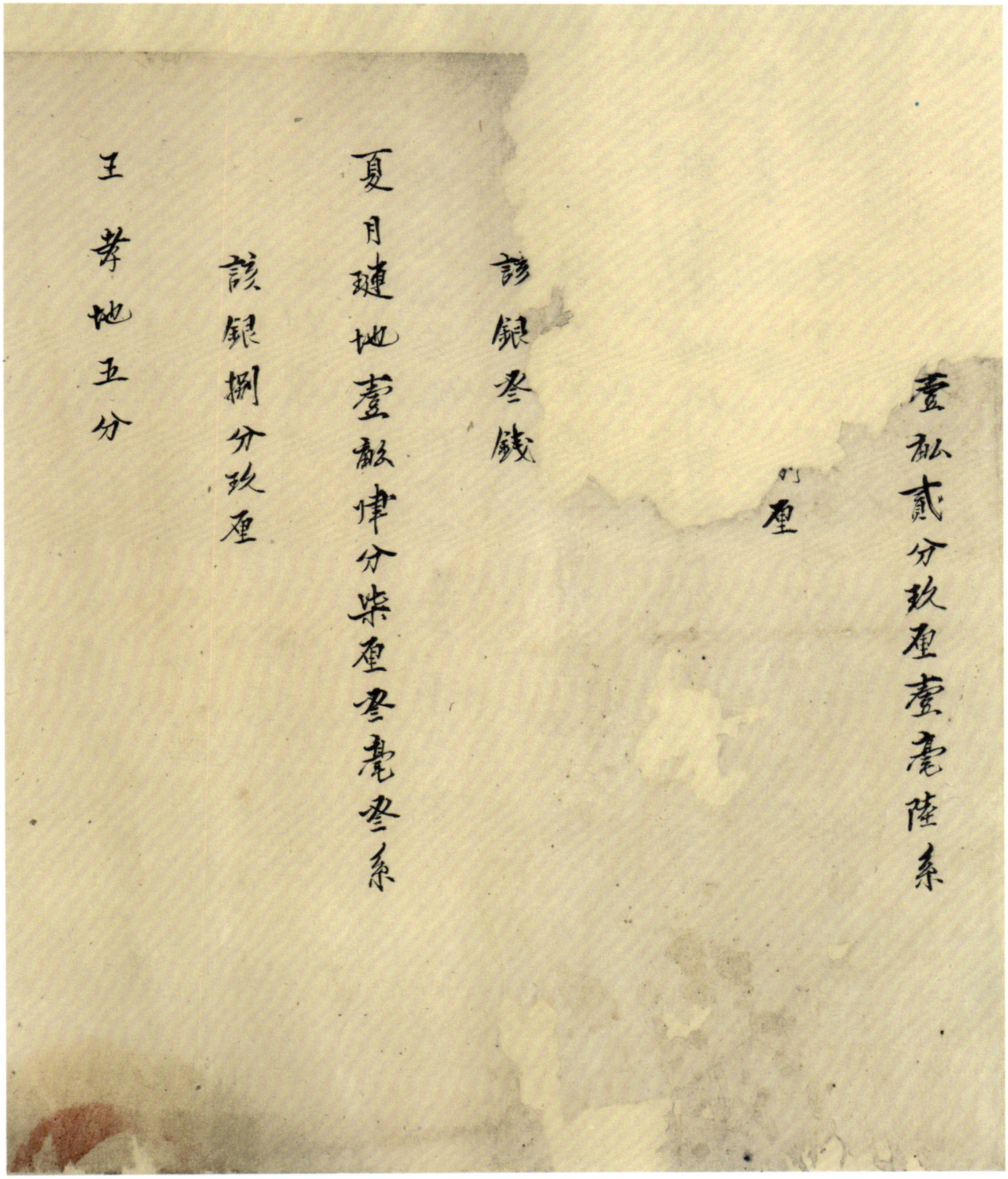

壹畝貳分玖厘壹毫陸系

厘

該銀叁錢

夏月璉地壹畝肆分柒厘叁毫叁系

該銀捌分玖厘

王 荐地五分

22.3cm x 24.7cm

崇禎十五年六月二十九日

該銀叁分
白衣堂地壹分柒厘
該銀壹分
馬明地叁畝伍分陸厘陸毫陸系
該銀貳錢壹分肆厘
劉奉臻地捌畝柒分
該銀伍錢貳分肆厘
有十畝當完

二十八

22.3cm x 24.7cm

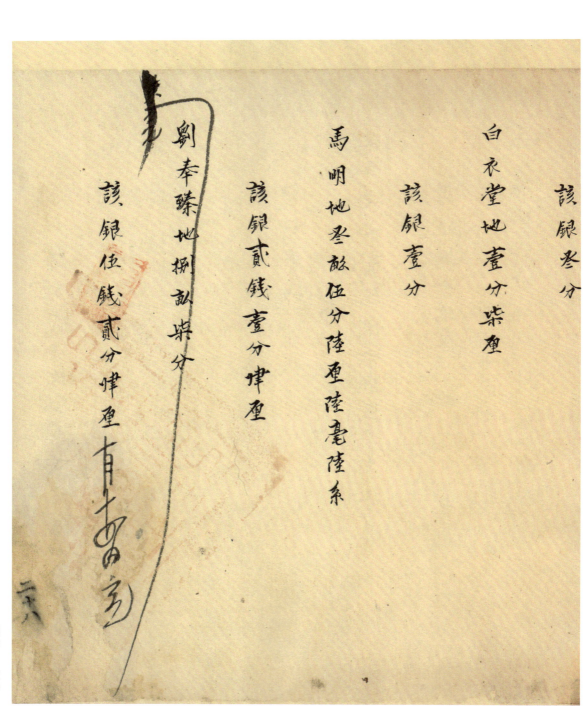

崇禎十五年六月二十九日

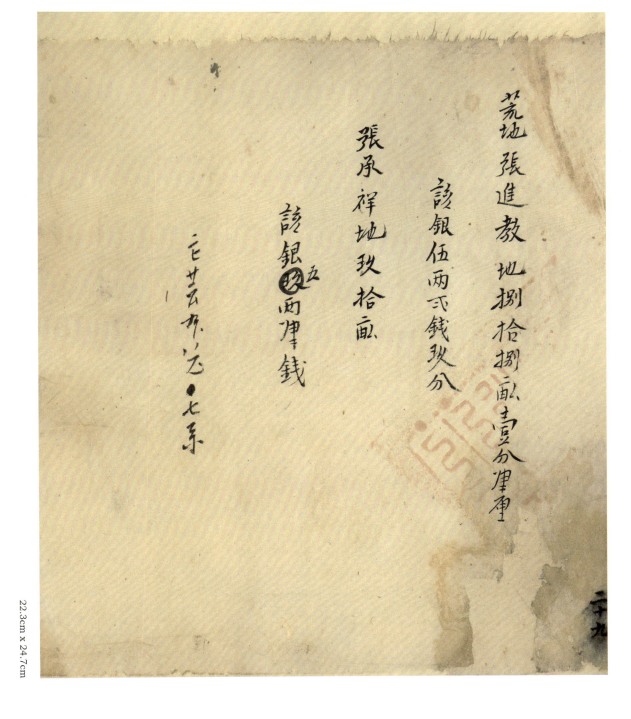

荒地張進教地捌拾捌畝壹分肆厘

該銀伍两弍錢玖分

張承祥地玖拾畝

該銀玖五两肆錢

二百廿五畝八分●七系

二十九

22.3cm x 24.7cm

崇禎十五年至聖廟平巨屯七甲佃户祀田地畝糧銀清册

崇禎十五年六月二十九日

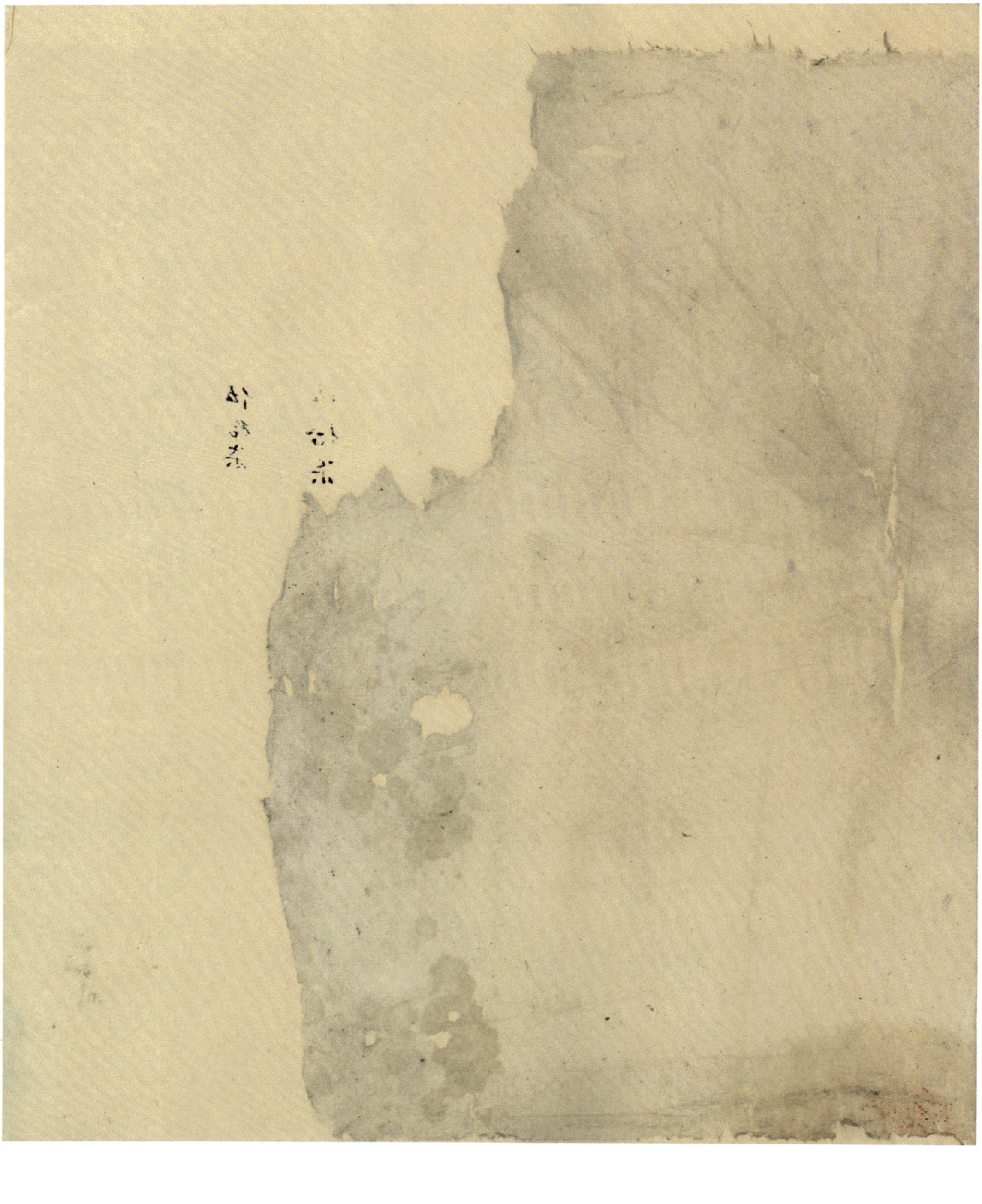

22.3cm x 24.7cm

考証表

机关代号第　　号

保管單位第　　号

本案卷内共有伍拾柒張已編号之文件。

保管單位缺点的說明。

附註

档案工作人員的職务（簽名）

公元一九六二年十二月　日

崇禎十五年

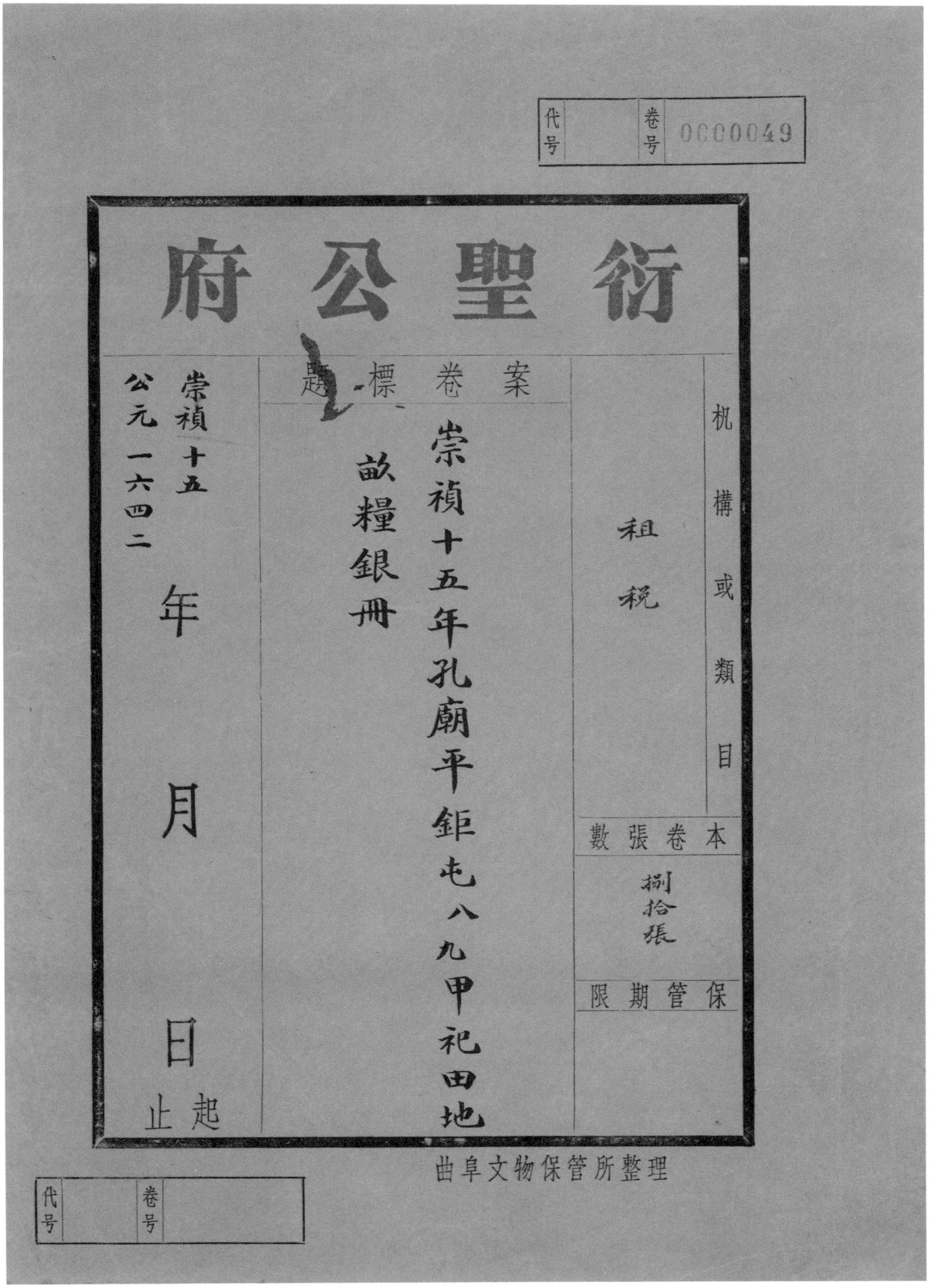

代号 卷号 0000049

衍聖公府

案卷標題

崇禎十五年孔廟平鉅屯八九甲祀田地畝糧銀冊

機構或類目

租稅

本卷張數

捌拾張

保管期限

崇禎十五 公元一六四二

年 月 日

起 止

曲阜文物保管所整理

代号 卷号

卷内目録

順序號	作者	内容摘要	文件上的號數	文件上的日期	文件所在的張次	備註
		孔廟平鉅屯八九甲祀田地畝糧銀冊		崇禎五年二月日	—	
				年月日	—	
				年月日	—	
				年月日	—	
				年月日	—	
				年月日	—	
				年月日	—	
				年月日	—	
				年月日	—	
				年月日	—	

填寫人　　年　月　日

崇禎十五年至聖廟平巨屯八甲佃户祀田地畝糧銀清册

崇禎十五年六月二十九日

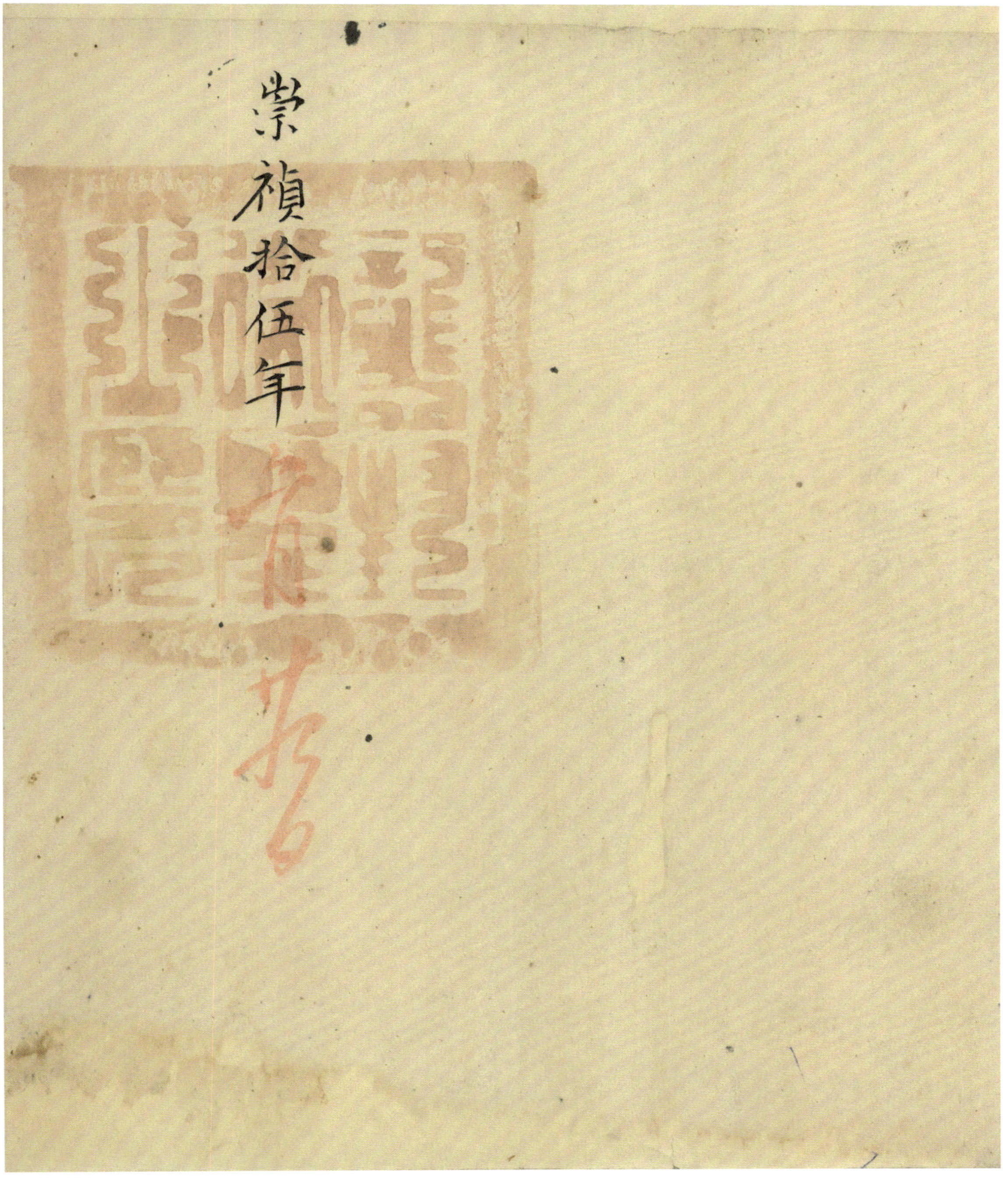
崇禎拾伍年

22.0cm x 24.6cm

崇禎十五年至聖廟平巨屯八甲佃户祀田地畝糧銀清册

崇禎十五年六月二十九日

捌甲

計祭王卿負艮一两冊無名

22.0cm x 24.6cm

崇禎十五年至聖廟平巨屯八甲佃户祀田地畝糧銀清册

崇禎十五年六月二十九日

22.0cm x 24.6cm

崇禎十五年至聖廟平巨屯八甲佃户祀田地畝糧銀清册

崇禎十五年六月二十九日

22.0cm x 24.6cm

崇禎十五年至聖廟平巨屯八甲佃户祀田地畝糧銀清册

崇禎十五年六月二十九日

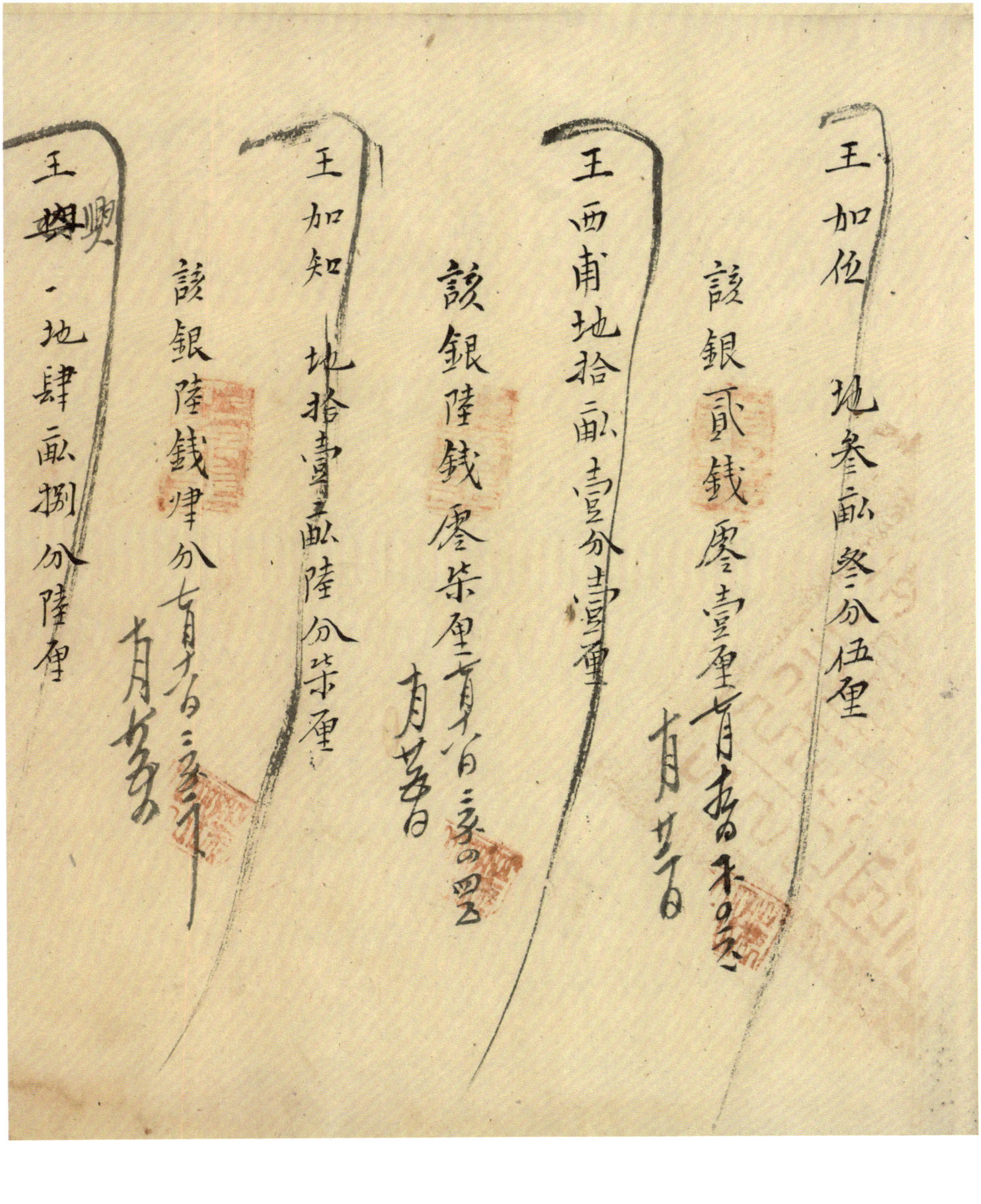
王加位 地叁畝叁分伍厘 該銀貳錢零壹厘
王西甫 地拾畝壹分壹厘 該銀陸錢零柒厘
王加知 地拾壹畝陸分柒厘 該銀陸錢肆分
王與 一地肆畝捌分陸厘

22.0cm x 24.6cm

崇禎十五年六月二十九日

該銀叁分　有有完

王西周　地叁畝陸分伍厘

該銀貳錢肆分　有有廿二日　有有季下

王邦美　地叁分肆厘

該銀貳分壹厘　有有完

王加善　地叁分捌厘叁糸

該銀貳分叁厘　有有日

22.0cm x 24.6cm

崇禎十五年至聖廟平巨屯八甲佃户祀田地畝糧銀清册

崇禎十五年六月二十九日

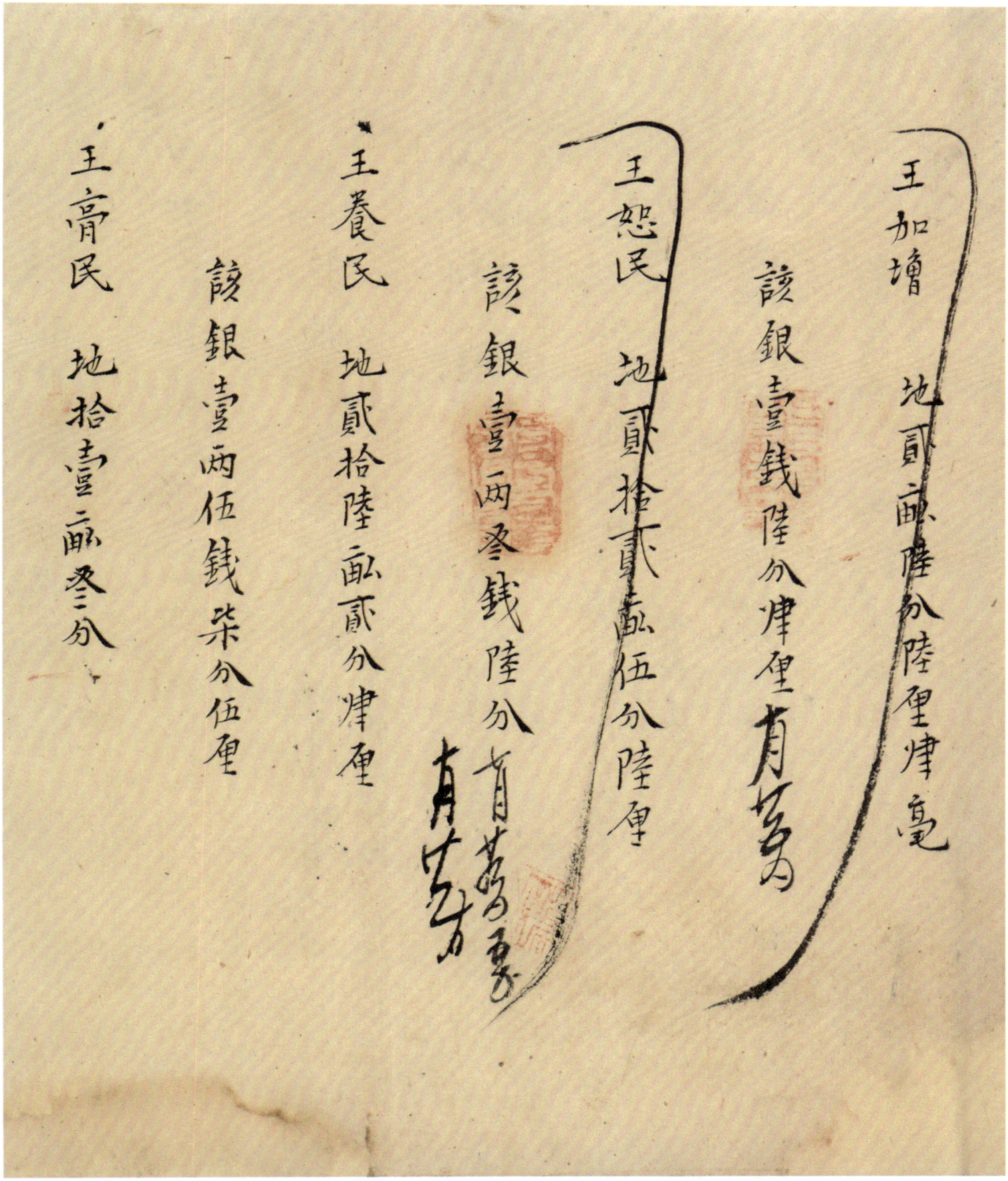
王加增 地貳畝陸分陸厘肆毫
該銀壹錢陸分肆厘
王恕民 地貳拾貳畝伍分陸厘
該銀壹兩叁錢陸分
王養民 地貳拾陸畝貳分肆厘
該銀壹兩伍錢柒分伍厘
王膏民 地拾壹畝叁分

22.0cm x 24.6cm

崇禎十五年六月二十九日

該銀陸錢陸分捌厘

王如玉　地貳拾貳畝貳分

該銀壹兩叁錢貳分　七月十五日完　有芳

王邦耀　地貳拾捌畝陸分叁厘毫

該銀壹兩柒錢貳分　七月十五日完　有芳

王樞民　地貳拾貳畝肆分柒厘

該銀壹兩叁錢肆分伍厘　七月十五日完

22.0cm x 24.6cm

崇禎十五年至聖廟平巨屯八甲佃户祀田地畝糧銀清册

崇禎十五年六月二十九日

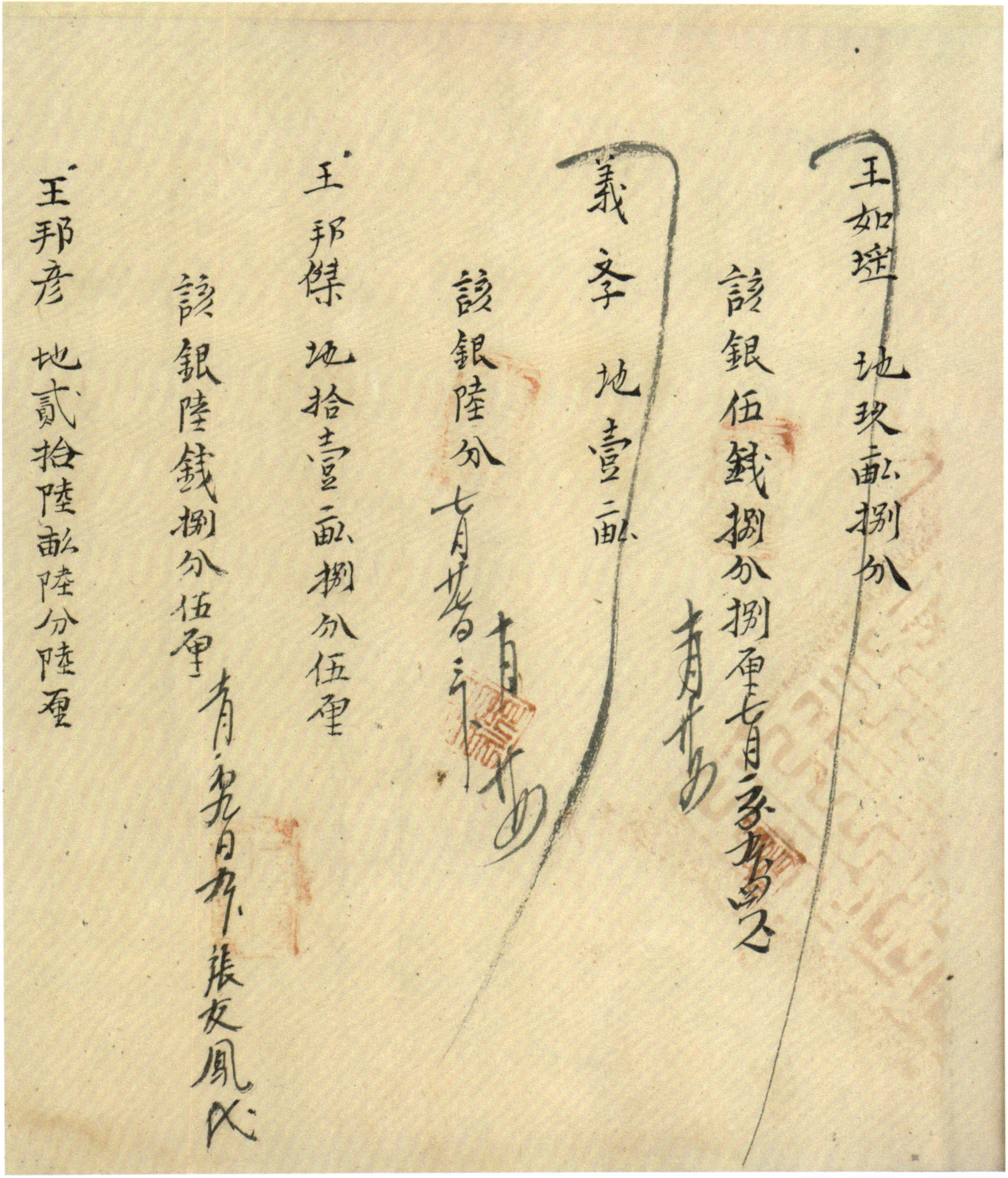

王如璲　地玖畝捌分
該銀伍錢捌分捌厘

義孝　地壹畝
該銀陸分

王邦傑　地拾壹畝捌分伍厘
該銀陸錢捌分伍厘
張友鳳代

王邦彦　地貳拾陸畝陸分陸厘

22.0cm x 24.6cm

崇禎十五年六月二十九日

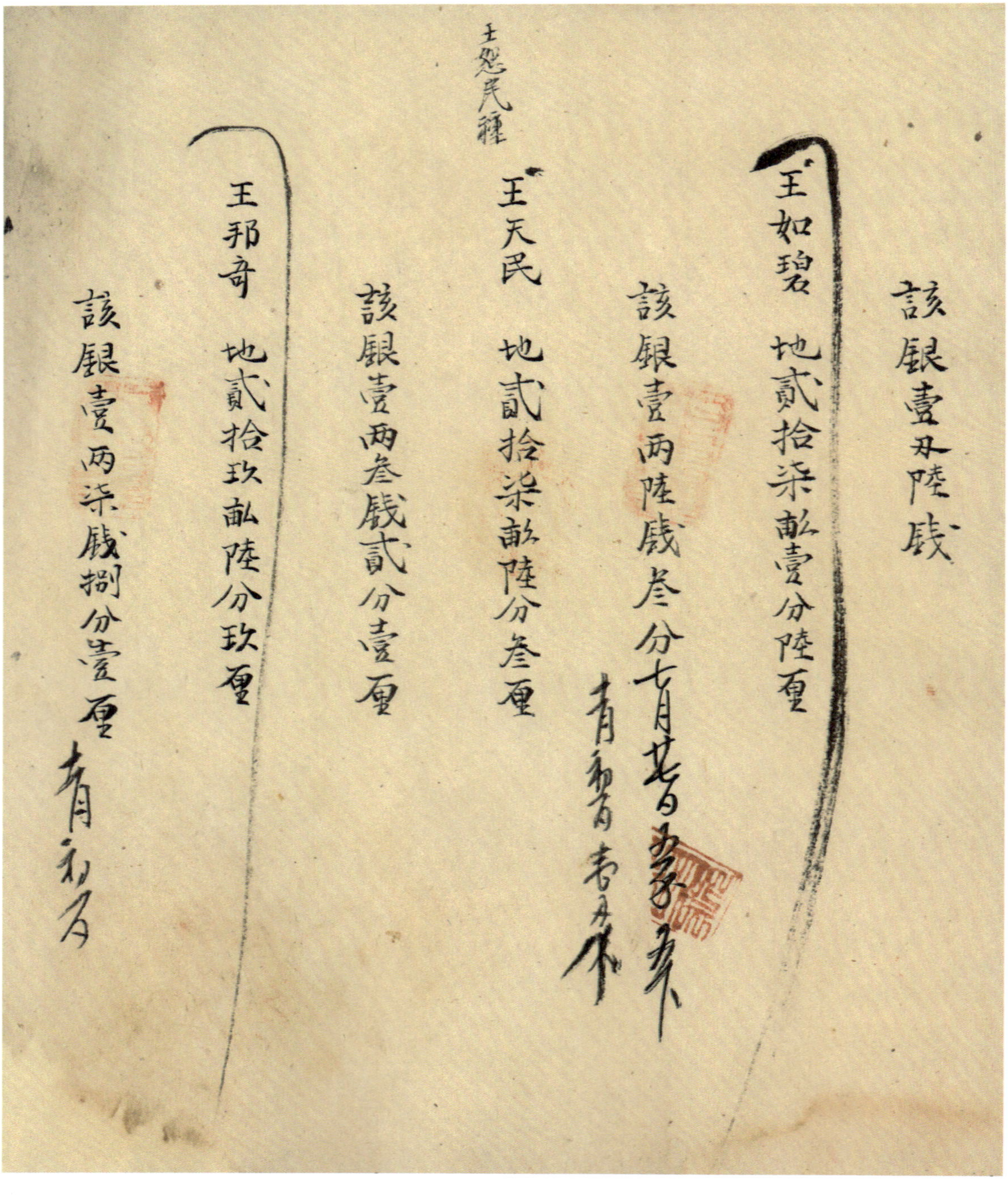

該銀壹兩陸錢

王如璁　地貳拾柒畝壹分陸厘

該銀壹兩陸錢叁分

七月[illegible]

青[illegible]

王恕民種

王天民　地貳拾柒畝陸分叁厘

該銀壹兩叁錢貳分壹厘

王邦奇　地貳拾玖畝陸分玖厘

該銀壹兩柒錢捌分壹厘

青[illegible]

22.0cm x 24.6cm

崇禎十五年六月二十九日

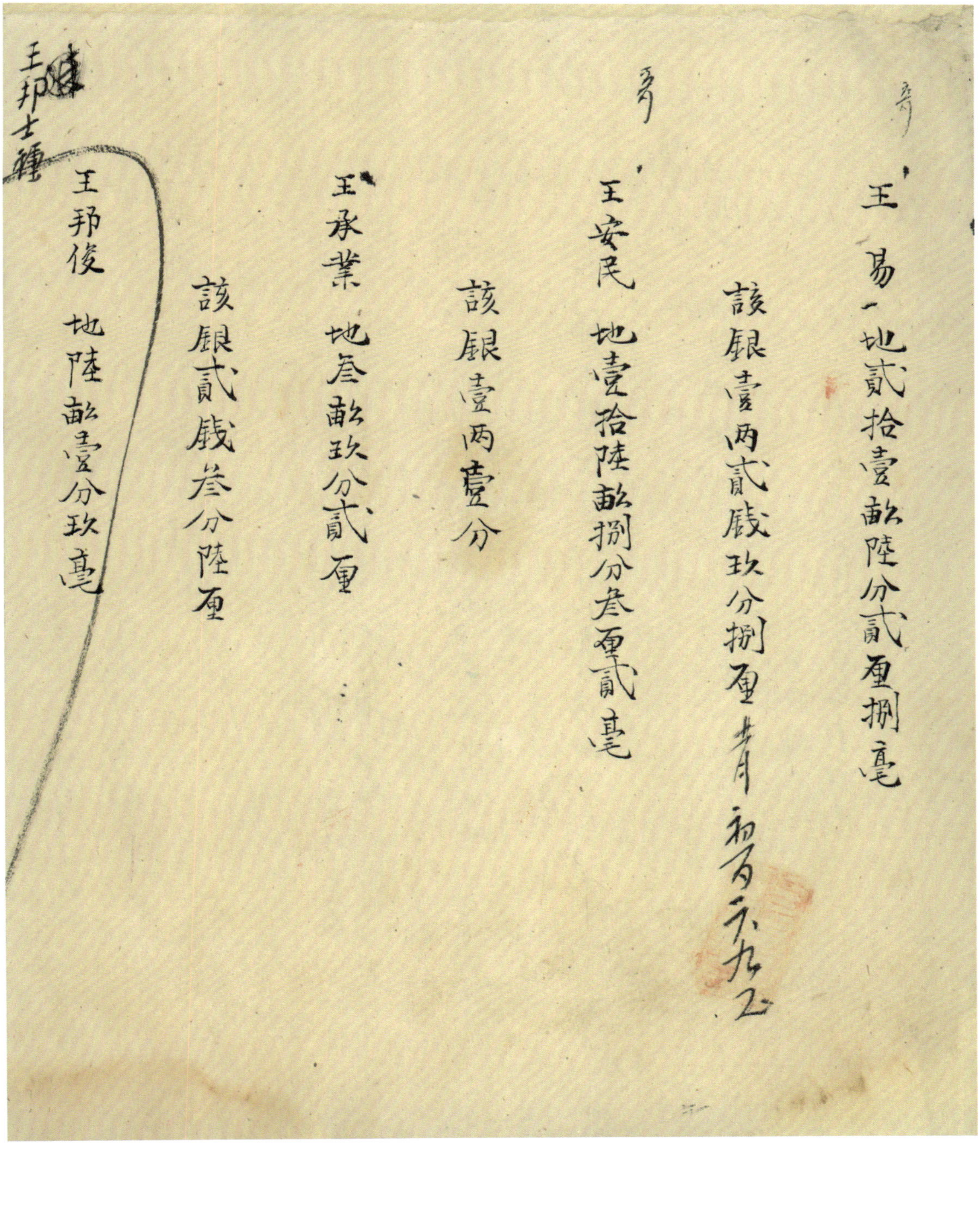
王易一 地貳拾壹畝陸分貳厘捌毫
該銀壹兩貳錢玖分捌厘 [illegible]
王安民 地壹拾陸畝捌分叁厘貳毫
該銀壹兩壹分
王承業 地叁畝玖分貳厘
該銀貳錢叁分陸厘
王邦俊 地陸畝壹分玖毫
王邦士種

22.0cm x 24.6cm

崇禎十五年六月二十九日

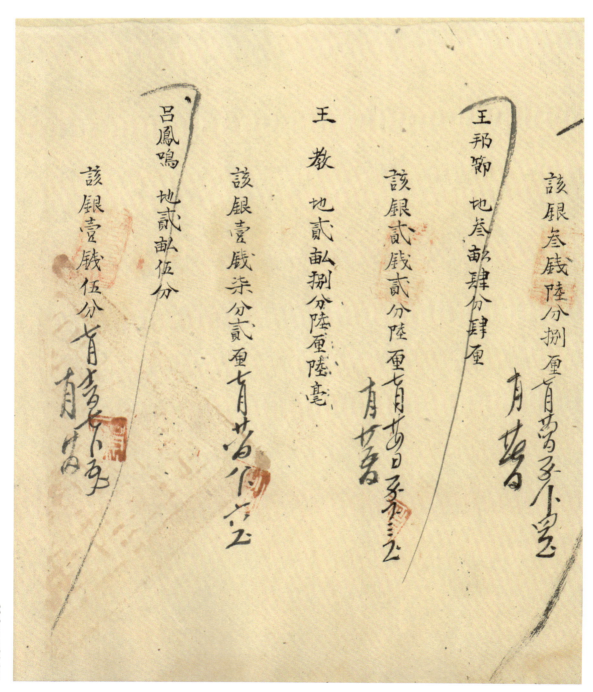

該銀叁錢陸分捌厘

王邦節　地叁畝肆分肆厘

該銀貳錢貳分陸厘

王敎　地貳畝捌分陸厘陸毫

該銀壹錢柒分貳厘

呂鳳鳴　地貳畝伍分

該銀壹錢伍分

22.0cm x 24.6cm

崇禎十五年至聖廟平巨屯八甲佃户祀田地畝糧銀清册

崇禎十五年六月二十九日

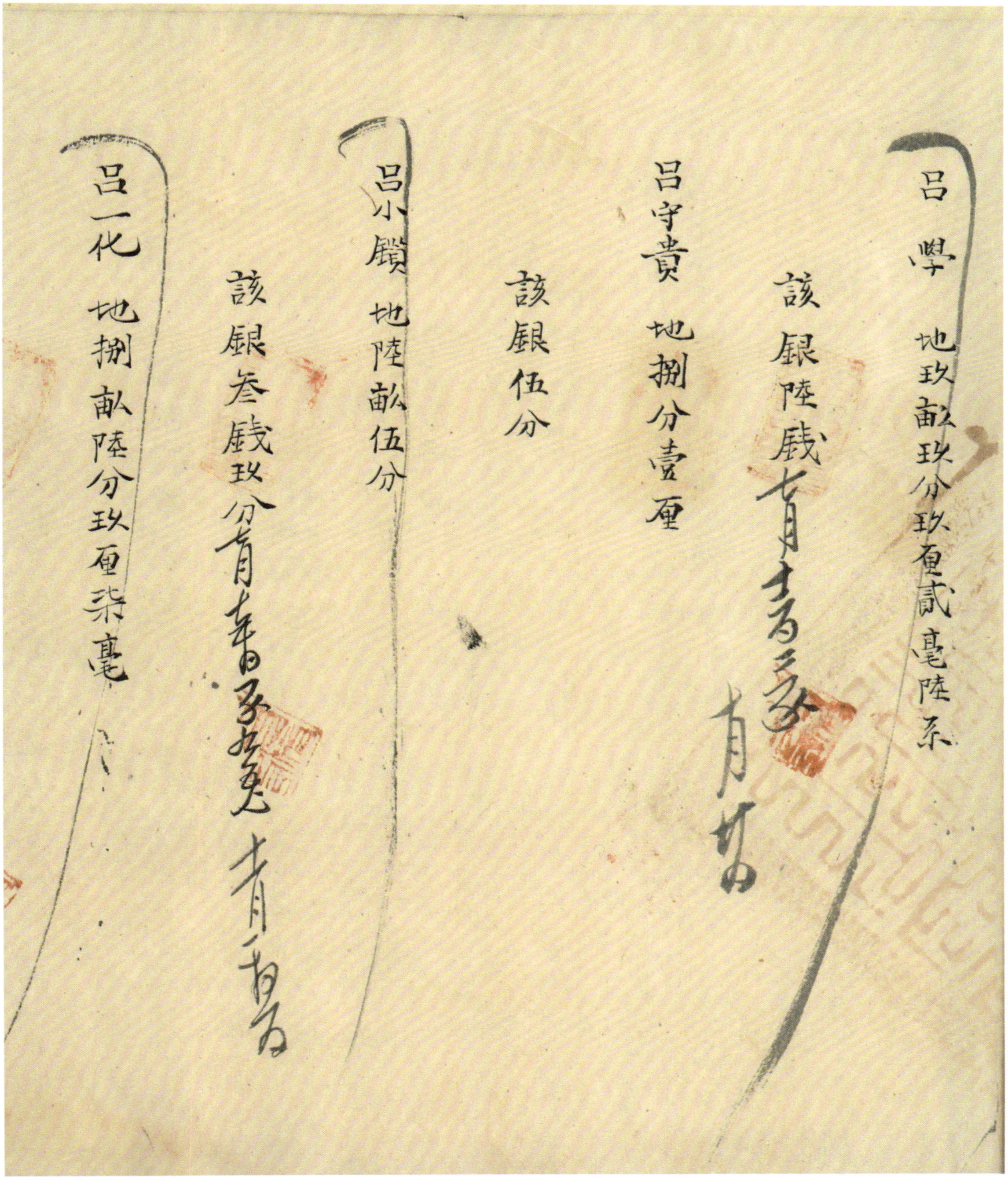

呂學　地玖畝玖分玖厘貳毫陸系

該銀陸錢

呂守貴　地捌分壹厘

該銀伍分

呂小鑽　地陸畝伍分

該銀叁錢玖分

呂一化　地捌畝陸分玖厘柒毫

22.0cm x 24.6cm

崇禎十五年六月二十九日

該銀伍錢貳分貳厘

呂講　地肆畝肆厘柒毫

該銀貳錢肆分叁厘

呂尚弟　地壹分陸厘柒毫

該銀壹分

呂守業　地壹畝伍分陸厘

該銀玖分伍厘

22.0cm x 24.6cm

崇禎十五年至聖廟平巨屯八甲佃户祀田地畝糧銀清册

崇禎十五年六月二十九日

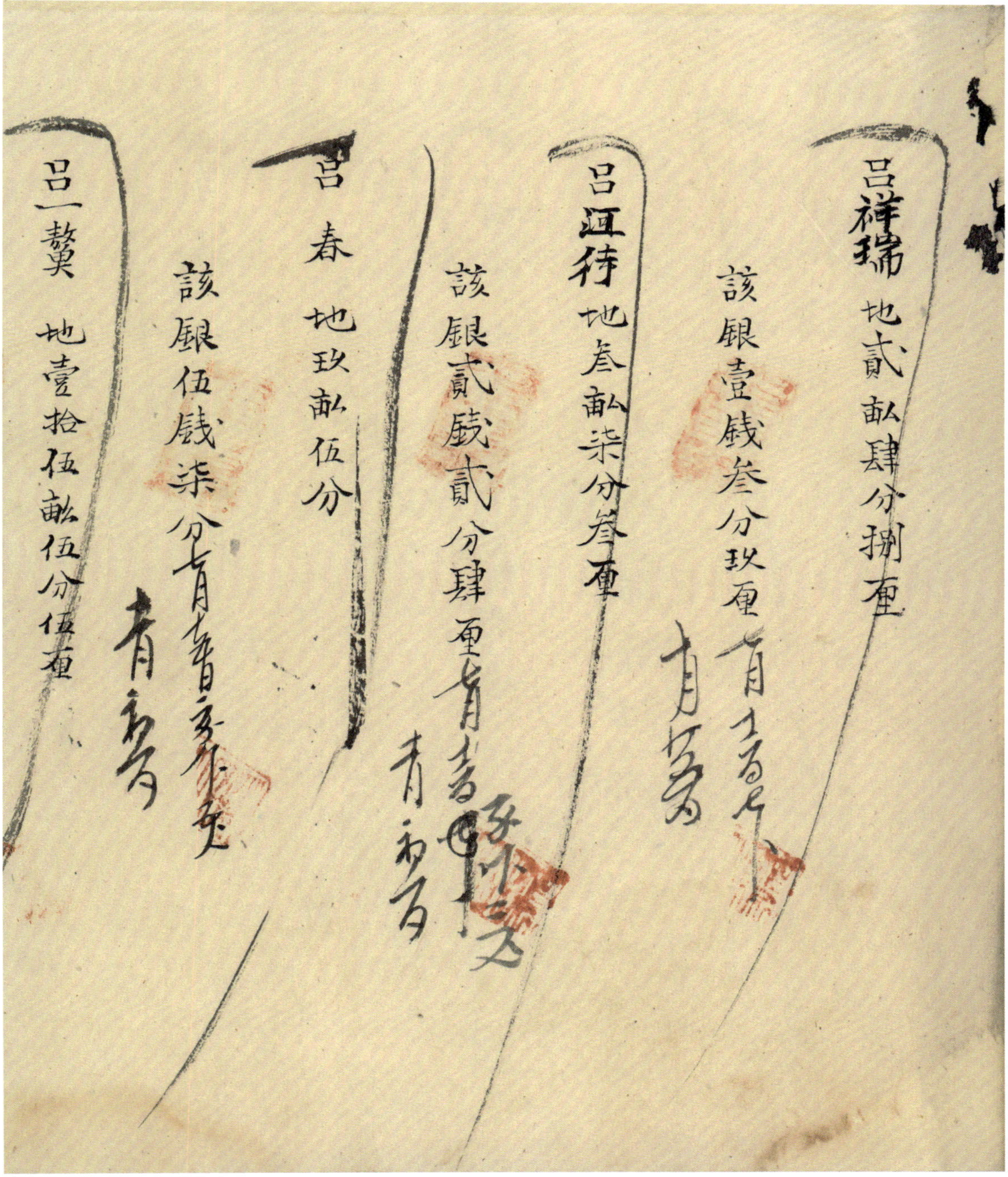
吕祥瑞 地貳畝肆分捌厘
該銀壹錢叁分玖厘

吕逥待 地叁畝柒分叁厘
該銀貳錢貳分肆厘

吕春 地玖畝伍分
該銀伍錢柒分

吕一虁 地壹拾伍畝伍分伍厘

22.0cm x 24.6cm

崇禎十五年至聖廟平巨屯八甲佃户祀田地畝糧銀清册

崇禎十五年六月二十九日

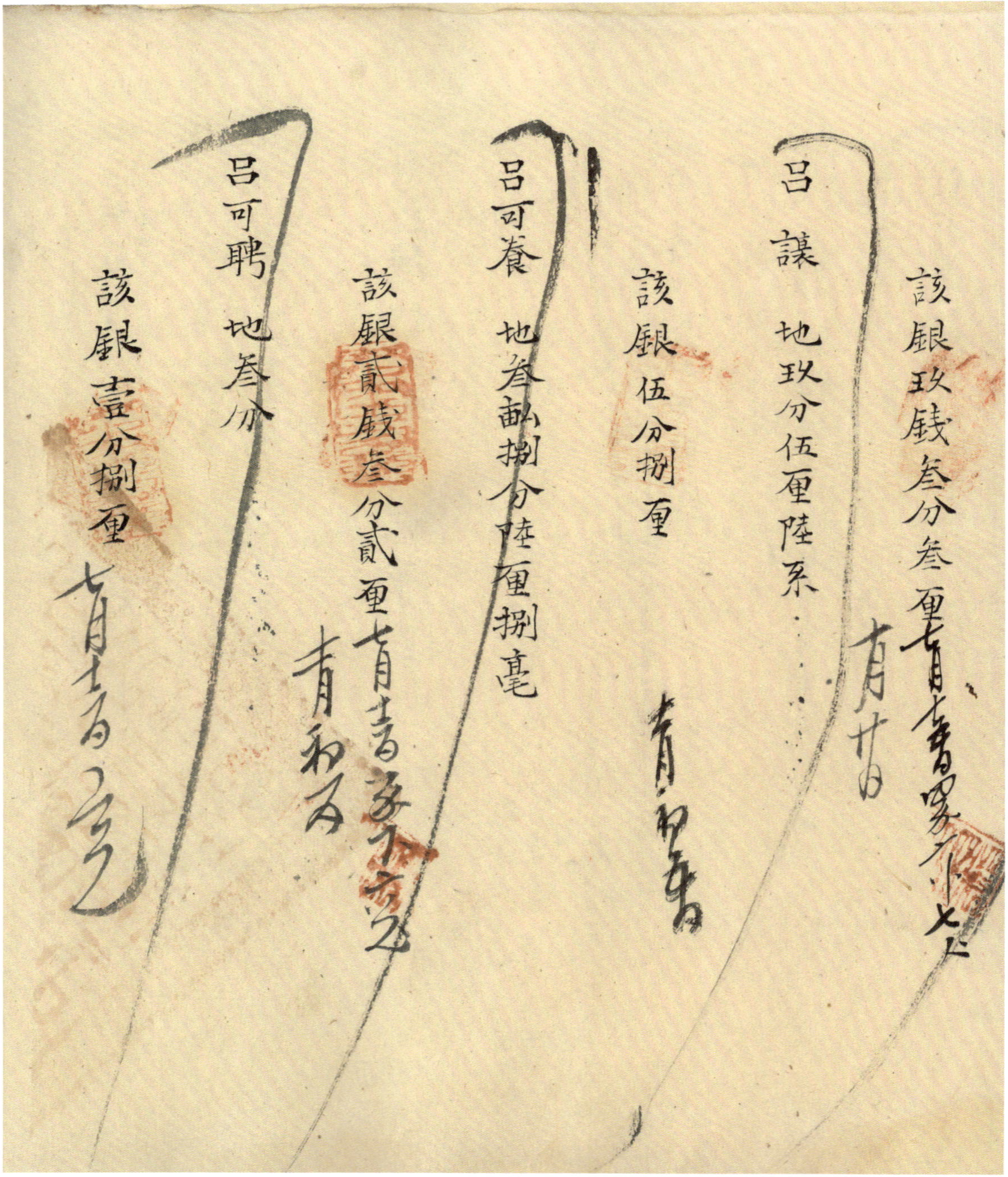
該銀玖錢叁分叁厘

吕讓　地玖分伍厘陸系

該銀伍分捌厘

吕可養　地叁畝捌分陸厘捌毫

該銀貳錢叁分貳厘

吕可聘　地叁分

該銀壹分捌厘

22.0cm x 24.6cm

崇禎十五年至聖廟平巨屯八甲佃户祀田地畝糧銀清册

崇禎十五年六月二十九日

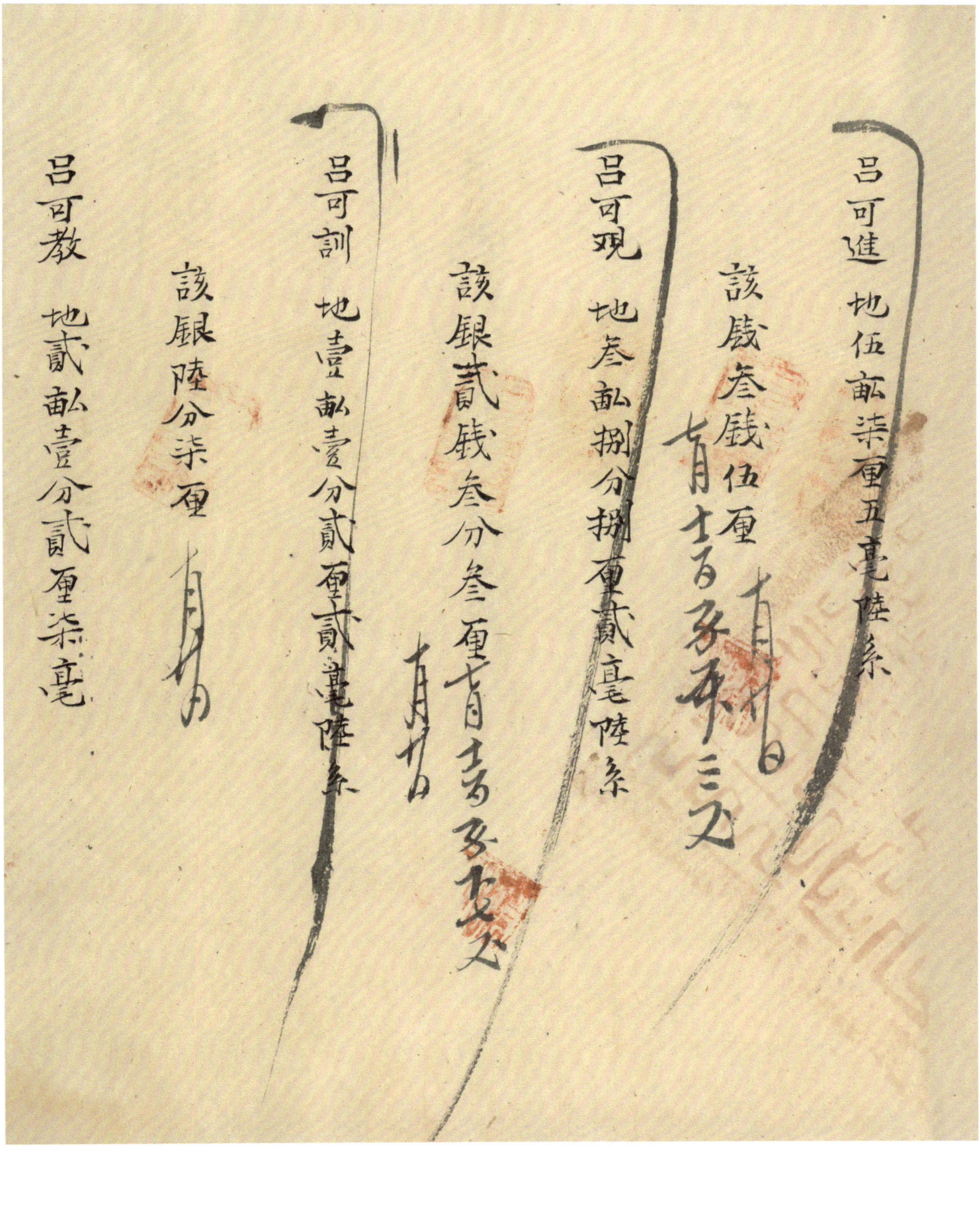

呂可進 地伍畝柒厘五毫陸絲
該銀叁錢伍厘

呂可現 地叁畝捌分捌厘貳毫陸絲
該銀貳錢叁分叁厘

呂可訓 地壹畝壹分貳厘貳毫陸絲
該銀陸分柒厘

呂可教 地貳畝壹分貳厘柒毫

22.0cm x 24.6cm

崇禎十五年六月二十九日

該銀壹錢貳分捌厘 七月十四日[illegible]收

[illegible]

吕尚仁 地壹分壹厘

該銀柒厘

吕遷 地捌畝捌分叁厘叁毫叁系

該銀伍錢叁分 七月十四日[illegible]收

[illegible]

佃户李有德 地叁分壹厘陸毫陸系

該銀貳分

22.0cm x 24.6cm

崇禎十五年至聖廟平巨屯八甲佃户祀田地畝糧銀清册

崇禎十五年六月二十九日

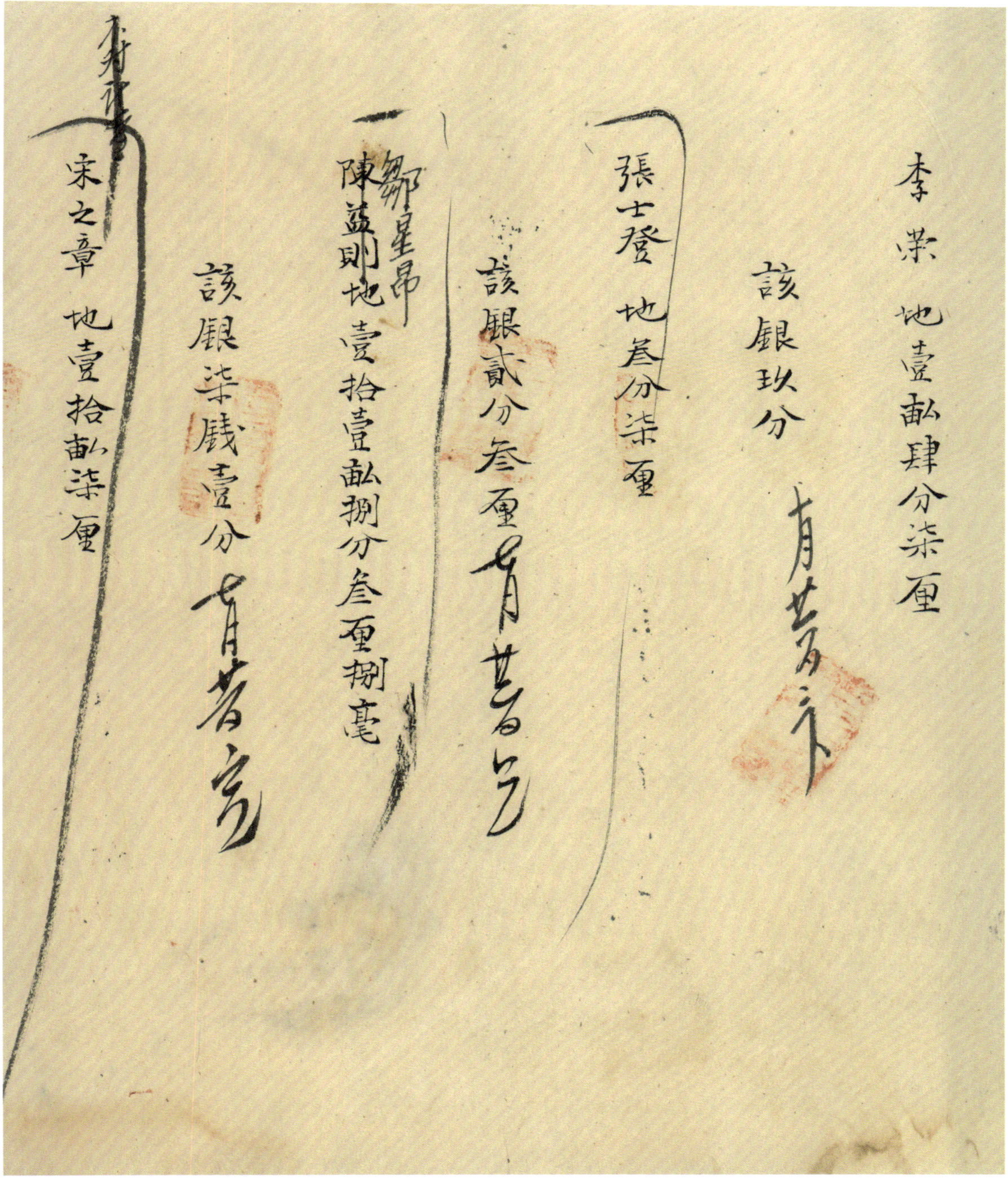

李崇 地壹畝肆分柒厘

該銀玖分

張士登 地叁分柒厘

該銀貳分叁厘

陳益則 地壹拾壹畝捌分叁厘捌毫

該銀柒錢壹分

宋之章 地壹拾畝柒厘

22.0cm x 24.6cm

崇禎十五年六月二十九日

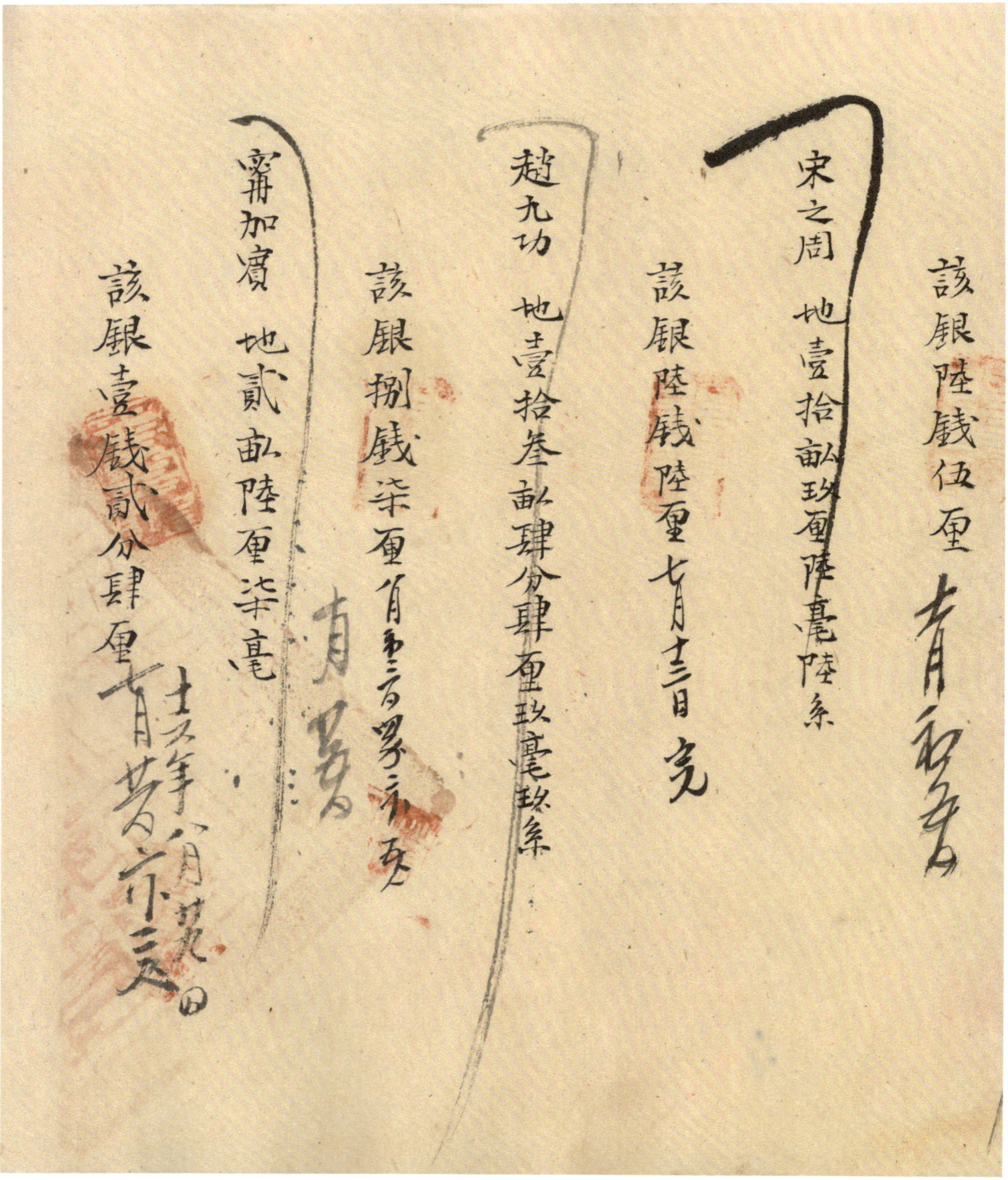
該銀陸錢伍厘

宋之周 地壹拾畝玖厘陸毫陸絲

該銀陸錢陸厘 七月十三日完

趙九功 地壹拾叁畝肆分肆厘玖毫玖絲

該銀捌錢柒厘

甯加賓 地貳畝陸厘柒毫

該銀壹錢貳分肆厘

22.0cm x 24.6cm

崇禎十五年六月二十九日

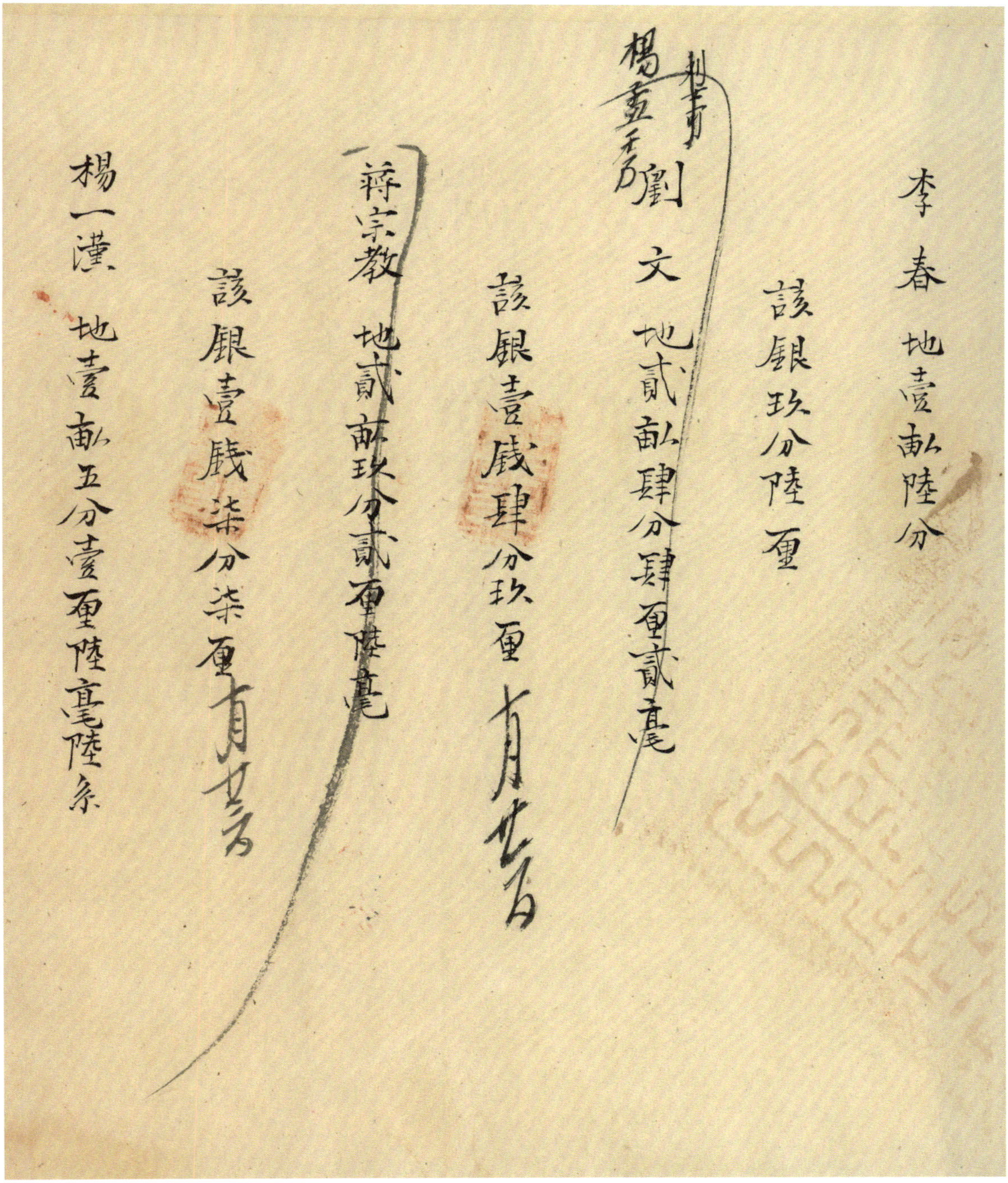
李春 地壹畝陸分
該銀玖分陸厘
楊壹秀
劉文 地貳畝肆分肆厘貳毫
該銀壹錢肆分玖厘 六月廿三
蔣宗教 地貳畝玖分貳厘陸毫
該銀壹錢柒分柒厘 六月廿三
楊一漢 地壹畝五分壹厘陸毫陸絲

22.0cm x 24.6cm

崇禎十五年六月二十九日

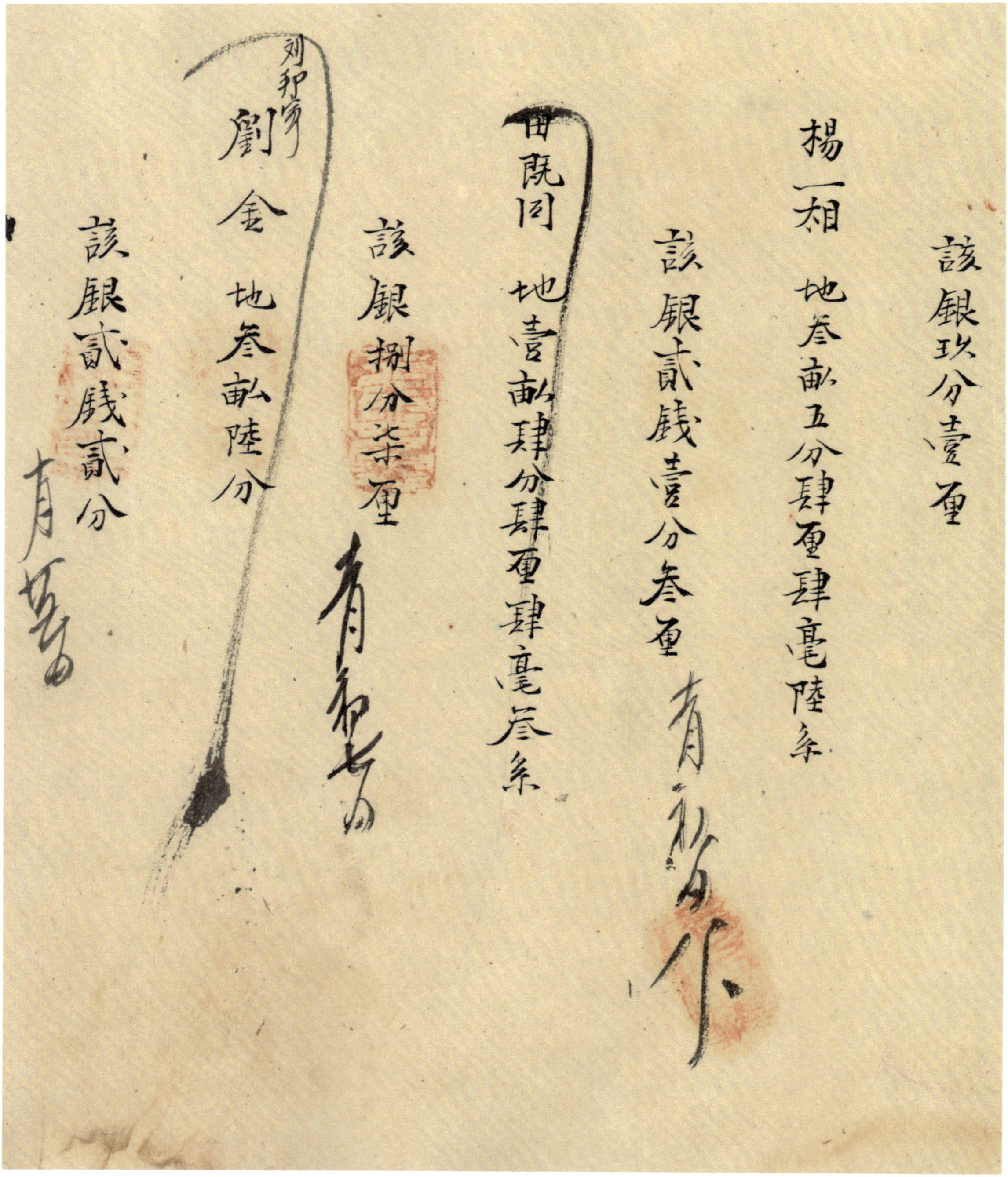
該銀玖分壹釐
楊一相 地叁畝五分肆釐肆毫陸系
該銀貳錢壹分叁釐
由既同 地壹畝肆分肆釐肆毫叁系
該銀捌分柒釐
劉和家
劉金 地叁畝陸分
該銀貳錢貳分

22.0cm x 24.6cm

崇禎十五年至聖廟平巨屯八甲佃户祀田地畝糧銀清册

崇禎十五年六月二十九日

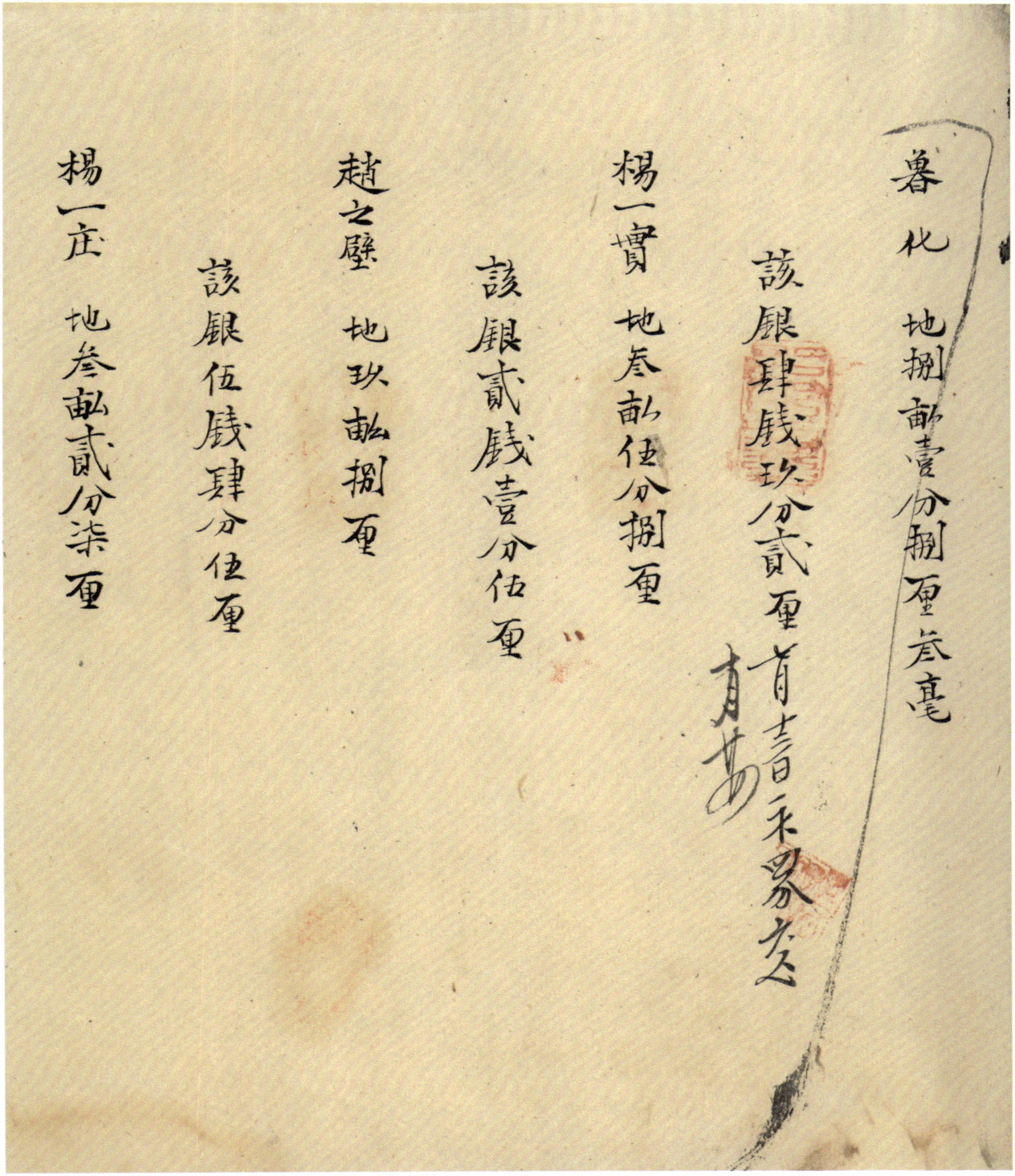
碁化　地捌畝壹分捌厘叁毫
該銀肆錢玖分貳厘
楊一實　地叁畝伍分捌厘
該銀貳錢壹分伍厘
趙之壁　地玖畝捌厘
該銀伍錢肆分伍厘
楊一庄　地叁畝貳分柒厘

22.0cm x 24.6cm

崇禎十五年六月二十九日

該銀壹錢玖分陸釐

楊一統 地貳畝伍釐

該銀壹錢貳分叁釐

趙之壁 地壹拾貳畝玖分玖釐

該銀柒錢玖分

王家奠 地壹畝貳分陸釐叁毫

該銀柒分柒釐

22.0cm x 24.6cm

崇禎十五年至聖廟平巨屯八甲佃户祀田地畝糧銀清册

崇禎十五年六月二十九日

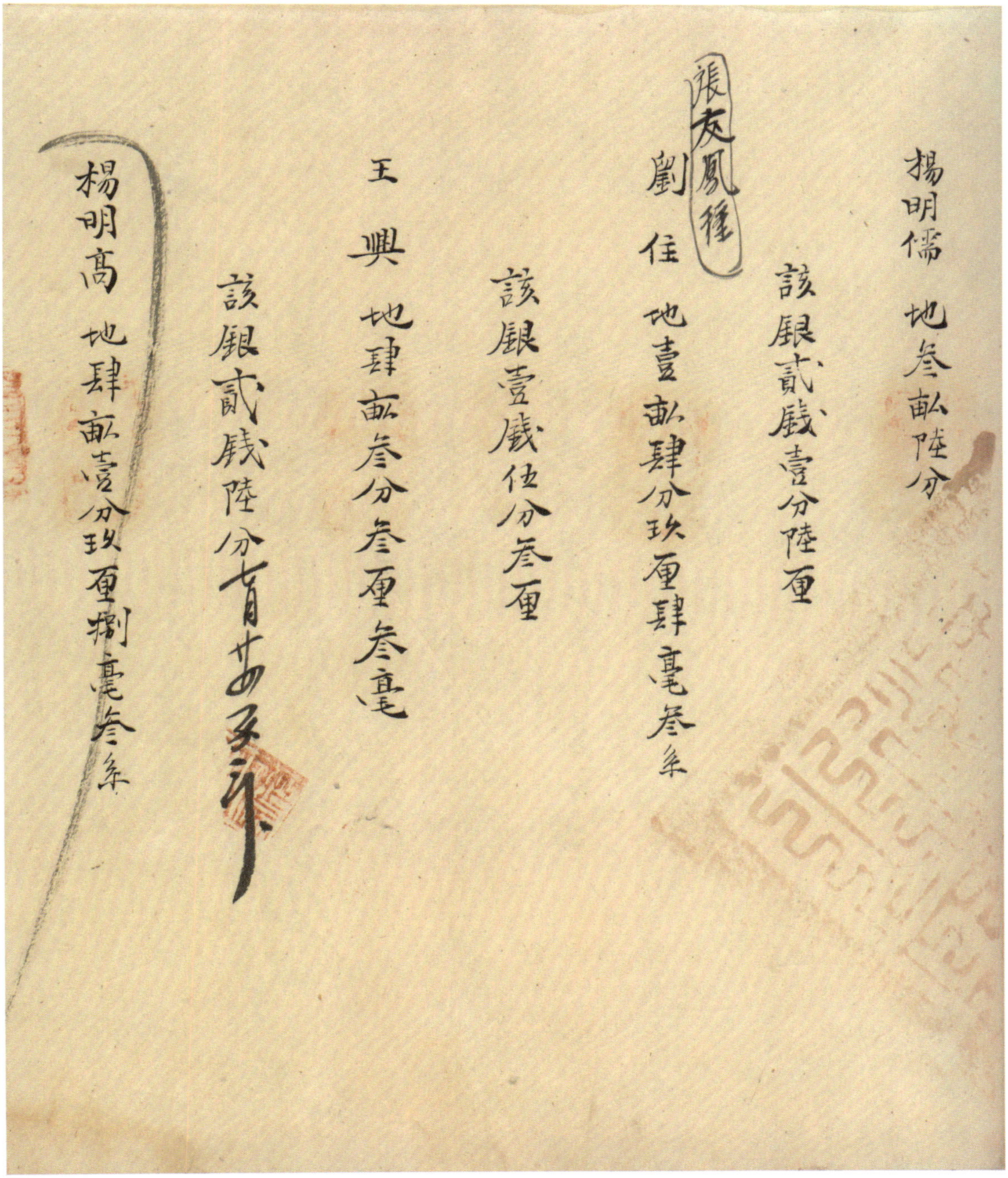
楊明儒　地叁畝陸分
該銀貳錢壹分陸釐
劉住　張友鳳種　地壹畝肆分玖釐肆毫叁絲
該銀壹錢伍分叁釐
王興　地肆畝叁分叁釐叁毫
該銀貳錢陸分
楊明高　地肆畝壹分玖釐捌毫叁絲

22.0cm x 24.6cm

崇禎十五年至聖廟平巨屯八甲佃户祀田地畝糧銀清册

崇禎十五年六月二十九日

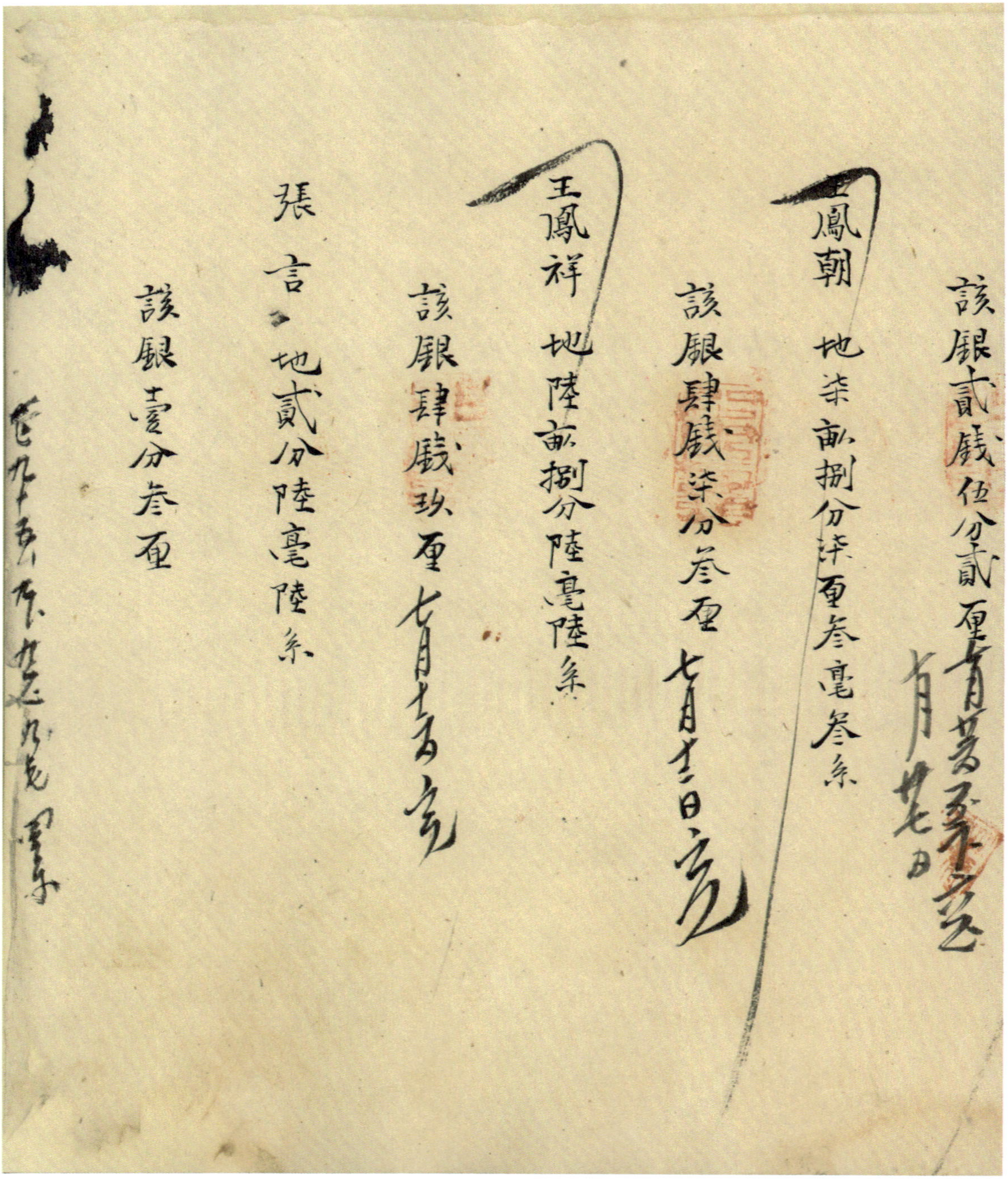

該銀貳錢伍分貳厘 七月廿三日完 七月廿七日

王鳳朝 地柒畝捌分柒厘叁毫叁系

該銀肆錢柒分叁厘 七月十三日完

王鳳祥 地陸畝捌分陸毫陸系

該銀肆錢玖厘 七月十三完

張言 地貳分陸毫陸系

該銀壹分叁厘

22.0cm x 24.6cm

崇禎十五年至聖廟平巨屯八甲佃户祀田地畝糧銀清册

崇禎十五年六月二十九日

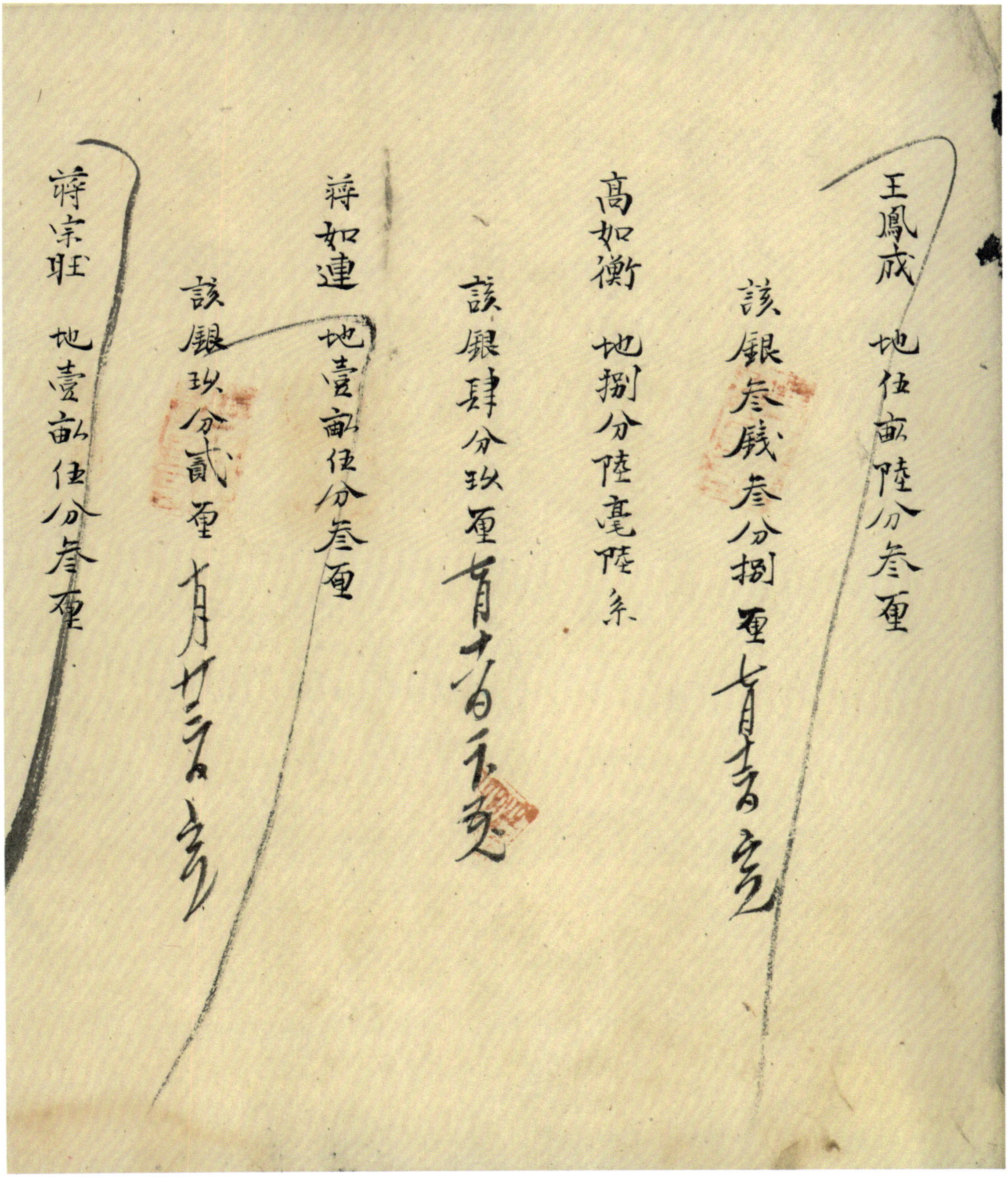
王鳳成　地伍畝陸分叁釐
該銀叁錢叁分捌釐　七月十三日完
高如衡　地捌分陸毫陸絲
該銀肆分玖釐　七月十八日交
蔣如連　地壹畝伍分叁釐
該銀玖分貳釐　七月廿三日完
蔣宗旺　地壹畝伍分叁釐

22.0cm x 24.6cm

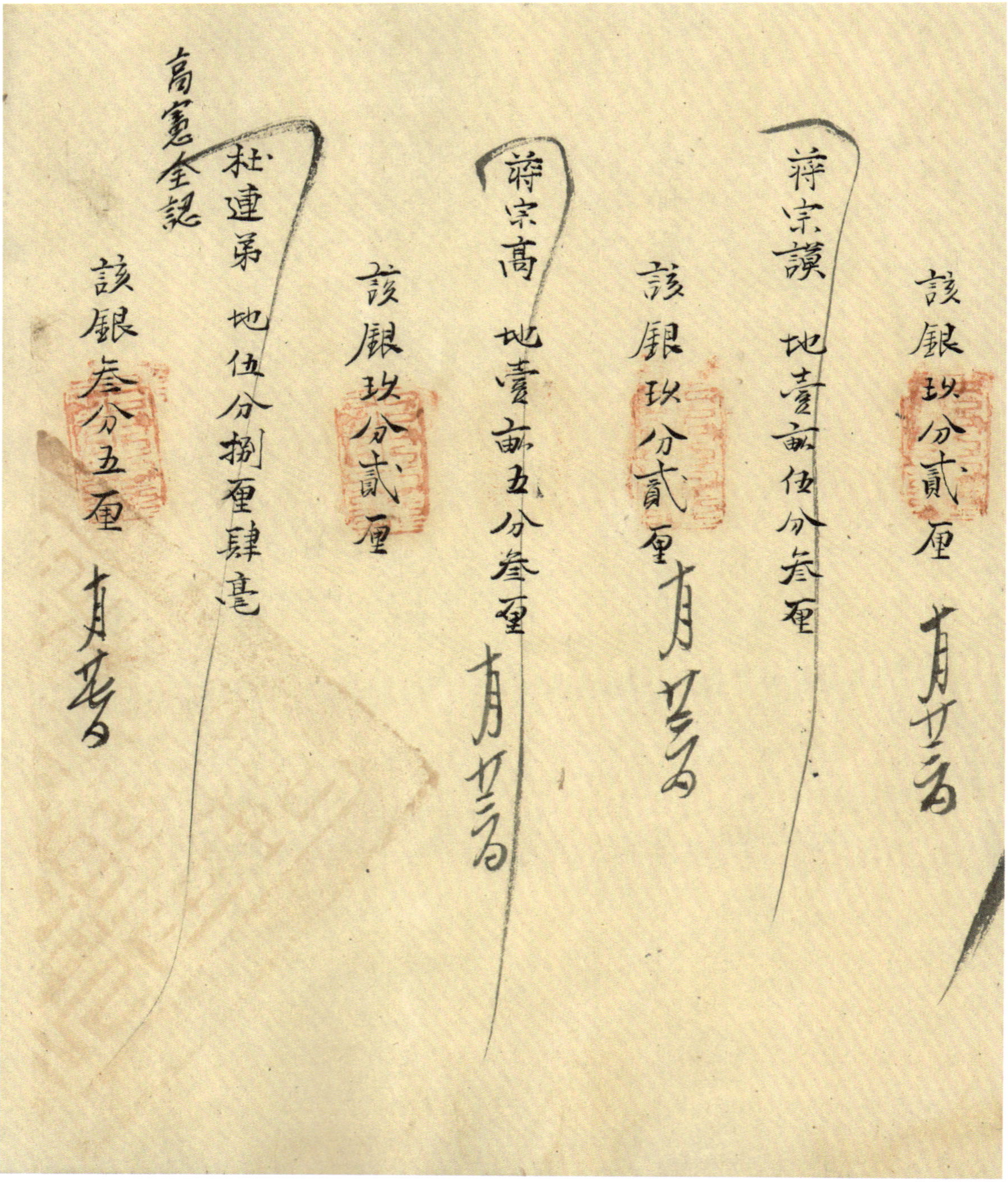

該銀玖分貳厘　十月廿二日

蔣宗謨　地壹畝伍分叁厘

該銀玖分貳厘　十月廿二日

蔣宗高　地壹畝五分叁厘

該銀玖分貳厘　十月廿二日

杜連第　地伍分捌厘肆毫

該銀叁分五厘　十月廿九日

高憲全認

22.0cm x 24.6cm

崇禎十五年至聖廟平巨屯八甲佃户祀田地畝糧銀清册

崇禎十五年六月二十九日

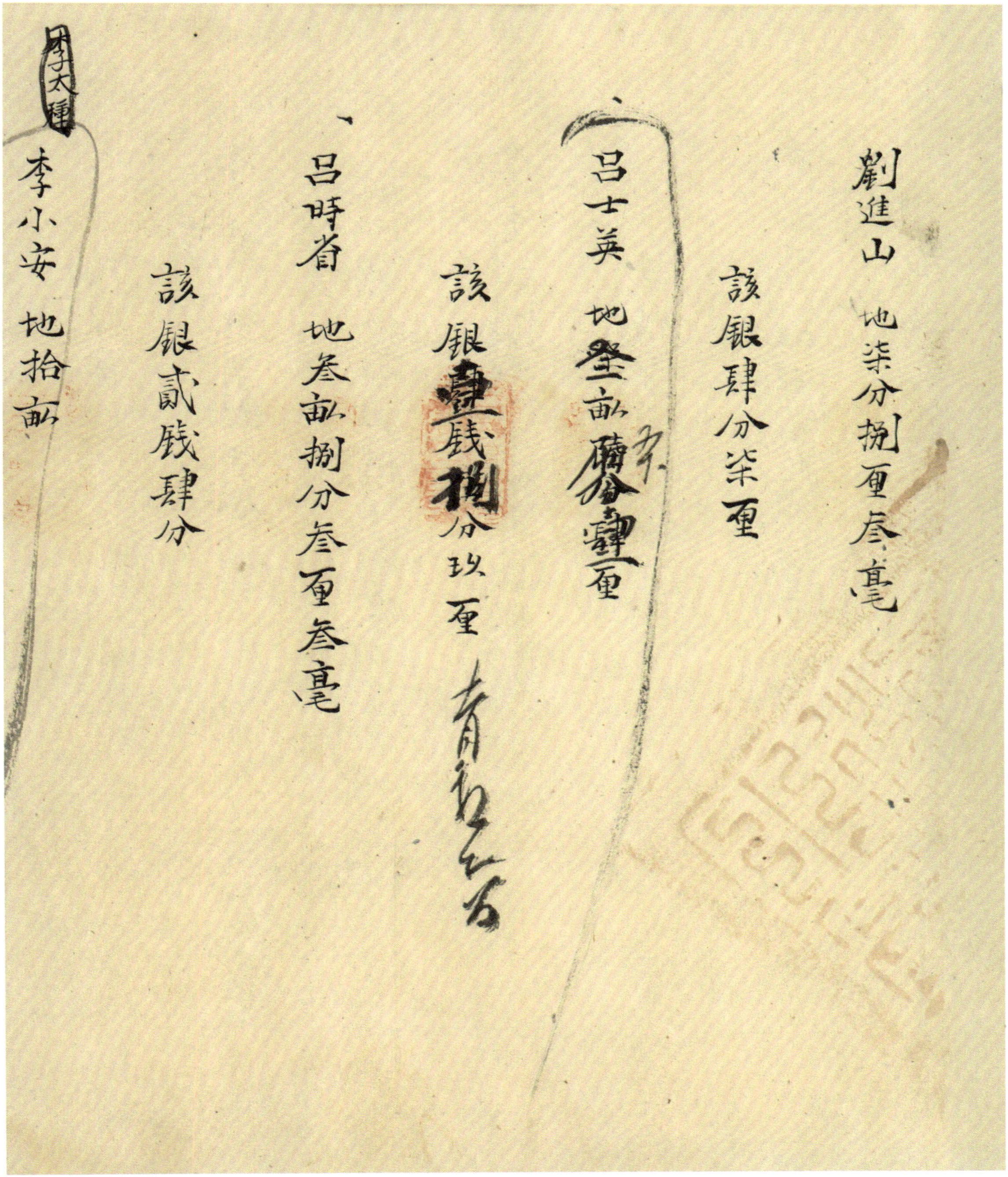

22.0cm x 24.6cm

崇禎十五年六月二十九日

該銀陸錢 有苗

李奇 地柒畝柒分

該銀肆錢陸分貳厘 有苗

李忠 地貳分柒厘柒毫叁絲

該銀壹分陸厘

李希廣 地肆畝陸分伍厘

該銀貳錢捌分 有苗[illegible]

22.0cm x 24.6cm

崇禎十五年六月二十九日

李希堯　地拾畝捌釐叁毫陸絲
該銀陸錢伍釐

李希舜　地拾柒畝五分
該銀壹兩伍分　有壽

李義　地陸畝伍分陸釐陸毫
該銀叁錢玖分肆釐　有壽

李傑　地陸畝

22.0cm x 24.6cm

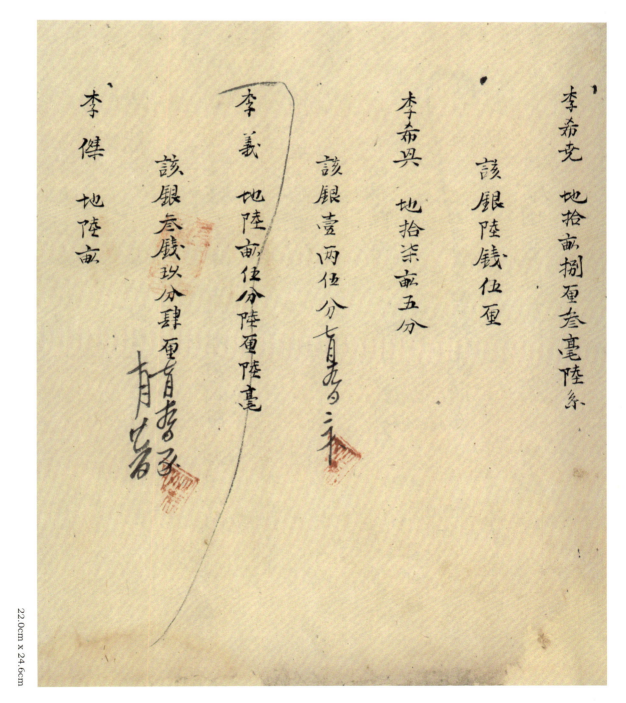

崇禎十五年六月二十九日

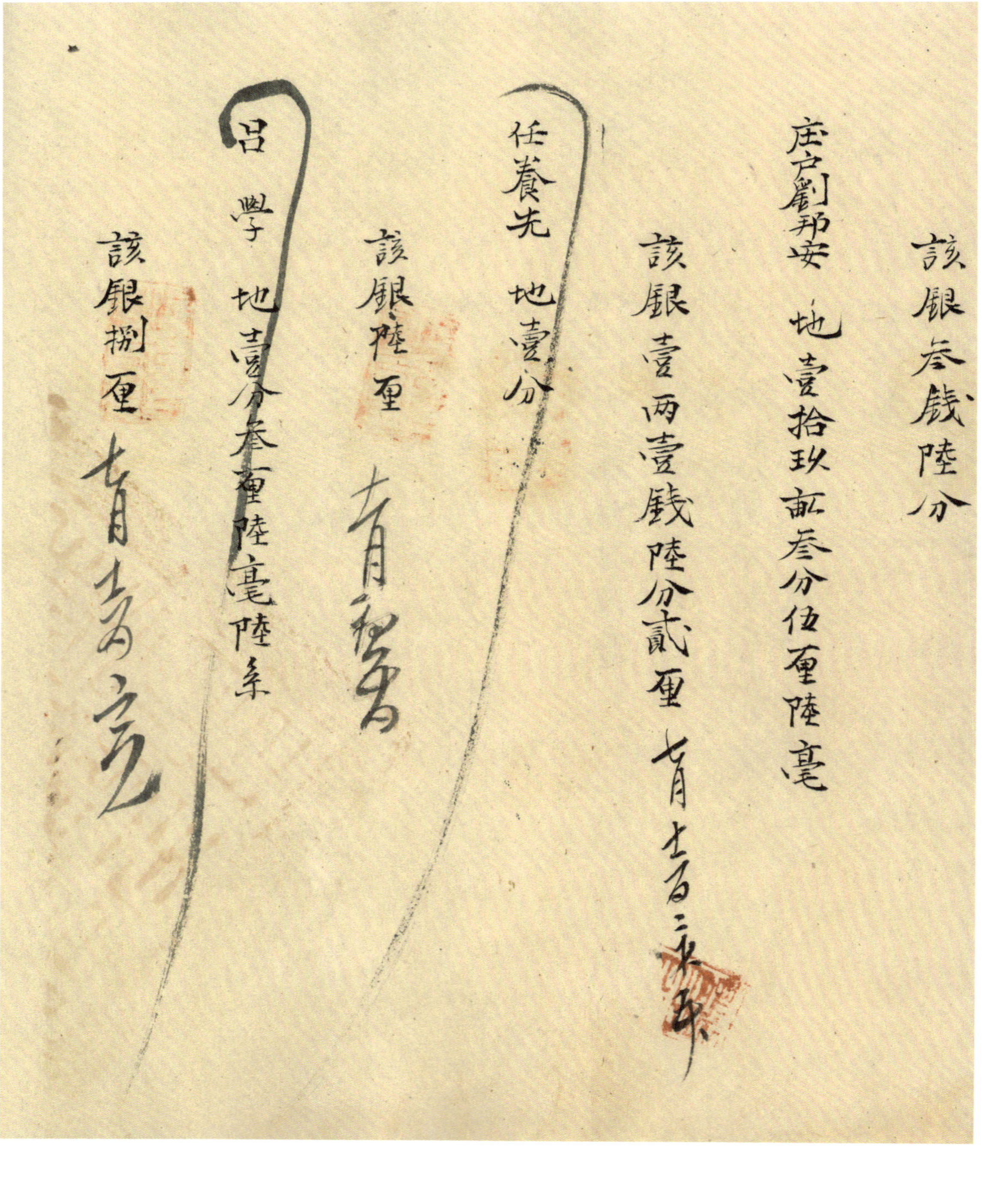

該銀叁錢陸分

庄户劉邦安 地壹拾玖畝叁分伍釐陸毫

該銀壹兩壹錢陸分貳釐 七月十五日二來取

任養先 地壹分

該銀陸釐 七月十五日

呂學 地壹分叁釐陸毫陸絲

該銀捌釐 七月十五日完

22.0cm x 24.6cm

崇禎十五年至聖廟平巨屯八甲佃户祀田地畝糧銀清册

崇禎十五年六月二十九日

高憲

肖礼　地玖分捌厘

該銀伍分玖厘

高憲

嚴利　地貳分捌厘伍毫

該銀壹分柒厘

劉敬地捌畝壹分壹厘

該銀肆錢捌分捌厘

肖廿年

呂大路　地捌畝捌分肆厘陸毫陸系

22.0cm x 24.6cm

崇禎十五年六月二十九日

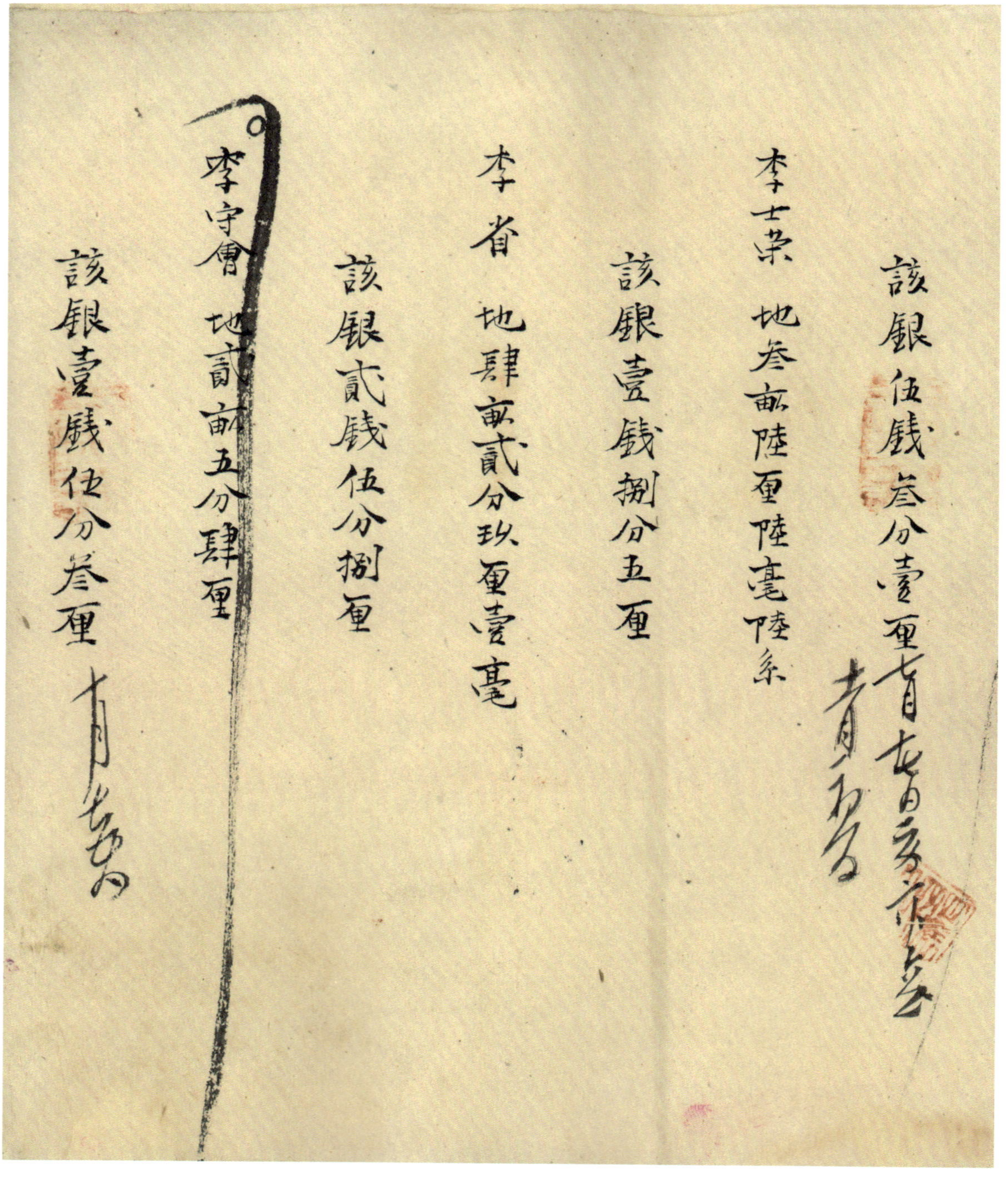

該銀伍錢叁分壹厘

李士榮 地叁畝陸厘陸毫陸絲

該銀壹錢捌分五厘

李省 地肆畝貳分玖厘壹毫

該銀貳錢伍分捌厘

李守曾 地貳畝五分肆厘

該銀壹錢伍分叁厘

22.0cm x 24.6cm

崇禎十五年至聖廟平巨屯八甲佃户祀田地畝糧銀清册

崇禎十五年六月二十九日

姜桂芳 地壹畝五分五厘
該銀玖分叁厘 七月廿四平完

~~朱寬~~ 楊一臣 地叁畝陸分叁厘
該銀伍分玖厘 貳錢叁分四厘
至月廿五日同完
七月廿日[illegible]完

高惠 李奇金 地肆畝叁分叁厘
該銀貳錢陸分

呂侯東 地貳畝捌分陸厘壹毫陸系

22.0cm x 24.6cm

崇禎十五年至聖廟平巨屯八甲佃户祀田地畝糧銀清册

崇禎十五年六月二十九日

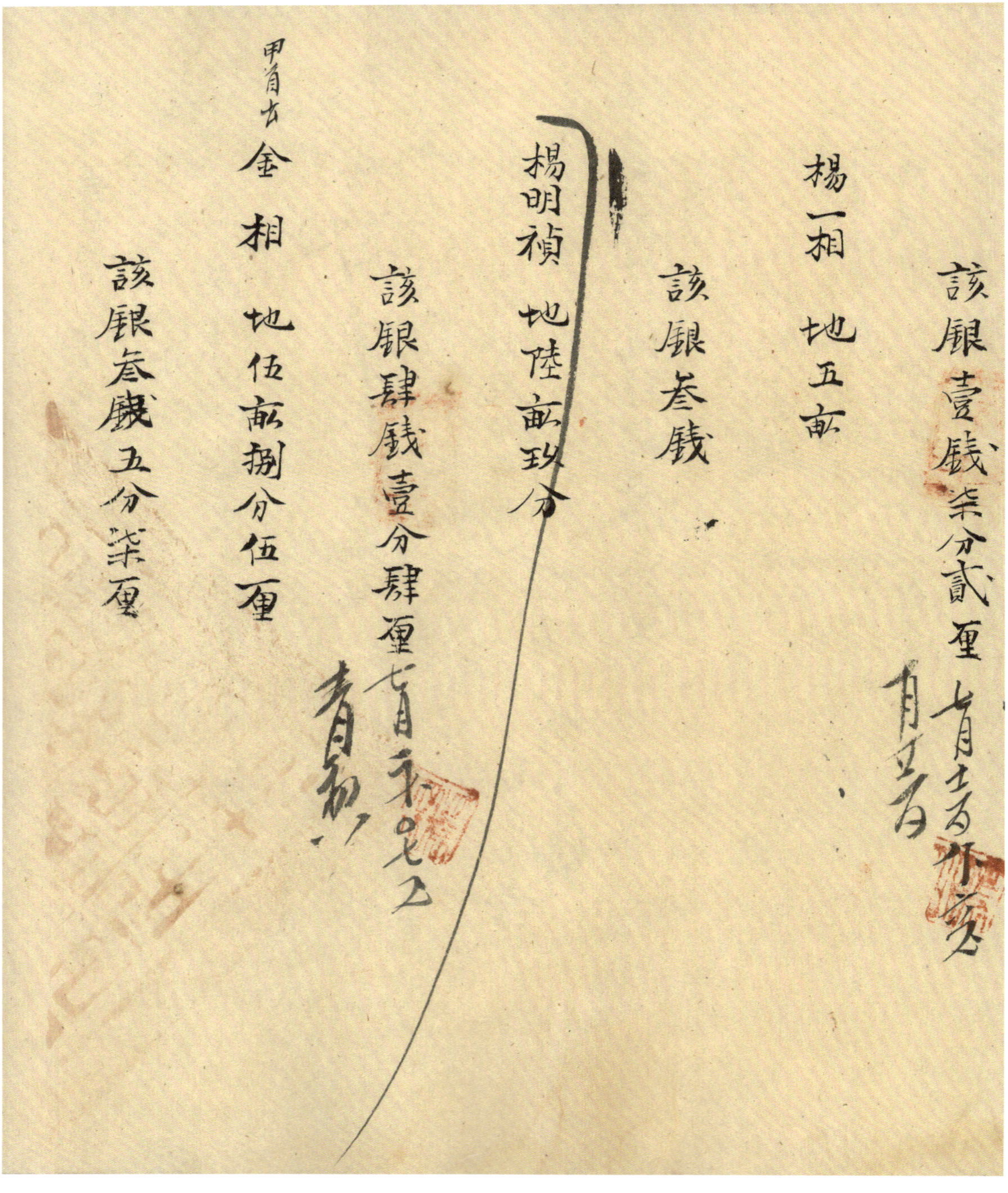
該銀壹錢柒分貳厘

楊一相 地五畝

該銀叁錢

楊明禎 地陸畝玖分

該銀肆錢壹分肆厘

甲首古

金相 地伍畝捌分伍厘

該銀叁錢五分柒厘

22.0cm x 24.6cm

崇禎十五年六月二十九日

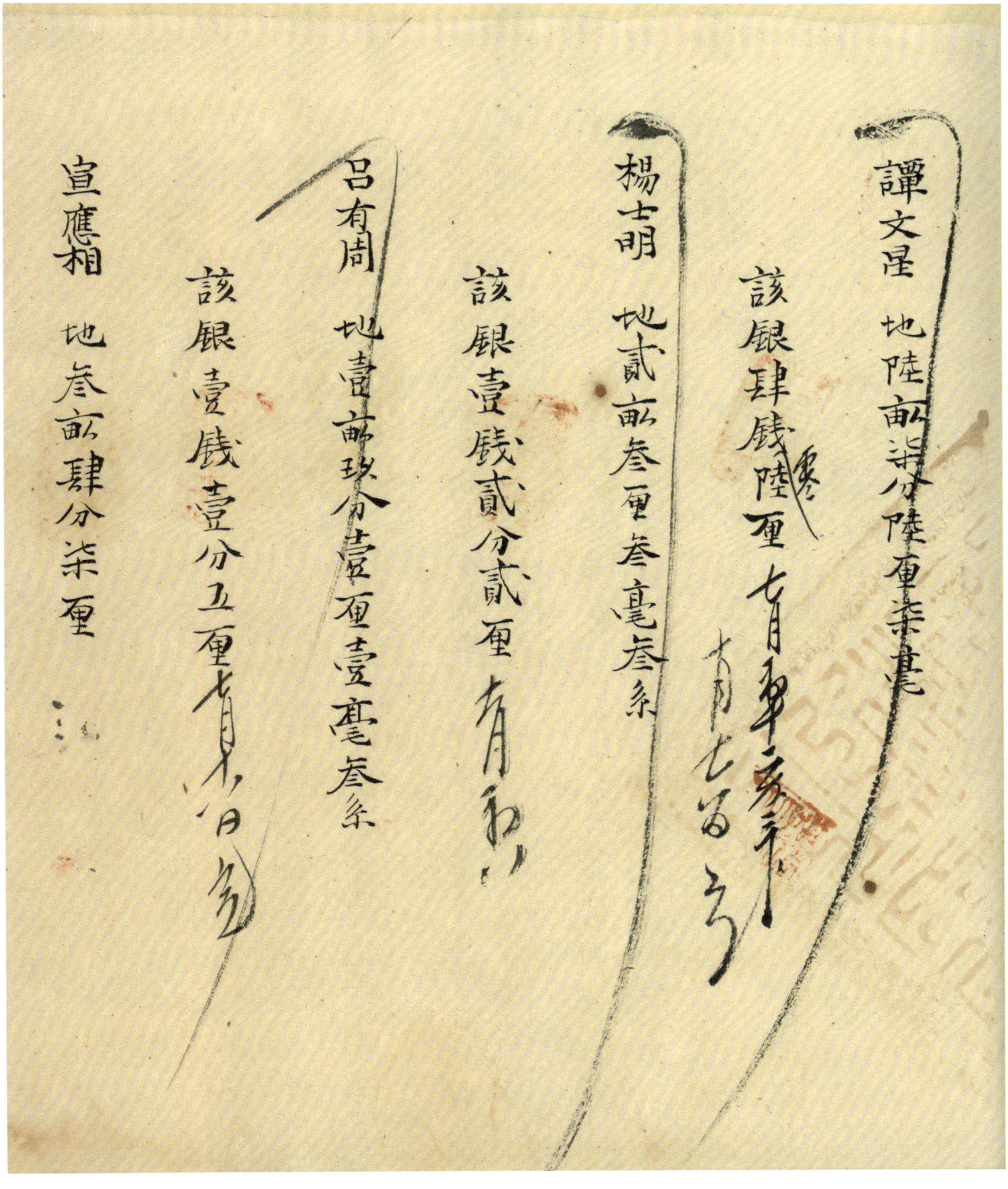
譚文星 地陸畝柒分陸厘柒毫
該銀肆錢零陸厘 七月[illegible]
楊士明 地貳畝叁厘叁毫叁系
該銀壹錢貳分貳厘 七月[illegible]
呂有周 地壹畝玖分壹厘壹毫叁系
該銀壹錢壹分五厘 七月十[illegible]日[illegible]
宣應相 地叁畝肆分柒厘

22.0cm x 24.6cm

崇禎十五年六月二十九日

該銀貳錢玖厘

呂大卿　地捌分陸厘柒毫

該銀五分叁厘

呂大器　地陸畝玖分五厘五毫

該銀肆錢壹分柒厘　七月十三日來○九上

七月廿日

呂林中　地壹拾柒畝壹分叁厘貳毫柒絲

該銀壹兩叁分零

七月初六

一七〇五〇五四毫

22.0cm x 24.6cm

崇禎十五年六月二十九日

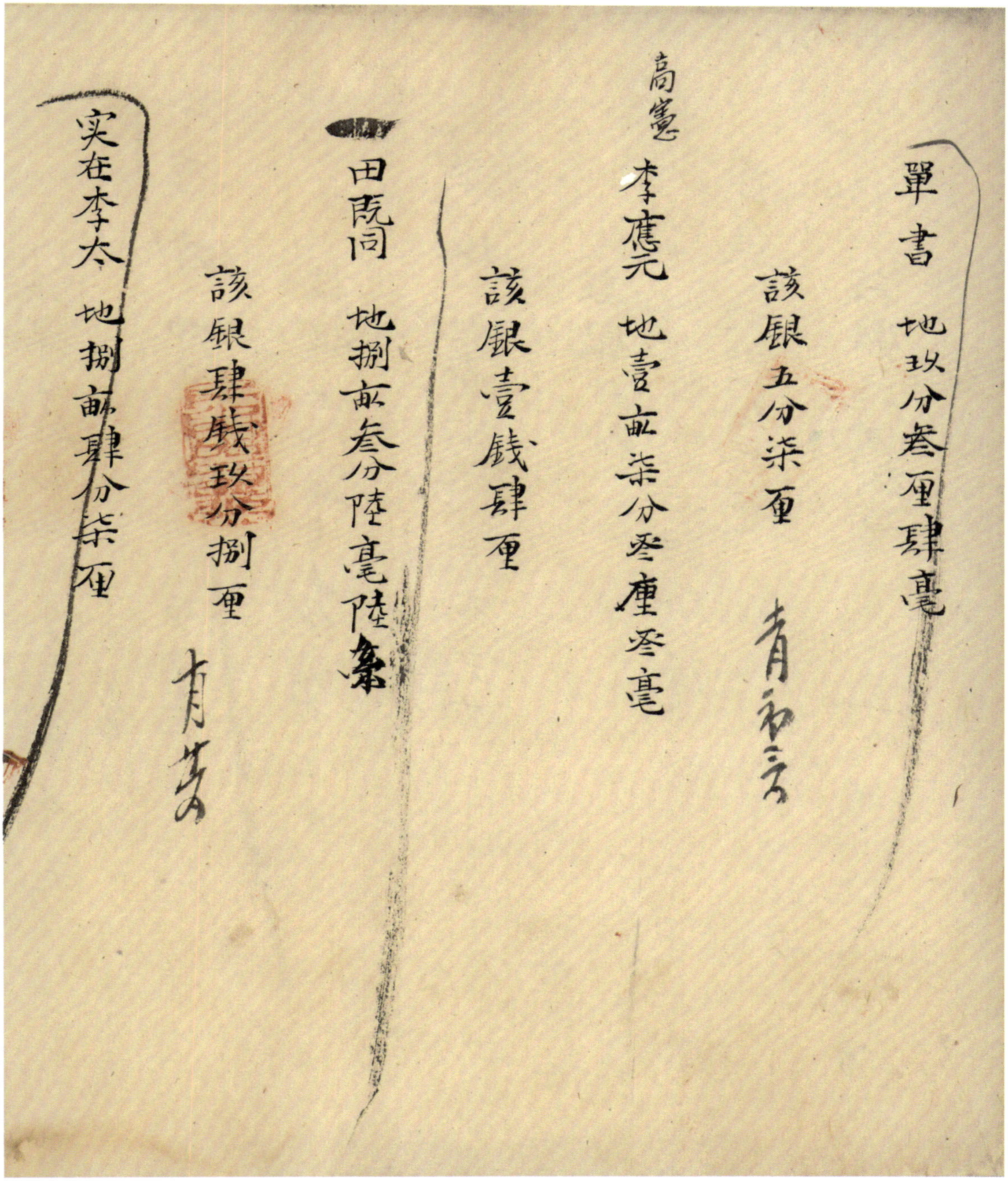
單書 地玖分叁厘肆毫
該銀五分柒厘
高寬
李應元 地壹畝柒分叁厘叁毫
該銀壹錢肆厘
田應同 地捌畝叁分陸毫陸絲
該銀肆錢玖分捌厘
實在李太 地捌畝肆分柒厘

22.0cm x 24.6cm

崇禎十五年六月二十九日

該銀五錢玖厘

李孝　地壹畝壹分陸厘捌毫

該銀柒分

李俊　地壹畝叁分叁厘叁毫

該銀捌分

李栄　地陸分叁厘

該銀叁分捌厘

22.0cm x 24.6cm

崇禎十五年至聖廟平巨屯八甲佃户祀田地畝糧銀清册

崇禎十五年六月二十九日

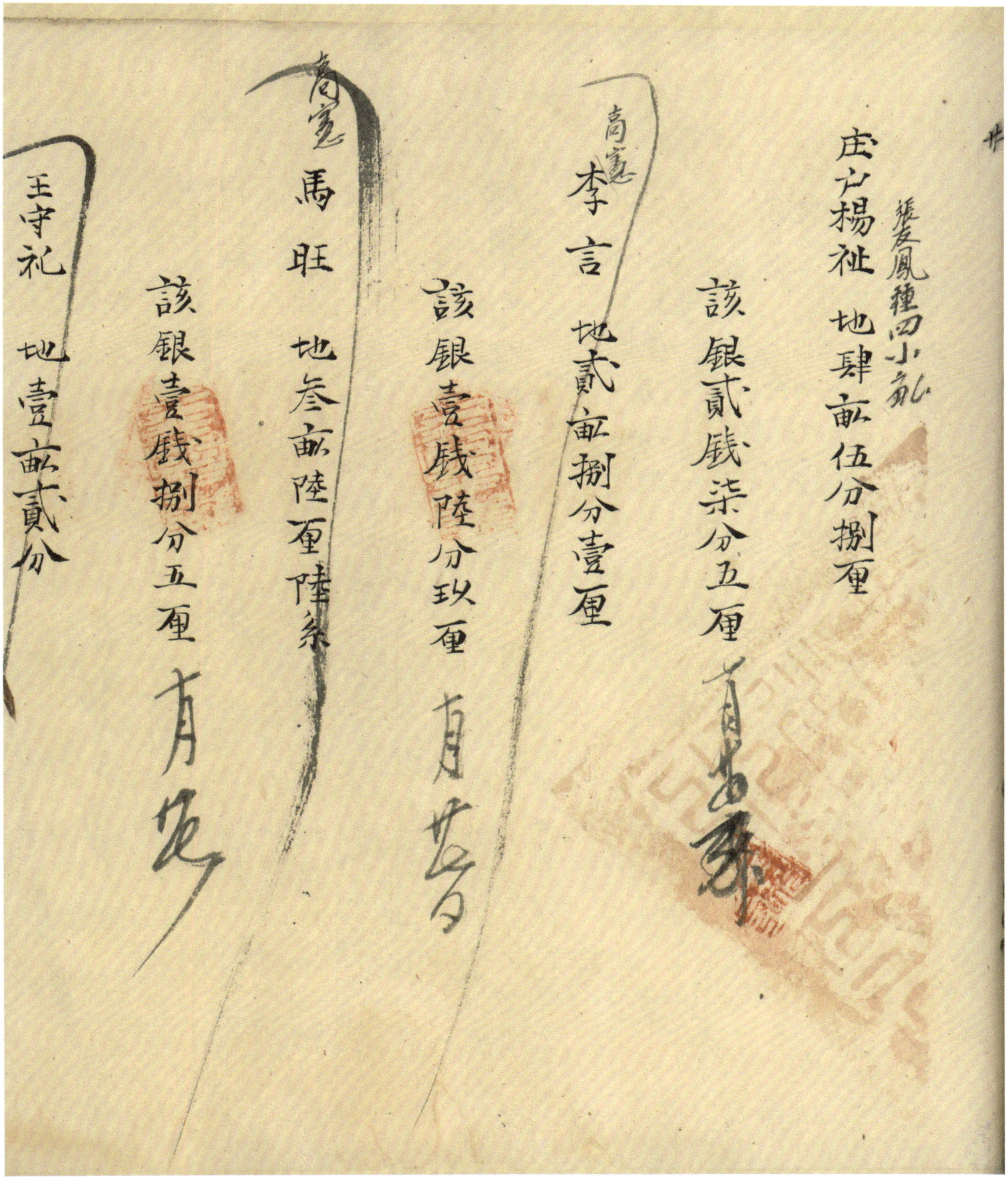
庄户楊祉 張友鳳種四小畝 地肆畝伍分捌厘
該銀貳錢柒分五厘
高寔 李言 地貳畝捌分壹厘
該銀壹錢陸分玖厘
高寔 馬旺 地叁畝陸厘陸系
該銀壹錢捌分五厘
王守礼 地壹畝貳分

22.0cm x 24.6cm

崇禎十五年六月二十九日

該銀陸分貳厘

楊一都 地肆畝玖分五厘

該銀壹錢五分八厘

王聊節

蔡東魯 地捌分叁厘

該銀五分

趙士章 地陸畝叁分五厘貳毫

該銀叁錢捌分壹厘

22.0cm x 24.6cm

崇禎十五年六月二十九日

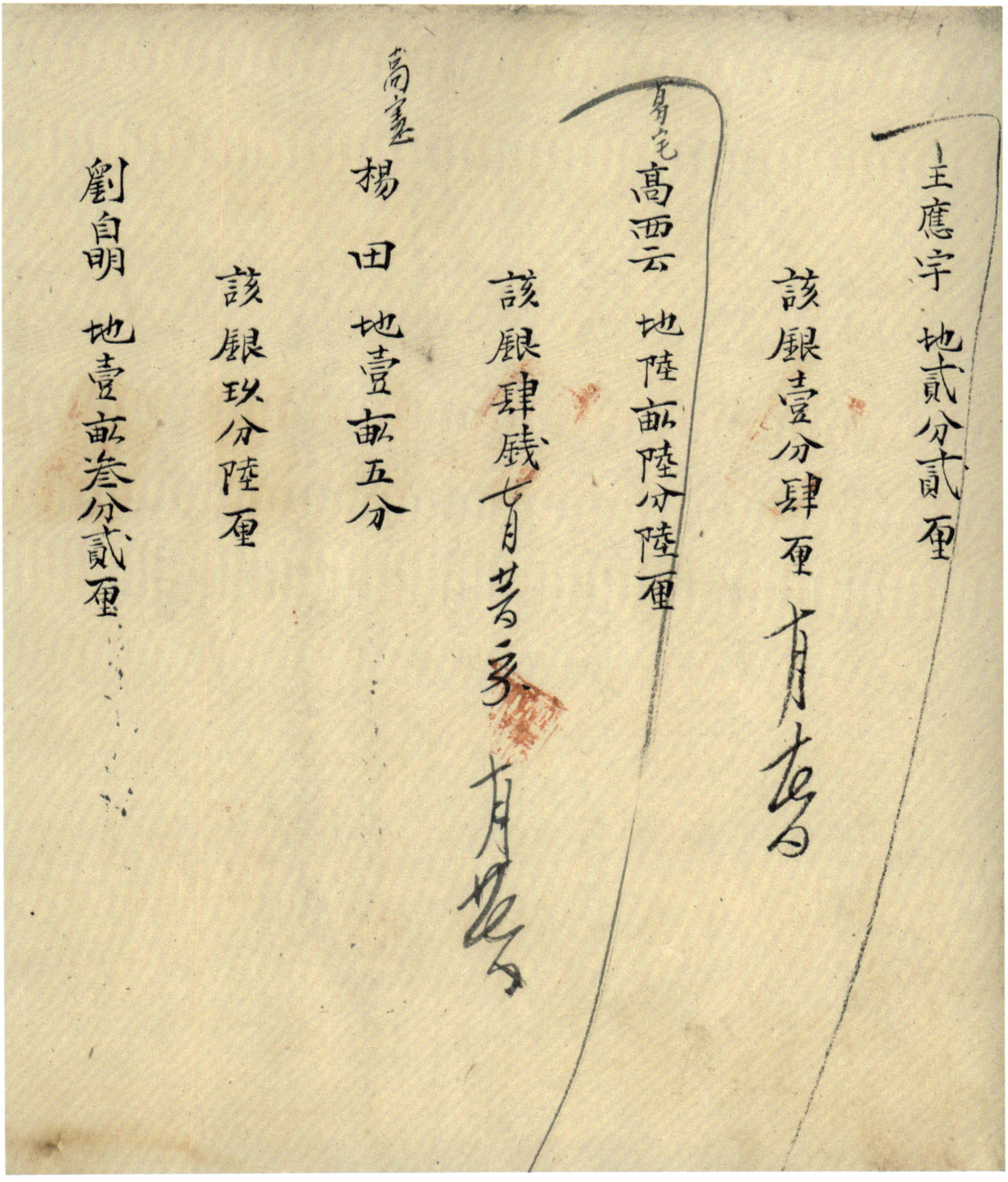
王應宇 地貳分貳厘
該銀壹分肆厘
高宅
高西云 地陸畝陸分陸厘
該銀肆錢
高宅
楊田 地壹畝五分
該銀玖分陸厘
劉自明 地壹畝叁分貳厘

22.0cm x 24.6cm

崇禎十五年至聖廟平巨屯八甲佃户祀田地畝糧銀清册

崇禎十五年六月二十九日

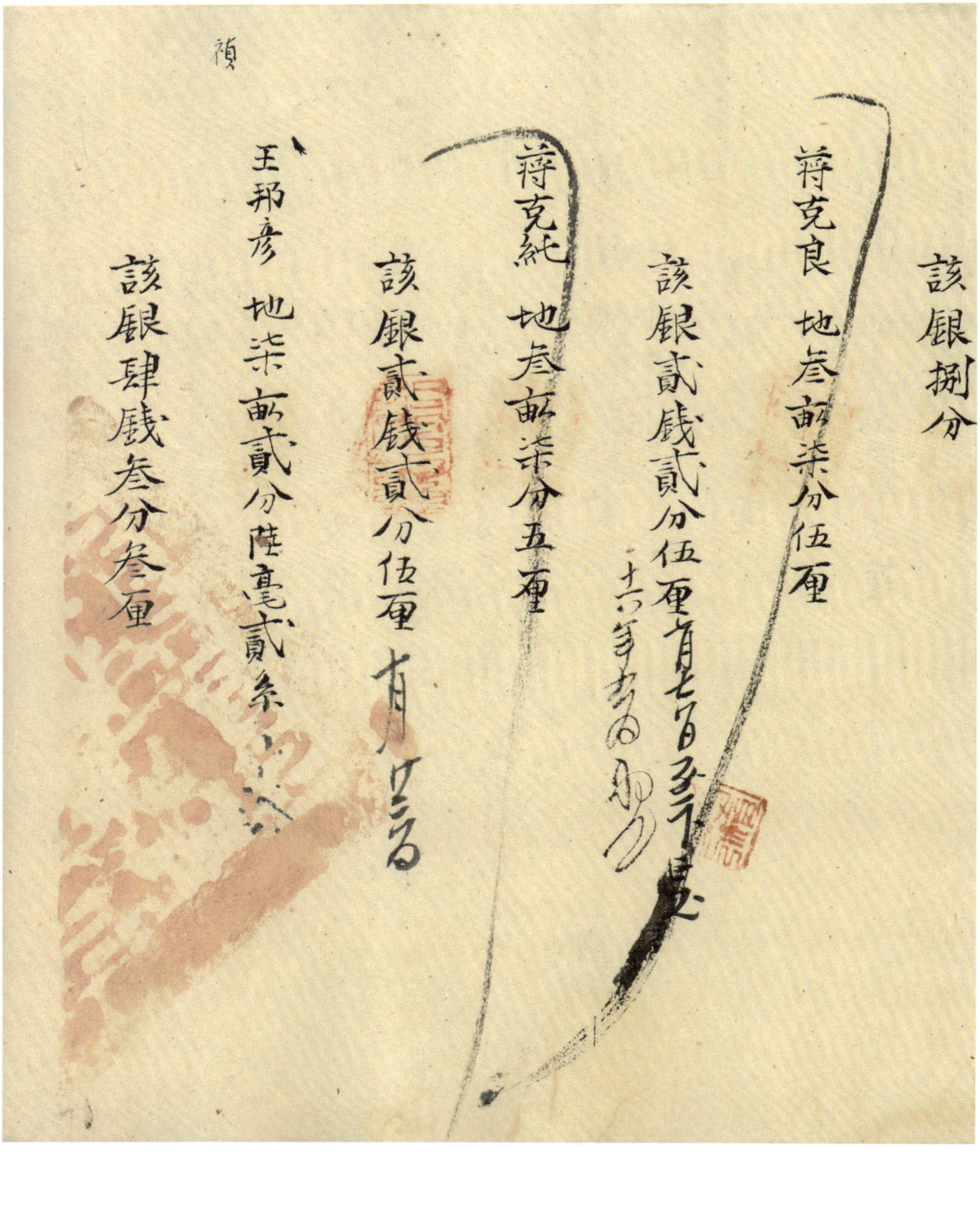

禎

該銀捌分

蔣克良　地叁畝柒分伍厘

該銀貳錢貳分伍厘　有七月至千完

十六年叁月□日收

蔣克紀　地叁畝柒分五厘

該銀貳錢貳分伍厘　六月廿二

王邦彦　地柒畝貳分陸毫貳系六

該銀肆錢叁分叁厘

22.0cm x 24.6cm

崇禎十五年至聖廟平巨屯八甲佃户祀田地畝糧銀清册

崇禎十五年六月二十九日

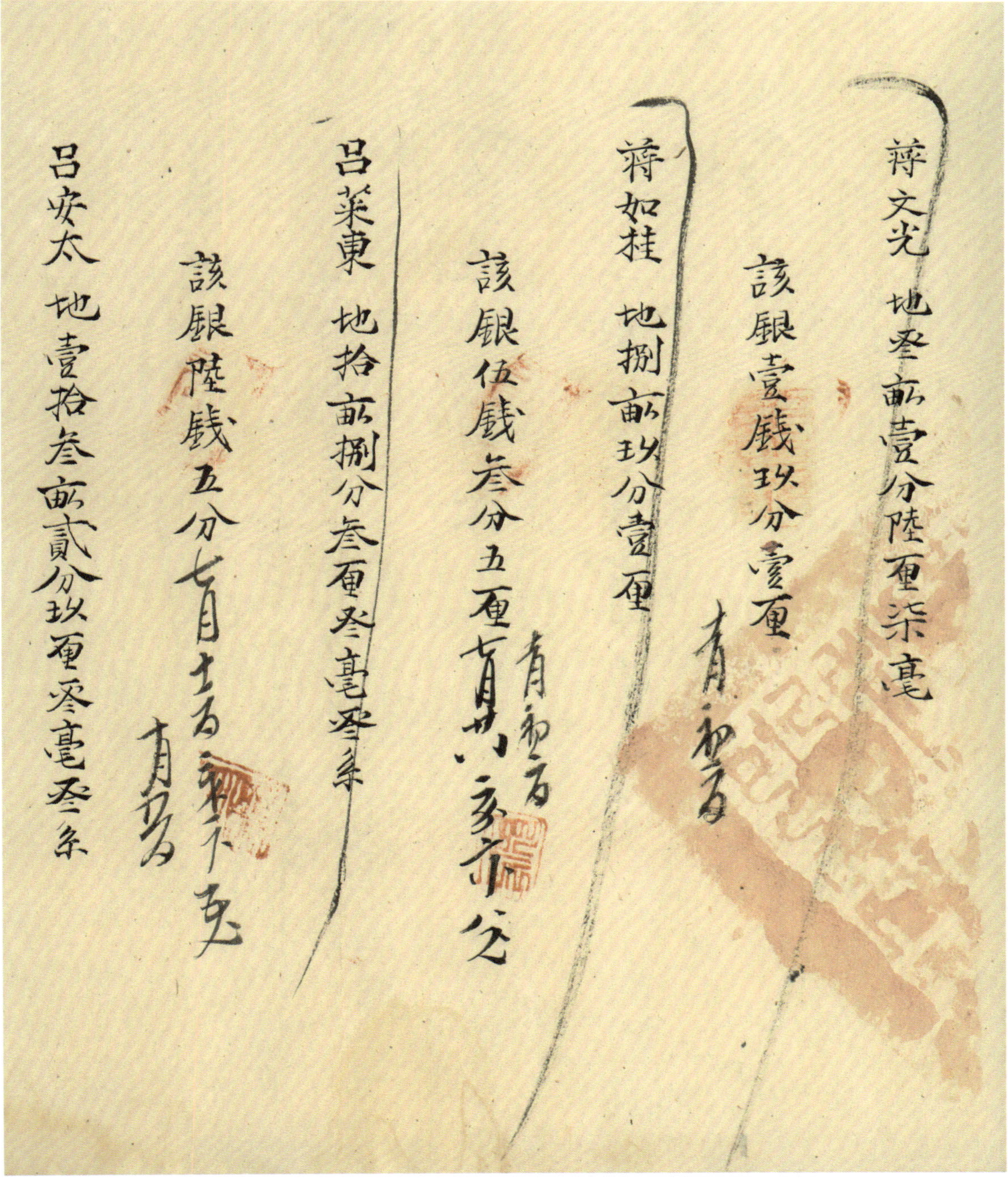
蔣文光 地叁畝壹分陸厘柒毫
該銀壹錢玖分壹厘
[illegible]
蔣如桂 地捌畝玖分壹厘
該銀伍錢叁分五厘
[illegible]
呂萊東 地拾畝捌分叁厘叁毫叁絲
該銀陸錢五分
[illegible]
呂安太 地壹拾叁畝貳分玖厘叁毫叁絲
[illegible]

22.0cm x 24.6cm

崇禎十五年六月二十九日

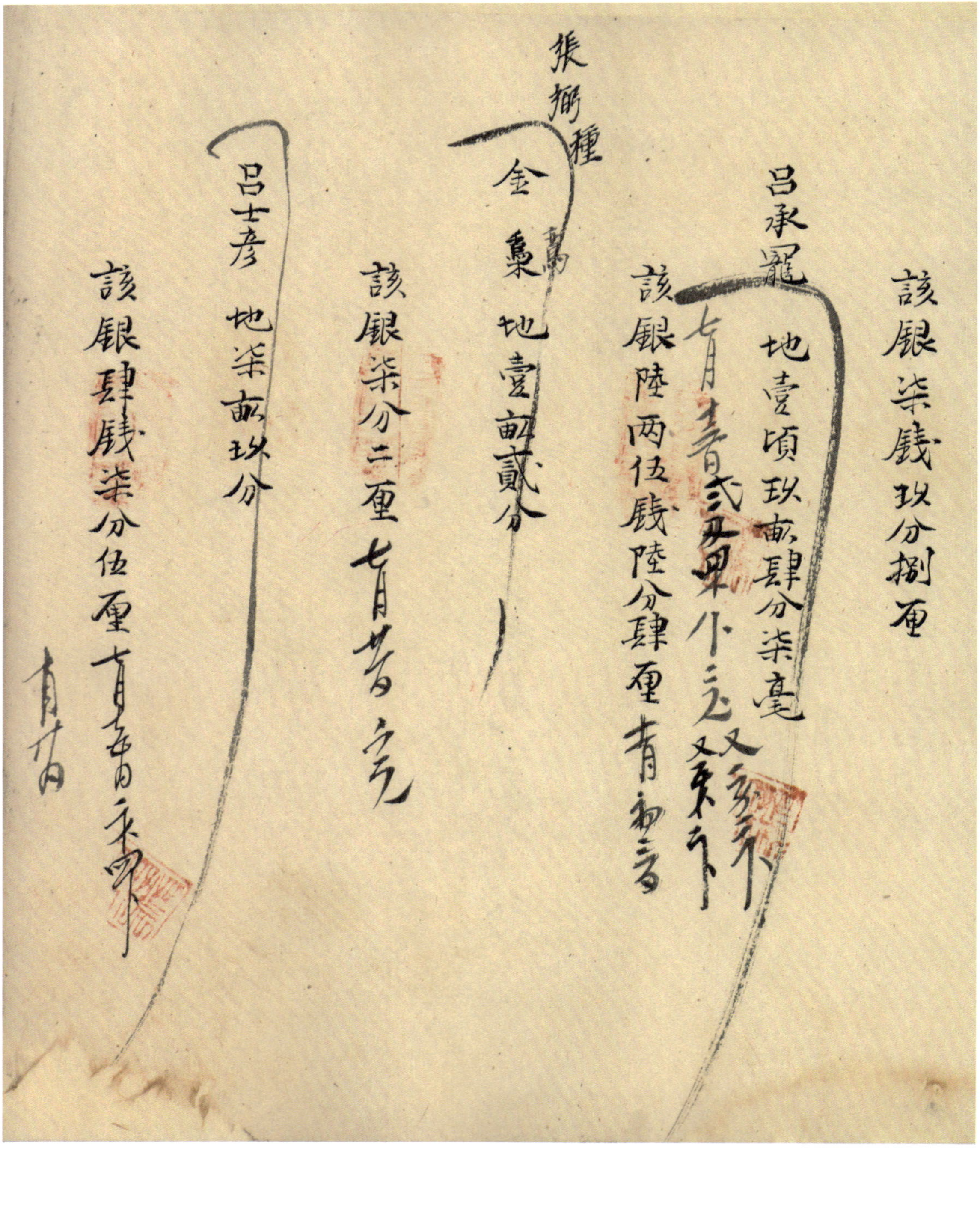
該銀柒錢玖分捌厘
呂承羅 地壹頃玖畝肆分柒毫
該銀陸兩伍錢陸分肆厘
張獅種
金彙 地壹畝貳分
該銀柒分二厘
呂士彥 地柒畝玖分
該銀肆錢柒分伍厘

22.0cm x 24.6cm

崇禎十五年至聖廟平巨屯八甲佃户祀田地畝糧銀清册

崇禎十五年六月二十九日

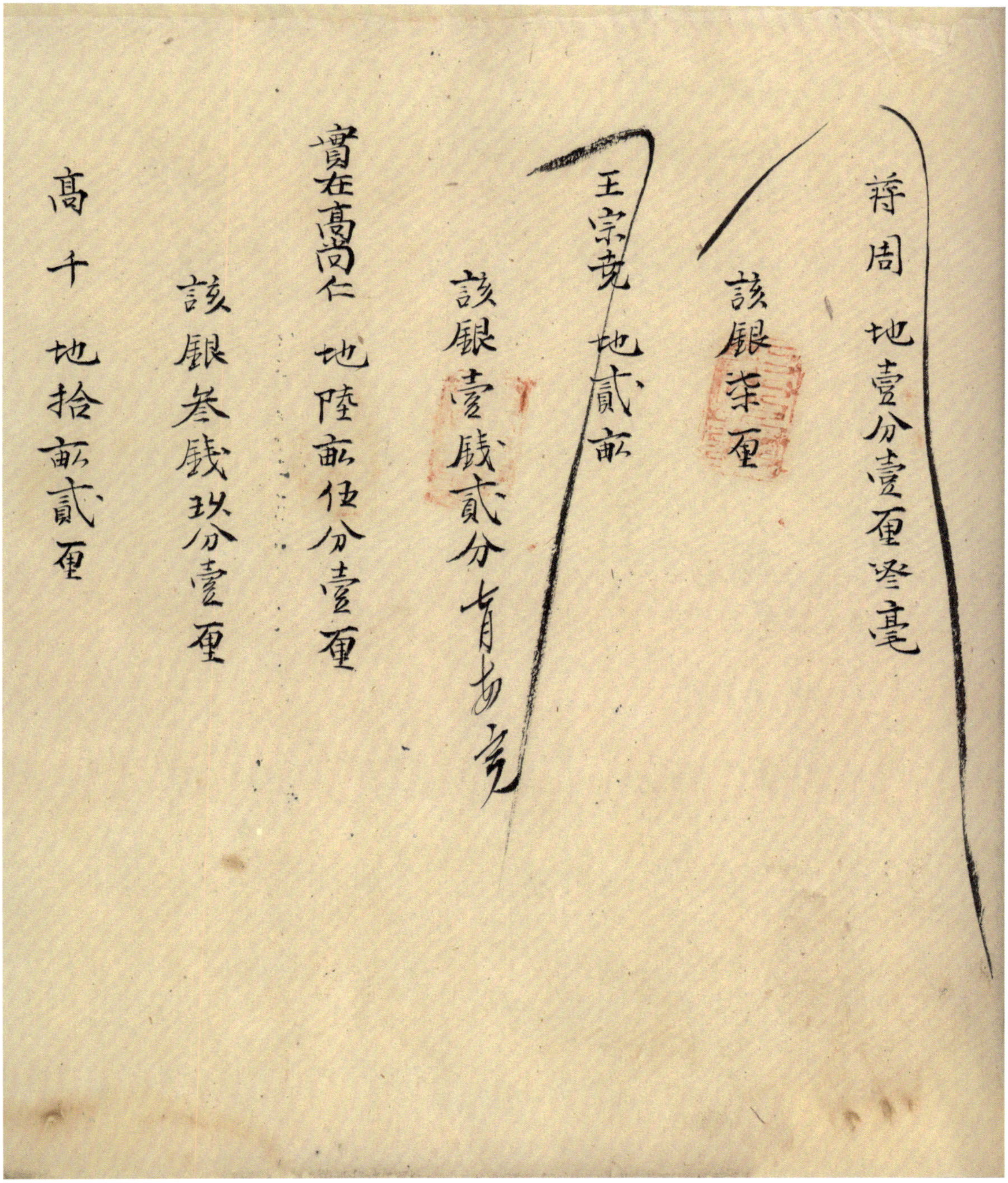
蔣周 地壹分壹厘叁毫
該銀柒厘
王宗堯 地貳畝
該銀壹錢貳分 七月安完
實在高尚仁 地陸畝伍分壹厘
該銀叁錢玖分壹厘
高千 地拾畝貳厘

22.0cm x 24.6cm

崇禎十五年六月二十九日

該銀陸錢貳厘

張登科　地玖畝壹分五厘

該銀五錢柒分玖厘

庄户李森　地壹畝壹分陸厘柒毫

該銀柒分壹厘

徐來賓　地捌畝壹分捌厘

該銀肆錢玖分

22.0cm x 24.6cm

崇禎十五年至聖廟平巨屯八甲佃户祀田地畝糧銀清册

崇禎十五年六月二十九日

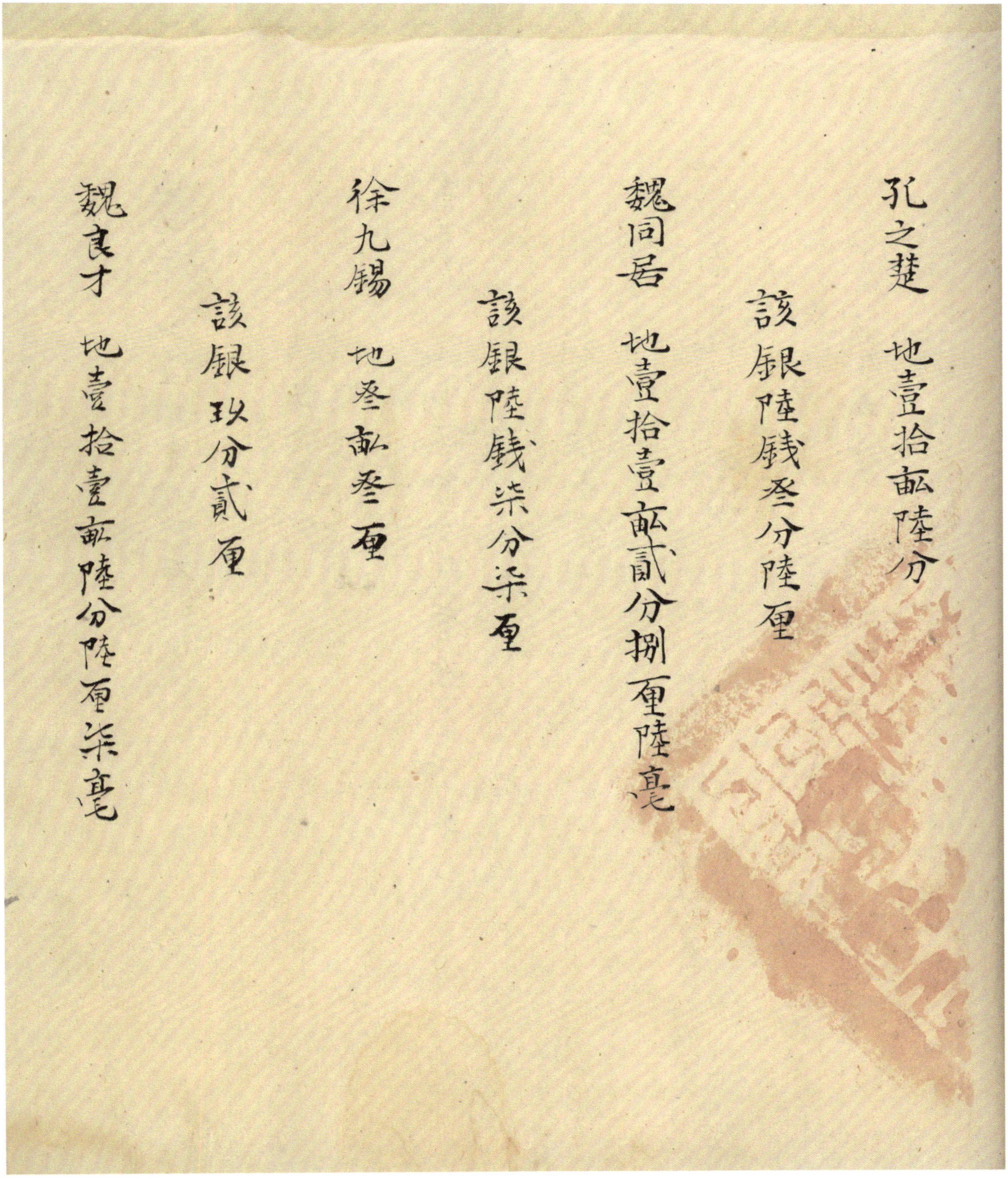

孔之楚　地壹拾畝陸分
該銀陸錢叁分陸厘
魏同居　地壹拾壹畝貳分捌厘陸毫
該銀陸錢柒分柒厘
徐九錫　地叁畝叁厘
該銀玖分貳厘
魏良才　地壹拾壹畝陸分陸厘柒毫

22.0cm x 24.6cm

該銀柒錢壹分

吳思恭　地陸畝壹分陸厘柒毫

該銀叁錢柒分

肖九韶　地柒畝壹分貳厘叁毫叁絲

該銀肆錢叁分

楊方宝　地捌分叁厘

該銀五分

22.0cm x 24.6cm

崇禎十五年至聖廟平巨屯八甲佃户祀田地畝糧銀清册

崇禎十五年六月二十九日

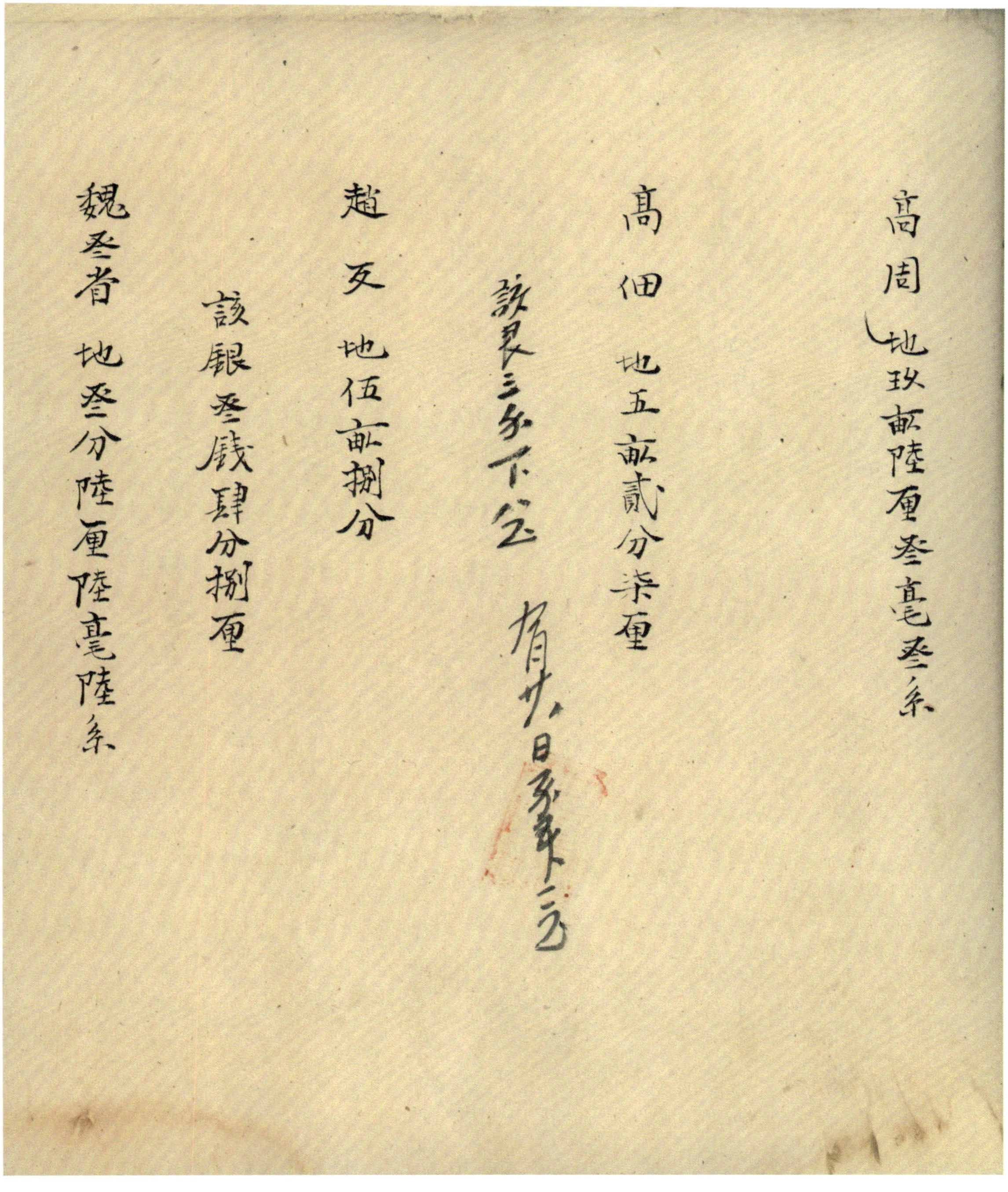
高周
地玖畝陸厘叁毫叁糸
高佃
地五畝貳分柒厘
該艮三分下公
有廿八日系[illegible]下二忠
趙友
地伍畝捌分
該銀叁錢肆分捌厘
魏叁省
地叁分陸厘陸毫陸糸

22.0cm x 24.6cm

崇禎十五年六月二十九日

該銀叁分

于成　地肆畝伍分叁釐

該銀叁錢叁分貳釐　有芳

王子观　地叁分壹釐陸毫陸絲

該銀貳分

魏同術　地叁畝叁分五釐

該銀貳錢貳釐

22.0cm x 24.6cm

崇禎十五年至聖廟平巨屯八甲佃户祀田地畝糧銀清册

崇禎十五年六月二十九日

馬足徵 地肆畝玖分肆釐陸毫陸系
該銀貳錢玖分柒釐

張修真 地柒畝五釐陸毫
該銀肆錢叁分

張修兵 地柒畝叁分叁釐
該銀肆錢肆分

張文登 地捌畝貳分陸釐陸毫

22.0cm x 24.6cm

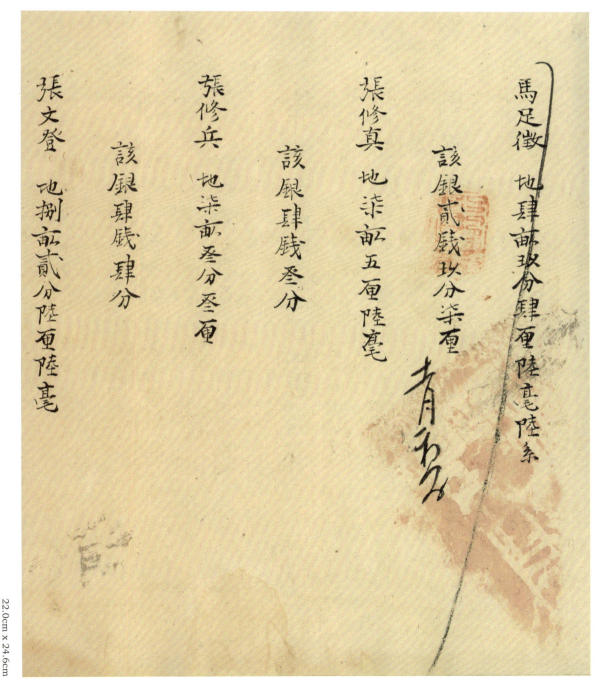

崇禎十五年六月二十九日

該銀肆錢玖分陸厘

高如 地叁分玖厘肆毫叁糸

該銀貳分肆厘

魏同文 地叁畝陸分五厘五毫

該銀貳錢玖厘

孫勳 地壹畝貳分柒厘

該銀柒分柒厘

[illegible]

22.0cm x 24.6cm

崇禎十五年六月二十九日

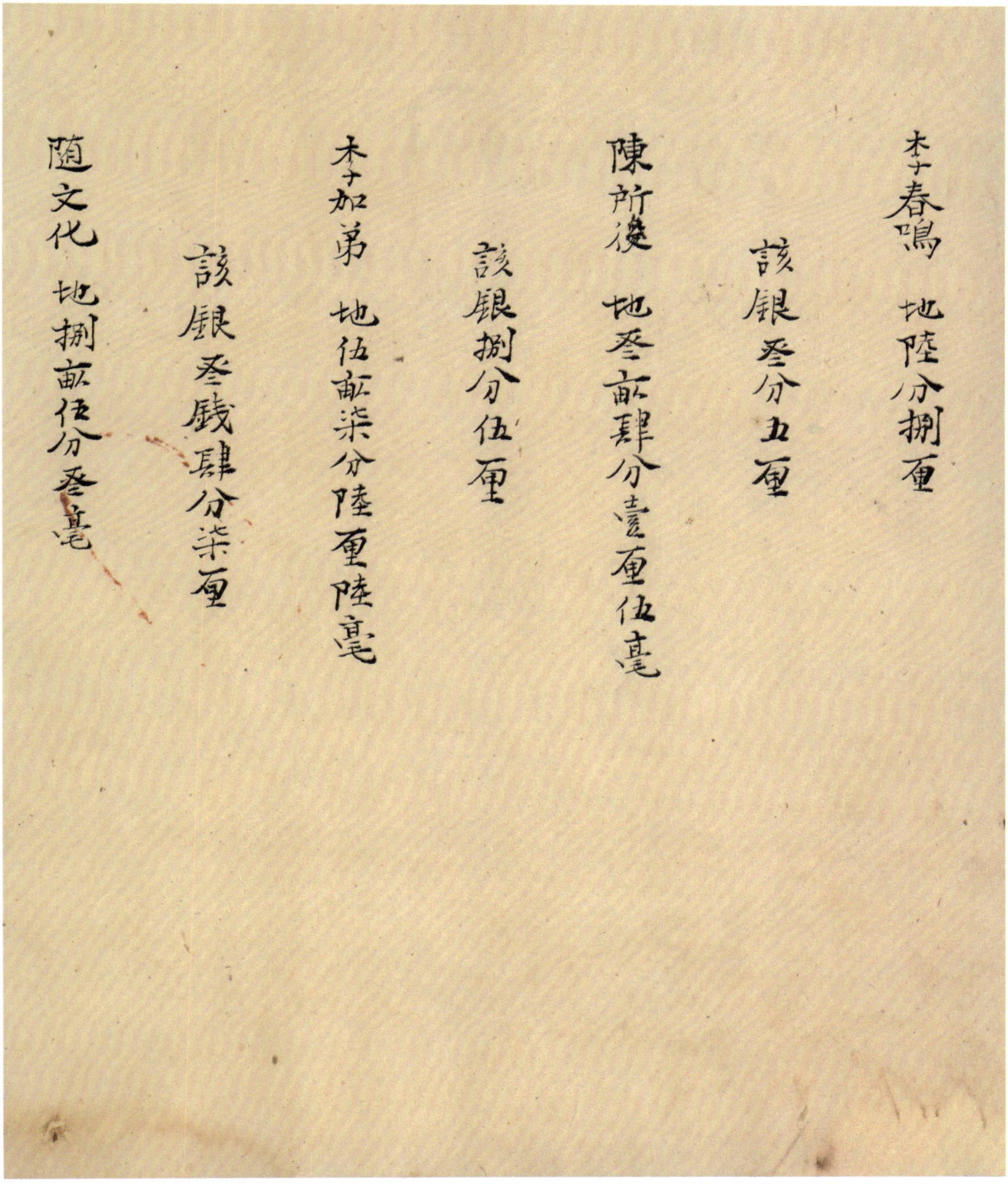
李春鳴　地陸分捌厘
該銀叁分五厘
陳所後　地叁畝肆分壹厘伍毫
該銀捌分伍厘
李加弟　地伍畝柒分陸厘陸毫
該銀叁錢肆分柒厘
隨文化　地捌畝伍分叁毫

22.0cm x 24.6cm

崇禎十五年六月二十九日

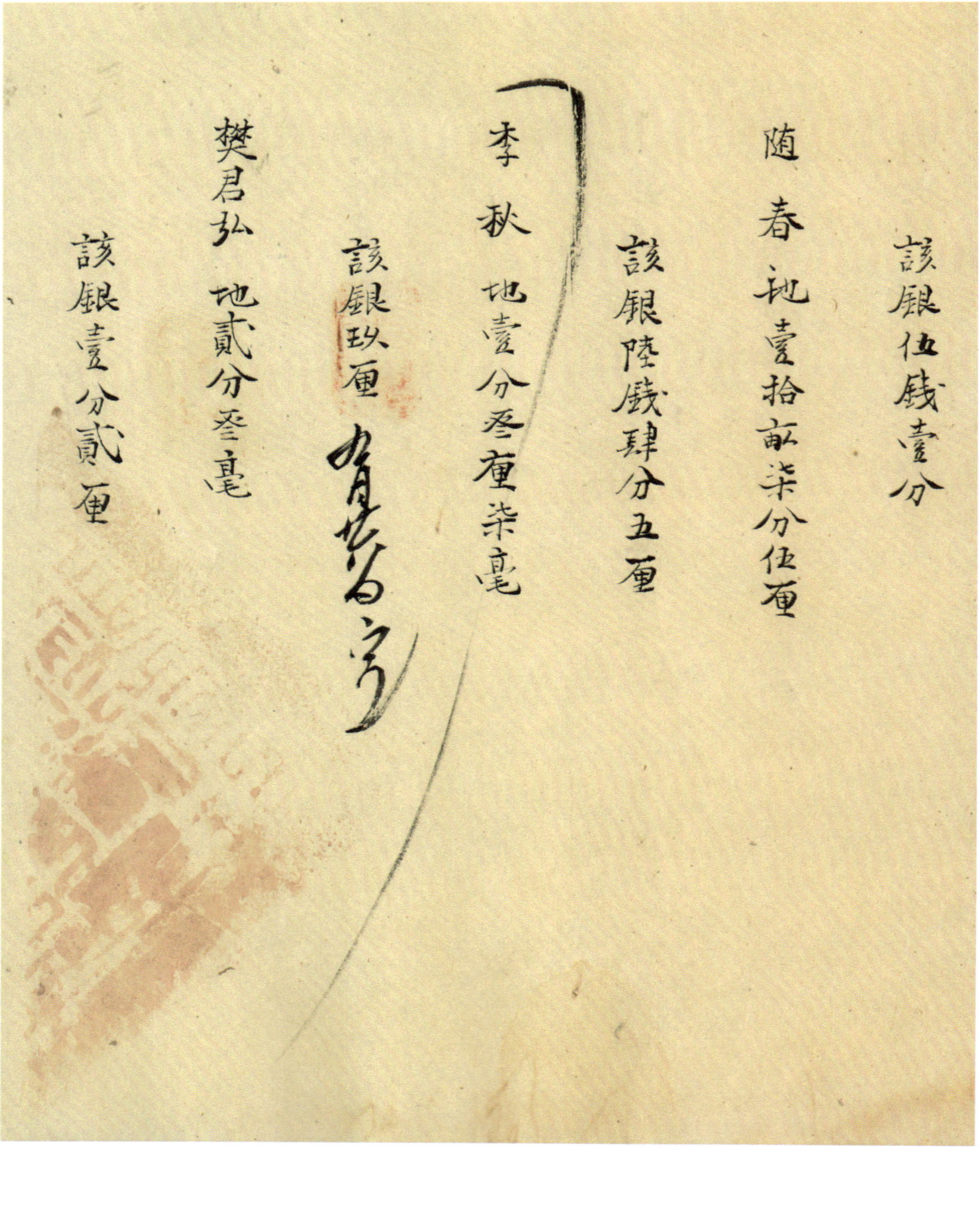

該銀伍錢壹分
隨春 地壹拾畝柒分伍厘
該銀陸錢肆分五厘
李秋 地壹分叁厘柒毫
該銀玖厘
樊君弘 地貳分叁毫
該銀壹分貳厘

22.0cm x 24.6cm

崇禎十五年六月二十九日

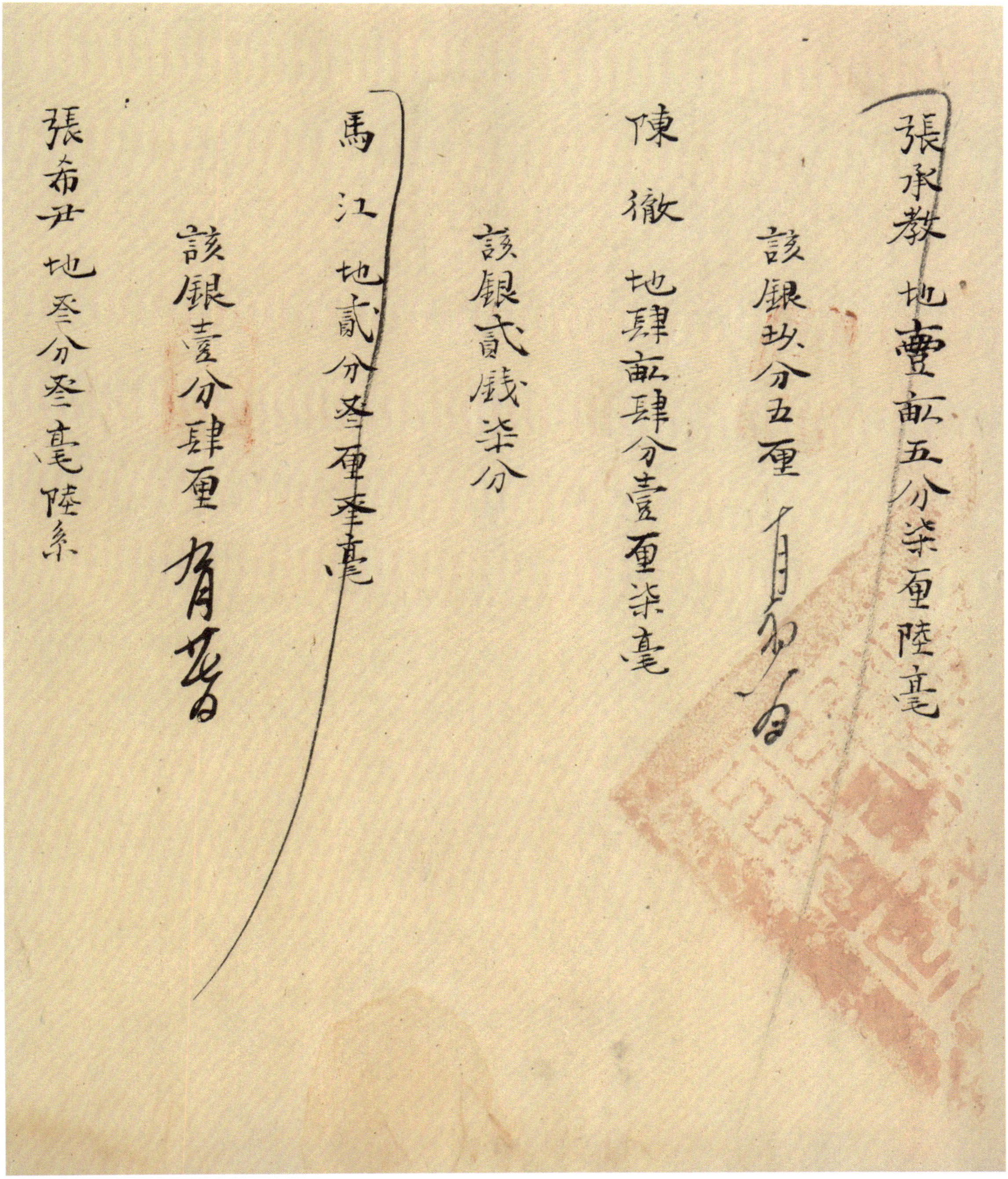

張承教 地壹畝五分柒釐陸毫
該銀玖分五釐
陳徹 地肆畝肆分壹釐柒毫
該銀貳錢柒分
馬江 地貳分叁釐叁毫
該銀壹分肆釐
張希丑 地叁分叁毫陸絲

22.0cm x 24.6cm

崇禎十五年六月二十九日

該銀壹分捌厘

右　今　地肆畝叁分陸厘伍毫

該銀貳錢陸分壹厘

李翰林　地貳畝叁分捌厘

該銀壹錢肆分叁厘

李汗如　地壹畝貳分叁厘叁毫

該銀柒分肆厘

22.0cm x 24.6cm

李如蘭　地陸畝肆分肆厘
該銀叁錢玖分
樊君住　地壹拾貳畝陸分叁厘
該銀柒錢伍分捌厘
樊振齊　地貳畝五分五厘柒毫
該銀壹錢五分叁厘
樊君宰　地玖畝柒分陸厘

22.0cm x 24.6cm

崇禎十五年六月二十九日

該銀五錢捌分肆厘

樊振吾　地叁拾叁畝肆分柒厘

該銀貳兩

樊君仲　地貳拾陸畝柒分伍厘

該銀壹兩陸錢

樊君左　地壹畝捌分肆厘叁毫

該銀壹錢壹分壹厘

22.0cm x 24.6cm

崇禎十五年至聖廟平巨屯八甲佃户祀田地畝糧銀清册

崇禎十五年六月二十九日

樊入聖　地玖畝貳分壹厘

該銀伍錢伍分叁厘

樊振都　地貳拾陸畝陸分柒厘

該銀壹兩陸錢

劉濟龍　地貳畝叁厘

該銀壹錢叁分

姫成　地叁畝陸分陸厘

22.0cm x 24.6cm

崇禎十五年六月二十九日

該銀貳錢貳分
劉継祖　地叁畝貳分柒厘
該銀壹錢玖柒厘
劉太運　地叁畝叁分玖厘
該銀貳錢貳厘
劉君祀　地玖分
該銀伍分肆厘
二已畢公不吾忘也

22.0cm x 24.6cm

崇禎十五年六月二十九日

劉旻　地伍分壹厘
該銀叁分
劉君才　地五分
該銀叁分
張洪志　地貳畝肆分叁厘叁毫
該銀壹錢肆分陸厘
高良　地貳畝叁分貳厘肆毫

22.0cm x 24.6cm

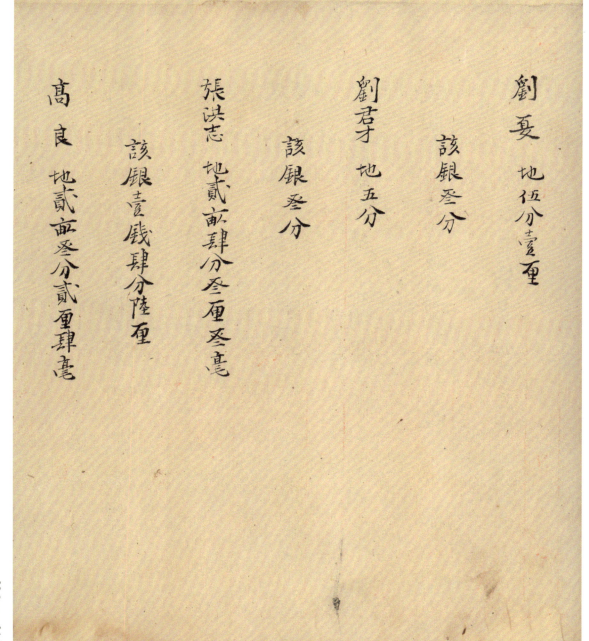

崇禎十五年至聖廟平巨屯八甲佃户祀田地畝糧銀清册

崇禎十五年六月二十九日

該銀壹錢柒分陸厘

樊振魁　地貳畝陸厘捌毫叁糸

該銀壹錢貳分五厘

樊開泰　地拾肆畝陸分叁厘

該銀捌錢柒分捌厘

樊開禎　地拾壹畝捌分肆厘柒毫

該銀柒錢壹分壹厘

22.0cm x 24.6cm

崇禎十五年六月二十九日

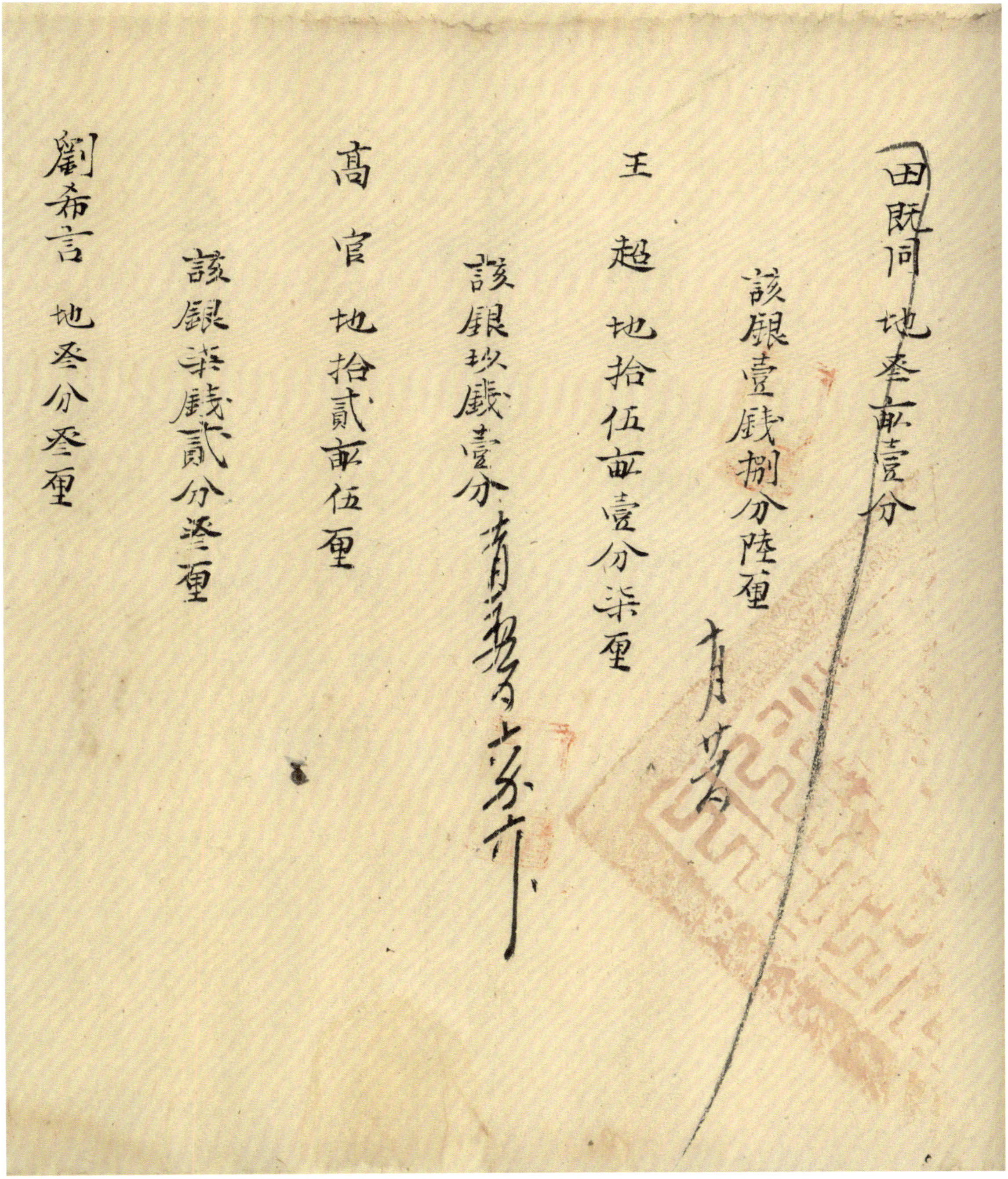

田既同　地叁畝壹分
該銀壹錢捌分陸厘
王超　地拾伍畝壹分柒厘
該銀玖錢壹分
高官　地拾貳畝伍厘
該銀柒錢貳分叁厘
劉希言　地叁分叁厘

22.0cm x 24.6cm

崇禎十五年六月二十九日

該銀貳分

劉大興　地叁拾壹畝貳分陸釐

該銀壹兩捌錢柒分伍釐

劉二奇　地叁拾肆畝肆分

該銀貳兩零陸分

蓋地劉四端　地叁拾貳畝貳分叁釐

該銀壹兩玖錢叁分

22.0cm x 24.6cm

崇禎十五年六月二十九日

荒地劉五美　地叁拾畝陸分

該銀壹兩捌錢叁分陸厘

刘張

劉魁　地貳畝肆分叁厘

該銀壹錢肆分伍厘

王宗才　地壹畝柒分

該銀壹錢壹厘

劉討秋　地叁畝肆分

22.0cm x 24.6cm

崇禎十五年至聖廟平巨屯八甲佃户祀田地畝糧銀清册

崇禎十五年六月二十九日

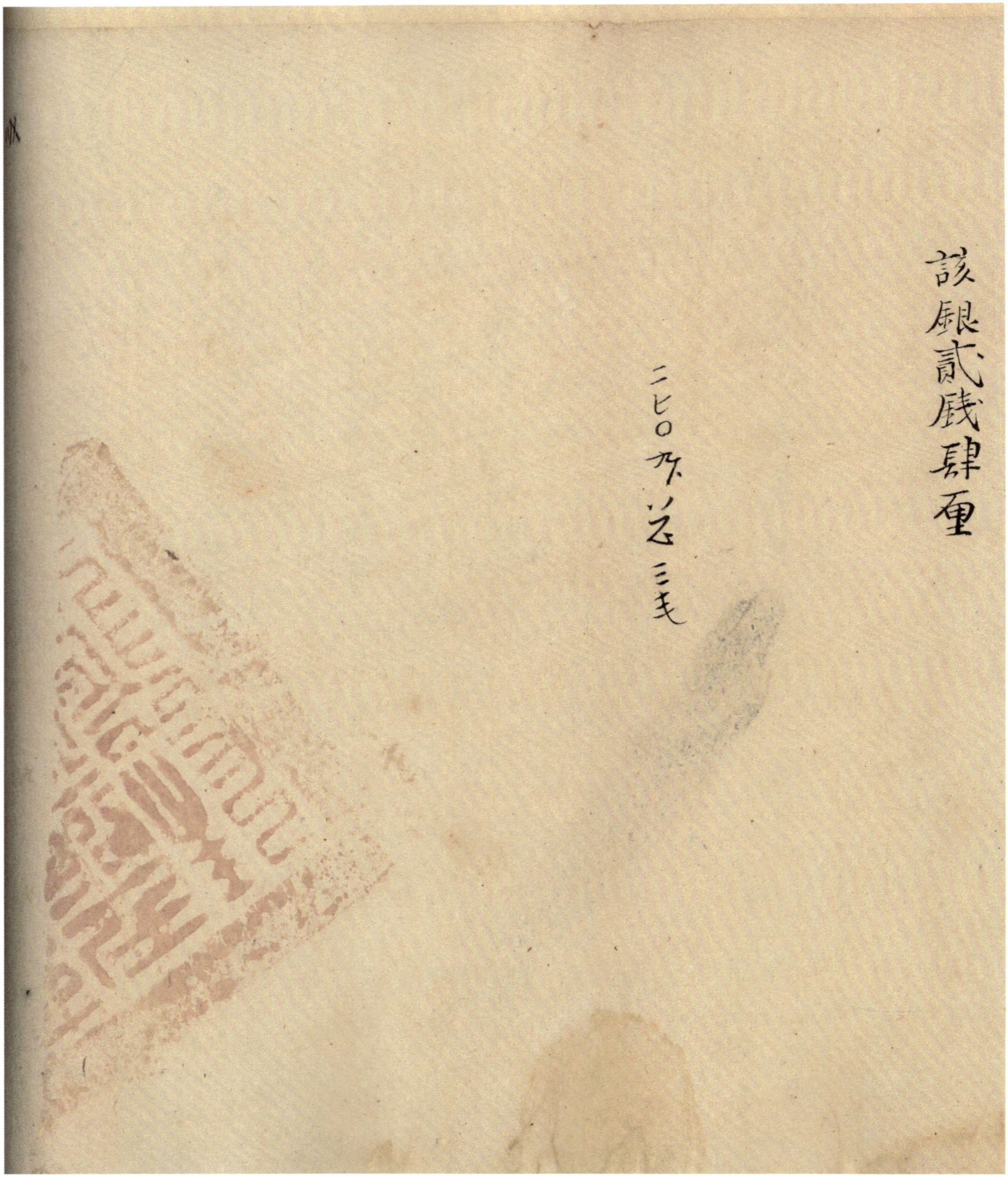
該銀貳錢肆厘

22.0cm x 24.6cm

崇禎十五年至聖廟平巨屯八甲佃户祀田地畝糧銀清册

崇禎十五年六月二十九日

22.0cm x 24.6cm

崇禎十五年至聖廟平巨屯八甲佃户祀田地畝糧銀清册

崇禎十五年六月二十九日

22.0cm x 24.6cm

崇禎十五年至聖廟平巨屯八甲佃户祀田地畝糧銀清册

崇禎十五年六月二十九日

22.0cm x 24.6cm

崇禎十五年至聖廟平巨屯八甲佃户祀田地畝糧銀清册

崇禎十五年六月二十九日

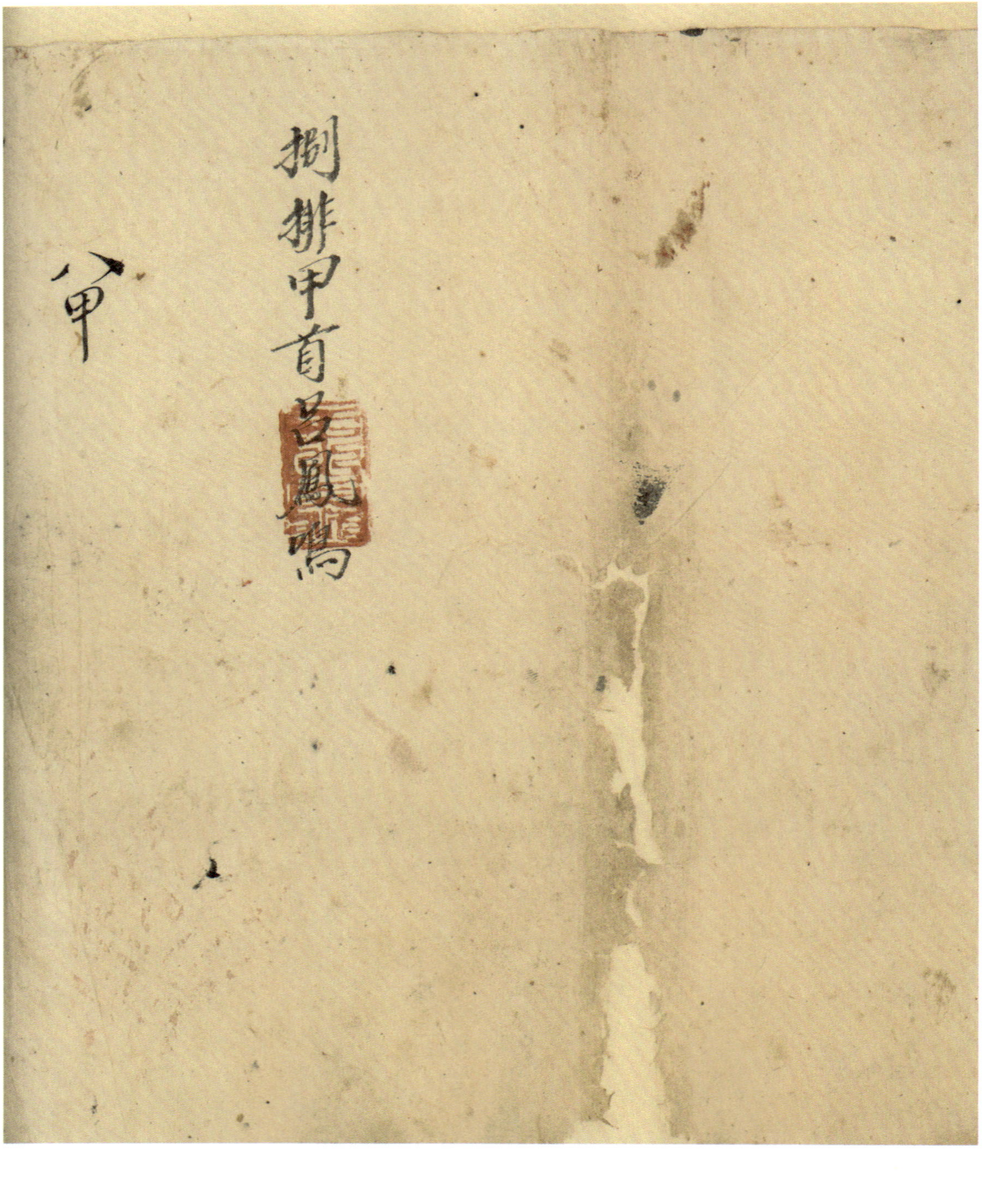
八甲

捌排甲首呂鳳鳴

22.0cm x 24.6cm

崇禎十五年至聖廟平巨屯九甲佃户祀田地畝糧銀清册

崇禎十五年六月二十九日

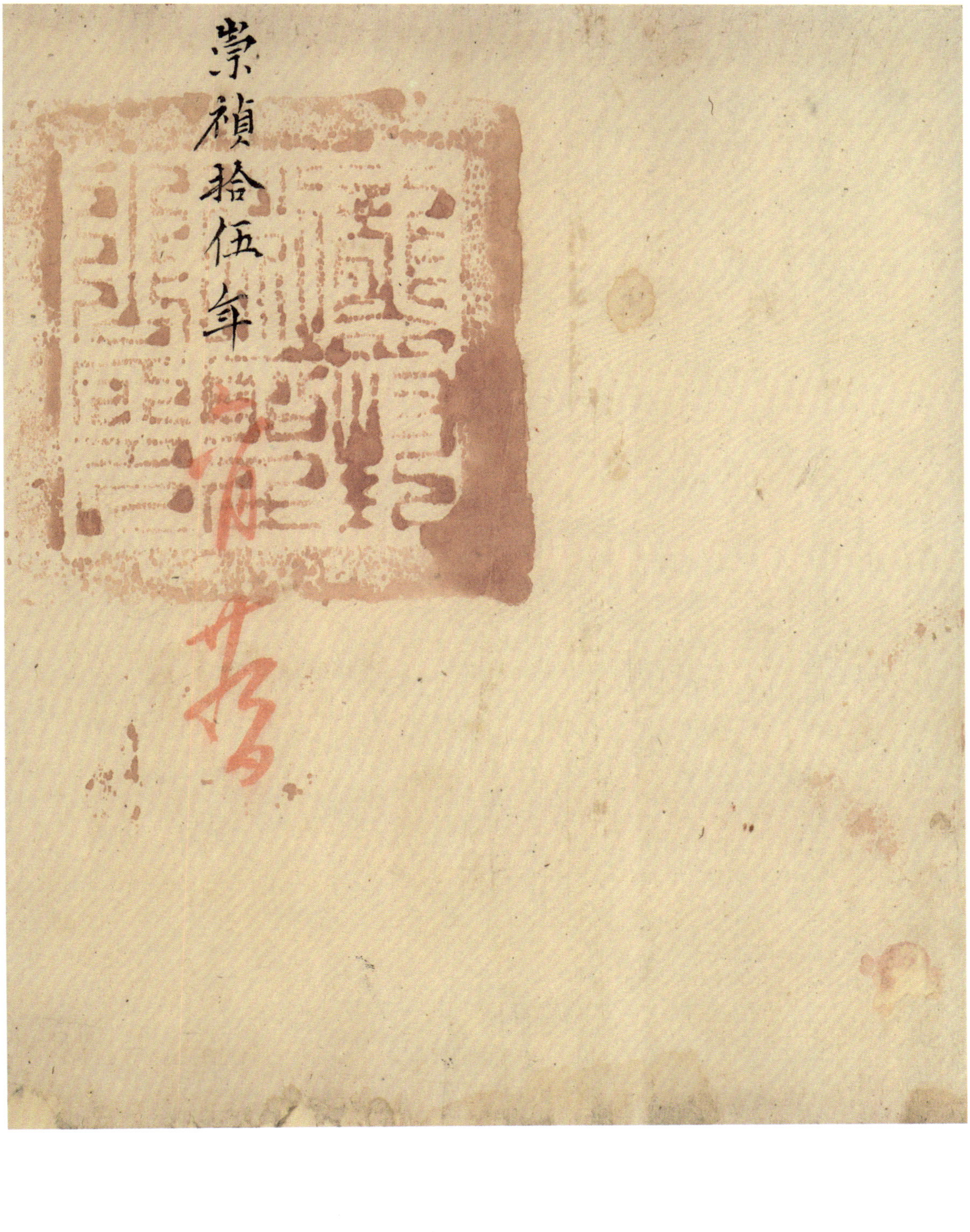

22.0cm x 24.6cm

崇禎十五年至聖廟平巨屯九甲佃户祀田地畝糧銀清册

崇禎十五年六月二十九日

玖甲

22.0cm x 24.6cm

崇禎十五年至聖廟平巨屯九甲佃户祀田地畝糧銀清册

崇禎十五年六月二十九日

22.0cm x 24.6cm

崇禎十五年至聖廟平巨屯九甲佃户祀田地畝糧銀清册

崇禎十五年六月二十九日

22.0cm x 24.6cm

崇禎十五年至聖廟平巨屯九甲佃户祀田地畝糧銀清册

崇禎十五年六月二十九日

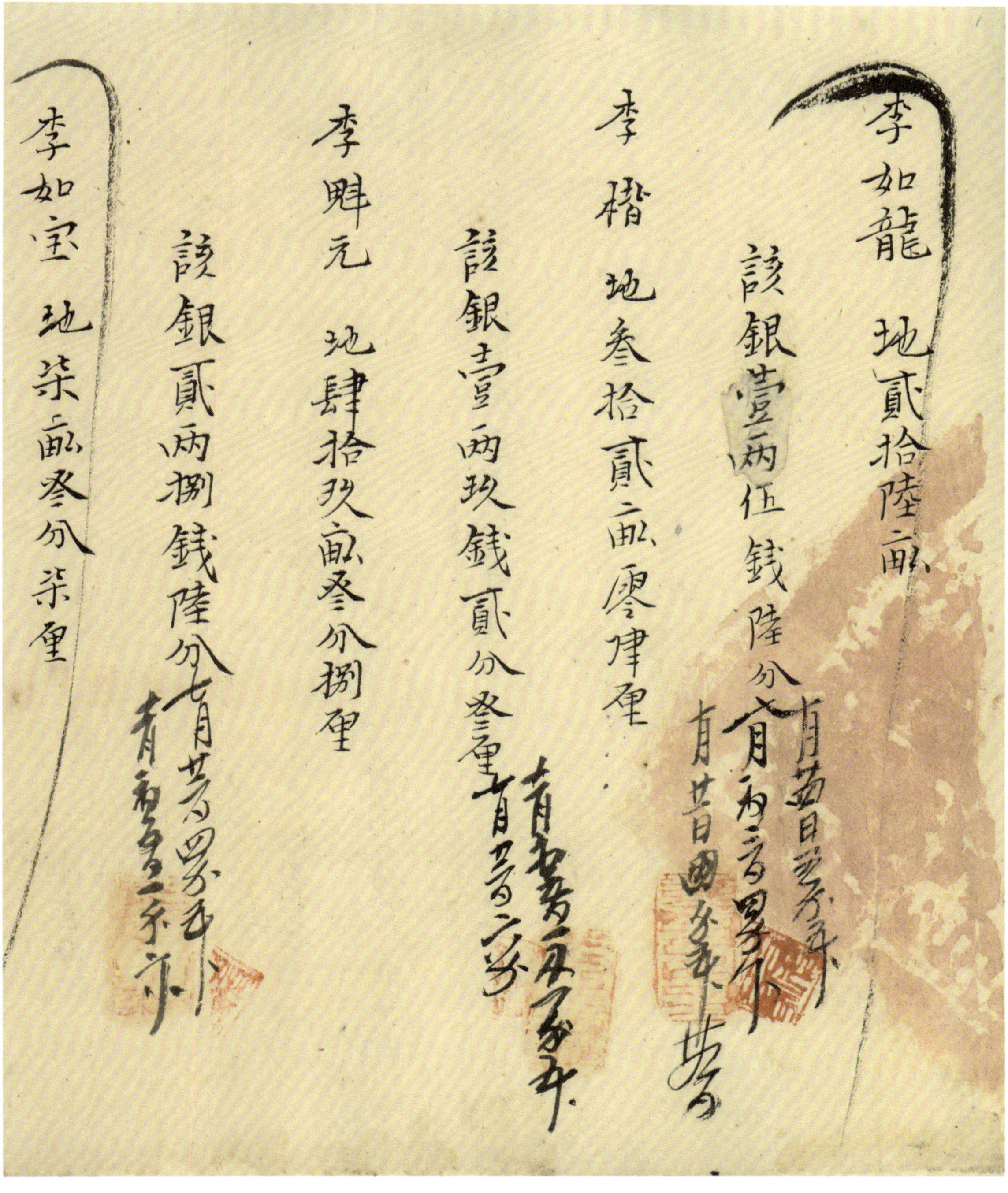
李如龍　地貳拾陸畝
該銀壹兩伍錢陸分
李楷　地叁拾貳畝零肆厘
該銀壹兩玖錢貳分叁厘
李畔元　地肆拾玖畝叁分捌厘
該銀貳兩捌錢陸分
李如宝　地柒畝叁分柒厘

22.0cm x 24.6cm

崇禎十五年六月二十九日

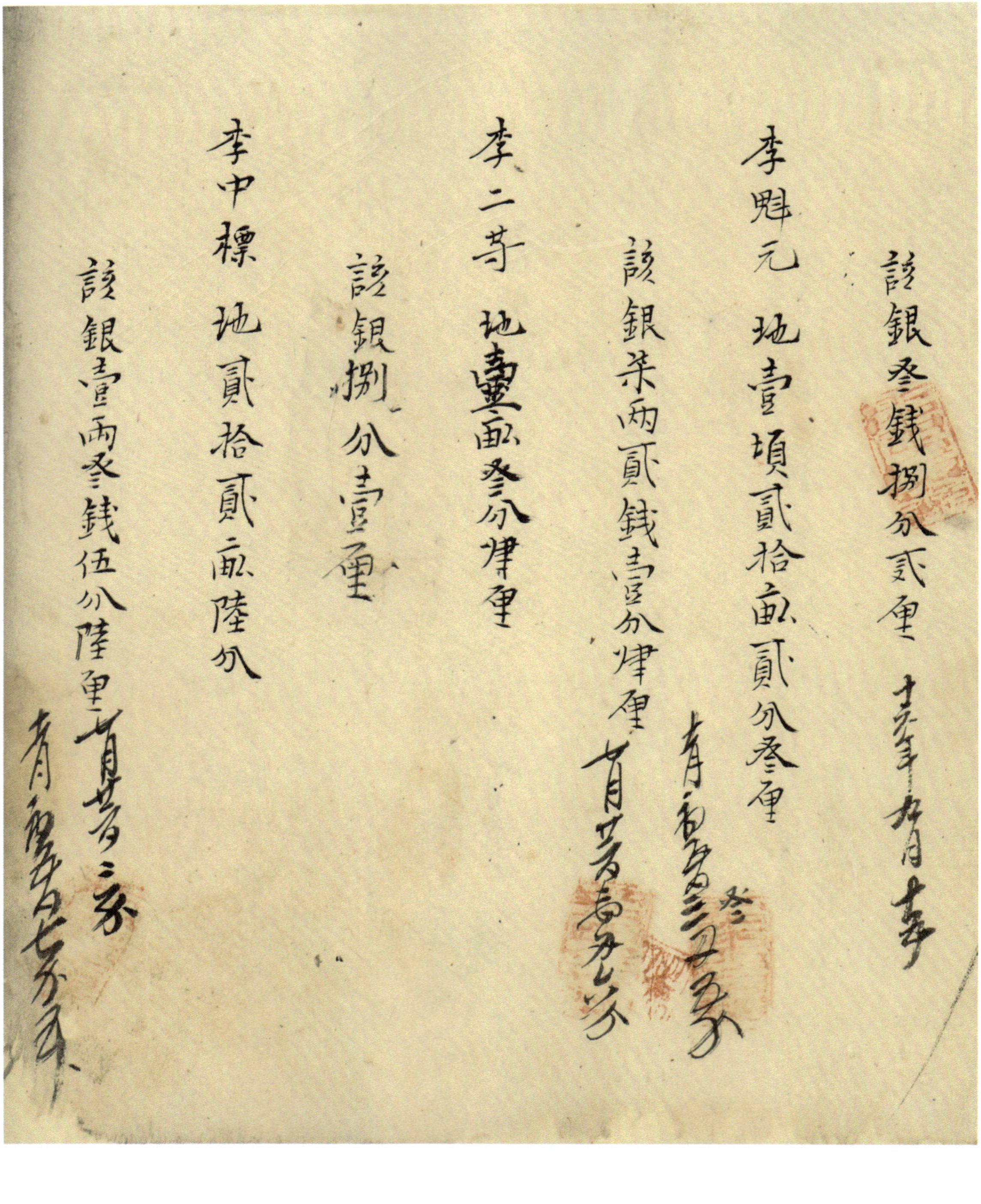
該銀叁錢捌分貳厘 [illegible]
李魁元 地壹頃貳拾畝貳分叁厘
該銀柒兩貳錢壹分肆厘 [illegible]
李二苛 地壹畝叁分肆厘
該銀捌分壹厘
李中標 地貳拾貳畝陸分
該銀壹兩叁錢伍分陸厘 [illegible]

22.0cm x 24.6cm

崇禎十五年六月二十九日

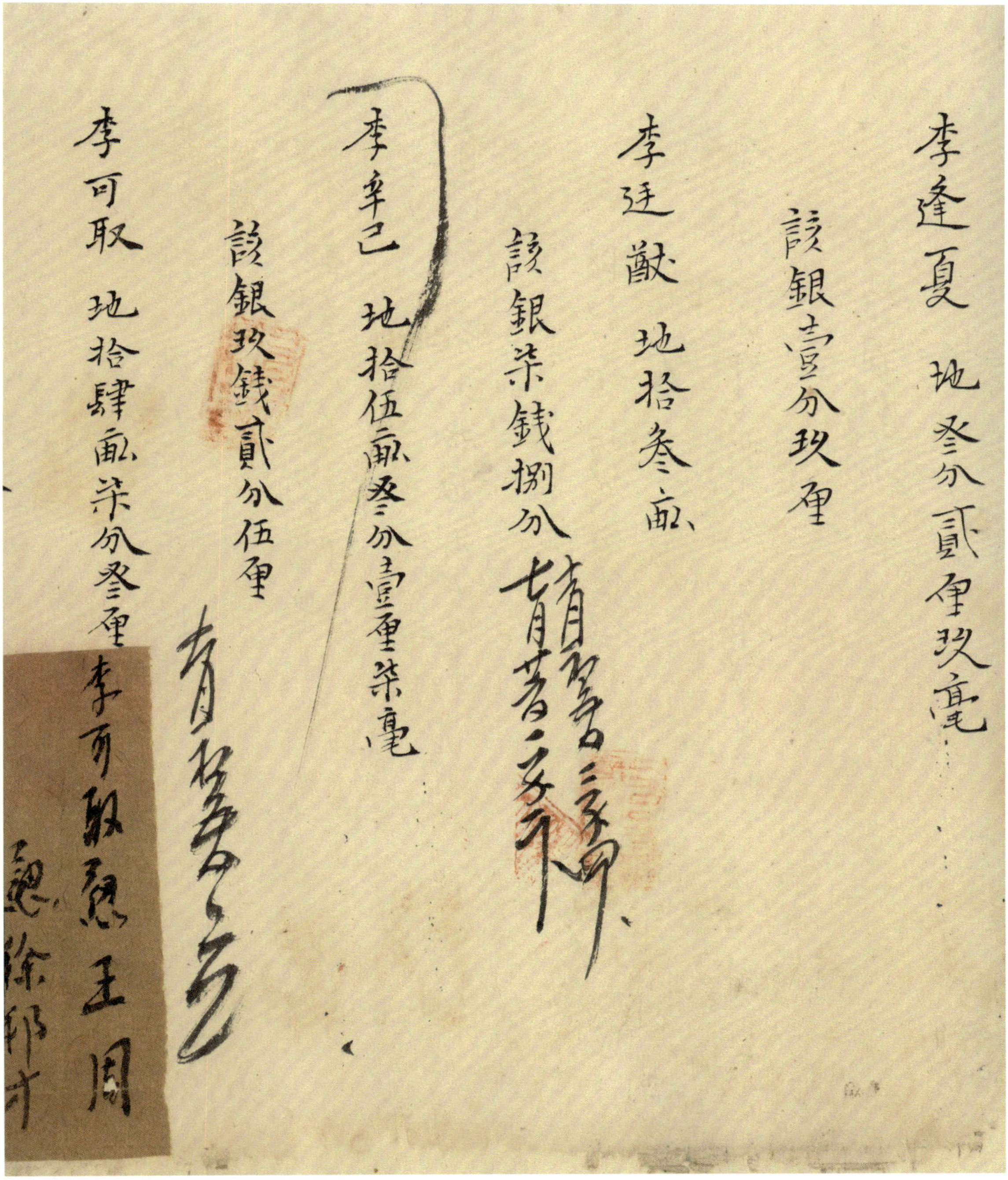
李逢夏 地叁分貳厘玖毫
該銀壹分玖厘
李廷猷 地拾叁畝
該銀柒錢捌分
李辛巳 地拾伍畝叁分壹厘柒毫
該銀玖錢貳分伍厘
李可取 地拾肆畝柒分叁厘

22.0cm x 24.6cm

崇禎十五年六月二十九日

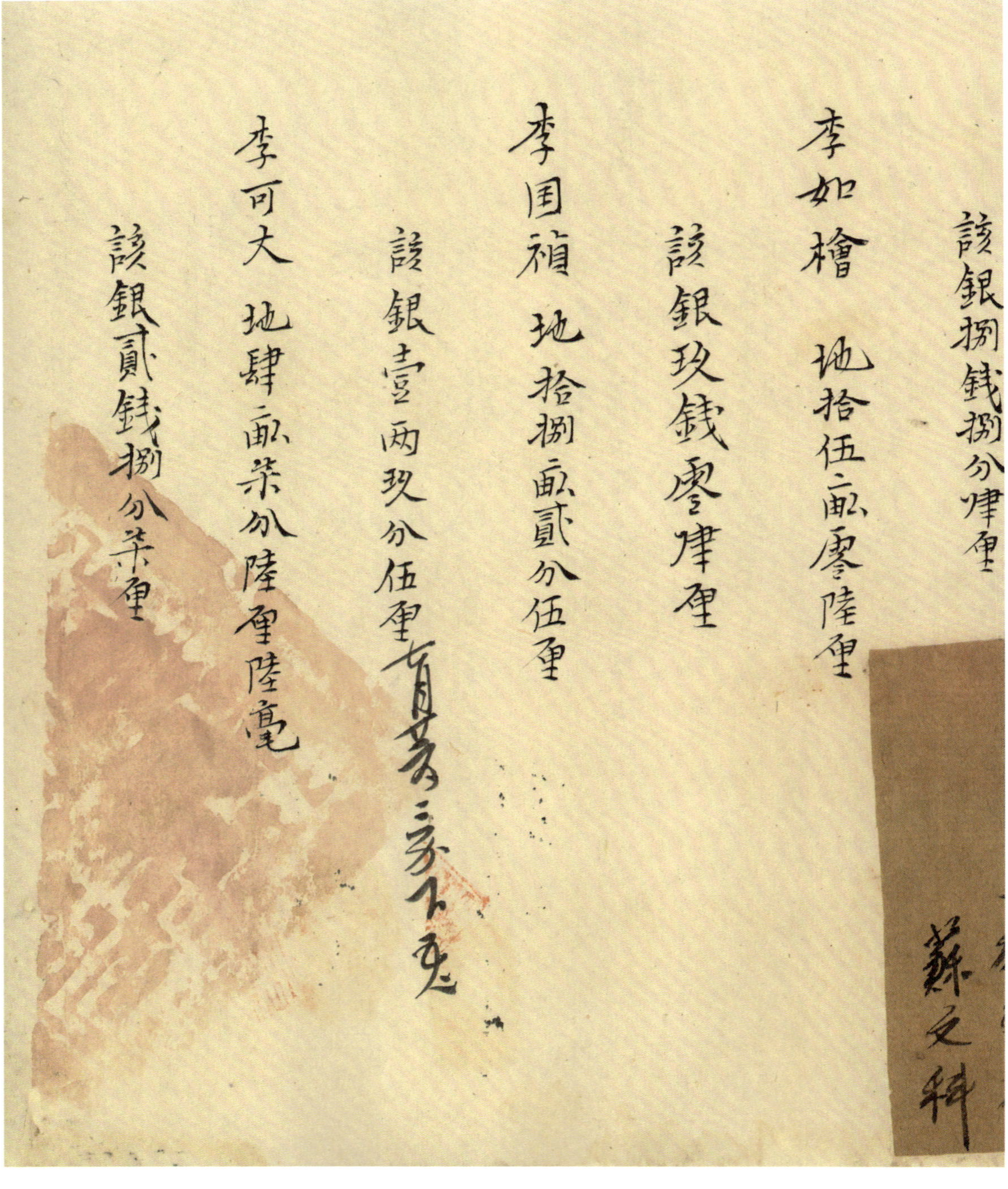
該銀捌錢捌分肆釐
李如檜　地拾伍畝零陸釐
該銀玖錢零肆釐
李国禎　地拾捌畝貳分伍釐
該銀壹兩玖分伍釐　有荅三家下走
李可大　地肆畝柒分陸釐陸毫
該銀貳錢捌分柒釐

蘇文科

22.0cm x 24.6cm

崇禎十五年六月二十九日

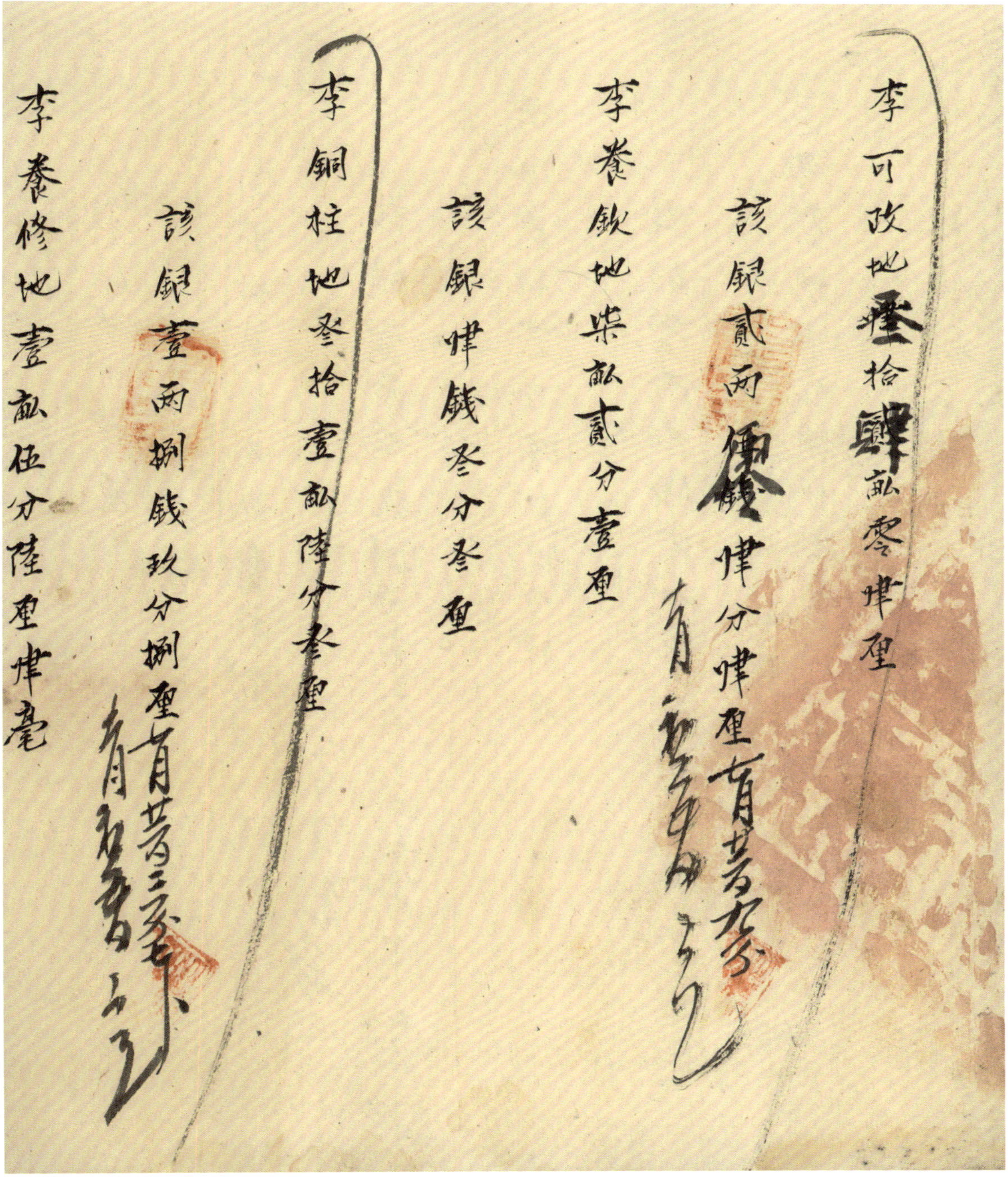
李可玫地叁拾肆畝零肆厘

該銀貳兩伍錢肆分肆厘六月廿三交

李養欽地柒畝貳分壹厘

該銀肆錢叁分叁厘

李銅柱地叁拾壹畝陸分叁厘

該銀壹兩捌錢玖分捌厘六月廿三交

李養修地壹畝伍分陸厘肆毫

22.0cm x 24.6cm

崇禎十五年至聖廟平巨屯九甲佃户祀田地畝糧銀清册

崇禎十五年六月二十九日

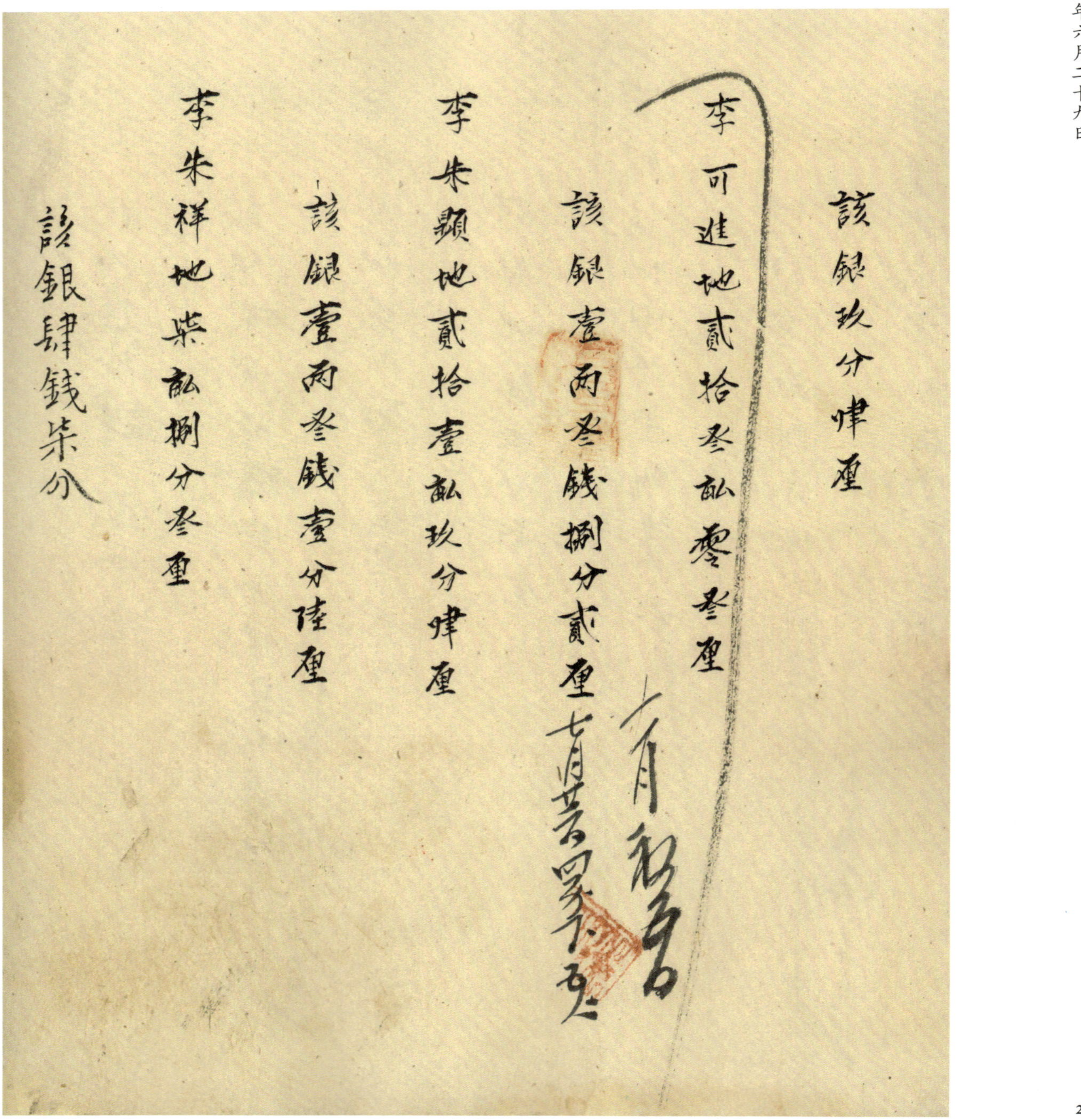
該銀玖分肆厘
李可進地貳拾叁畝零叁厘
該銀壹兩叁錢捌分貳厘
李朱顯地貳拾壹畝玖分肆厘
該銀壹兩叁錢壹分陸厘
李朱祥地柒畝捌分叁厘
該銀肆錢柒分

六月初二日
七月廿三日四錢完足

22.0cm x 24.6cm

崇禎十五年至聖廟平巨屯九甲佃户祀田地畝糧銀清册

崇禎十五年六月二十九日

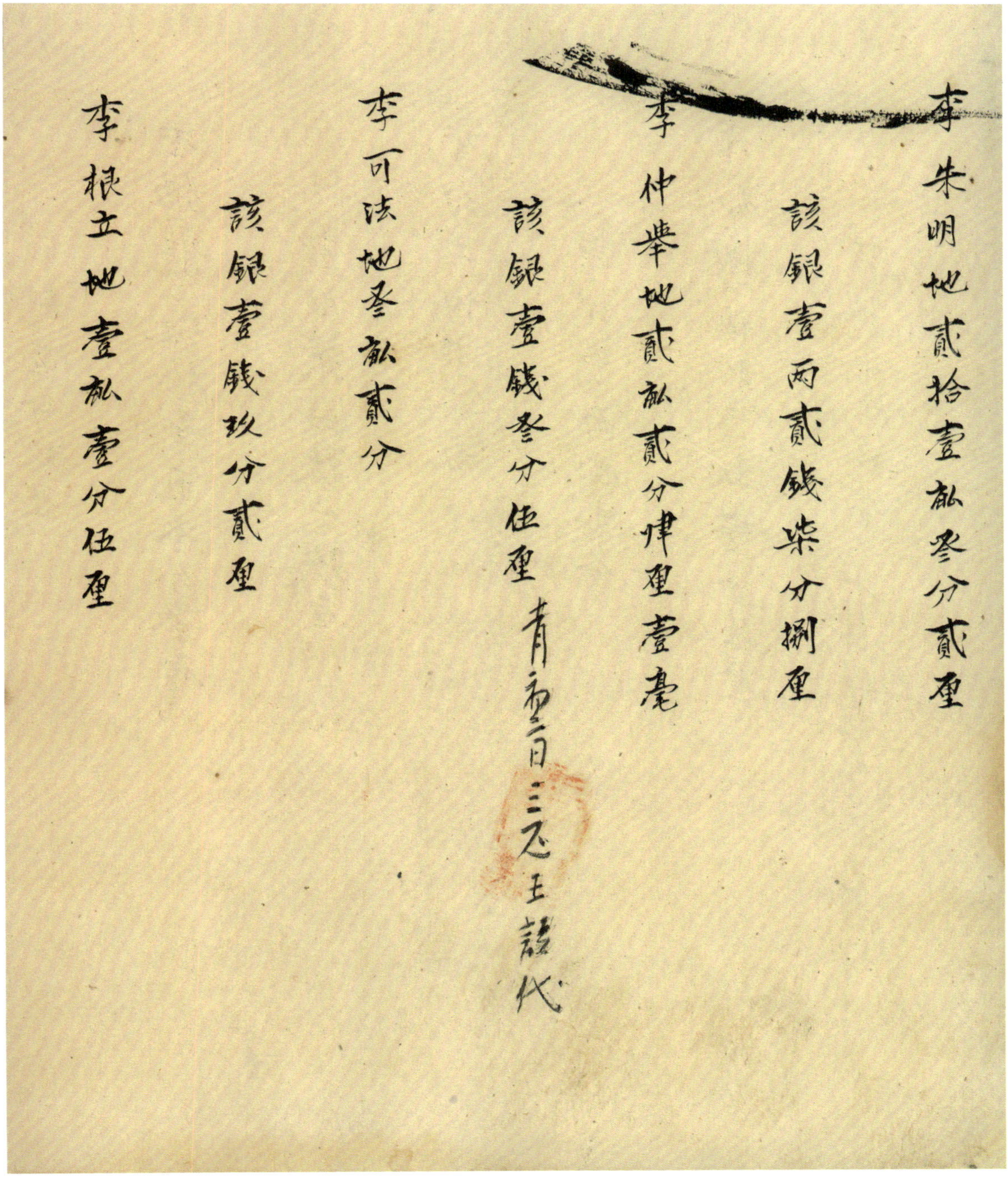
李朱明地貳拾壹畝叁分貳厘
該銀壹兩貳錢柒分捌厘
李仲舉地貳畝貳分肆厘壹毫
該銀壹錢叁分伍厘　青希聖百日三丕王謹代
李可法地叁畝貳分
該銀壹錢玖分貳厘
李根立地壹畝壹分伍厘

22.0cm x 24.6cm

崇禎十五年六月二十九日

該銀陸分玖厘
李循龍 地拾叁畝叁分叁厘
該銀柒錢玖分玖厘
李根在地拾柒畝
該銀壹兩零貳分
李如爍地拾叁畝壹分陸厘
該銀柒錢玖分
有蘇分冊

22.0cm x 24.6cm

崇禎十五年至聖廟平巨屯九甲佃户祀田地畝糧銀清册

崇禎十五年六月二十九日

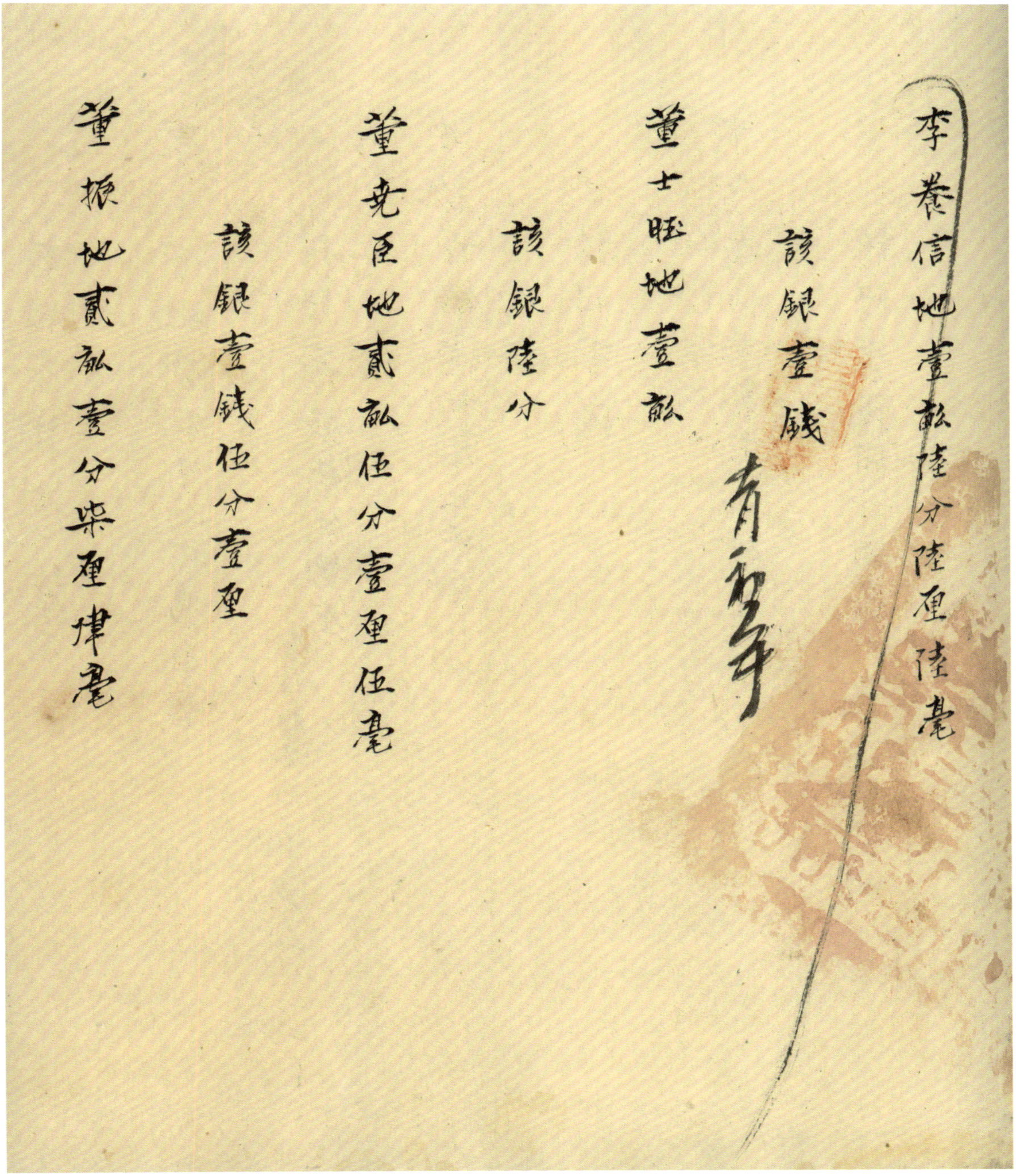

李養信地壹畝陸分陸厘陸毫
該銀壹錢
董士旺地壹畝
該銀陸分
董尭臣地貳畝伍分壹厘伍毫
該銀壹錢伍分壹厘
董振地貳畝壹分柒厘肆毫

22.0cm x 24.6cm

崇禎十五年六月二十九日

該銀壹錢叁分壹厘

李宗常地貳畝陸分貳厘叁毫

該銀壹錢伍分捌厘

李新方地壹畝陸分柒厘

該銀壹錢

許可還地叁畝壹分肆厘

該銀壹錢捌分捌厘

22.0cm x 24.6cm

崇禎十五年至聖廟平巨屯九甲佃户祀田地畝糧銀清册

崇禎十五年六月二十九日

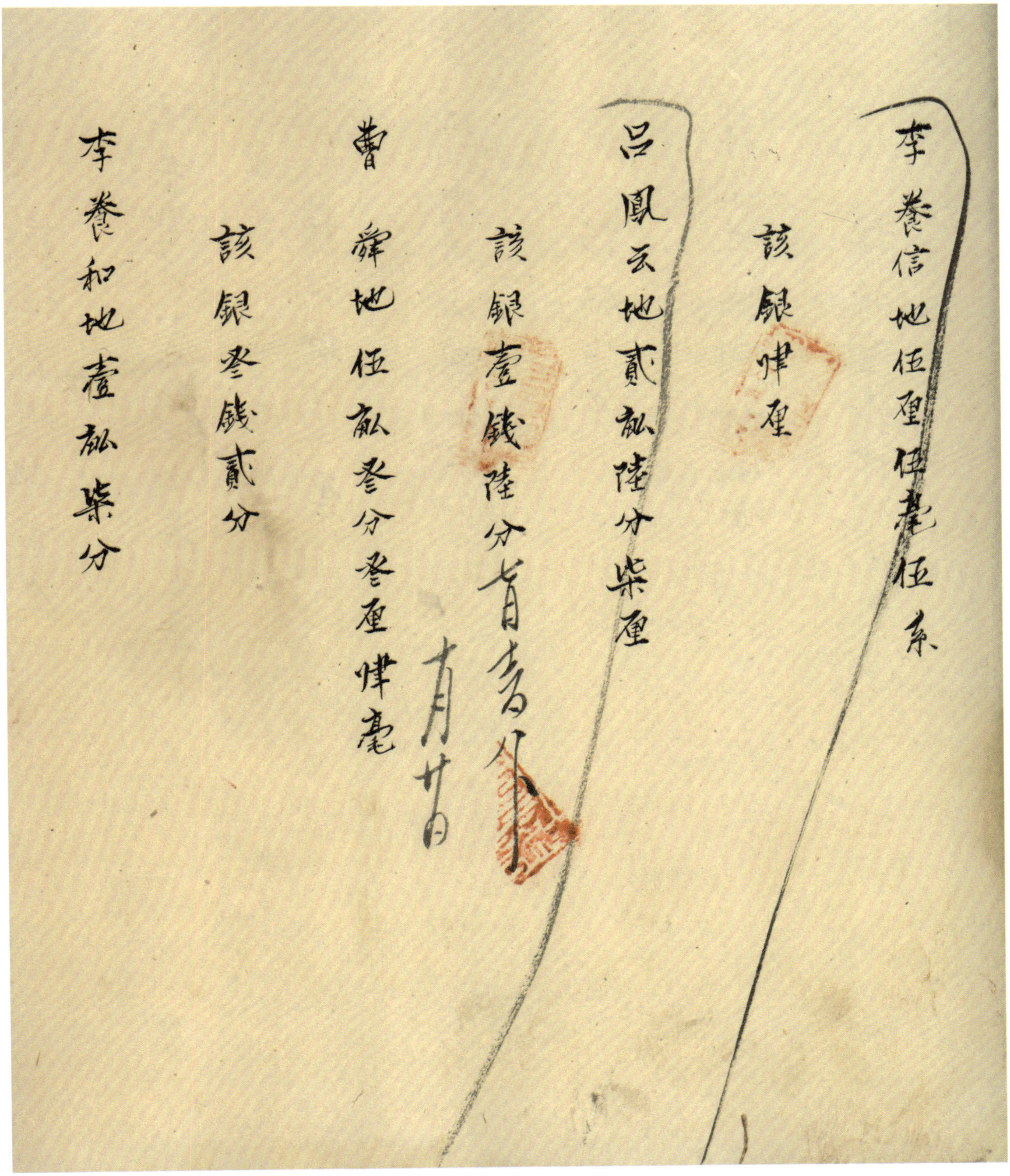

李養信地伍厘伍毫伍系

該銀肆厘

呂鳳云地貳畝陸分柒厘

該銀壹錢陸分

曹舜地伍畝叁分叁厘肆毫

該銀叁錢貳分

李養和地壹畝柒分

22.0cm x 24.6cm

崇禎十五年六月二十九日

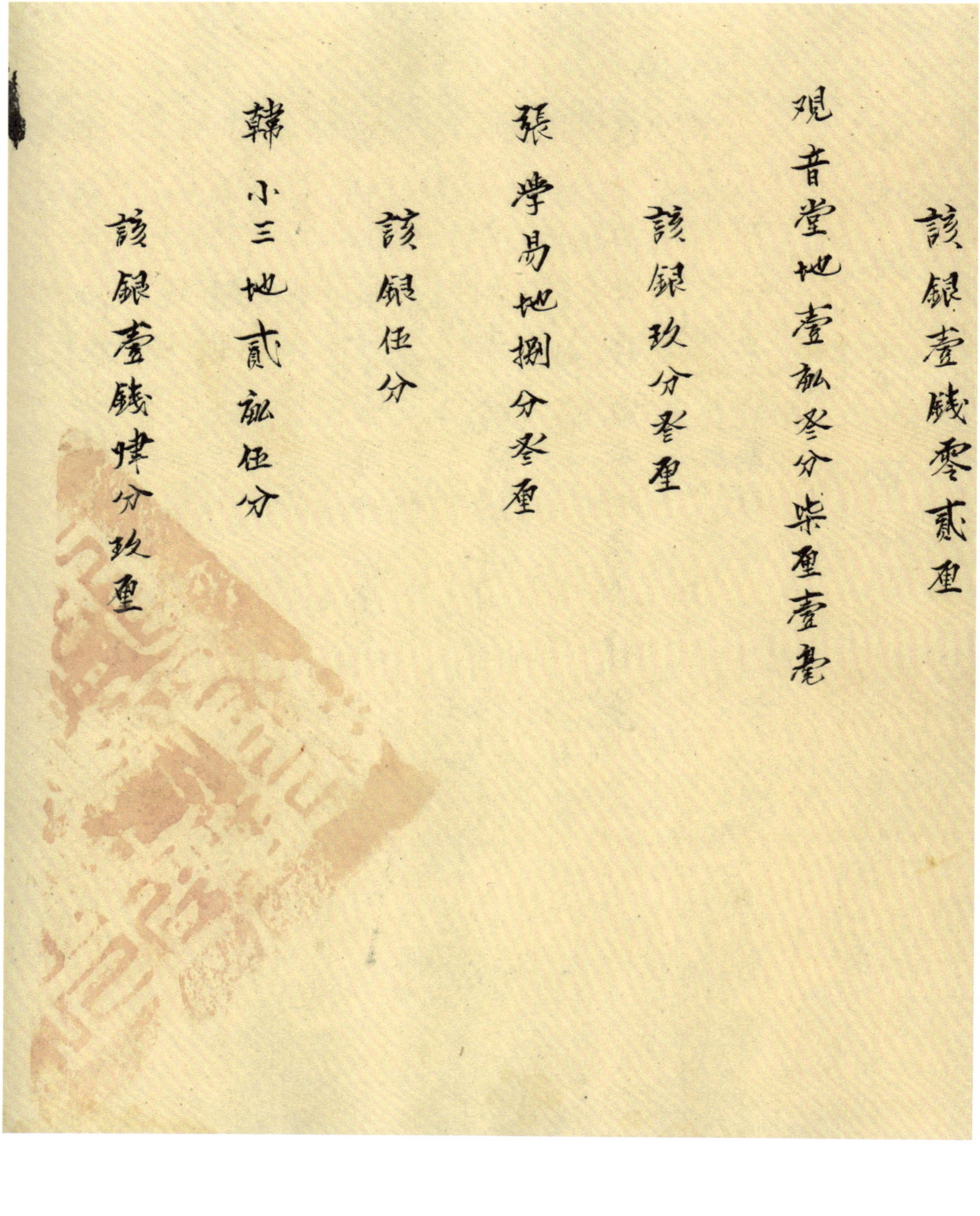

該銀壹錢零貳厘
观音堂地壹畝叁分柒厘壹毫
該銀玖分叁厘
張學易地捌分叁厘
該銀伍分
韓小三地貳畝伍分
該銀壹錢肆分玖厘

22.0cm x 24.6cm

崇禎十五年六月二十九日

李化林地捌畝叁分肆厘
該銀伍錢零壹厘
唐可交地壹畝
該銀陸分
張景太地捌分叁厘肆毫
該銀伍分零壹毫
劉振邦地叁畝伍分陸厘柒毫

22.0cm x 24.6cm

崇禎十五年至聖廟平巨屯九甲佃户祀田地畝糧銀清册

崇禎十五年六月二十九日

該銀貳錢壹分伍厘

劉東和地貳畝壹分叁厘

該銀壹錢貳分捌厘

秦整地伍畝壹分

該銀叁錢零陸厘

亢希甫地壹畝壹分壹厘

該銀陸分柒厘

22.0cm x 24.6cm

崇禎十五年至聖廟平巨屯九甲佃户祀田地畝糧銀清册

崇禎十五年六月二十九日

喬中連地拾壹畝玖分
該銀柒錢壹分肆厘
李永地叁畝柒分
該銀貳錢貳分貳厘
李化蛟地柒畝叁分柒厘叁毫
該銀肆錢玖分捌厘
陳加文地壹畝叁分柒厘

22.0cm x 24.6cm

崇禎十五年六月二十九日

該銀捌分叁厘

田峨地壹畝捌分肆厘

該銀壹錢壹分壹厘 七月廿日完

張天民地拾捌畝壹分柒厘玖毫

該銀壹兩壹錢伍分 七月初五日 七月廿五日二家完

楊文英地拾壹畝柒分壹厘伍毫

該銀柒錢叁分

22.0cm x 24.6cm

崇禎十五年六月二十九日

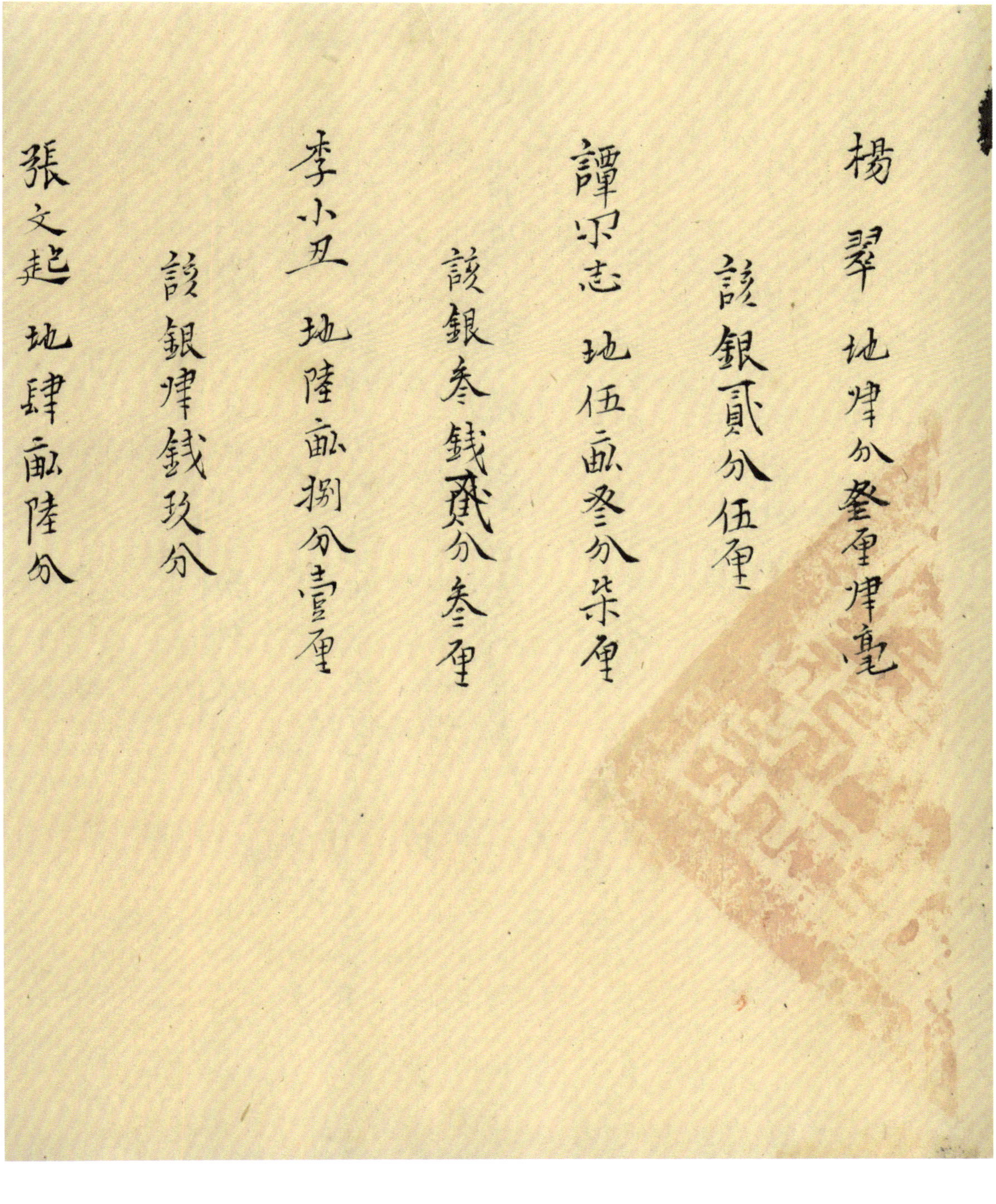

楊翠 地肆分叁厘肆毫
該銀貳分伍厘
譚尔志 地伍畝叁分柒厘
該銀叁錢貳分叁厘
李小丑 地陸畝捌分壹厘
該銀肆錢玖分
張文起 地肆畝陸分

22.0cm x 24.6cm

崇禎十五年六月二十九日

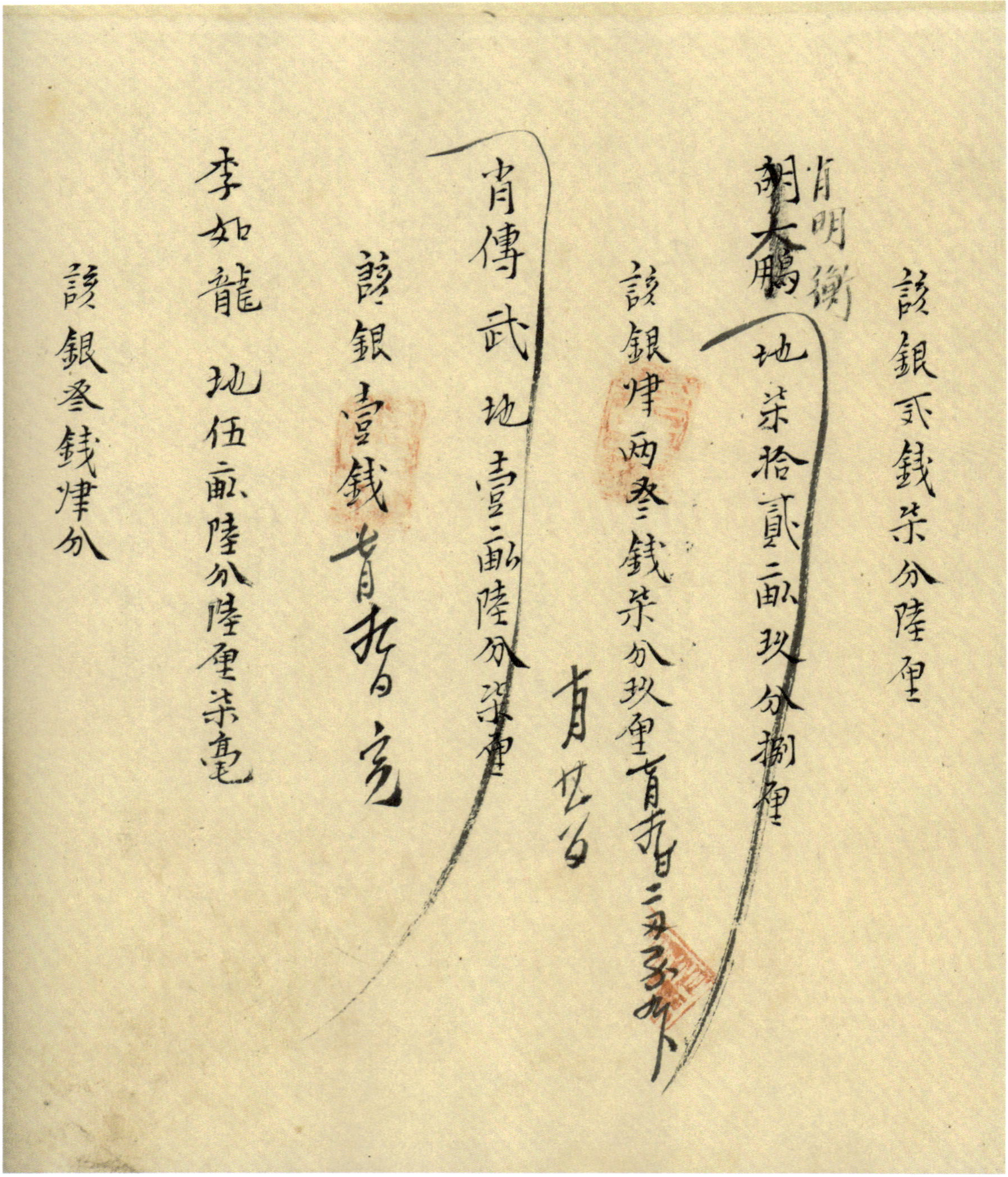
該銀貳錢柒分陸厘
肖明衡
胡大鵬 地柒拾貳畝玖分捌厘
該銀肆两叁錢柒分玖厘
肖傳武 地壹畝陸分柒厘
該銀壹錢
李如龍 地伍畝陸分陸厘柒毫
該銀叁錢肆分

22.0cm x 24.6cm

崇禎十五年六月二十九日

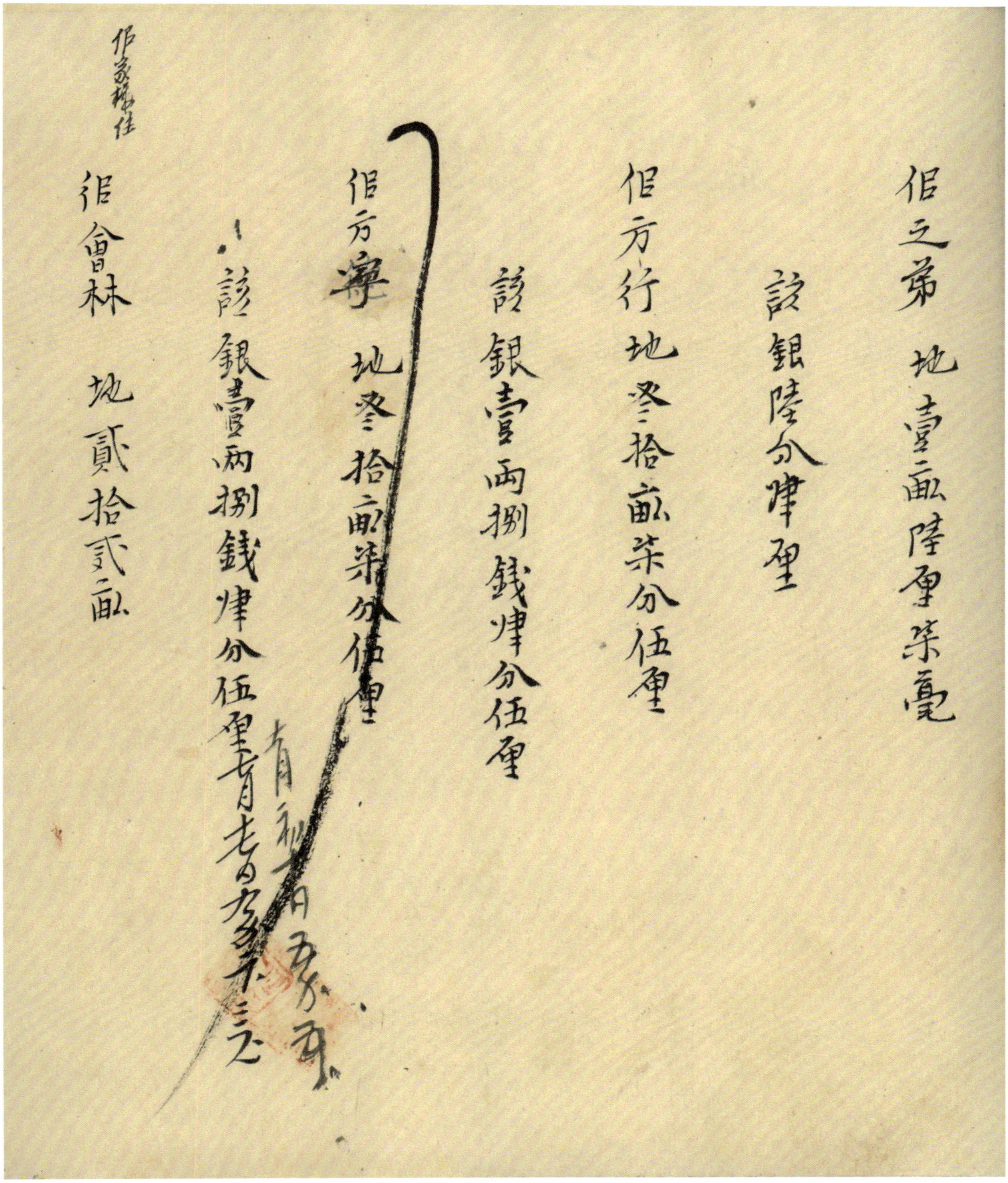
佃之第 地壹畝陸厘柒毫
該銀陸分肆厘
佃方行 地叁拾畝柒分伍厘
該銀壹兩捌錢肆分伍厘
佃方寧 地叁拾畝柒分伍厘
該銀壹兩捌錢肆分伍厘
佃會林 地貳拾貳畝

22.0cm x 24.6cm

崇禎十五年六月二十九日

該銀壹兩叁錢貳分

王春 地貳畝陸分陸厘柒毫

該銀壹錢陸分

馮世保 地壹畝 壹分叁厘

該銀陸分捌厘

龐宗仁 地壹畝

該銀陸分

22.0cm x 24.6cm

崇禎十五年至聖廟平巨屯九甲佃户祀田地畝糧銀清册

崇禎十五年六月二十九日

趙萬粮　地貳畝叁分肆厘

該銀壹錢肆分

荒地李化蛟　地肆畝肆分壹厘

該銀貳錢陸分肆厘

荒地李夏　地玖畝伍分壹厘柒毫

該銀伍錢柒分

荒地李夆　地柒畝貳分貳厘

22.0cm x 24.6cm

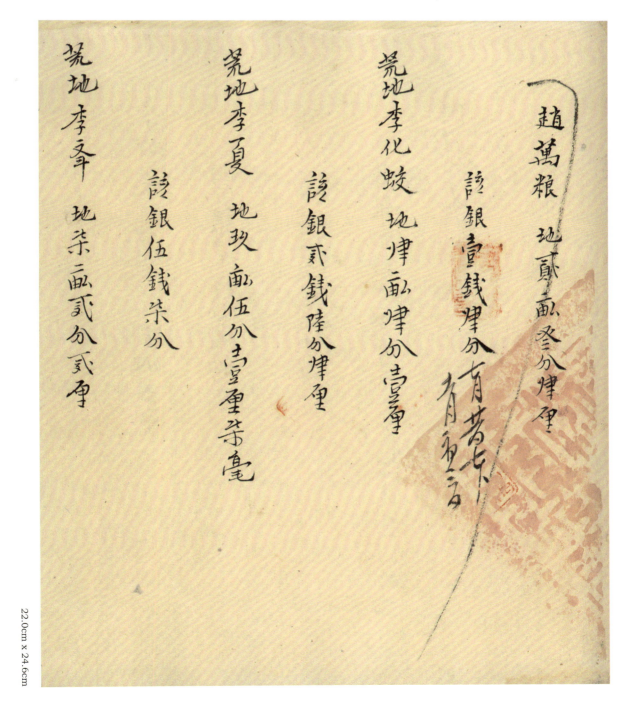

崇禎十五年六月二十九日

該銀肆錢叁分叁厘

李如交　地柒畝伍分叁厘

該銀肆錢伍分叁厘

張希賢　地貳畝肆分肆厘

該銀壹錢肆分柒厘　有和以上共銀

下　礼　地壹畝

該銀陸分

十五年八月二十七日

三七平去下六石八錢

22.0cm x 24.6cm

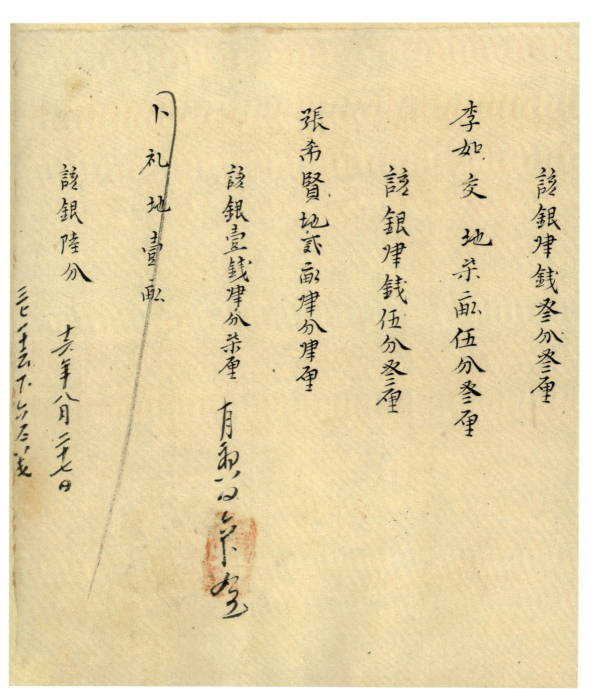

崇禎十五年六月二十九日

一户段弘文 地壹畝肆分伍厘

該銀捌分陸厘

付世龍 地壹畝貳分伍厘

該銀陸分伍厘

蔡明太 地肆畝

該銀貳錢肆分

荒地郭諫 地壹畝叁分叁厘

22.0cm x 24.6cm

崇禎十五年六月二十九日

該銀柒分玖厘

李英 地柒畝捌分伍厘肆毫

該銀肆錢柒分貳厘

李得海 地捌分玖厘

該銀肆分捌厘

譚一忠 地壹畝柒分陸厘叁毫

該銀壹錢零陸厘

22.0cm x 24.6cm

崇禎十五年六月二十九日

譚承訓 地貳畝玖分壹厘捌毫
該銀壹錢柒分伍厘

蘇文翠 地拾貳畝捌分伍厘伍毫
該銀柒錢柒分貳厘

李溥 地拾畝
該銀陸錢

李朱興 地拾畝

22.0cm x 24.6cm

該銀陸錢
李朱明 地壹畝捌分陸厘
該銀壹錢壹分貳厘
丁景運 地伍畝貳分柒厘
該銀叁錢壹分柒厘
丁諫臣 地貳畝捌分柒厘
該銀壹錢柒分叁厘

22.0cm x 24.6cm

崇禎十五年至聖廟平巨屯九甲佃户祀田地畝糧銀清册

崇禎十五年六月二十九日

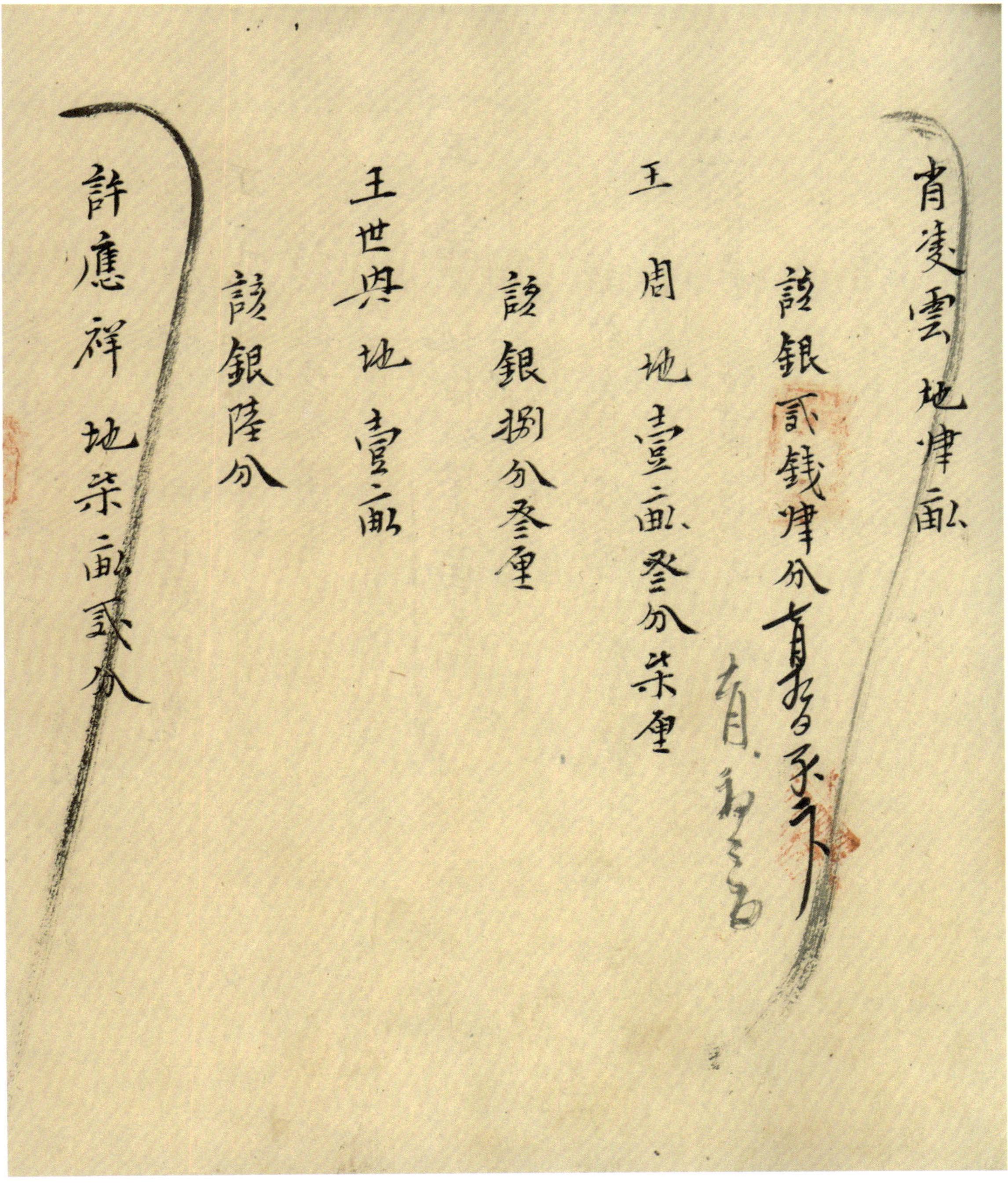

22.0cm x 24.6cm

該銀肆錢叁分貳厘

青查

三官庙 地壹畝陸厘柒毫

該銀陸分肆厘

王語 地伍分肆厘陸毫

該銀叁分肆厘

青查

觀音堂 地貳畝壹分捌厘

該銀壹錢叁分

22.0cm x 24.6cm

崇禎十五年六月二十九日

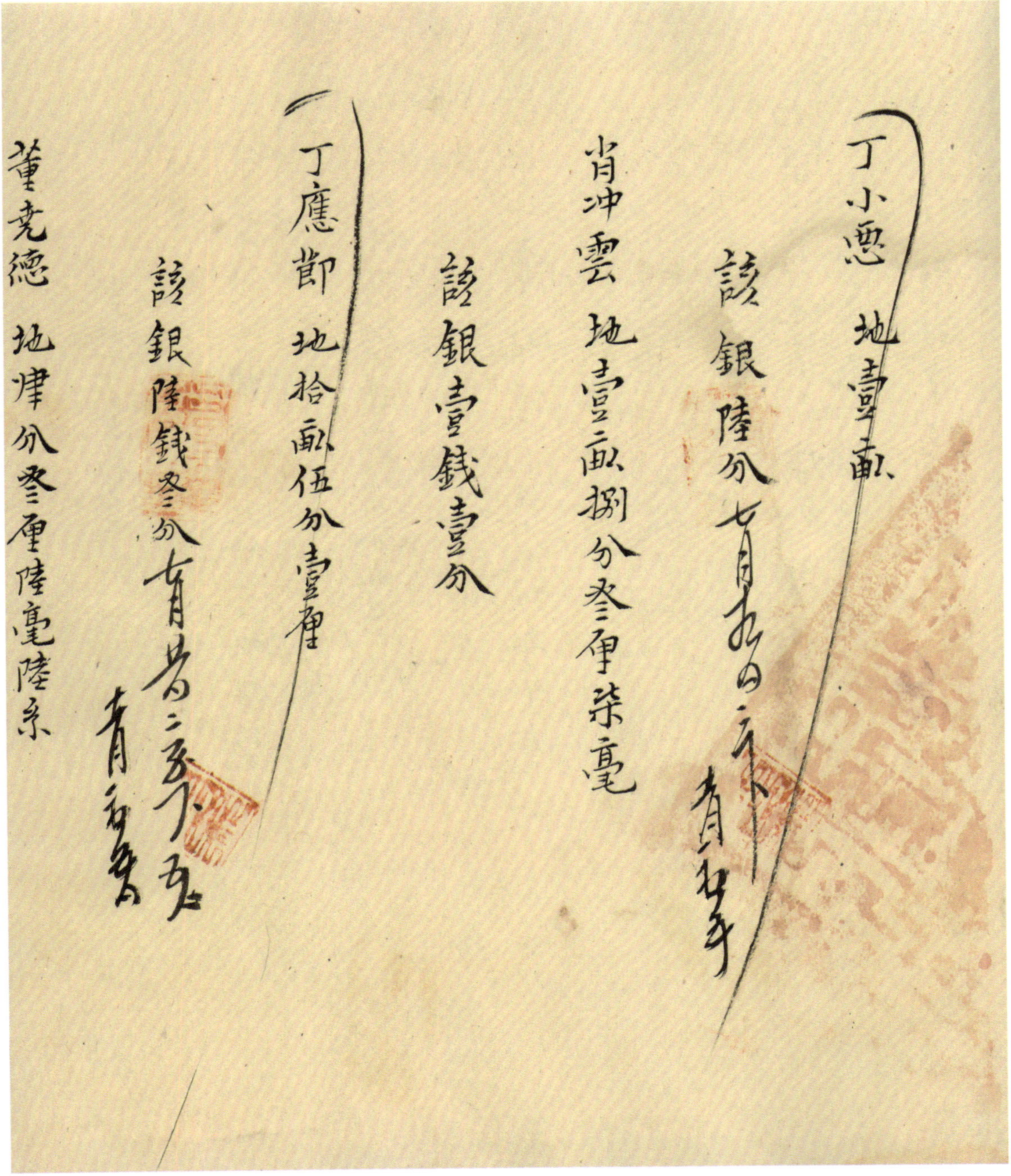
丁小悪 地壹畝
該銀陸分 七月初四交訖 [illegible]
肖冲雲 地壹畝捌分叁釐柒毫
該銀壹錢壹分
丁應節 地拾畝伍分壹釐
該銀陸錢叁分 七月廿二交訖 [illegible]
董堯德 地肆分叁釐陸毫陸絲

22.0cm x 24.6cm

崇禎十五年至聖廟平巨屯九甲佃户祀田地畝糧銀清册

崇禎十五年六月二十九日

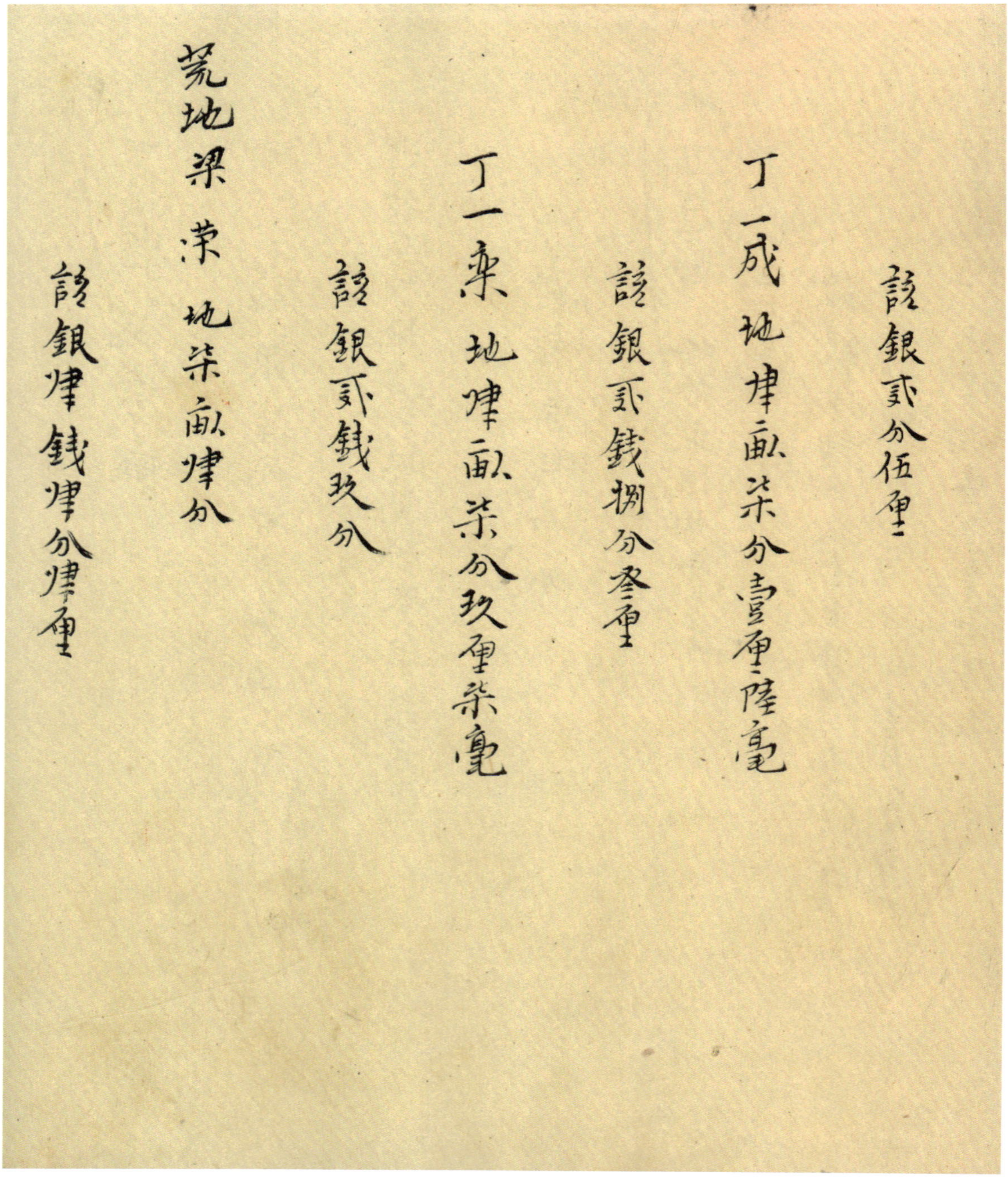
該銀貳分伍厘
丁一成 地肆畝柒分壹厘陸毫
該銀貳錢捌分叁厘
丁一桑 地肆畝柒分玖厘柒毫
該銀貳錢玖分
荒地梁 棠 地柒畝肆分
該銀肆錢肆分肆厘

22.0cm x 24.6cm

崇禎十五年至聖廟平巨屯九甲佃户祀田地畝糧銀清册

崇禎十五年六月二十九日

荒地王自安　地捌畝捌分貳厘柒毫

該銀伍錢叁分

荒地王自秀　地叁畝肆分陸厘柒毫

該銀貳錢零捌厘

徐九錫　地叁畝玖分

該銀貳錢叁分陸厘

李可敬

蘇守竹地拾貳畝貳分肆厘肆毫

22.0cm x 24.6cm

崇禎十五年六月二十九日

該銀柒錢叁分伍厘 六月廿九日交訖 親 李可敬代

早石橋住

蘇萬寧 地拾貳畝貳分肆厘

該銀柒錢叁分伍厘 六月廿九日交訖 万春代

張滑民 地壹畝伍分玖厘陸毫

六月廿九張□貴代回手

該錢玖分陸厘

鄭坤 地貳畝肆分伍厘

該銀壹錢肆分柒厘

六月廿九交訖 李如龍代

22.0cm x 24.6cm

崇禎十五年至聖廟平巨屯九甲佃户祀田地畝糧銀清册

崇禎十五年六月二十九日

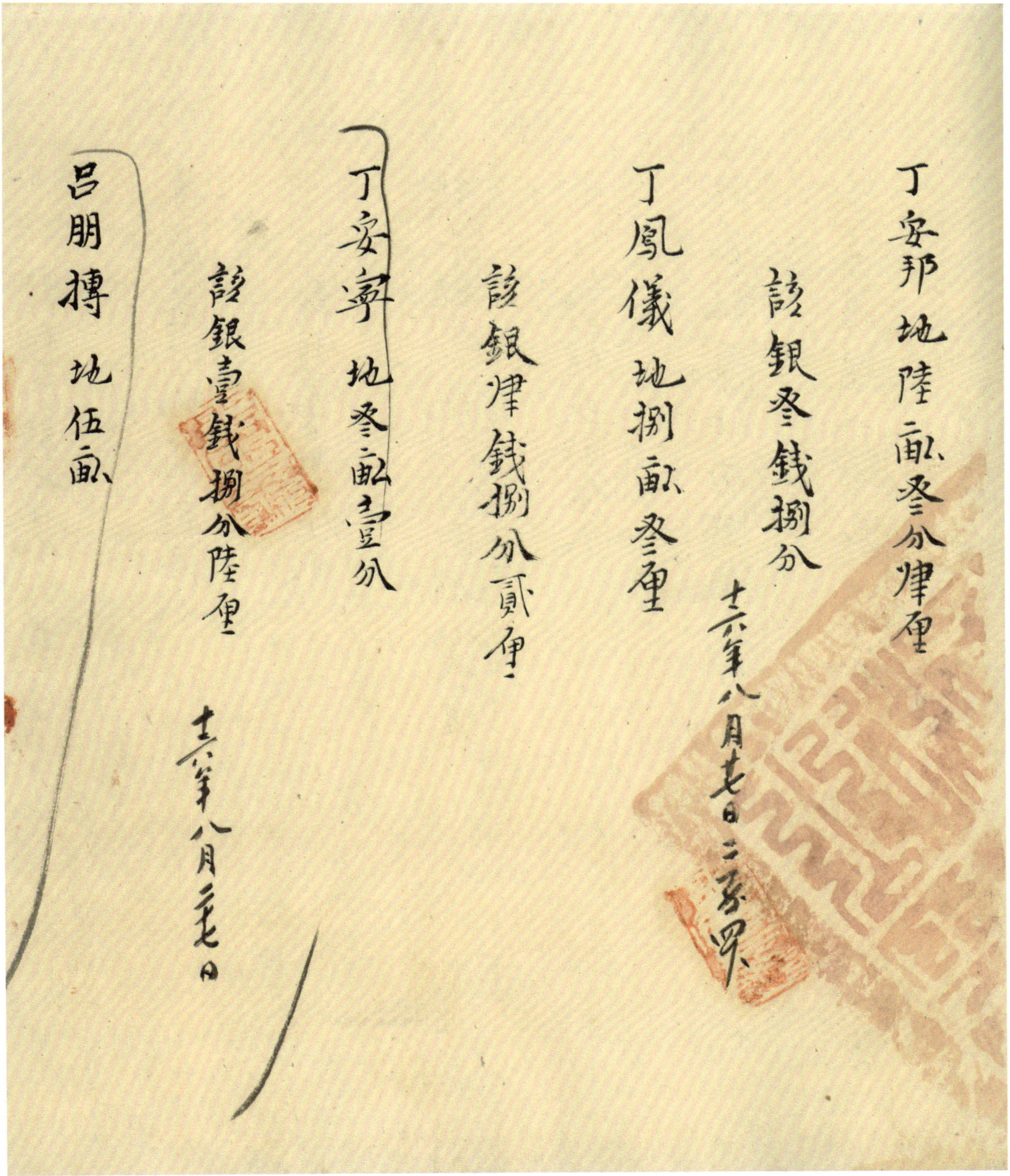
丁安邦 地陸畝叁分肆厘
該銀叁錢捌分
十六年八月廿七日二家畢
丁鳳儀 地捌畝叁厘
該銀肆錢捌分貳厘
丁安寧 地叁畝壹分
該銀壹錢捌分陸厘
十六年八月廿七日
呂朋搏 地伍畝

22.0cm x 24.6cm

該銀叁錢七月十三日交完
十月廿日

李朋昰　地貳畝伍分

該銀壹錢伍分

張于絜　地拾伍畝捌分叁厘

該銀玖錢伍分

李如龍　地伍畝貳分

該銀叁錢壹分弍厘

二匕〇二厶九七石四克

22.0cm x 24.6cm

郭文志 地贰畝柒分叁厘叁毫

該銀壹錢陸分肆厘

楊文孝 地贰分

該銀壹分贰厘

呂心化 地贰畝叁分叁厘叁毛

該銀壹錢肆分

徐来儀 地玖畝贰分贰厘柒毫

22.0cm x 24.6cm

崇禎十五年六月二十九日

該銀伍錢伍分肆厘

李廷猷　地壹畝玖分肆厘

該銀壹錢壹分柒厘

丁士慶　地玖畝貳分肆厘

該銀伍錢伍分伍厘

荒地劉來玉　地叁畝肆分

該銀貳錢零肆厘

22.0cm x 24.6cm

崇禎十五年六月二十九日

譚東紅 地壹畝伍分捌厘叁毫
該銀玖分伍厘

王加成 地壹畝柒分捌厘
該銀壹錢零柒厘

龐應選 地肆分伍厘
該銀貳分柒厘

李明謨 地拾貳畝

22.0cm x 24.6cm

崇禎十五年至聖廟平巨屯九甲佃户祀田地畝糧銀清册

崇禎十五年六月二十九日

該銀柒錢弍分

譚東交　地壹畝柒分叁厘叁毛

該銀壹錢零肆厘

丁安玉　地壹畝柒分柒厘

該銀壹錢零柒厘

李可敬

蘋萬春　地捌畝伍分壹厘

該銀伍錢壹分壹厘

首萬春卞全

首青□□全

李可進代

22.0cm x 24.6cm

崇禎十五年六月二十九日

丁安禎　地壹畝柒分壹厘壹毫
該銀壹錢零叁厘
譚東魯　地壹畝貳分陸厘陸毫
該銀柒分陸厘
丁治忠　地貳畝伍厘叁毫叁絲
該銀壹錢貳分肆厘
許應瑞　地拾畝零柒毫

22.0cm x 24.6cm

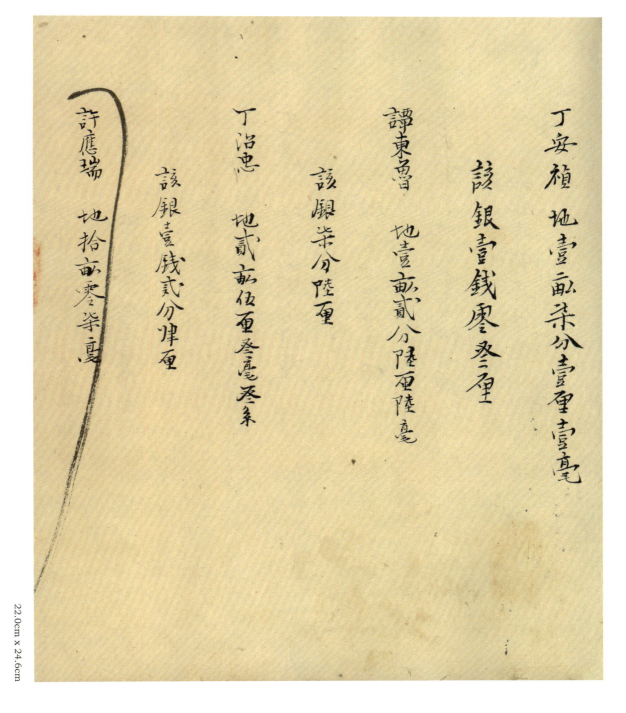

崇禎十五年六月二十九日

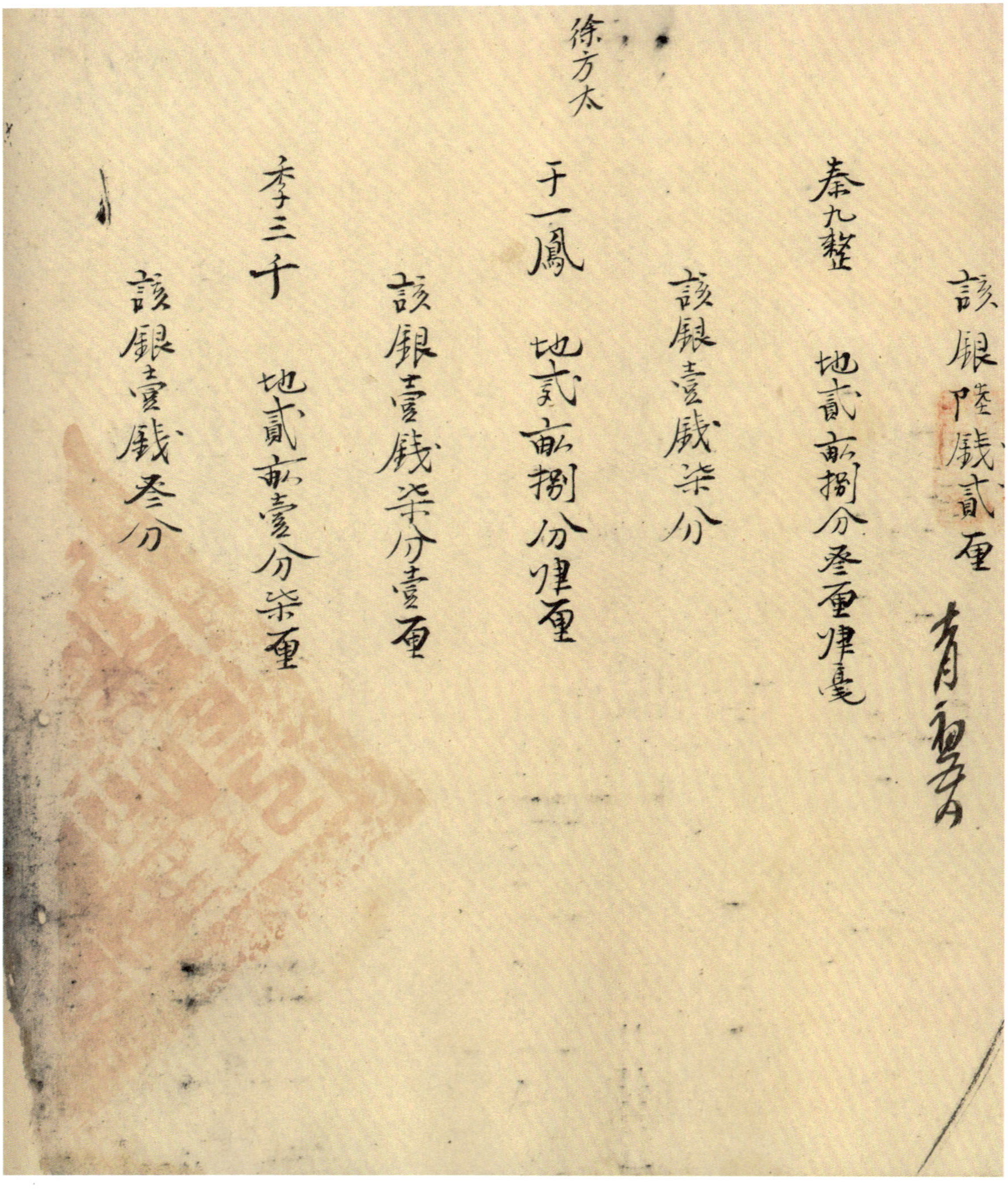
該銀陸錢貳重
青雲
秦九整　地貳畝捌分叁重肆毫
該銀壹錢柒分
徐方太
于一鳳　地貳畝捌分肆重
該銀壹錢柒分壹重
李三千　地貳畝壹分柒重
該銀壹錢叁分

22.0cm x 24.6cm

崇禎十五年至聖廟平巨屯九甲佃户祀田地畝糧銀清册

崇禎十五年六月二十九日

李清標　地肆畝陸分陸毫陸系

該銀貳分捌厘

徐方樂　地叁畝叁厘

該銀壹錢捌分貳厘

徐邦才　地柒畝陸分叁厘

該銀肆錢伍分叁厘　[illegible]

王志樂　地貳畝壹分柒厘

22.0cm x 24.6cm

該銀壹錢叁分壹厘

徐文彥　地肆畝柒分

該銀貳錢捌分貳厘

商討成　地叁畝壹分

該銀壹錢捌分陸厘

徐方太　地壹拾貳畝捌分叁厘

該銀柒錢柒分

22.0cm x 24.6cm

崇禎十五年至聖廟平巨屯九甲
佃户祀田地畝糧銀清册

崇禎十五年六月二十九日

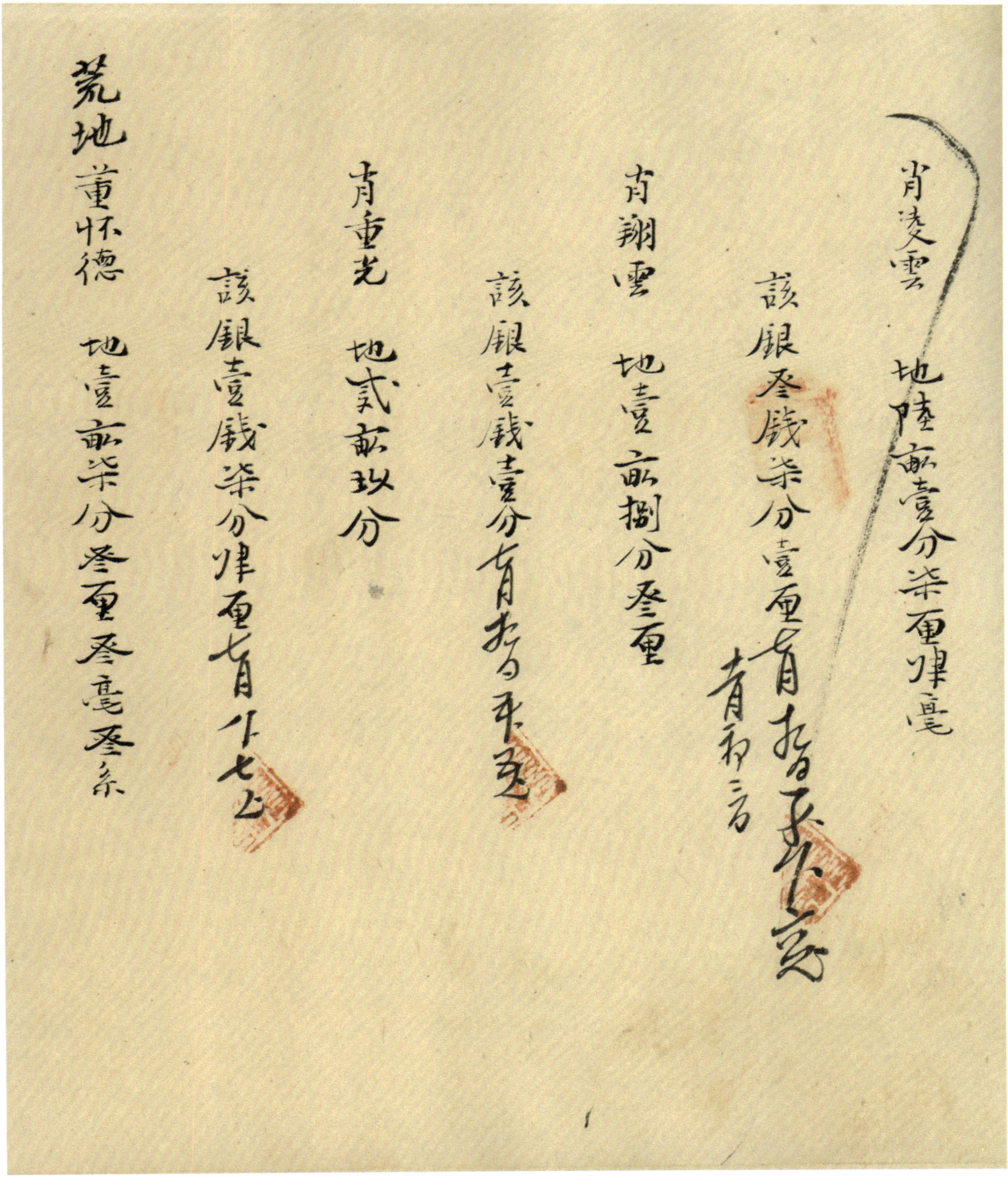
肖凌雲　地陸畝壹分柒釐肆毫
該銀叁錢柒分壹釐　肖督承下完
肖和言
肖翔雲　地壹畝捌分叁釐
該銀壹錢壹分　肖督承交
肖重光　地貳畝玖分
該銀壹錢柒分肆釐　肖仆七上
荒地　董懷德　地壹畝柒分叁釐叁毫叁絲

22.0cm x 24.6cm

崇禎十五年六月二十九日

該銀壹錢肆厘

李安　地五畝壹厘柒毫

該銀叁錢玖厘

王道成　地壹畝捌分柒毫

該銀壹錢玖厘　六月廿九日三番

李景方　地叁分貳厘

六月[illegible]

該銀壹分玖厘

22.0cm x 24.6cm

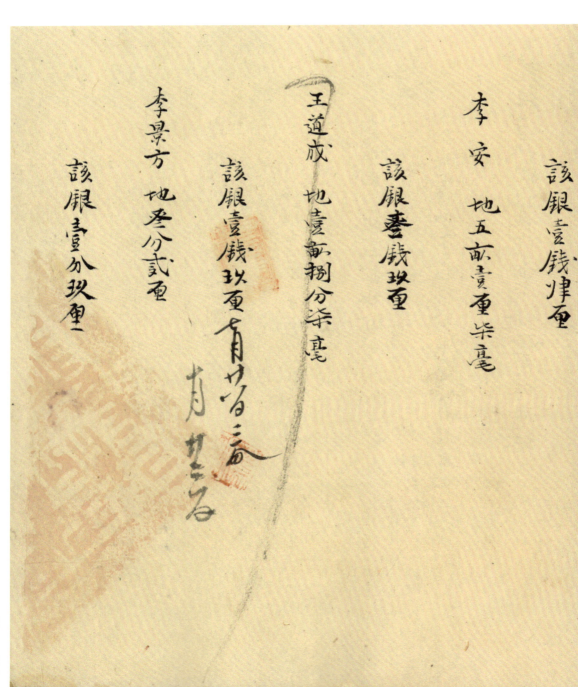

崇禎十五年六月二十九日

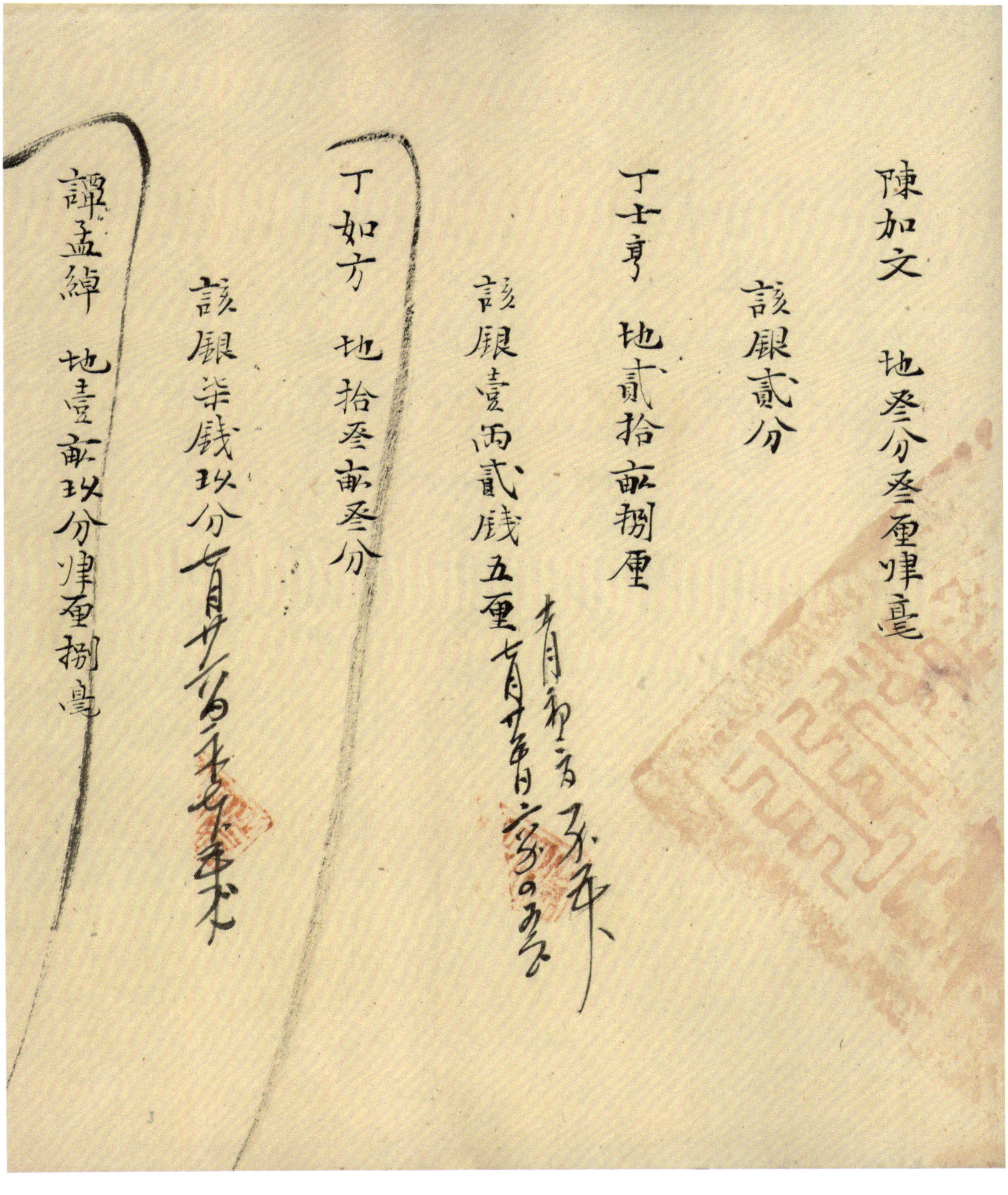
陳加文　地叁分叁厘肆毫
該銀貳分
丁士亨　地貳拾畝捌厘
該銀壹两貳錢五厘
丁如方　地拾叁畝叁分
該銀柒錢玖分
譚孟緈　地壹畝玖分肆厘捌毫

22.0cm x 24.6cm

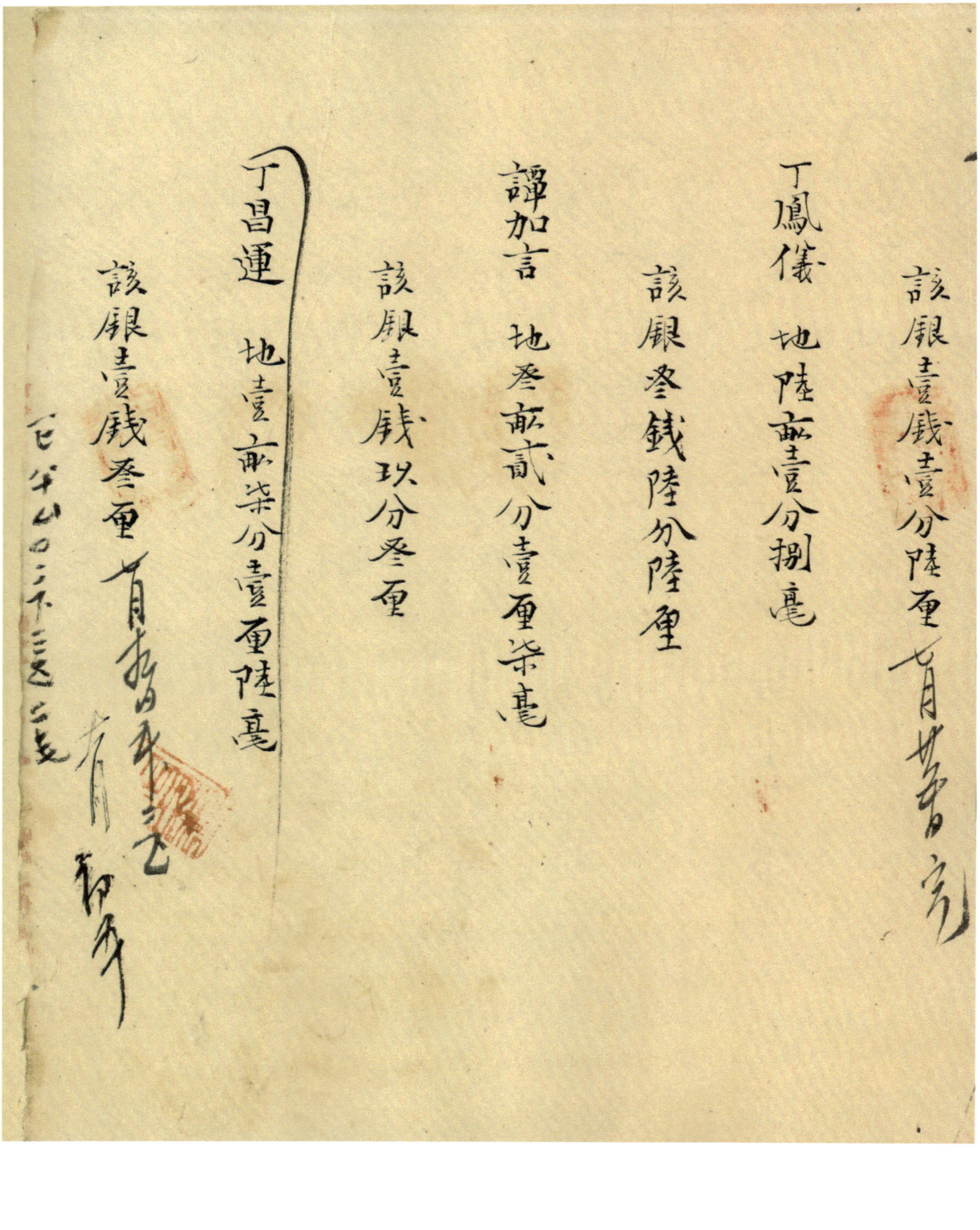

該銀壹錢壹分陸厘 七月廿四日完

丁鳳儀 地陸畝壹分捌毫

該銀叁錢陸分陸厘

譚加言 地叁畝貳分壹厘柒毫

該銀壹錢玖分叁厘

丁昌運 地壹畝柒分壹厘陸毫

該銀壹錢叁厘 [illegible]

[illegible]

22.0cm x 24.6cm

崇禎十五年六月二十九日

翟守祀　地五畝壹分五厘
　該銀叁錢零玖厘
王　善　地玖畝貳分貳厘叁毫叁系
　該銀五錢五分肆厘
庄　河　地壹畝壹分
　該銀陸分陸厘
劉化林　地壹畝肆分陸厘

22.0cm x 24.6cm

該銀捌分柒厘陸毫
王尚志　地肆畝叁分捌厘
該銀貳錢陸分叁厘
王世龍　地柒畝壹分五毫陸絲
該銀肆錢貳分柒厘
胡耒周　地肆畝五分貳厘五毫
該銀貳錢柒分貳毫

22.0cm x 24.6cm

崇禎十五年至聖廟平巨屯九甲佃户祀田地畝糧銀清册

崇禎十五年六月二十九日

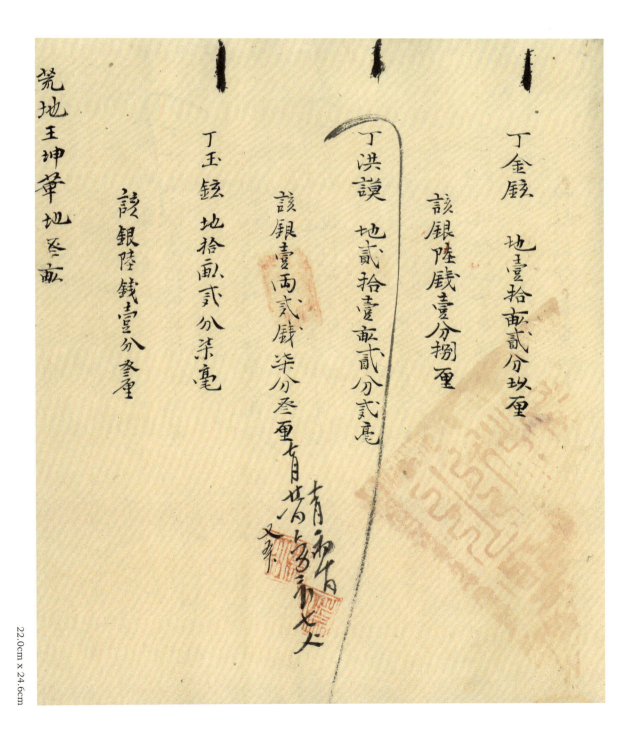

丁金鉉　地壹拾畝貳分玖厘

該銀陸錢壹分捌厘

丁洪謨　地貳拾壹畝貳分貳毫

該銀壹兩貳錢柒分叄厘

丁玉鉉　地拾畝貳分柒毫

該銀陸錢壹分叄厘

荒地王坤華地叁畝

22.0cm x 24.6cm

崇禎十五年六月二十九日

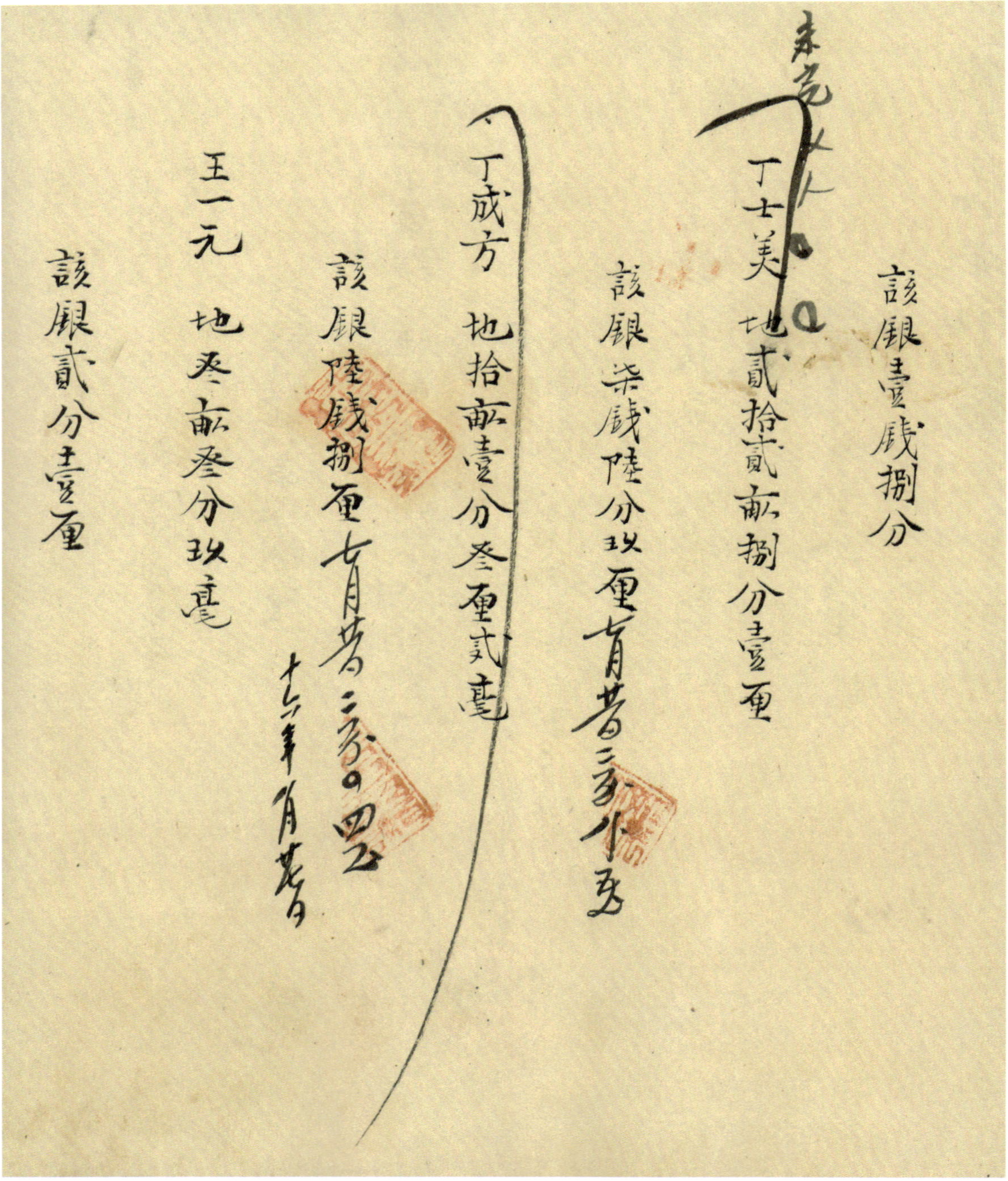

該銀壹錢捌分

丁士美　地貳拾貳畝捌分壹厘

該銀柒錢陸分玖厘　六月廿三交小五

丁成方　地拾畝壹分叁厘貳毫

該銀陸錢捌厘　六月廿三交四四

王一元　地叁畝叁分玖毫

該銀貳分壹厘

22.0cm x 24.6cm

崇禎十五年至聖廟平巨屯九甲佃户祀田地畝糧銀清册

崇禎十五年六月二十九日

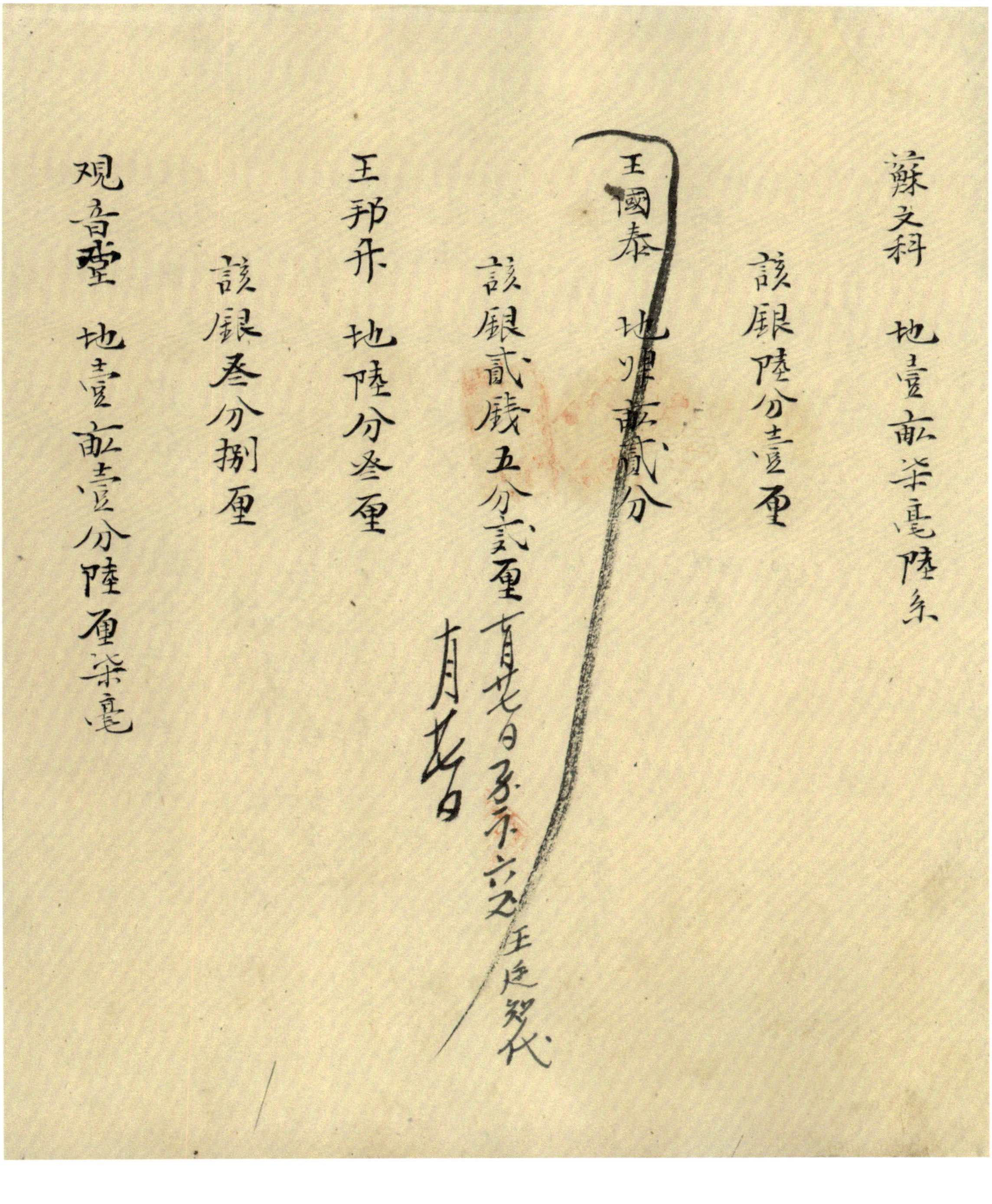
蘇文科 地壹畝柒毫陸糸
該銀陸分壹厘
王國泰 地肆畝貳分
該銀貳錢五分貳厘
[illegible]
王邦弁 地陸分叁厘
該銀叁分捌厘
观音堂 地壹畝壹分陸厘柒毫

22.0cm x 24.6cm

崇禎十五年至聖廟平巨屯九甲佃户祀田地畝糧銀清册

崇禎十五年六月二十九日

該銀柒分

王小壯
王邦家　地肆畝貳分玖釐玖毫貳系

該銀貳錢五分捌釐

王廷仕　地五畝叁分

該銀叁錢壹分捌釐

王邦騰　地柒分玖釐玖毫

該銀叁分捌釐

22.0cm x 24.6cm

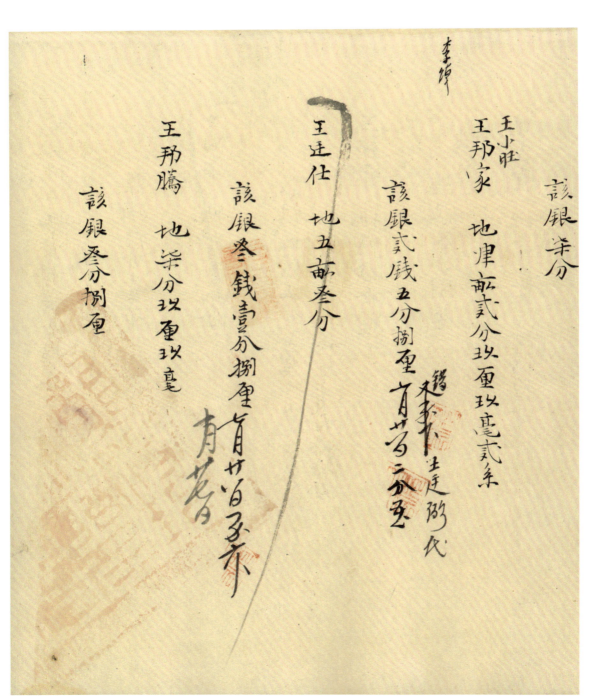

崇禎十五年六月二十九日

許可教　地叁畝壹分陸厘陸毫
該銀壹錢玖分　六月廿日九分完
六月廿日

王廷衍
王邦輔　地肆畝貳分玖厘玖毫貳絲
該銀貳錢五分捌厘　前月廿日欠五完
六月廿日
又欠下

段加樂　地貳畝肆分柒厘叁毫叁絲
該銀壹錢肆分玖厘

王九時　地伍畝肆分叁厘柒毫

22.0cm x 24.6cm

崇禎十五年六月二十九日

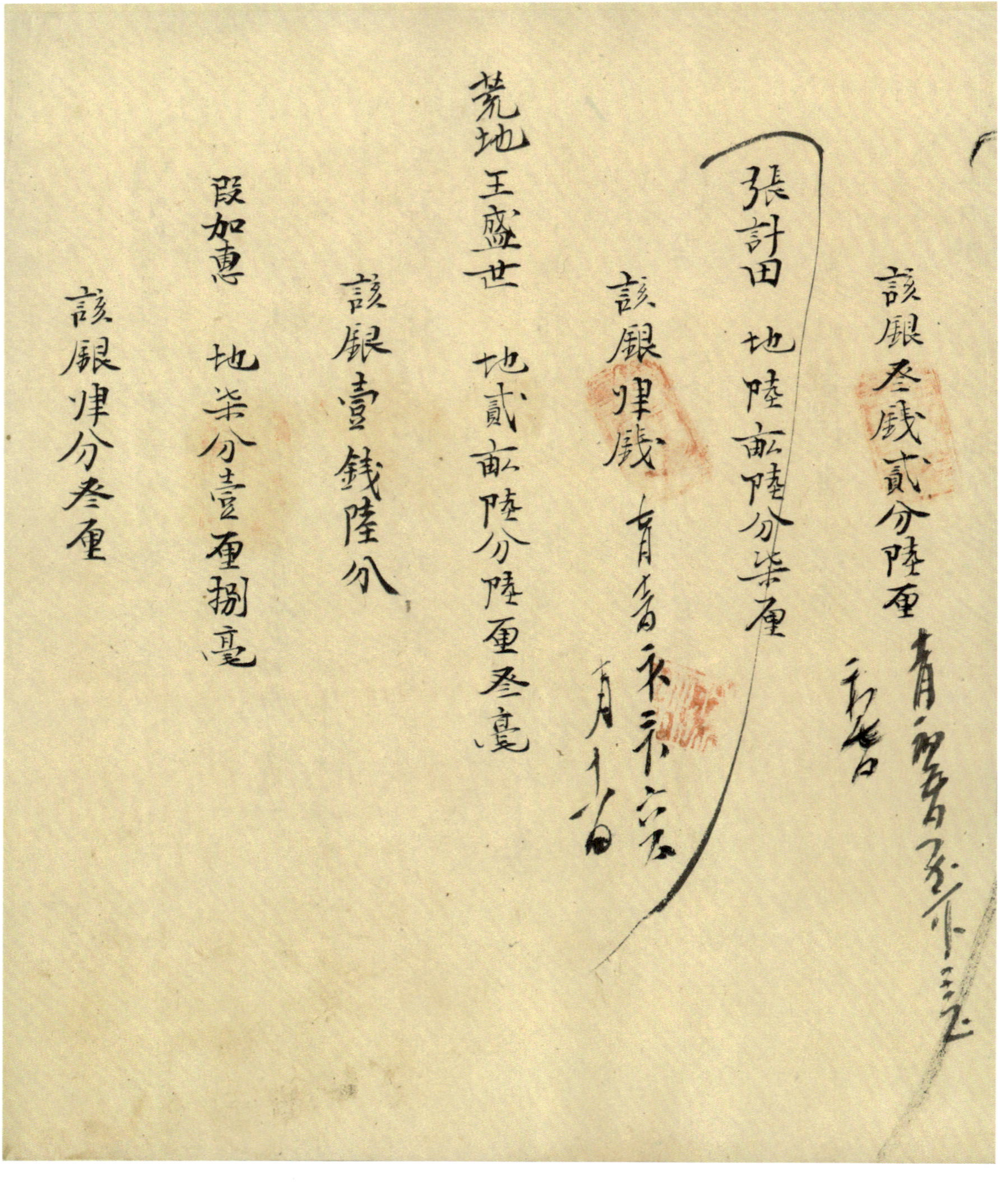

該銀叁錢貳分陸厘

張討田 地陸畝陸分柒厘

該銀肆錢

荒地王盛世 地貳畝陸分陸厘叁毫

該銀壹錢陸分

段加惠 地柒分壹厘捌毫

該銀肆分叁厘

22.0cm x 24.6cm

崇禎十五年六月二十九日

丁賓王

鄒従振 地叁畝肆分貳厘叁毫叁系

該銀貳錢五厘

張居 地貳畝叁分肆厘貳毫

該銀壹錢肆分壹厘

吳興東 地貳畝捌分柒厘

該銀壹錢柒分叁厘

蔣如連 地壹拾肆畝伍分貳厘五毫

22.0cm x 24.6cm

崇禎十五年至聖廟平巨屯九甲佃户祀田地畝糧銀清册

崇禎十五年六月二十九日

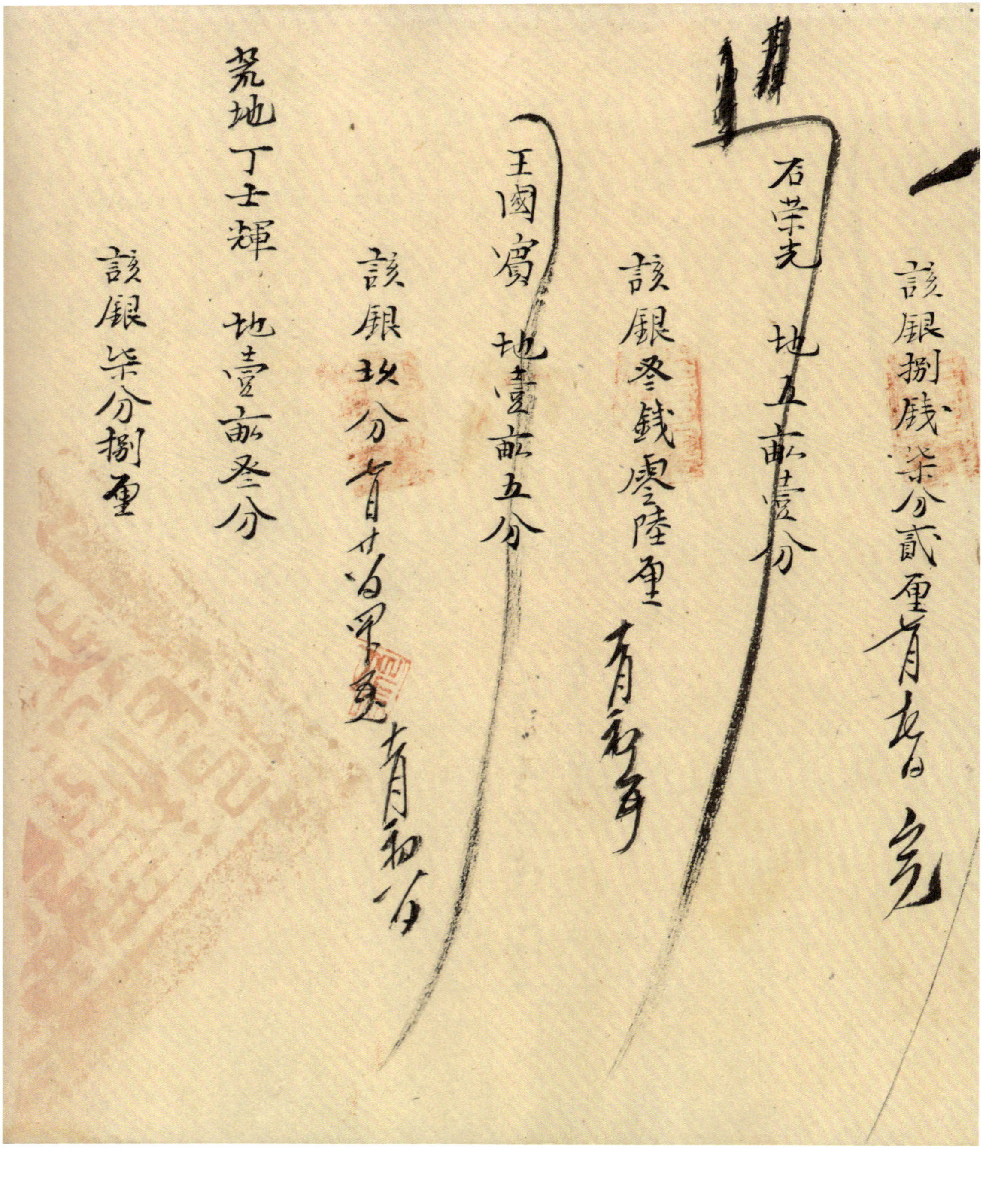

22.0cm x 24.6cm

崇禎十五年六月二十九日

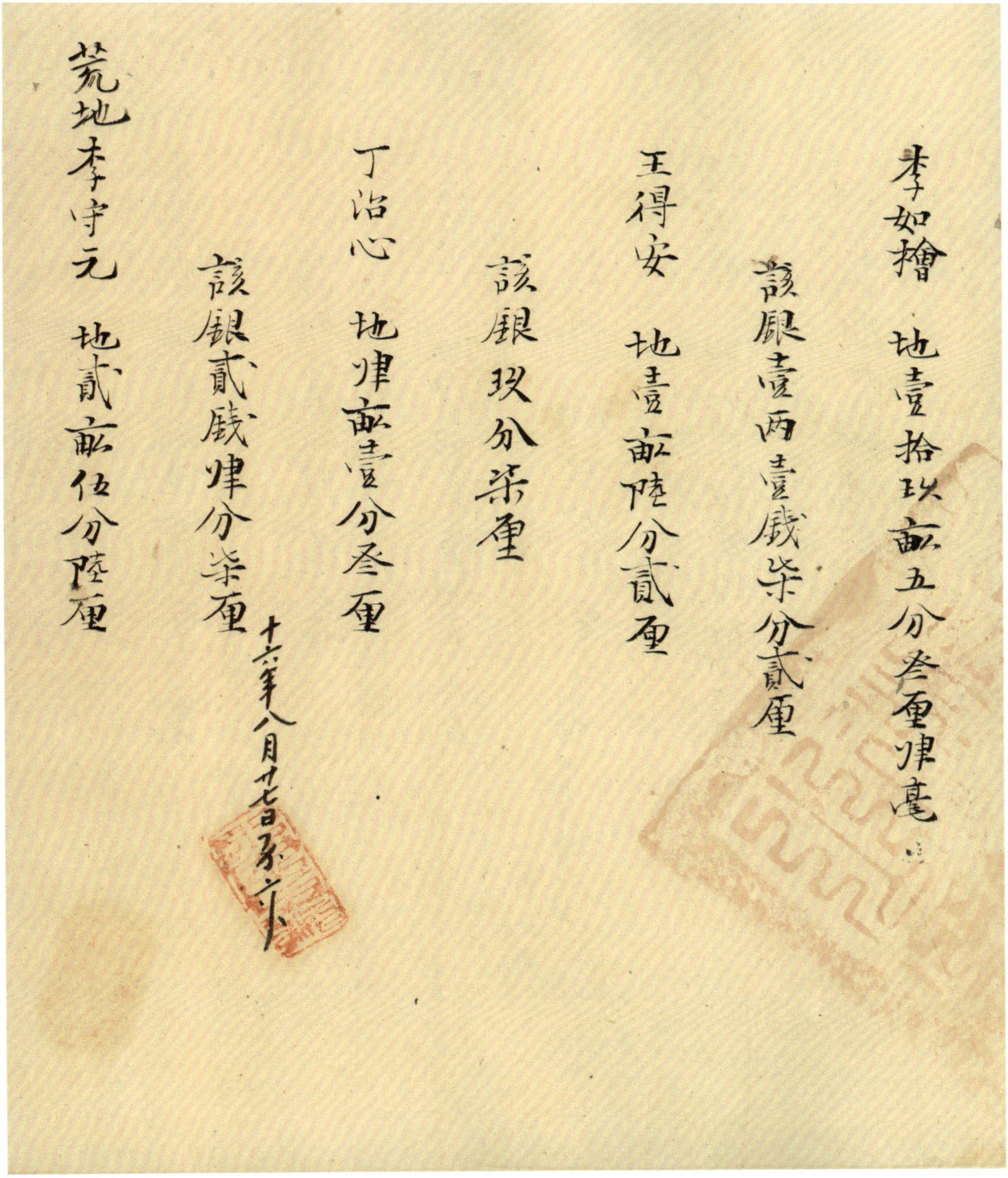
李如擒 地壹拾玖畝五分叁釐肆毫
該銀壹兩壹錢柒分貳釐
王得安 地壹畝陸分貳釐
該銀玖分柒釐
丁治心 地肆畝壹分叁釐
該銀貳錢肆分柒釐
荒地李守元 地貳畝伍分陸釐
十六年八月十七日承行

22.0cm x 24.6cm

崇禎十五年六月二十九日

該銀壹錢伍分肆釐

李新方　地貳畝陸分捌釐壹毫

該銀壹錢陸分壹釐

丁紹忠　地肆畝壹釐捌毫叁系

該銀貳錢肆分壹釐　七月十九日交畢[illegible]　錦国儀代

譚王道　地叁畝玖分玖釐叁毫叁系

該銀貳錢肆分

二匕廿八日二夂四三系

22.0cm x 24.6cm

崇禎十五年六月二十九日

丁紆珍 地叁畝陸分柒厘柒毫

該銀貳錢貳分

丁應谷 地肆畝貳分

該銀貳錢肆分捌厘

許可道 地叁畝五分

該銀貳錢壹分七月廿四日交完

七月九日

丁琢玉 地肆畝叁厘叁毫叁絲

22.0cm x 24.6cm

崇禎十五年至聖廟平巨屯九甲佃户祀田地畝糧銀清册

崇禎十五年六月二十九日

該銀貳錢肆分叁釐　十六年八月廿日完

荒地李隨方　地叁分叁釐五毫柒系

該銀貳分

王廷分　地貳拾畝壹釐肆毫叁系

該銀壹兩貳錢壹釐

十月廿三

王廷玉　地壹拾玖畝貳分叁釐

該銀壹兩壹錢五分肆釐

十月廿三

22.0cm x 24.6cm

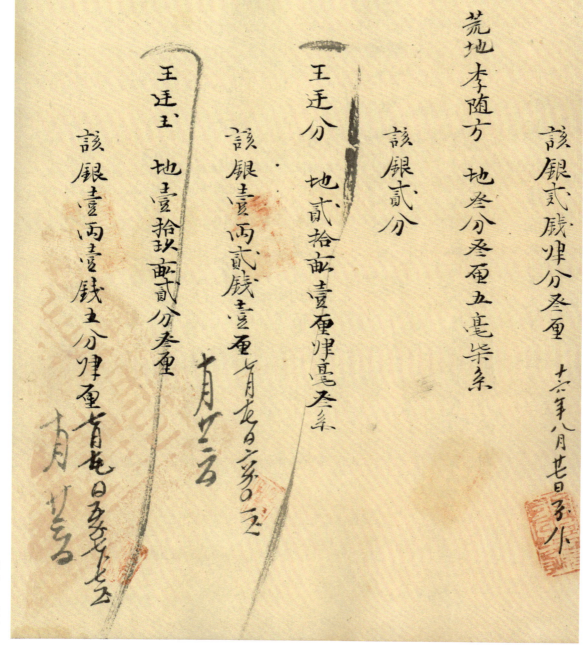

崇禎十五年至聖廟平巨屯九甲佃户祀田地畝糧銀清册

崇禎十五年六月二十九日

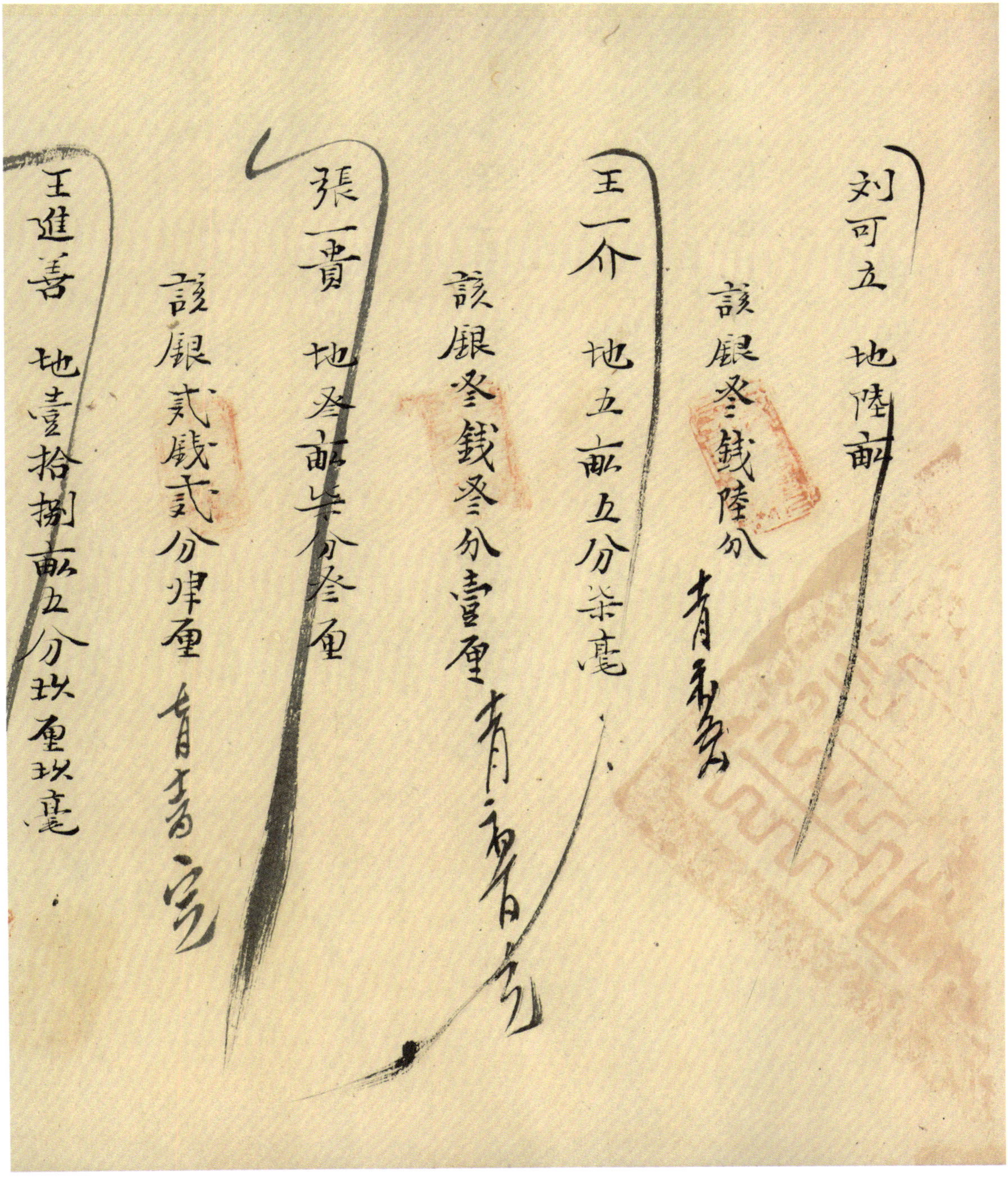
刘可立 地陸畝 該銀叁錢陸分 青完
王一介 地五畝五分柒毫 該銀叁錢叁分壹厘 青青完
張一貫 地叁畝柒分叁厘 該銀貳錢貳分肆厘 青青完
王進善 地壹拾捌畝五分玖厘玖毫

22.0cm x 24.6cm

崇禎十五年六月二十九日

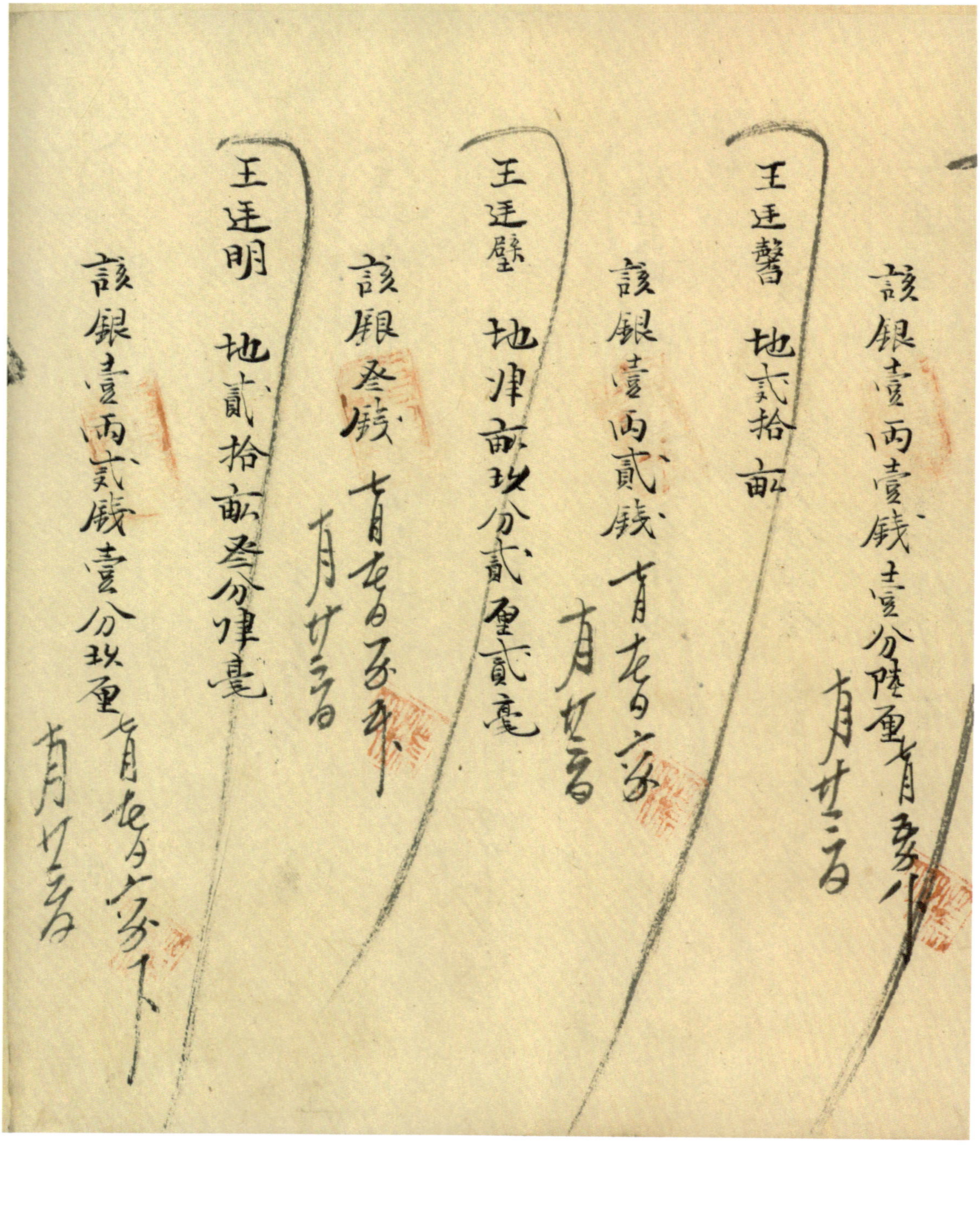
該銀壹兩壹錢壹分陸厘 [illegible]
六月廿二日
王廷謦 地弍拾畝
該銀壹兩貳錢 [illegible]
六月廿二日
王廷璧 地肆畝玖分貳厘貳毫
該銀叁錢 [illegible]
六月廿二日
王廷明 地貳拾畝叁分肆毫
該銀壹兩弍錢壹分玖厘 [illegible]
六月廿二日

22.0cm x 24.6cm

崇禎十五年至聖廟平巨屯九甲佃户祀田地畝糧銀清册

崇禎十五年六月二十九日

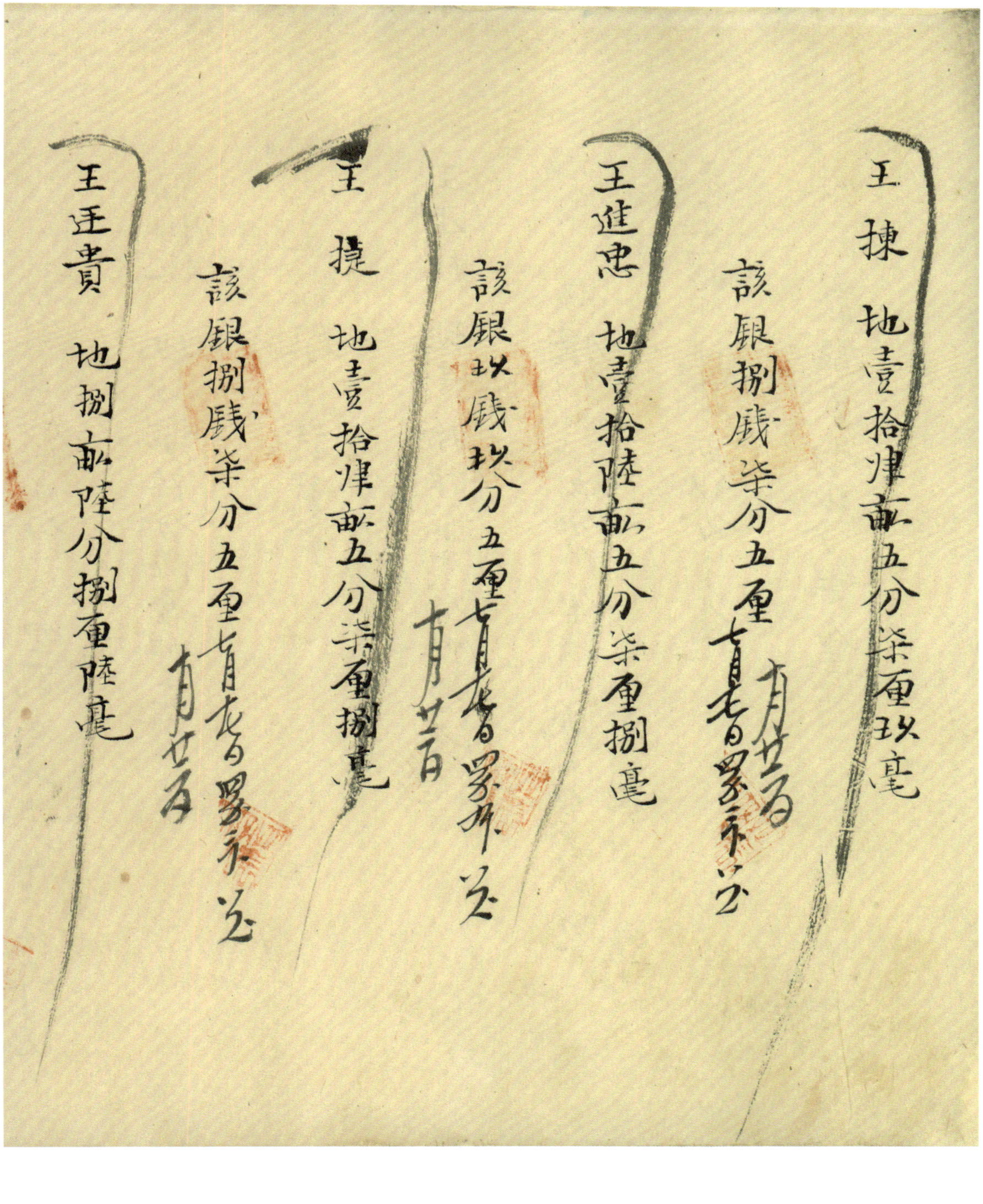

王揀　地壹拾肆畝五分柒厘玖毫
該銀捌錢柒分五厘　七月廿四日累年完　十月廿三日

王進忠　地壹拾陸畝五分柒厘捌毫
該銀玖錢玖分五厘　七月廿四日累年完　十月廿三日

王捷　地壹拾肆畝五分柒厘捌毫
該銀捌錢柒分五厘　七月廿四日累年完　十月廿三日

王廷貴　地捌畝陸分捌厘陸毫

22.0cm x 24.6cm

崇禎十五年六月二十九日

該銀五錢貳分壹厘貳毫 六月十四麥子交

六月廿五日

韓因俊 地玖畝陸分陸厘肆毫

該銀伍錢貳分

王廷柱 地壹拾肆畝貳分陸厘叁毫

該銀捌錢五分陸厘 六月廿二日麥子交

六月廿五日

李逢時 地肆畝玖分柒厘

該銀貳錢玖分柒厘

22.0cm x 24.6cm

崇禎十五年六月二十九日

荒地佛殿庙地肆畝壹分柒厘
該銀貳錢肆分柒厘
韓国良 地五畝柒分叁厘捌毫
該銀叁錢肆分肆厘
肖倉 地叁畝叁分柒厘柒毫
該銀貳錢叁厘
韓国秀 地伍畝壹分陸厘叁毫

22.0cm x 24.6cm

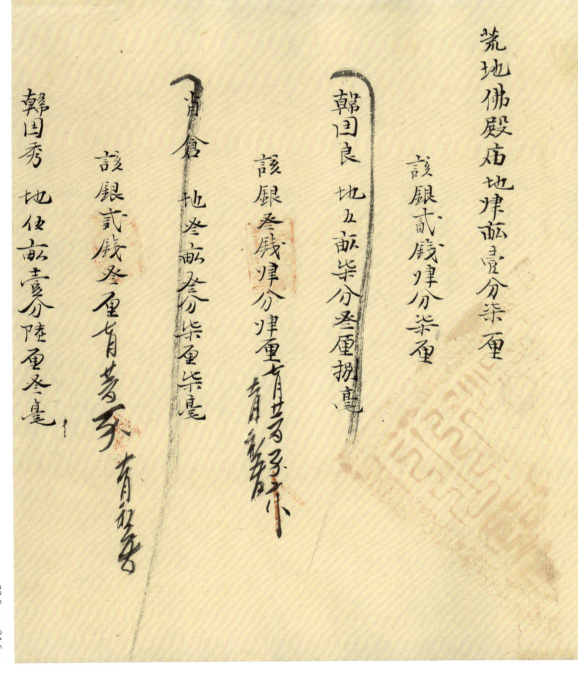

崇禎十五年六月二十九日

該銀叁錢壹分　月自言示

韓國英　地叁畝捌分叁厘肆毫

該銀貳錢叁分

荒地王自能　地五畝玖分肆厘

該銀叁錢陸分

荒地王　幸　地肆畝五分叁厘叁毫

該銀叁錢柒分叁厘

22.0cm x 24.6cm

崇禎十五年六月二十九日

王自強 地貳畝
該銀壹錢貳分
穆文遠 地五畝陸分捌釐貳毫
該銀叁錢肆分壹釐
李清香 地貳畝叁分叁釐柒毫
該銀壹錢肆分壹釐
王自然 地五畝肆分玖釐

胥壽年立

22.0cm x 24.6cm

崇禎十五年六月二十九日

該銀叁錢叁分

周起　地五畝柒厘玖毫

該銀叁錢叁分

高欽選　地肆畝貳分叁厘叁毫

該銀貳錢五分肆厘　七月廿四日交完

青和二

侯國祥　地五畝叁厘叁毫叁絲

該銀叁分肆厘

22.0cm x 24.6cm

崇禎十五年至聖廟平巨屯九甲佃户祀田地畝糧銀清册

崇禎十五年六月二十九日

孫克臣　地玖畝捌分捌厘
該銀五錢玖分叁厘
蘇文魁　地壹畝捌分五厘
該銀壹錢壹分壹厘
蘇可教　地壹畝貳分叁厘叁毫
該銀柒分肆厘七月奉完
荒地梁文　地柒畝壹分陸厘陸毫

22.0cm x 24.6cm

崇禎十五年六月二十九日

該銀肆錢叁分

張忠　地叁畝貳分五厘

該銀壹錢捌分五厘

許合　地壹畝肆分捌厘

該銀捌分玖厘

張鵬程　地壹拾陸畝陸分貳厘

該銀玖錢玖分柒厘

二百一十六畝[illegible]九[illegible]

[illegible]

22.0cm x 24.6cm

崇禎十五年六月二十九日

孫文明 地叁畝肆分叁釐肆毫

該銀貳錢陸釐

王加取 地陸分叁釐叁毫

該銀叁分捌釐

張明雲 地拾叁畝柒分柒釐叁毫叁絲

該銀捌錢貳分柒釐

許坤 地拾壹畝柒釐

七月廿[illegible]

22.0cm x 24.6cm

該銀陸錢柒分 七月廿四日三分承足

十月廿四

張維德 地肆畝柒分叁厘

該銀貳錢捌分肆厘

張順民 地貳畝陸分陸厘陸毫

該銀壹錢陸分 十月初八

張牧民 地壹拾壹畝玖分捌厘

該銀柒錢壹分玖厘 七月廿四三分承下

十月初八

22.0cm x 24.6cm

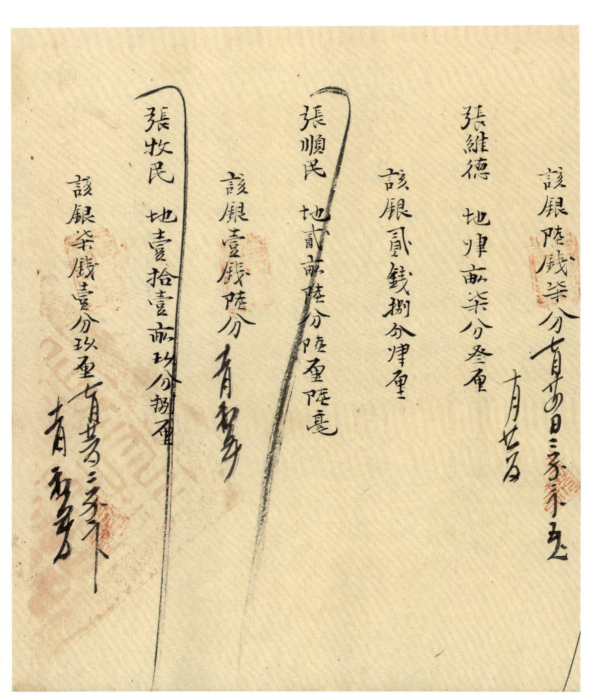

崇禎十五年至聖廟平巨屯九甲佃户祀田地畝糧銀清册

崇禎十五年六月二十九日

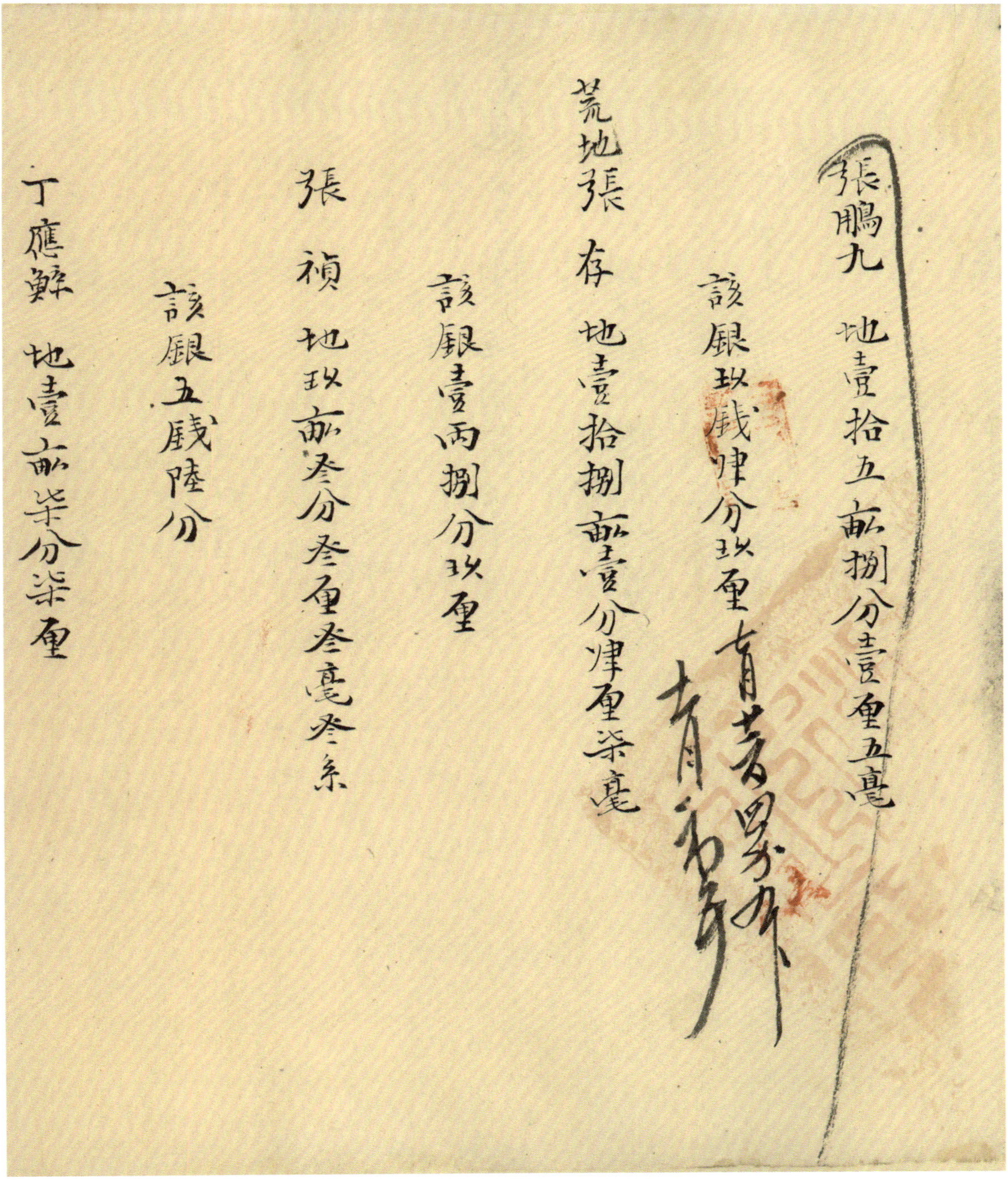

張鵬九　地壹拾五畝捌分壹厘五毫

該銀玖錢肆分玖厘

荒地張存　地壹拾捌畝壹分肆厘柒毫

該銀壹兩捌分玖厘

張禎　地玖畝叁分叁厘叁毫叁絲

該銀五錢陸分

丁應鮮　地壹畝柒分柒厘

22.0cm x 24.6cm

該銀壹錢柒厘

荒地李江　地拾壹畝壹分

該銀陸錢陸分陸厘

荒絶李明剛　地捌畝柒厘

該銀肆錢捌分肆厘

孫守才　地五分柒厘肆毫

該銀叁分捌厘

22.0cm x 24.6cm

崇禎十五年至聖廟平巨屯九甲佃户祀田地畝糧銀清册

崇禎十五年六月二十九日

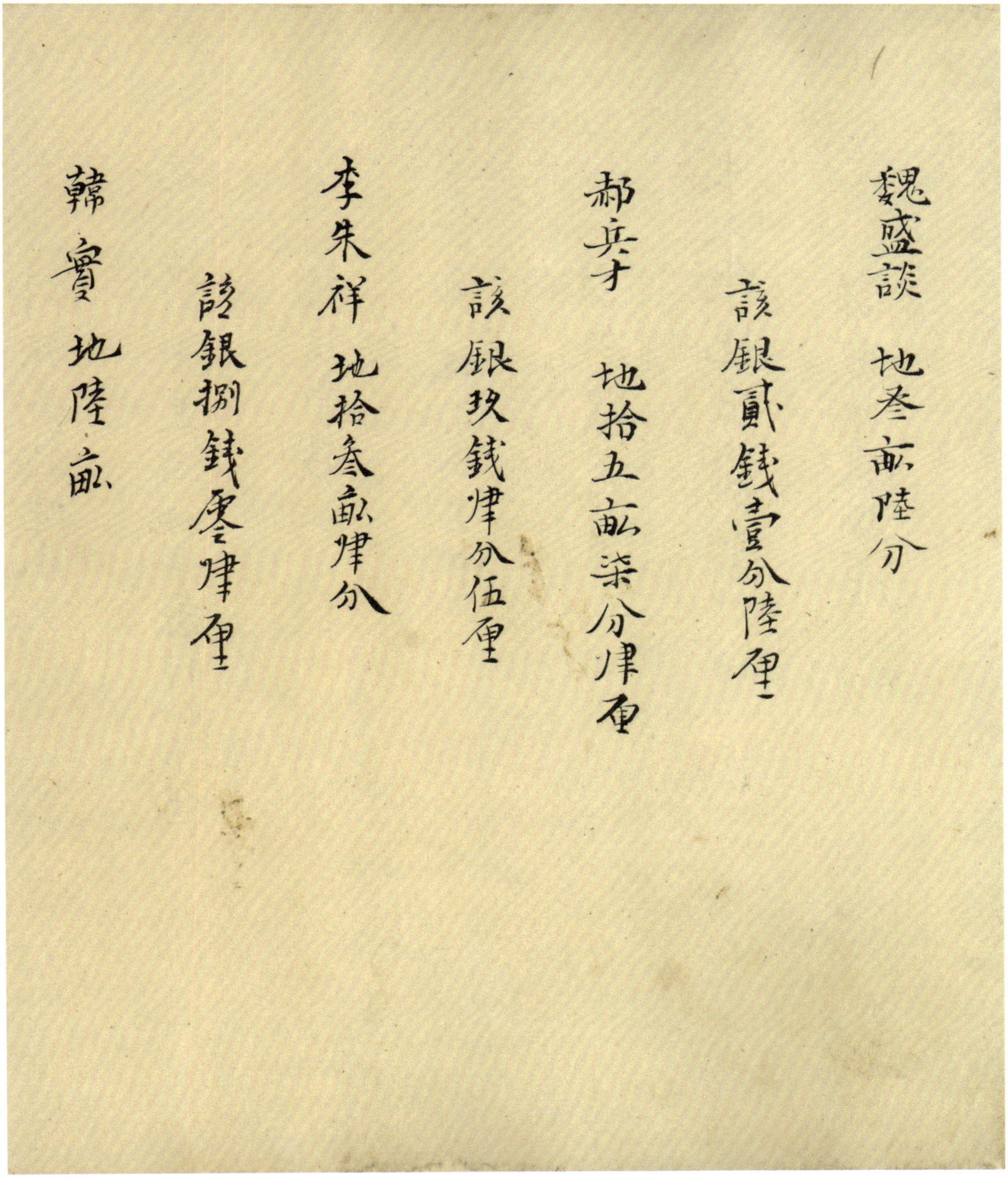
魏盛談　地叁畝陸分
該銀貳錢壹分陸厘
郝兵才　地拾五畝柒分肆厘
該銀玖錢肆分伍厘
李朱祥　地拾叁畝肆分
該銀捌錢零肆厘
韓實　地陸畝

22.0cm x 24.6cm

崇禎十五年至聖廟平巨屯九甲佃户祀田地畝糧銀清册

崇禎十五年六月二十九日

該銀叁錢陸分

荒地 朱東周 地壹畝陸分柒厘

該銀壹錢

荒地于登貴 地柒分肆厘

該銀肆分伍厘

荒地朱文進 地柒分捌厘

該銀肆分捌厘

22.0cm x 24.6cm

崇禎十五年六月二十九日

荒地李春地壹畝
該銀陸分
荒地蘿柳溪 地壹畝肆分伍厘
該銀捌分伍厘
荒地張文礼 地壹畝壹分壹厘
該銀陸分柒厘
荒地金可化 地壹畝壹分柒厘

22.0cm x 24.6cm

該銀柒分壹厘

荒地張文起　地壹畝陸分柒厘

該銀壹錢

荒地王問臣　地肆畝壹分肆厘

該銀弍錢伍分

荒地馮大時　地貳畝貳分

該銀壹錢叁分弍厘

22.0cm x 24.6cm

崇禎十五年六月二十九日

荒地王自新地陸畝柒分
該銀肆錢零貳厘
荒地朱文道地玖畝柒分捌厘
該銀伍錢捌分柒厘
荒地陳所光地陸畝叁分肆厘
該銀叁錢捌分
荒地張養純地貳畝伍分

22.0cm x 24.6cm

該銀壹錢伍分
丁斌才地拾畝叁分
該銀陸錢貳分
李鳶地玖畝叁分叁厘
該銀伍錢陸分
陳益箴地叁拾伍畝肆分貳厘叁毫
該銀貳兩壹錢貳分陸厘 有若完

22.0cm x 24.6cm

崇禎十五年六月二十九日

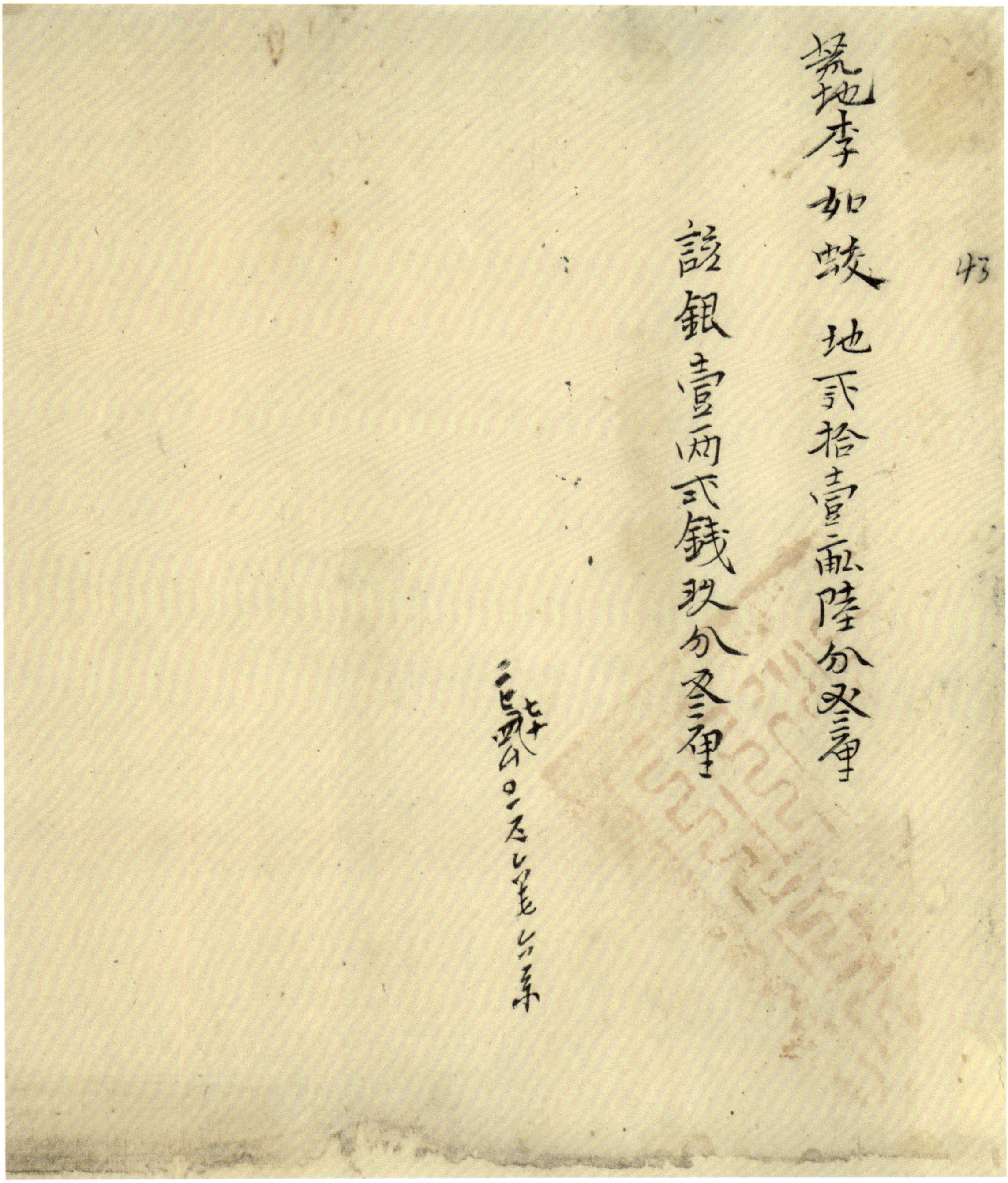
荒地李加岐　地貳拾壹畝陸分叁厘
該銀壹兩貳錢玖分叁厘

22.0cm x 24.6cm

崇禎十五年至聖廟平巨屯九甲佃户祀田地畝糧銀清册

崇禎十五年六月二十九日

22.0cm x 24.6cm

崇禎十五年至聖廟平巨屯九甲佃户祀田地畝糧銀清册

崇禎十五年六月二十九日

22.0cm x 24.6cm

崇禎十五年至聖廟平巨屯九甲佃户祀田地畝糧銀清册

崇禎十五年六月二十九日

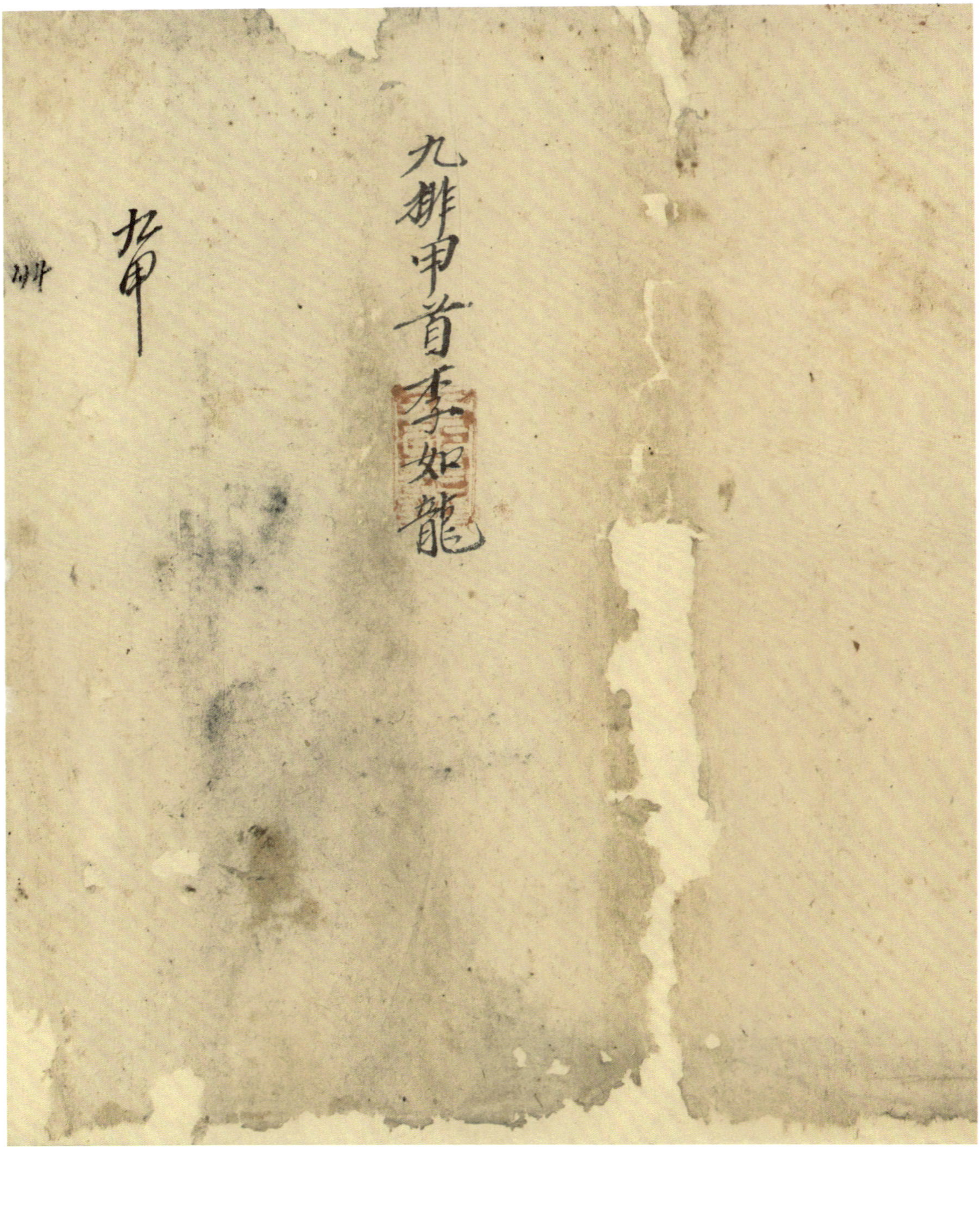
九排甲首李如龍

九甲

22.0cm x 24.6cm

考證表

機關代號第　　號

保管單位第　　號

本案卷内共有捌拾張已編號之文件。

保管單位缺點的説明。

附註

公元一九六二年十二月　日

檔案工作人員的職務（簽名）

票差清查魚台縣穀亭鎮官宅房租

萬曆十九年

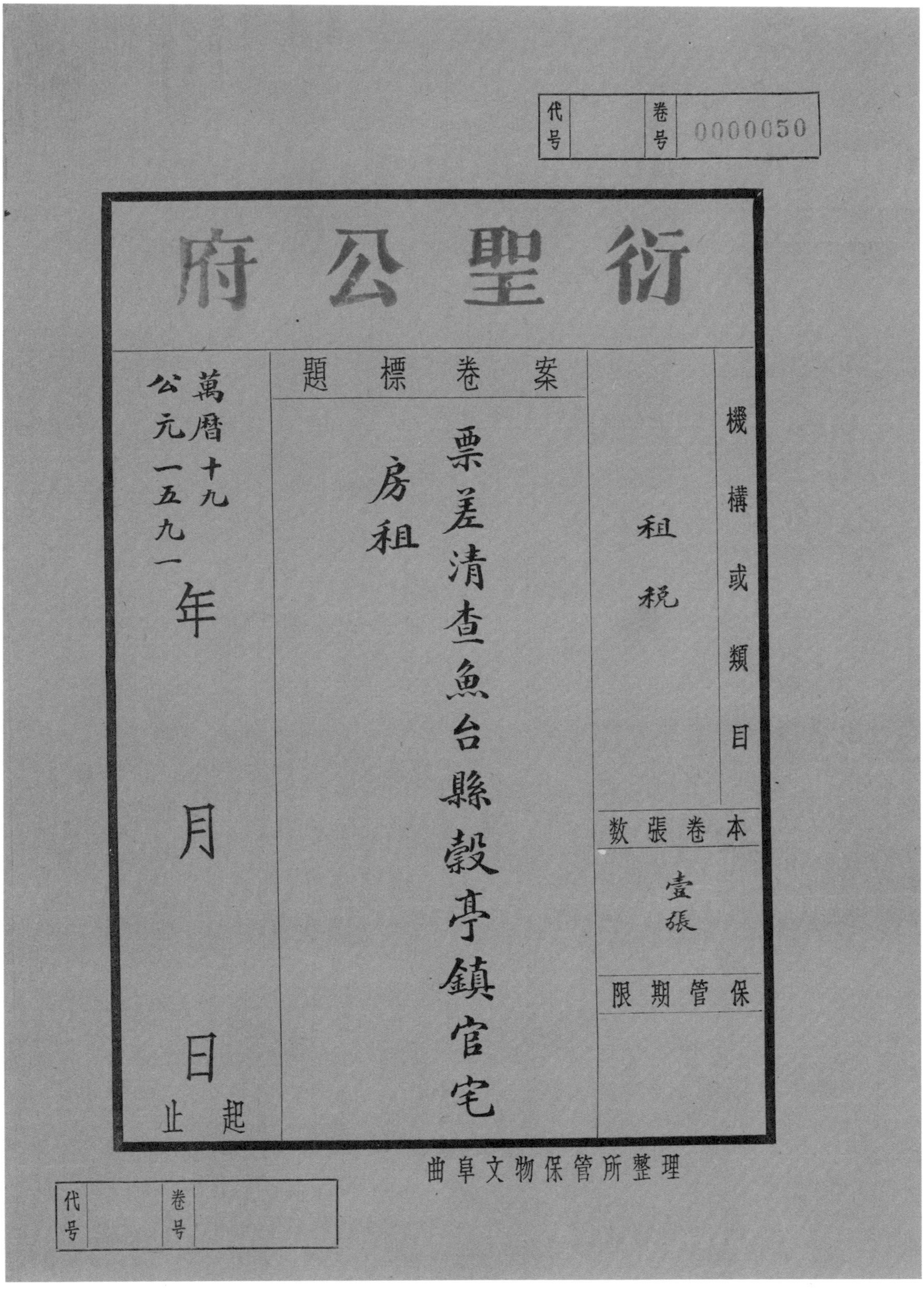

代号 卷号 0000050

衍聖公府

起止	案卷標題	機構或類目
萬曆十九 公元一五九一 年 月 日	票差清查魚台縣穀亭鎮官宅房租	租税
		本卷張数：壹張
		保管期限：

曲阜文物保管所整理

代号 卷号

衍聖公府爲清查魚台縣穀亭鎮官宅房租事致家人張斐、胡寶票稿

萬曆十九年六月十三日

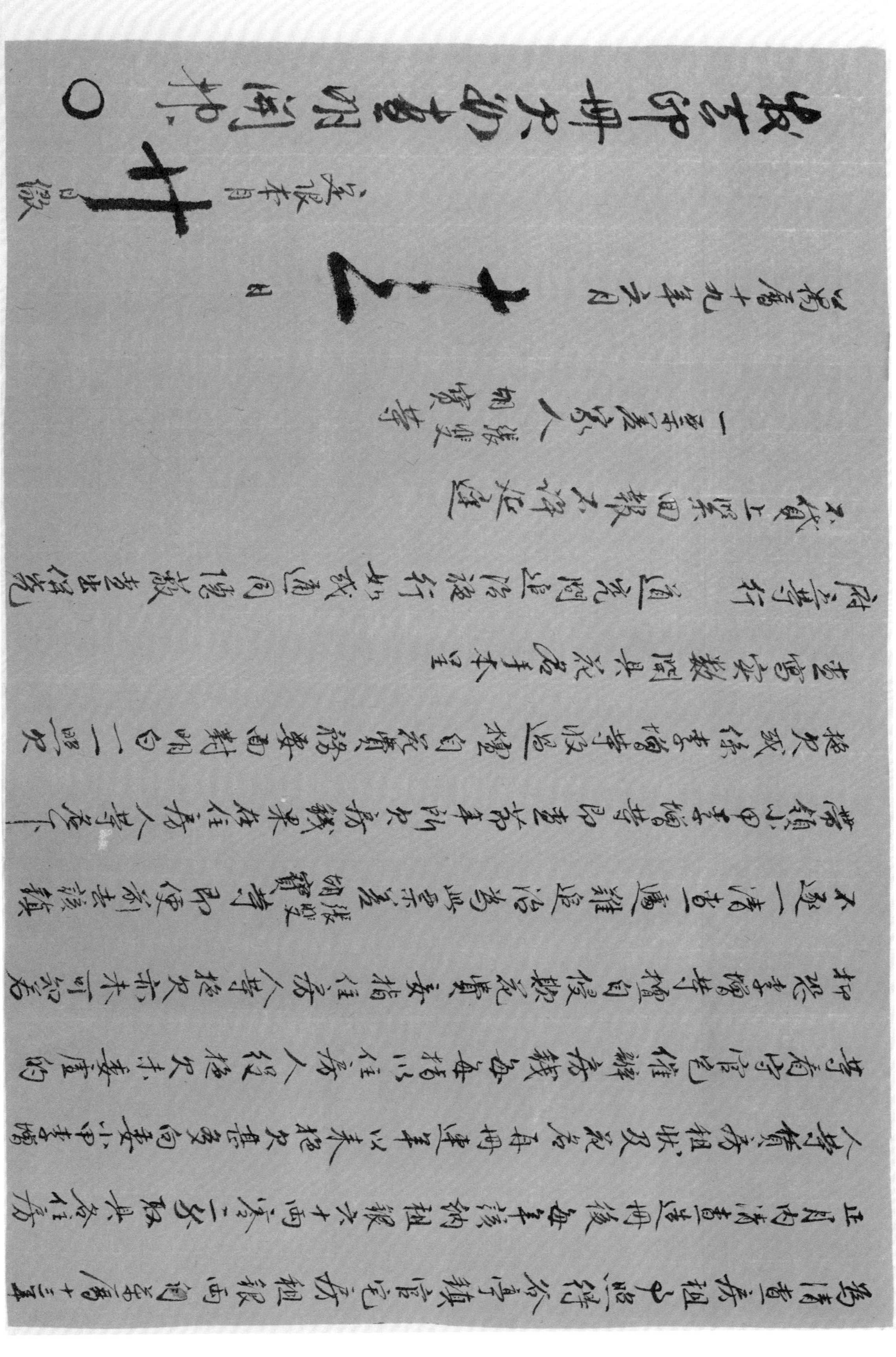

54.6cm x 35.2cm

考證表

機關代號第　　　號

保管單位第　　　號

本案卷内共有壹　張已編號之文件。

保管單位缺點的説明。

附註

檔案工作人員的職務（簽名）

公元一九六二年六月　日

代号 卷号 0000051

衍聖公府

機構或類目：租稅

案卷標題：汶上縣集市糾紛

崇禎十二年
公元一六三九
年 月 日 起止

本卷張數：貳張

保管期限：

曲阜文物保管所整理

代号 卷号

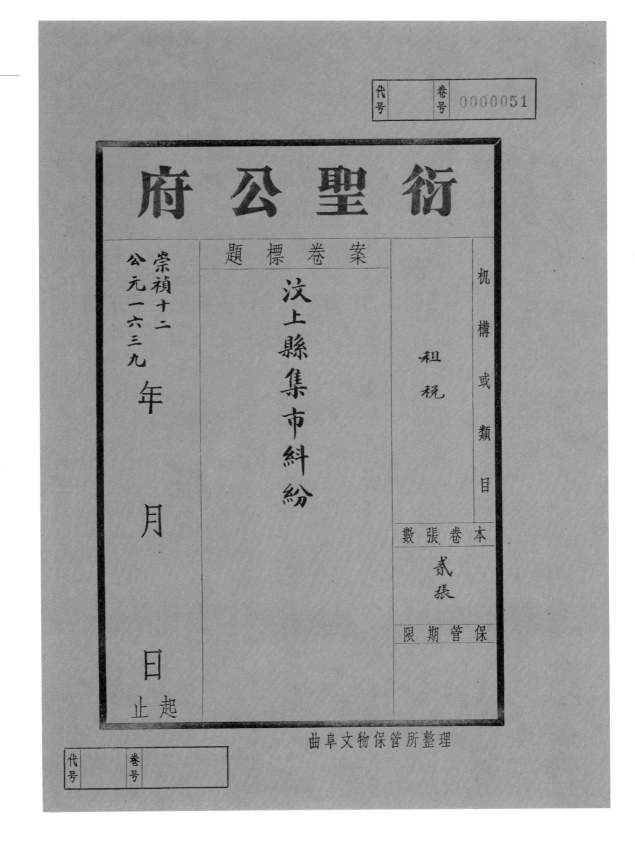

卷内目錄

順序号	作者	内容摘要	文件上的号数	文件上的日期	文件所在的张数	备註
一	汶上佃户魏見	呈控范可養等強霸范莊集市打傷小甲趙文煥求拘提究治		崇禎十二年四月日	—	
二	費縣人馬志良	為與范可養相毆經可養等赴曲阜責懲自知情虛願立不再冒瀆帖字		崇禎十二年月日	—	
				年月日	—	
				年月日	—	
				年月日	—	
				年月日	—	
				年月日	—	
				年月日	—	
				年月日	—	

填寫人　　年　月　日

汶上縣佃户魏見爲苑可養等霸集逞凶虚詞捏控事致衍聖公孔胤植啓狀及批

崇禎十二年四月二十六日

告狀人魏見年三十九歲係汶上佃户爲指官撞詐事梟董苑可養等倚豪强霸苑村集市小甲趙文煥向伊理講反觸怒將領群虎苑可觀等假指
兩部明文痛打文煥遍身血破昏倒在地命在旦夕搶去銀捌兩錢肆百文被套等物吳畔等救證切思指官撞詐梟惡無據誑捏虚詞肇告
工部批行運河廳查審身等赴本府告准蒙差拘提伊大肆狂逆藐法不遵三尺何在若不咨懲剪奸正法恐伊得隴望蜀為此具啟
本府老爺位下
詳行
被告 苑可養 苑大真 苑可觀 苑可運 苑可召 苑大宅 苑可聽 苑可成 苑可訓 苑齊 不知名三十餘人
證人 吳畔 陳所正 邵起龍
崇禎十二年四月 日具 啟 人魏見

大圖詳見附録046頁

56.4cm x 77.8cm

費縣馬志良所具不再冒瀆杜絕帖字

［崇禎十二年］□月二十七日

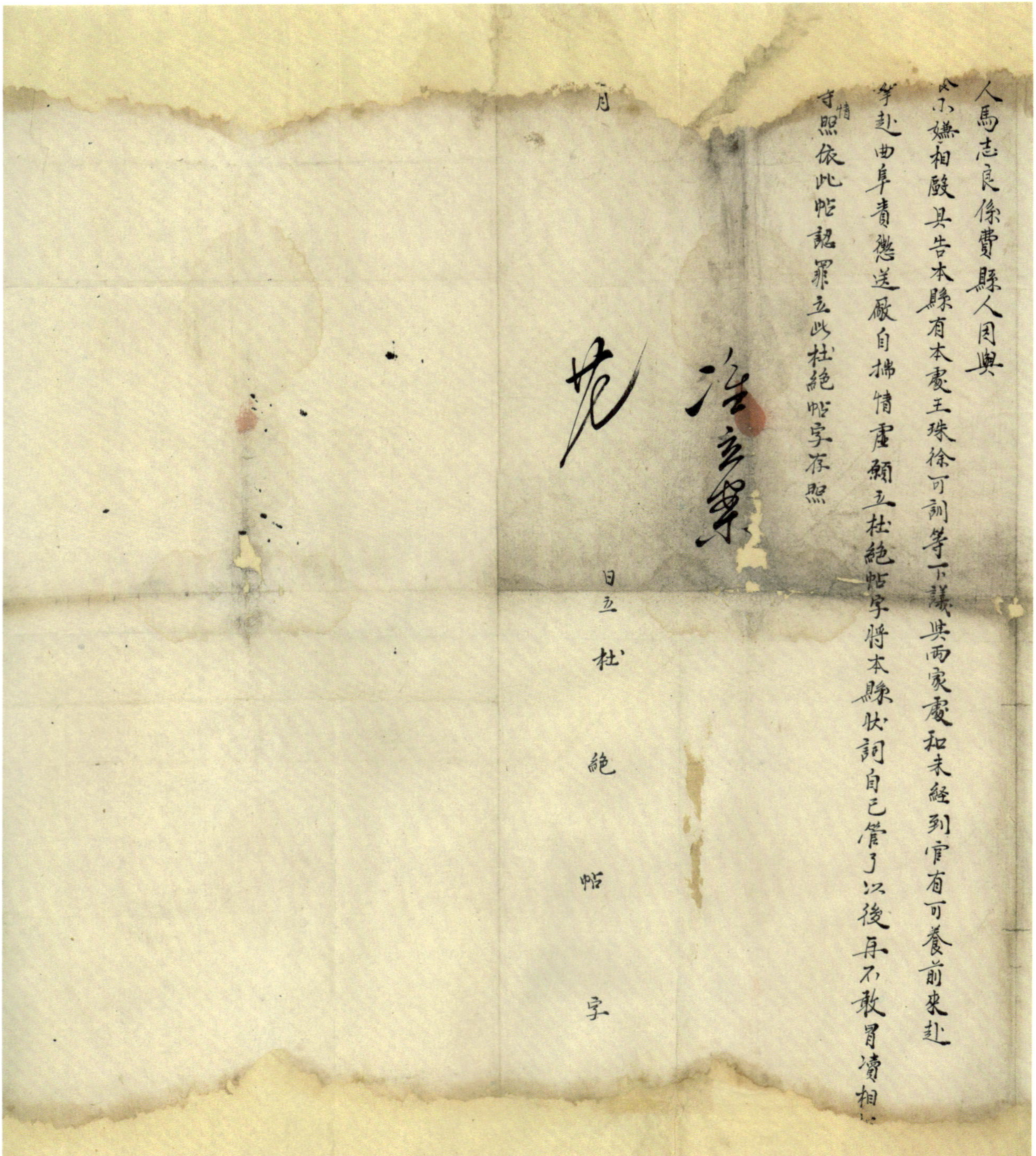

人馬志良係費縣人因與

□不嫌相毆具告本縣有本處王珠徐可訓等下議與兩家處和未經到官有可養前來赴

等赴曲阜責懲送廠自拂情甘願立杜絕帖字將本縣狀詞自己管了以後再不敢冒瀆相□

情寺照依此帖認罪立此杜絕帖字存照

月

日立

杜絕帖字

考證表

機關代號第　　號

保管單位第　　號

本案卷内共有貳　　張已編號之文件。

保管單位缺點的説明。

附註

檔案工作人員的職務（簽名）

公元一九六二年十二月　　日

明洪武十一年五十六代衍聖公孔希學晋京朝覲備受優禮敕諭抄件（附録洪武二年遣孔氏裔孫代祀宣聖賜詩一首）

無朝年

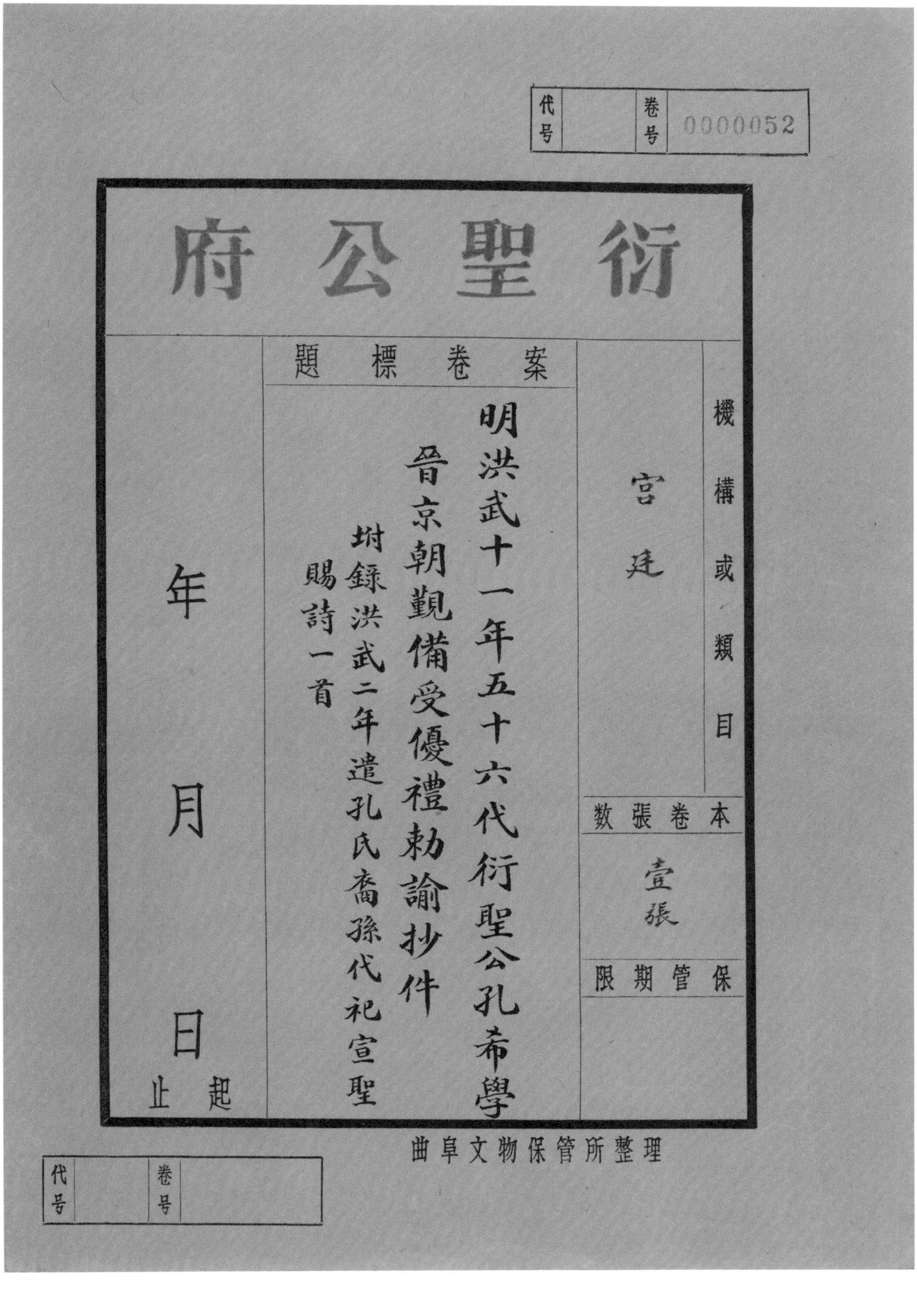

代号 卷号 0000052

衍聖公府

案卷標題

明洪武十一年五十六代衍聖公孔希學晋京朝覲備受優禮勅諭抄件

坿録洪武二年遣孔氏裔孫代祀宣聖賜詩一首

機構或類目：宫廷

本卷張数：壹張

保管期限

年 月 日 起 止

曲阜文物保管所整理

代号 卷号

卷內目錄

順序號	作者	內容摘要	文件上的號數	文件上的日期	文件所在的張次	備註
		明洪武十一年五十六代衍聖公孔希學		年 月 日	—	
		晋京朝覲備受優禮敕諭抄件		年 月 日	—	
		附錄洪武二年遣孔氏裔孫代祀宣聖		年 月 日	—	
		賜詩一首		年 月 日	—	
				年 月 日	—	
				年 月 日	—	
				年 月 日	—	
				年 月 日	—	
				年 月 日	—	
				年 月 日	—	

填寫人

年 月 日

衍聖公孔希學進京朝覲領受敕諭及明太祖朱元璋賜衍聖公孔克堅詩一首抄件

□□□

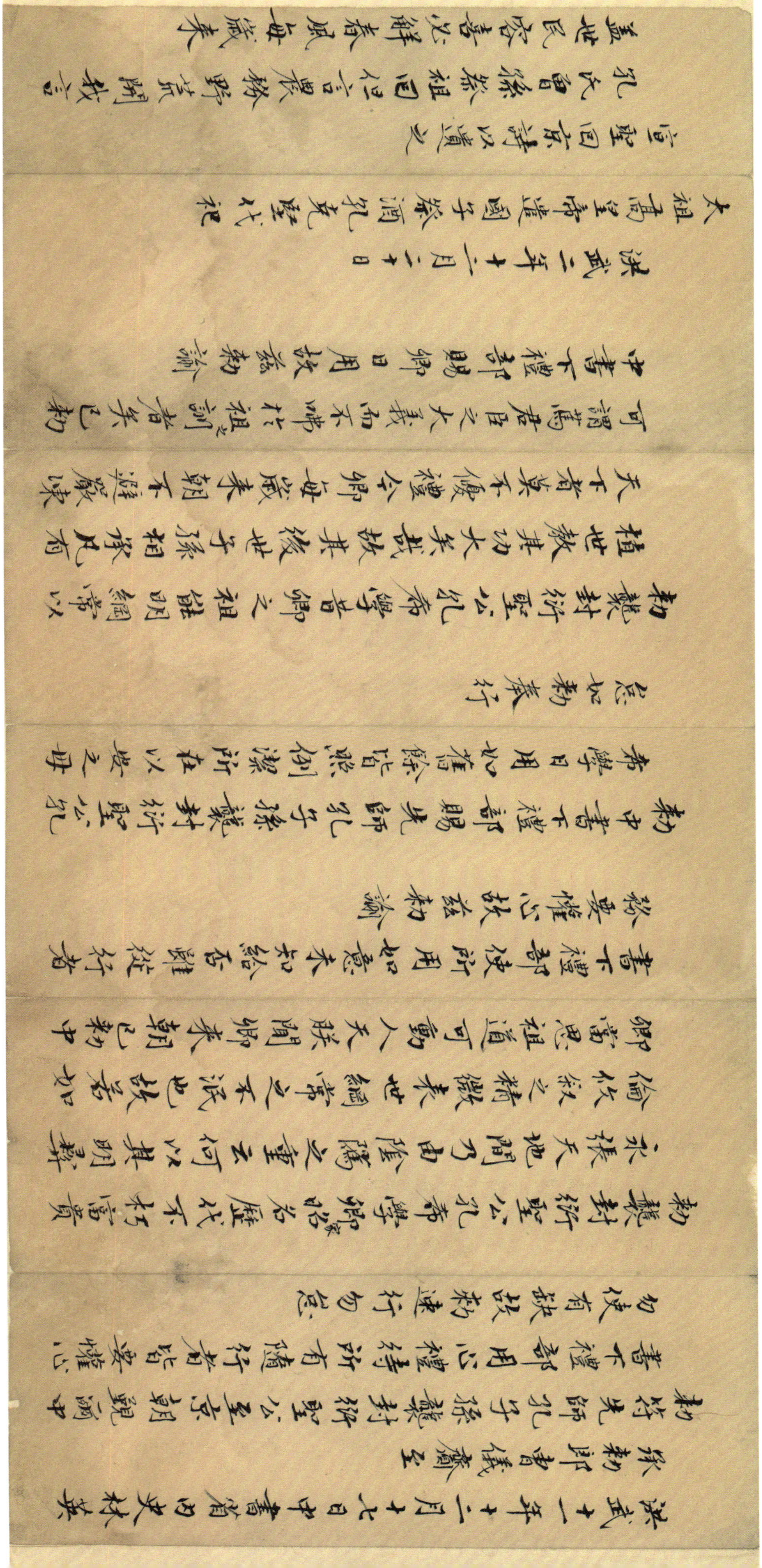
洪武十一年十二月十七日中書省内史林英
承勅郎曹儀齎至
勅符先師孔子孫襲封衍聖公至京朝覲爾中
書下禮部用心禮待所有隨行者皆要懽心
勿使有缺故勅速行勿怠
勅襲封衍聖公孔希學卿家昭名歷代不朽富貴
永張天地間乃由陰隲之重云何以其明彝
倫攸叙之精微表世綱常之不泯也故若如
卿當思祖道可動人天朕聞卿来朝已勅中
書下禮部使所用如意未知給否雖從行者
務要懽心故茲勅諭
勅中書下禮部賜先師孔子孫襲封衍聖公孔
希學日用如舊餘皆照例潔所在以安之毋
怠如勅奉行
勅襲封衍聖公孔希學昔卿之祖能明綱常以
植世教其功大矣哉故其後世子孫相承凡有
天下者莫不優禮今卿每歲来朝不避嚴凍
可謂篤君臣之大義而不悖於祖之訓者矣已勅
中書下禮部賜卿日用故茲勅諭
洪武二年十二月二十日
太祖高皇帝遣國子祭酒孔克堅代祀
宣聖回京詩以遺之
孔氏曾孫祭祖回但言農務野荒開我言
蓋世民容喜必鮮春風每歲来

64.3cm x 29.3cm

考證表

機關代號第　號

保管單位第　號

本案卷内共有壹張已編號之文件。

保管單位缺點的説明。

附註

檔案工作人員的職務（簽名）

公元一九六二年十二月　日

代号 | 卷号 0000053

衍聖公府

年月日起止	案卷標題	機構或類目
萬曆三十五 公元一六七〇 年 月 日 起 止	本府進貢表文馬匹領用兵部勘合	宮廷
		本卷張數：叁張
		保管期限：

曲阜文物保管所整理

代号 | 卷号

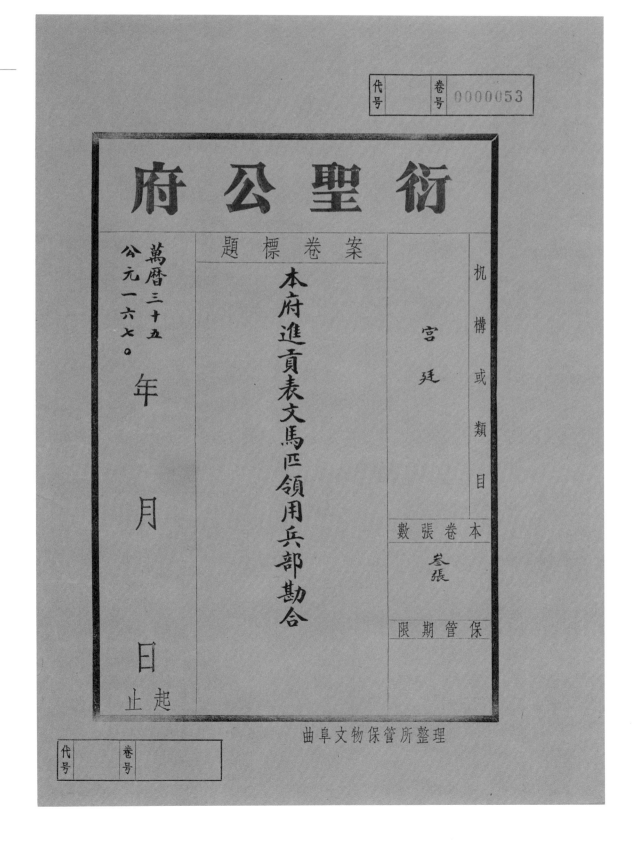

顺序号	作者	内容摘要	文件上的号数	文件上的日期	文件所在的张数	备注
一	衍聖公府	為晉貢表文領用兵部勘合		萬曆三十五年五月日	—	
二	衍聖公府	由同前		萬曆三十五年五月日	—	
三	衍聖公府	由同前		萬曆三十五年五月日	—	
				年月日	—	
				年月日	—	
				年月日	—	
				年月日	—	
				年月日	—	
				年月日	—	

卷内目録　　填寫人　　年　月　日

衍聖公孔尚賢爲赴京進奉表文回還事領用兵部勘合

萬曆三十五年五月十五日

大圖詳見附録 047 頁

86.6cm x 79.3cm

衍聖公府舍人劉顯祖、廟丁成爵等爲奉差赴京進貢馬匹及表文回還事領用兵部小勘合

萬曆三十五年五月十五日

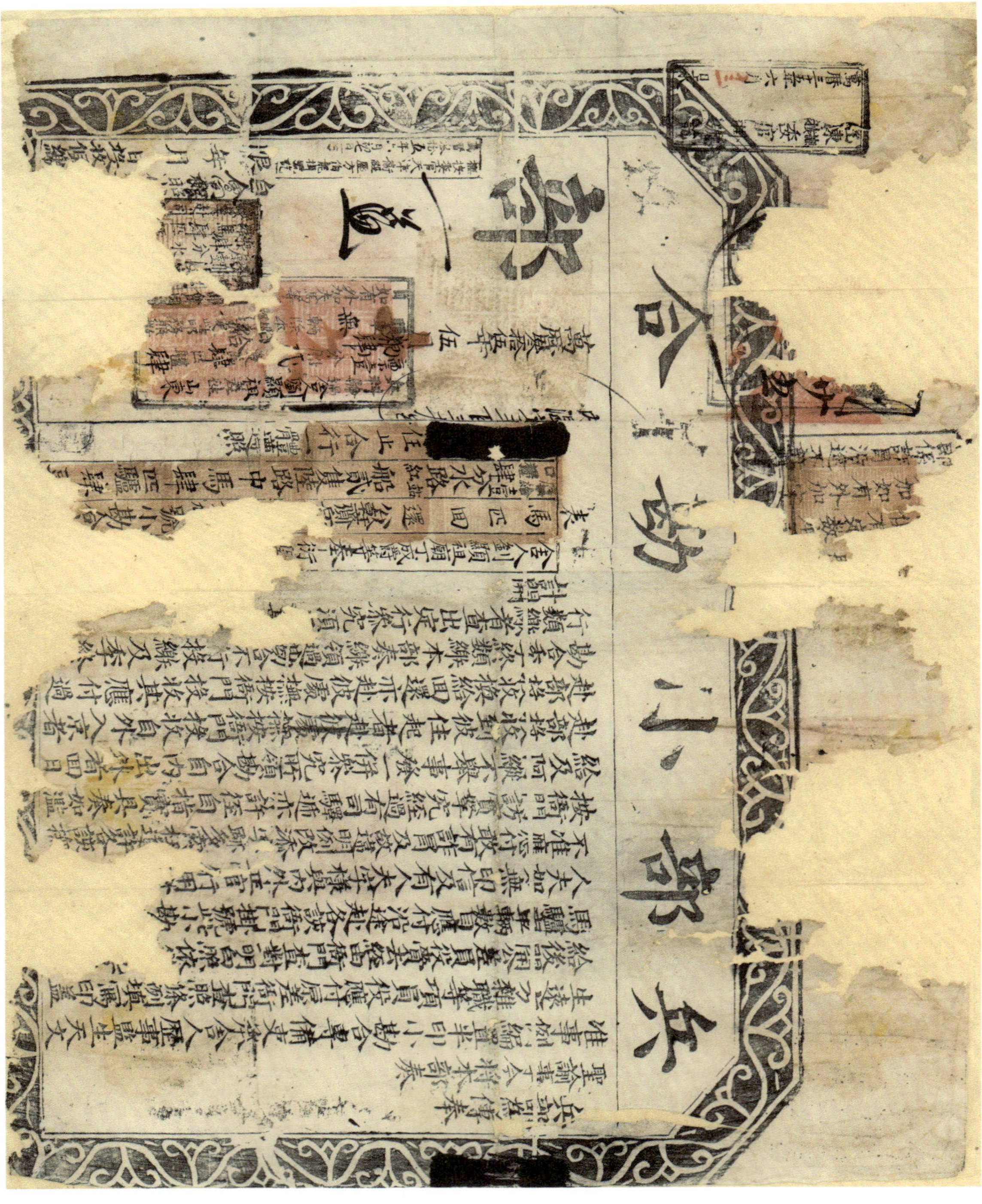

兵部小勘合

大圖詳見附録048頁

69.8cm x 56.0cm

衍聖公府舍人劉顯祖、廟丁成爵等爲奉差赴京進貢馬匹回還事領用兵部小勘合

萬曆三十五年十月初九日

大圖詳見附録049頁

71.2cm x 58.1cm

考證表

機關代號第　　號

保管單位第　　號

本案卷内共有　叁　張已編號之文件。

保管單位缺點的説明。

附註

檔案工作人員的職務（簽名）

公元一九六二年十二月　日

孔府檔案彙編

本府慶賀萬壽齋貢表文馬匹批迴

天啓二年

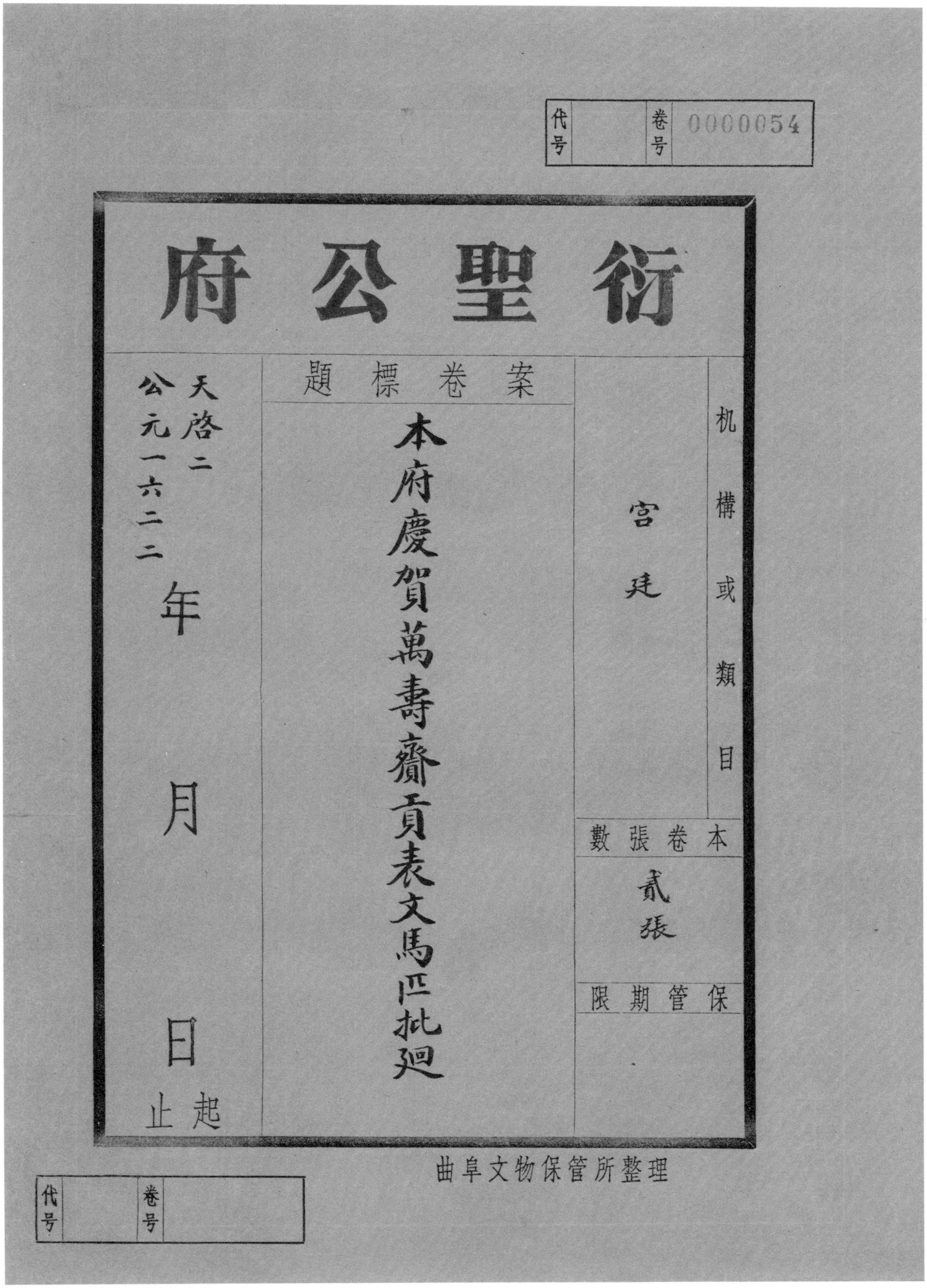
代号　卷号 0000054

衍聖公府

案卷標題

本府慶賀萬壽齋貢表文馬匹批迴

天啓二 公元一六二二 年 月 日 起 止

機構或類目：宮廷

本卷張數：貳張

保管期限

曲阜文物保管所整理

代号　卷号

顺序号	作者	内容摘要	文件上的号数	文件上的日期	文件所在的张数	备註
一	衍聖公府	為慶賀差役領進貢馬匹赴禮部告投守候批迴		天啟二年十月日	—	
二	衍聖公府	差役齎捧萬壽表文赴禮部告投守候批迴		天啟二年十月日	—	
				年月日	—	
				年月日	—	
				年月日	—	
				年月日	—	
				年月日	—	
				年月日	—	
				年月日	—	

卷内目錄　填寫人　年　月　日

衍聖公府爲慶賀萬壽差舍人劉一元等進貢馬匹告投禮部事文批

天啓二年十月初五日

襲封衍聖公府爲慶
賀事今差本役管領進
貢馬匹前赴
禮部告投交
進守候批迴須至批者
計開進
貢馬貳匹
天啓貳年拾月
批差舍人劉一元廟丁王成劉思明齎趙倉准此
定限次月　日到

93.0cm x 109.5cm

衍聖公府爲慶賀萬壽差舍人劉一元等進奉表文告投禮部事批迴

天啓二年十月初五日

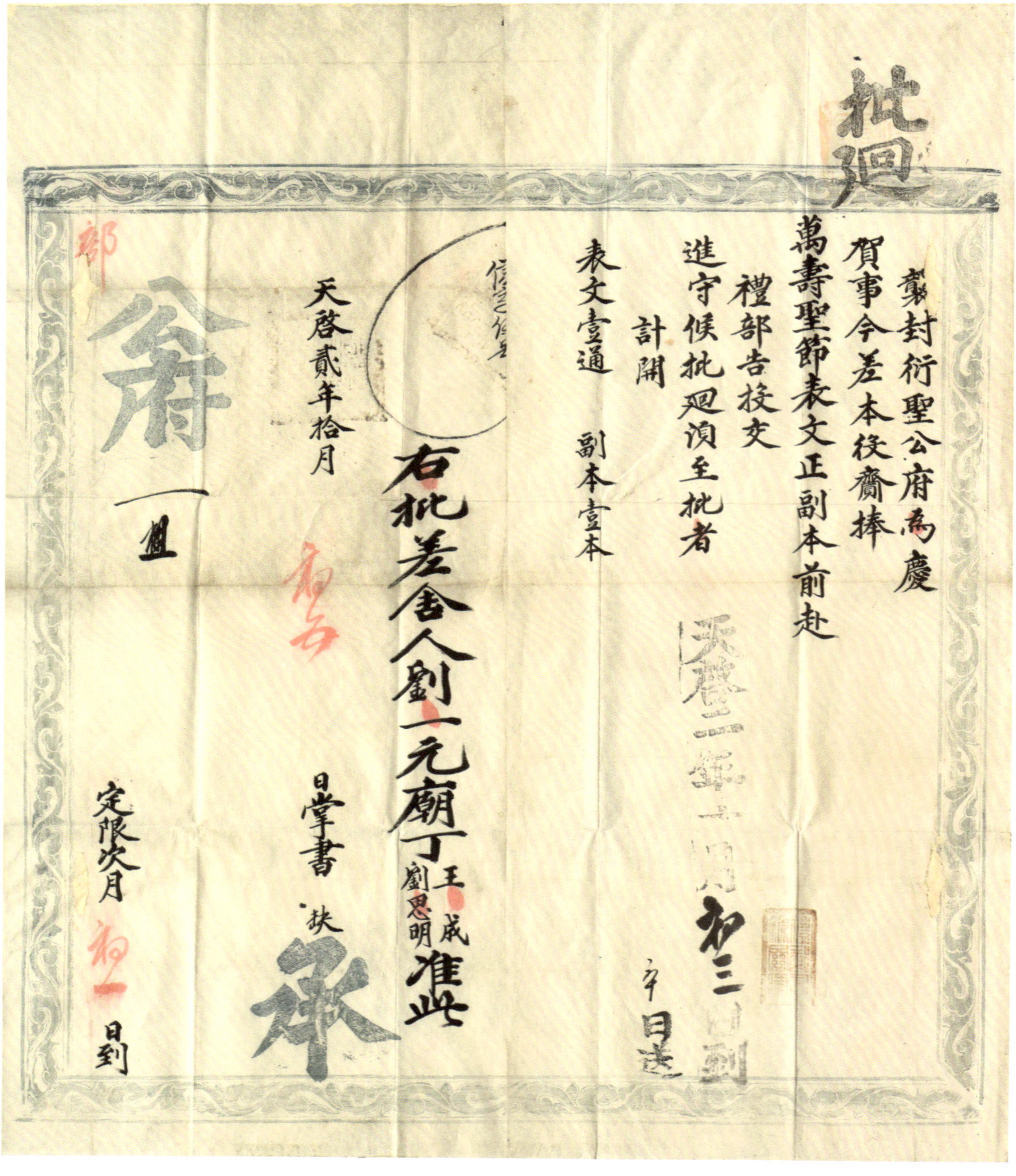

批迴

襲封衍聖公府爲慶
賀事今差本役齎捧
萬壽聖節表文正副本前赴
禮部告投文
進守候批廻須至批者
計開
表文壹通　副本壹本

右批差舍人劉一元廟丁王成劉思明准此

天啓貳年拾月　日掌書　扶

定限次月初一日到

94.7cm x 110.2cm

考証表

机关代号第　　号

保管單位第　　号

本案卷内共有貳　張已編号之文件。

保管單位缺点的說明。

附註

档案工作人員的職务(簽名)

公元一九六二　年十二月　日

本府齎表慶賀皇子誕生知會禮部咨文

天啓四年

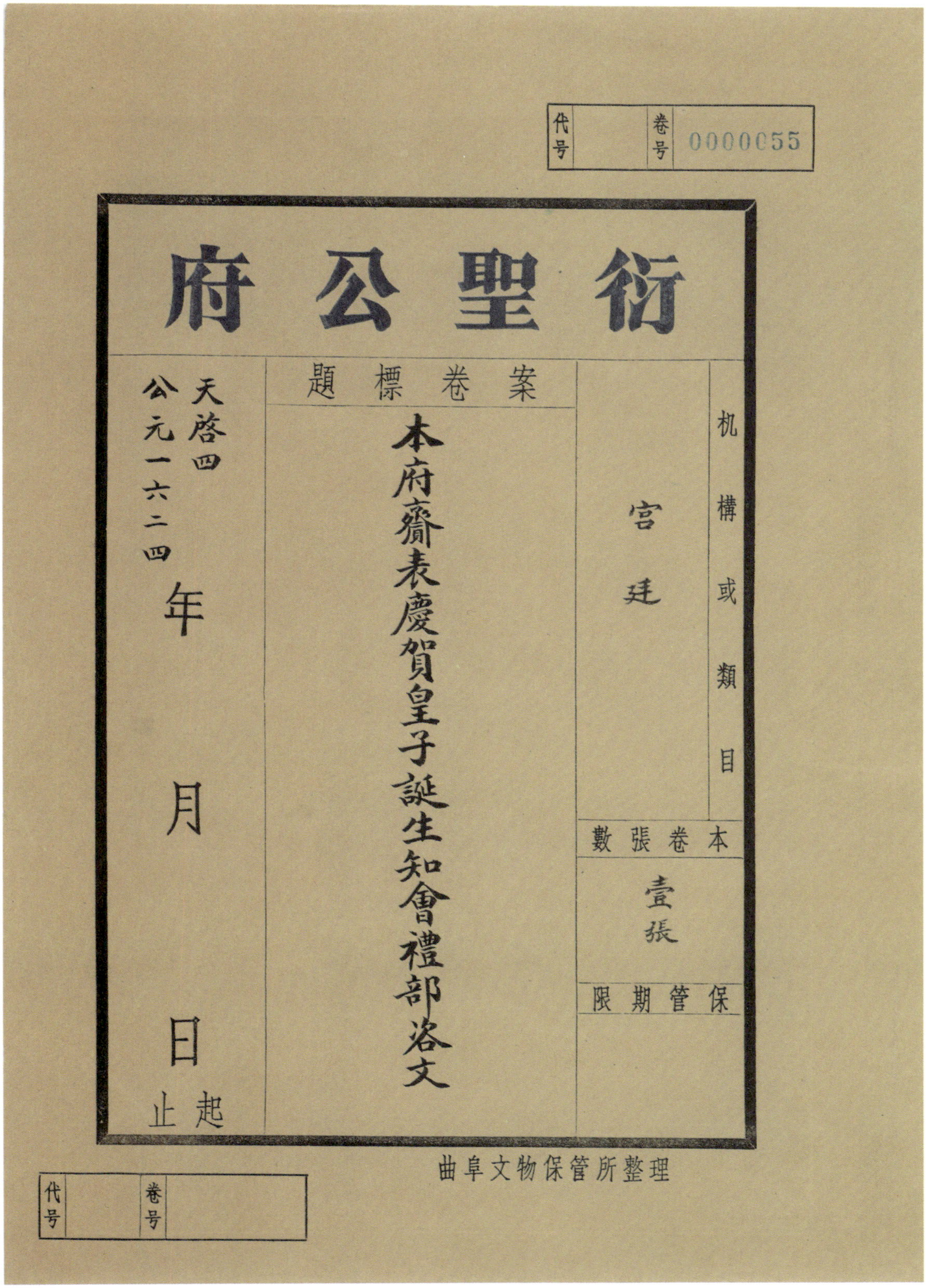
代号 卷号 0000055

衍聖公府

天啓四 公元一六二四 年 月 日 起 止	案卷標題		机構或類目
	本府齎表慶賀皇子誕生知會禮部咨文	宫廷	
		本卷張數：壹張	
		保管期限：	

曲阜文物保管所整理

代号 卷号

卷內目錄

順序號	作者	內容摘要	文件上的號數	文件上的日期	文件所在的張次	備註
		本府慶賀皇子誕生知會禮部咨文		年 月 日	—	
				年 月 日	—	
				年 月 日	—	
				年 月 日	—	
				年 月 日	—	
				年 月 日	—	
				年 月 日	—	
				年 月 日	—	
				年 月 日	—	
				年 月 日	—	

填寫人

年 月 日

衍聖公府爲慶賀皇子誕生進奉表文事致禮部咨稿

天啓四年三月二十二日

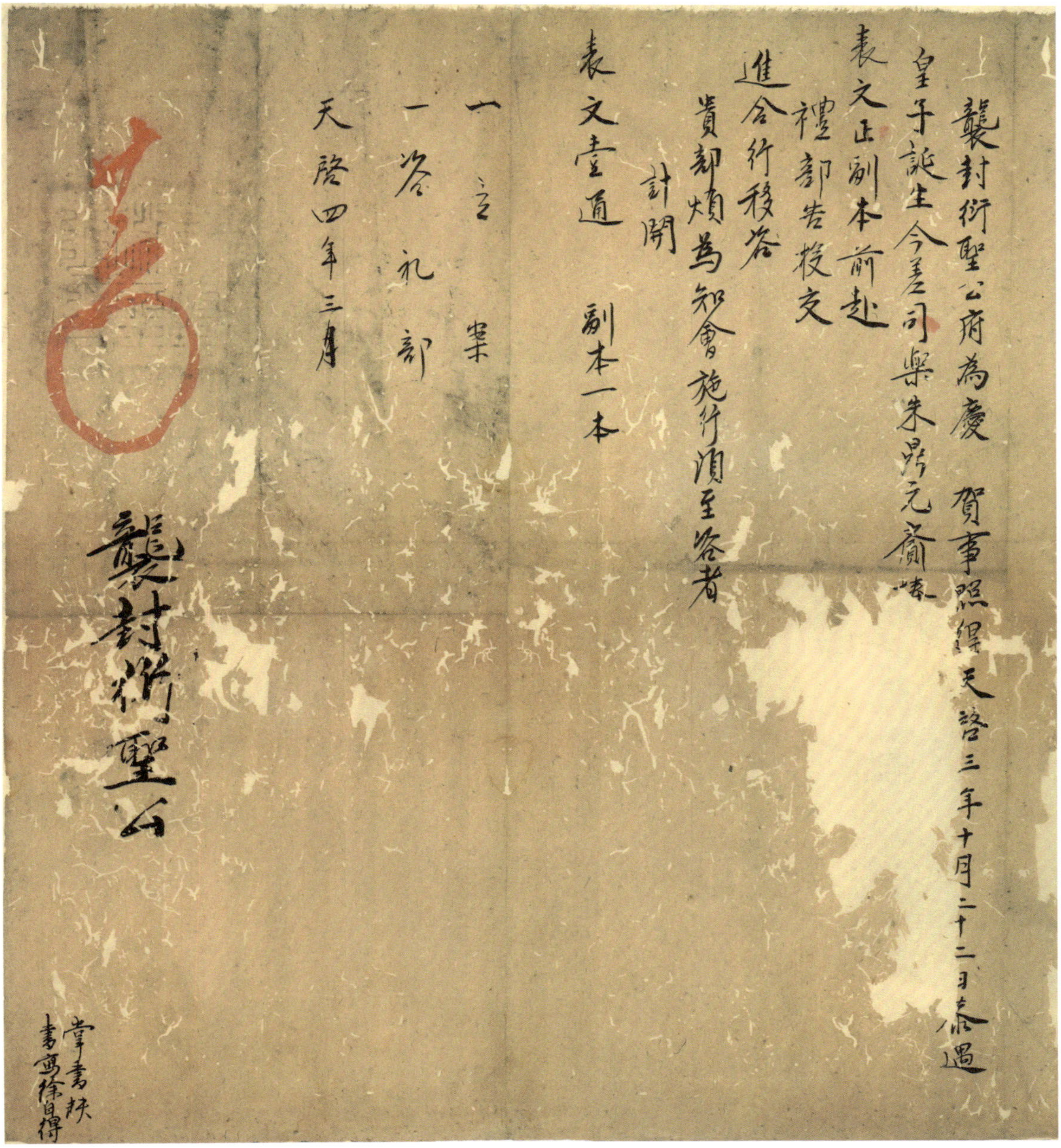

襲封衍聖公府為慶賀事照得天啓三年十月二十二日恭遇
皇子誕生今差司樂朱昂元齎捧
表文正副本前赴
禮部告投交
進合行移咨
貴部煩為知會施行須至咨者
計開
表文壹道　副本一本
一立　案
一咨禮部
天啓四年三月
襲封衍聖公
掌書扶
書寫徐自得

54.0cm x 57.6cm

考證表

機關代號第　　號

保管單位第　　號

本案卷内共有壹　張已編號之文件。

保管單位缺點的說明。

附註

檔案工作人員的職務（簽名）

公元一九六二年十二月　日

本府派差齎進助餉銀兩批文及庫收錢糧完狀

崇禎三年

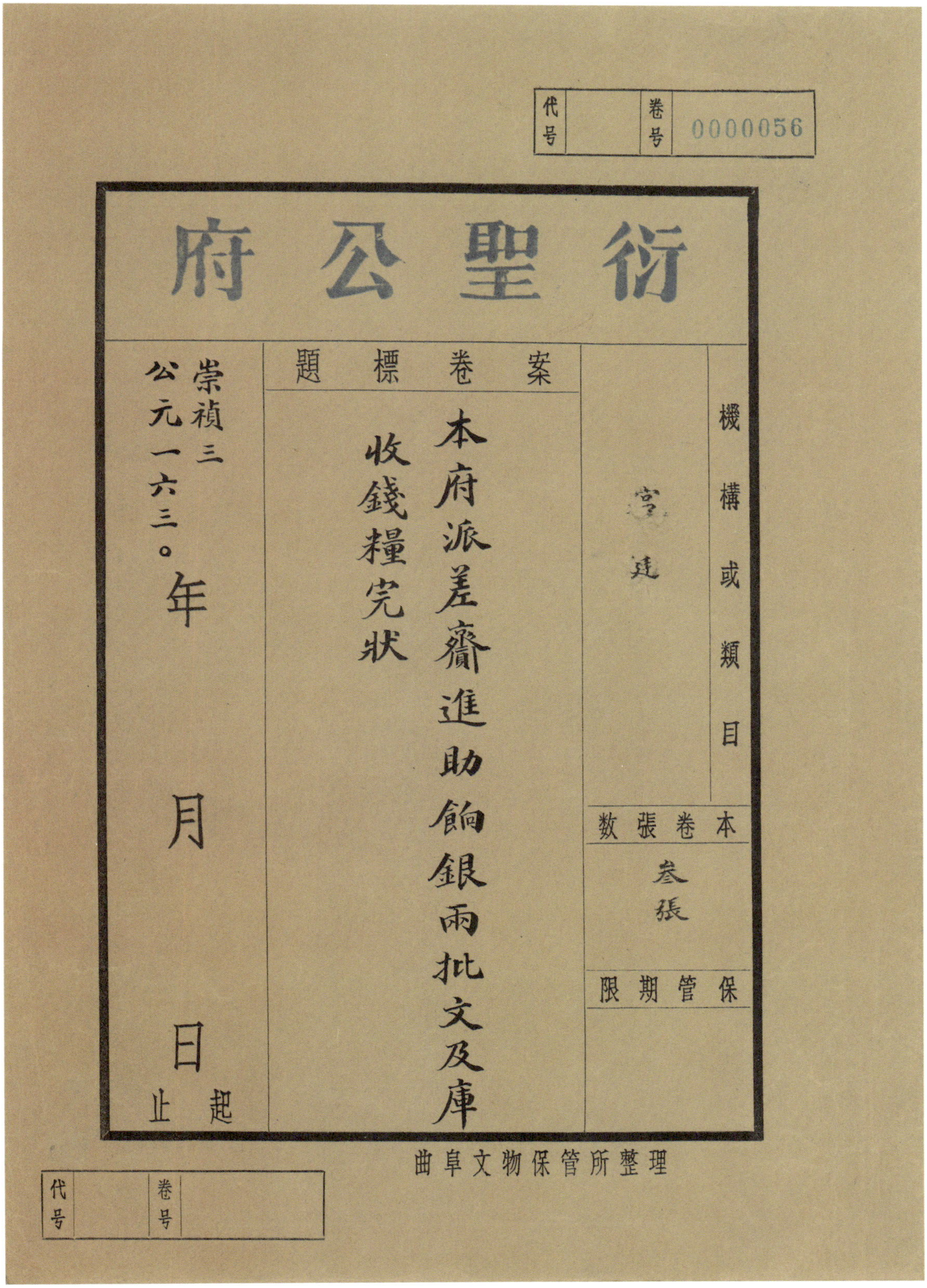

代号 卷号 0000056

衍聖公府

案卷標題：本府派差齎進助餉銀兩批文及庫收錢糧完狀

崇禎三年 公元一六三〇年 月 日 起 止

機構或類目：宮廷

本卷張数：叁張

保管期限

曲阜文物保管所整理

代号 卷号

卷内目録

顺序号	作者	内容摘要	文件上的号数	文件上的日期	文件所在的张数	备註
一	衍聖公府	為恭進助餉銀兩事		崇禎三年二月日	—	
二	衍聖公府	差典籍舒應獮齎進餉銀兩投交通政司守候回照		崇禎三年二月日	—	
三	衍聖公府	差官劉一奎舒應獮餉銀交訖發給回照		崇禎三年二月日	—	
				年月日	—	
				年月日	—	
				年月日	—	
				年月日	—	
				年月日	—	
				年月日	—	

填寫人　　年　月　日

衍聖公府爲恭進助餉銀兩事文卷卷面

崇禎三年二月二十一日

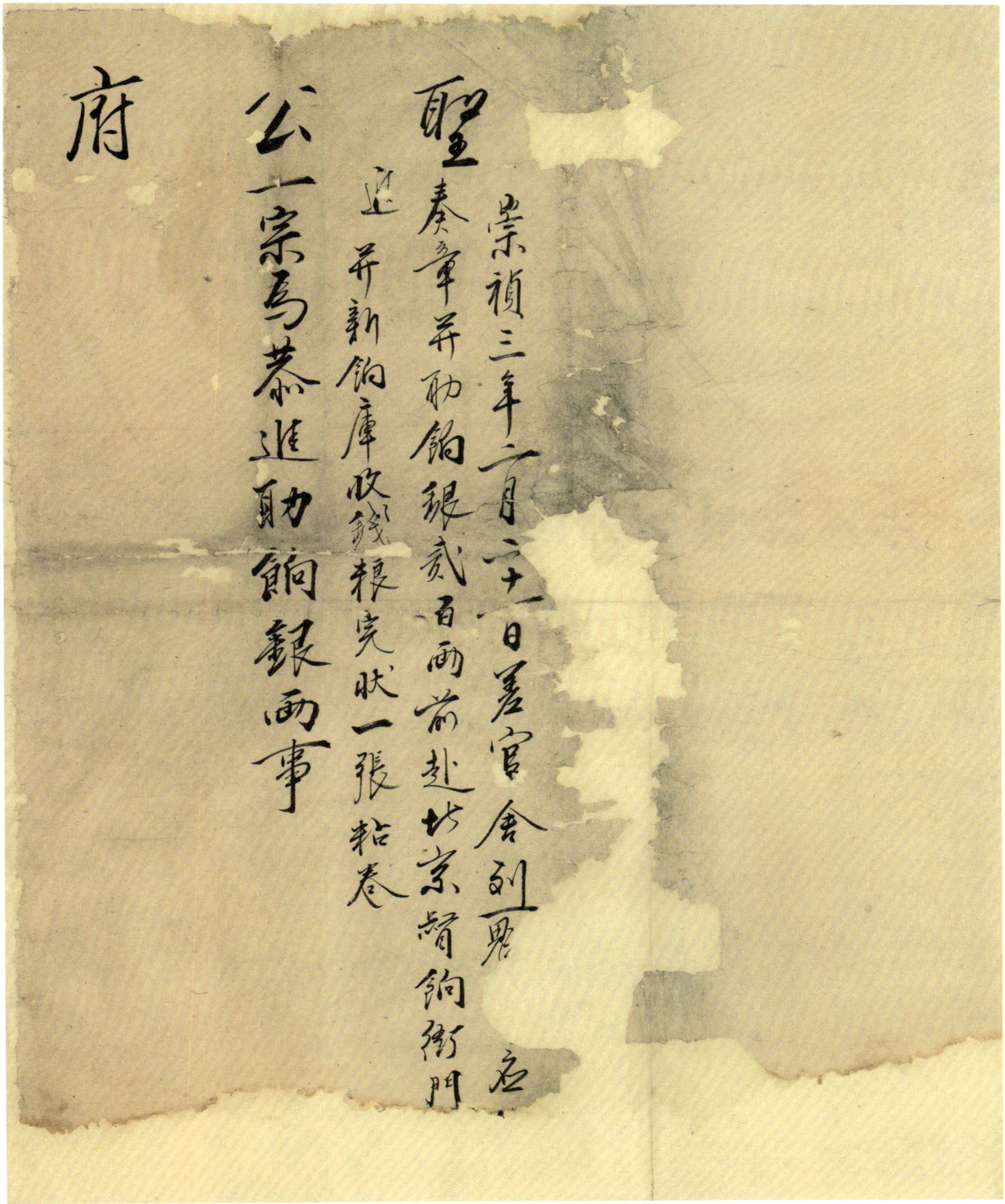
崇禎三年二月二十一日差官舍劉界啓
聖
奏章并助餉銀貳百兩前赴北京督餉衙門
進
并新餉庫收錢糧完狀一張粘卷
公一宗爲恭進助餉銀兩事
府

55.2cm x 65.0cm

衍聖公府爲差典籍舒應豴齎捧奏章并助餉銀兩告投通政司事文批

崇禎三年二月二十一日

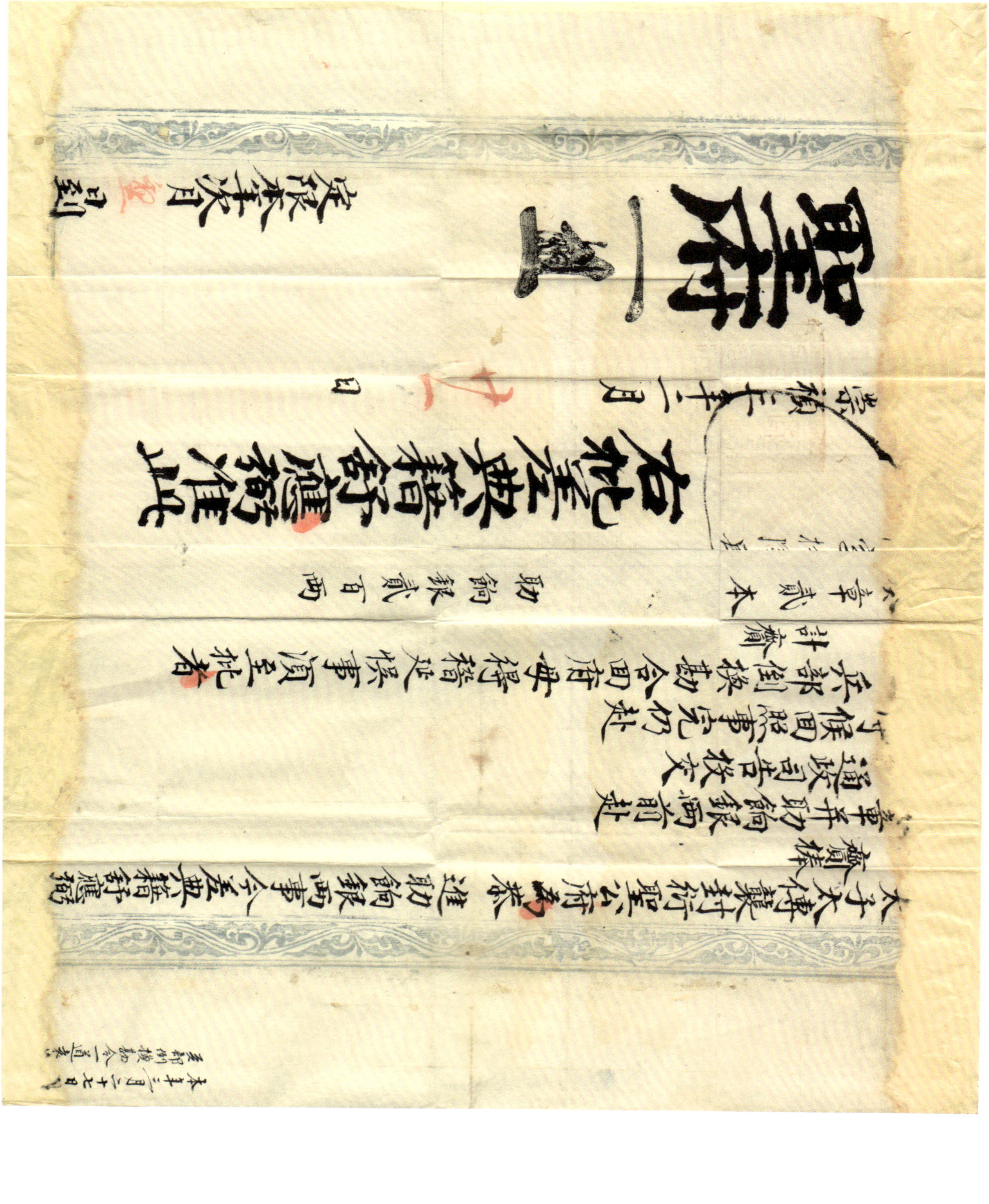
太子太傅襲封衍聖公府爲恭 進助餉銀兩事今差典籍舒應豴
齎捧
章并助餉銀兩前赴
通政司告投交
付候回照事完仍赴
兵部倒換勘合回府毋得稽延悞事須至批者
計齎
奏章貳本
助餉銀貳百兩
右批差典籍舒應豴准此
崇禎三年二月 廿一 日
聖府一
定限本年次月 日到
本年三月二十七日兵部倒換勘合一道來訖

衍聖公府舍人劉一奎、舒應弼爲照數交足助餉銀事所具完狀

崇禎三年三月十三日

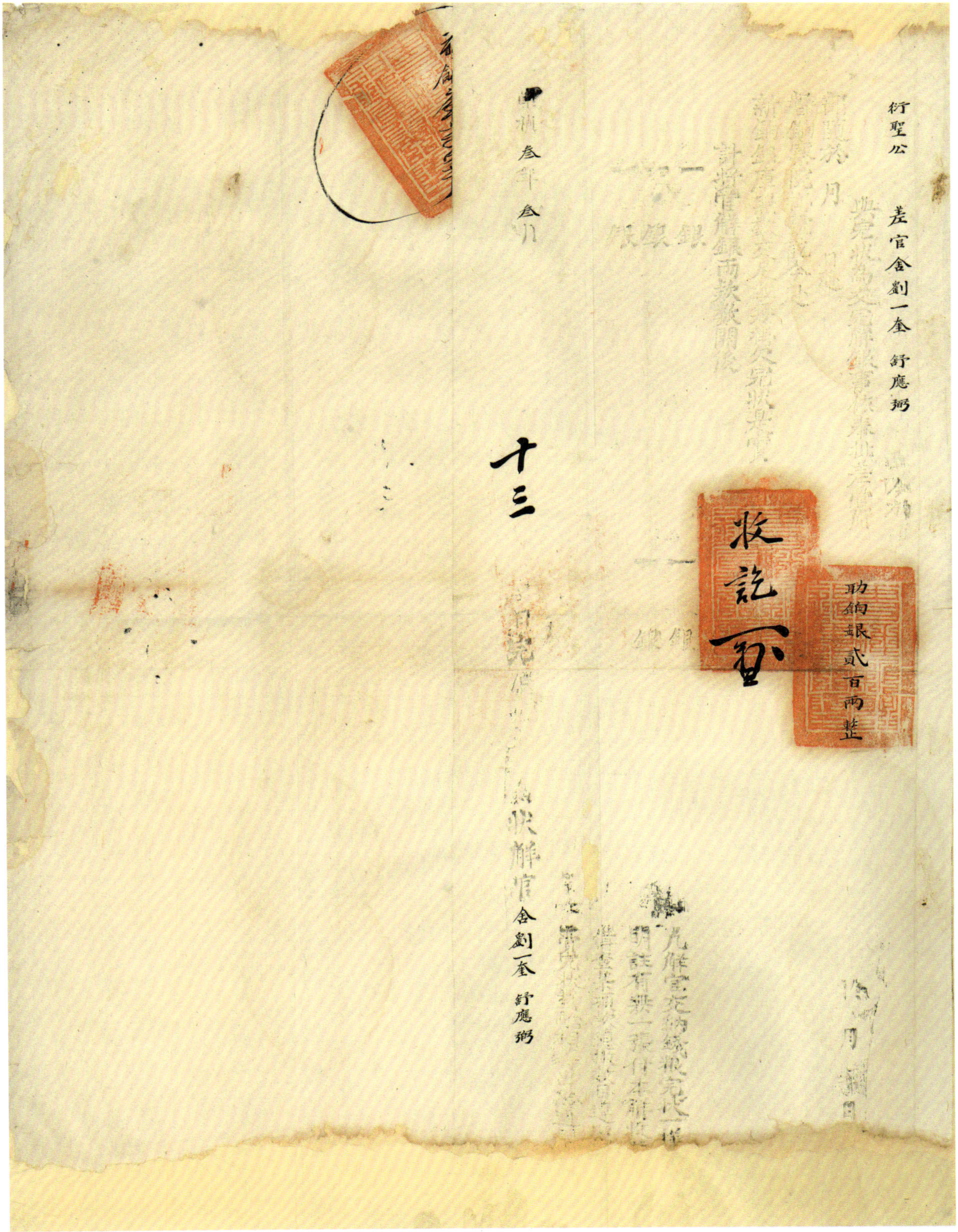
衍聖公
差官舍劉一奎　舒應弼
崇禎叁年叁月
十三
收訖
助餉銀貳百兩整
收解官舍劉一奎　舒應弼

48.6cm x 64.4cm

考證表

機關代號第　　號

保管單位第　　號

本案卷内共有叁　張已編號之文件。

保管單位缺點的説明。

附註

檔案工作人員的職務（簽名）

公元一九六二年十二月　日

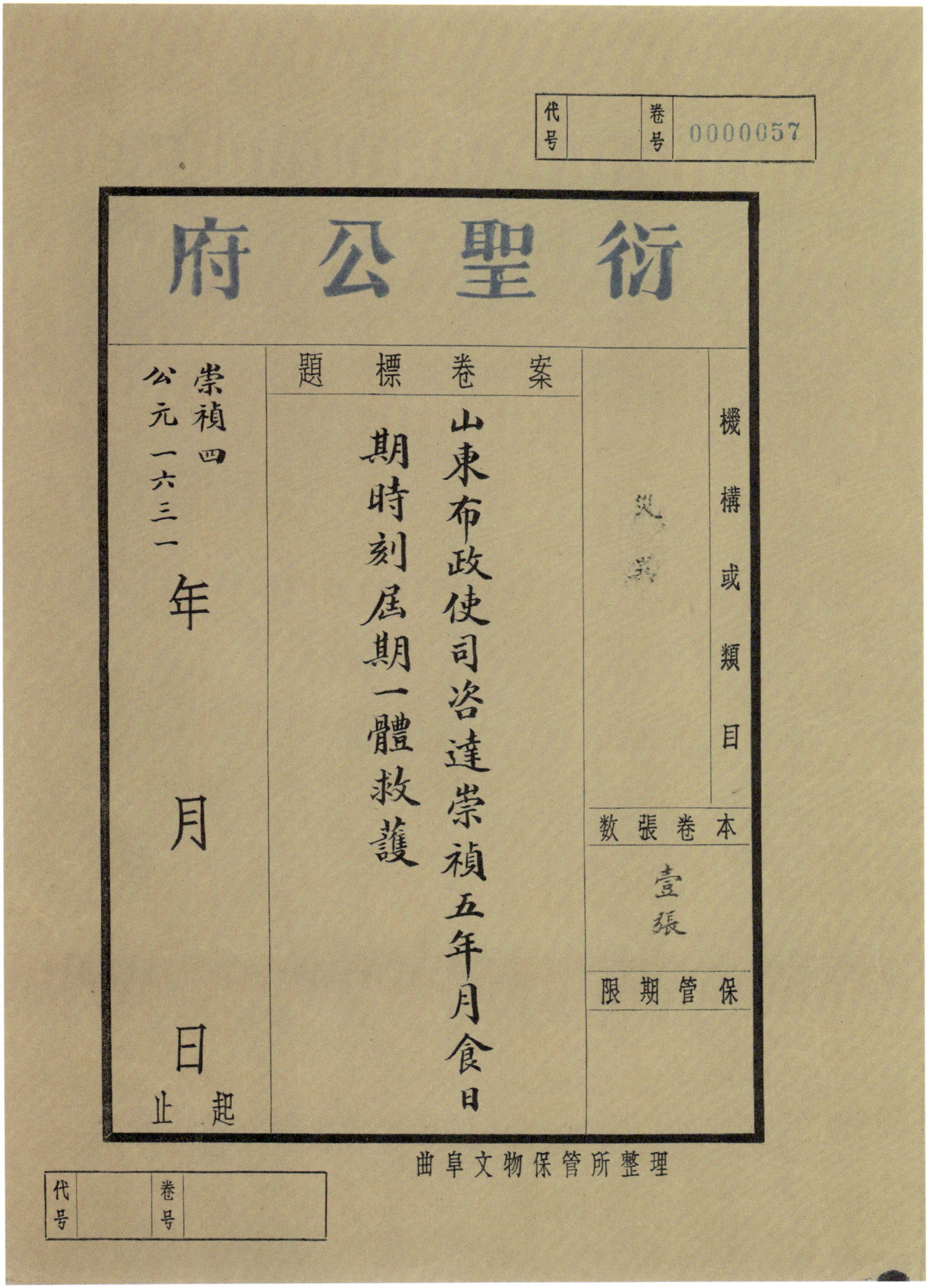
代号
卷号 0000057
衍聖公府
案卷標題
山東布政使司咨達崇禎五年月食日期時刻届期一體救護
崇禎四年
公元一六三一
年 月 日
起 止
機構或類目
災異
本卷張数
壹張
保管期限
曲阜文物保管所整理
代号
卷号

卷內目錄

順序號	作者	內容摘要	文件上的號數	文件上的日期	文件所在的張次	備註
		山東布政使司咨送崇禎五年月食日期		年 月 日	—	
		時刻屆期一體救護		年 月 日	—	
				年 月 日	—	
				年 月 日	—	
				年 月 日	—	
				年 月 日	—	
				年 月 日	—	
				年 月 日	—	
				年 月 日	—	
				年 月 日	—	

填寫人

年 月 日

山東布政使司爲轉報月食日期至期一體救護事致衍聖公府咨

崇禎四年十二月二十七日

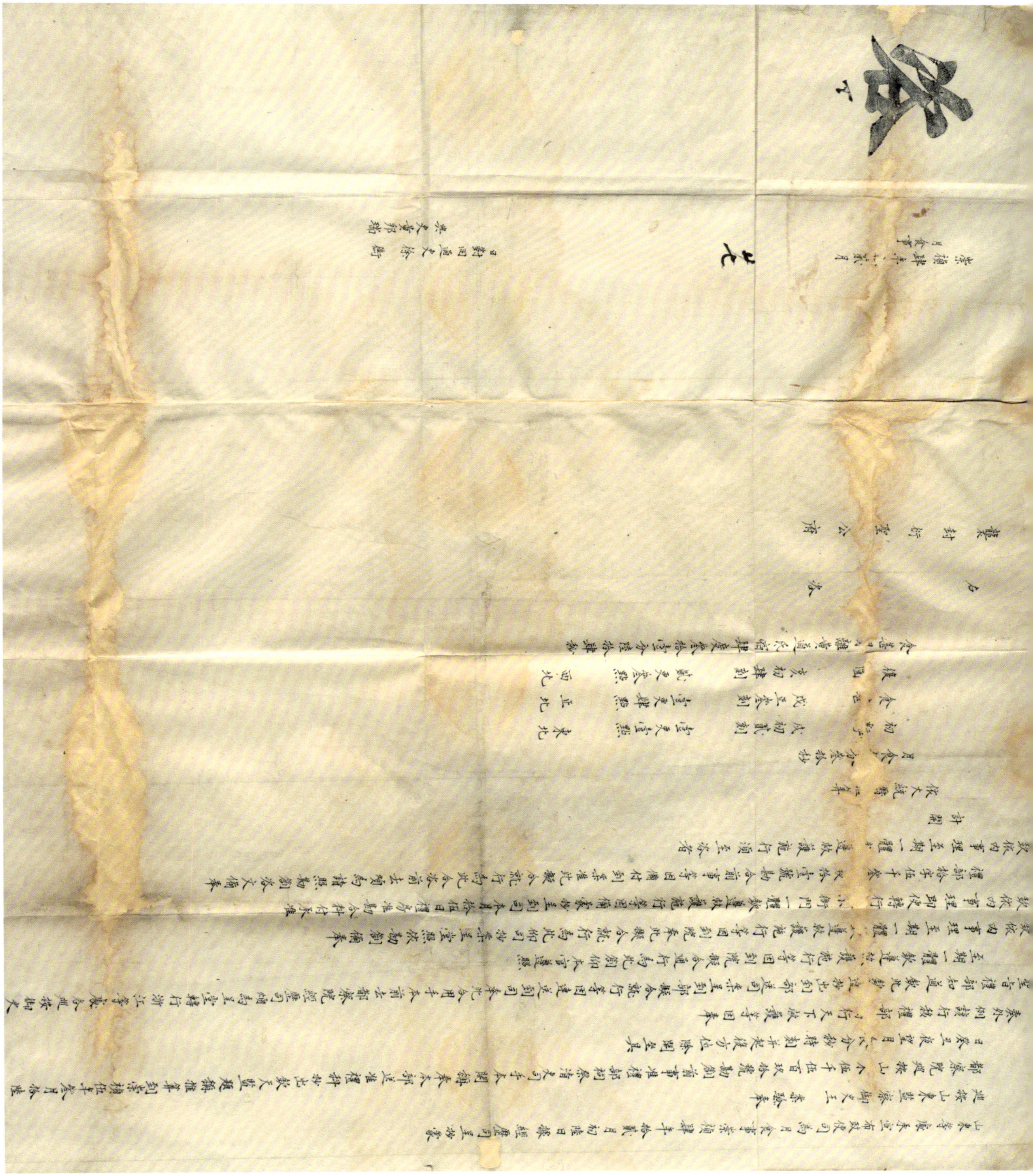

大圖詳見附録050頁

85.9cm x 74.7cm

考證表

機關代號第　　號

保管單位第　　號

本案卷内共有壹　張已編號之文件。

保管單位缺點的説明。

附註

檔案工作人員的職務（簽名）

公元一九六二年十二月　日

錄存明嘉靖年間有關闕里碑記及修理京師賜第題奏文稿彙訂本

無朝年

資料 卷〇〇五八

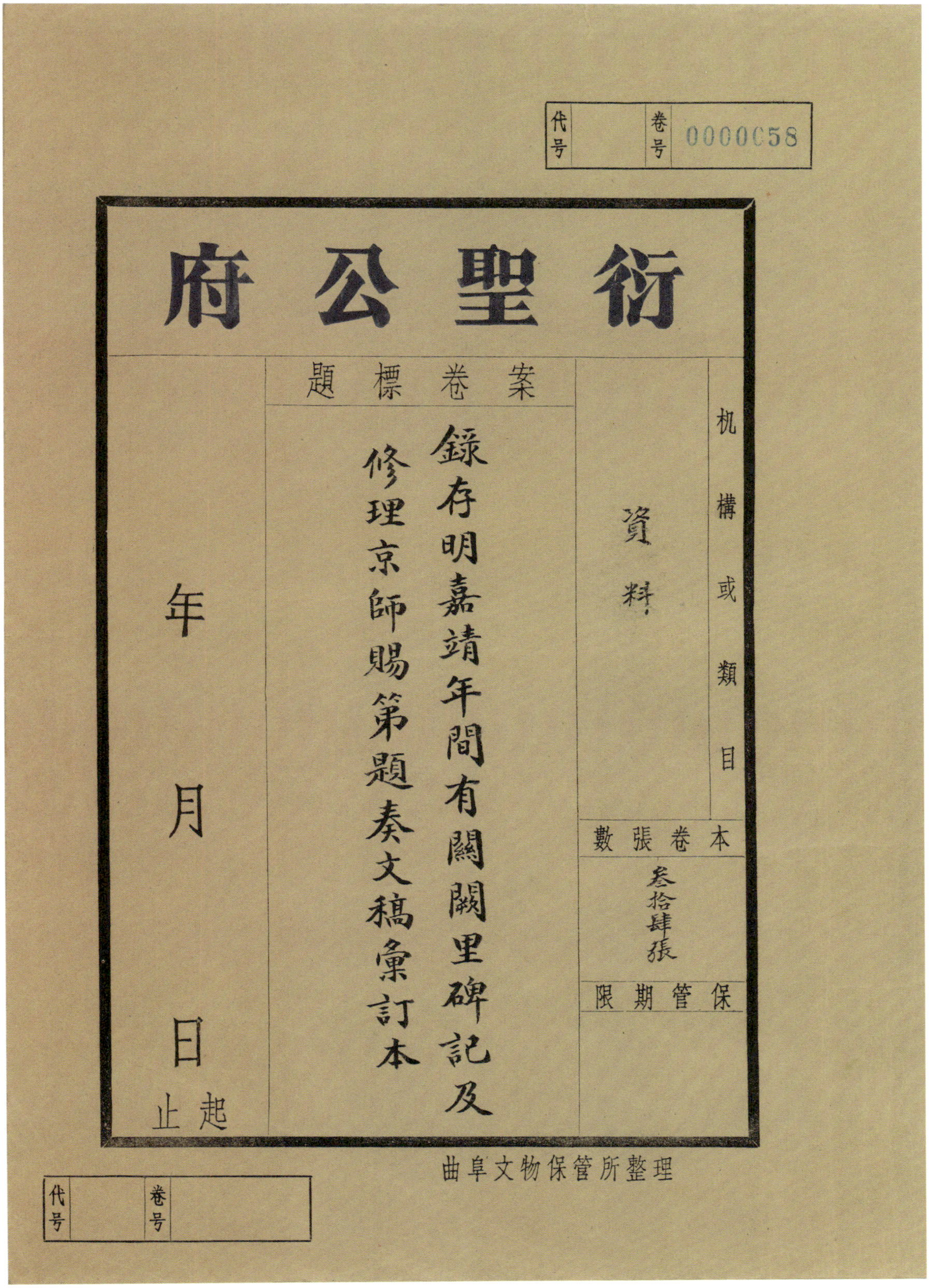
代号 卷号 0000C58

衍聖公府

案卷標題

錄存明嘉靖年間有關闕里碑記及修理京師賜第題奏文稿彙訂本

機構或類目

資料

本卷張數

叁拾肆張

保管期限

年 月 日 起止

曲阜文物保管所整理

代号 卷号

卷内目錄

順序號	作者	内容摘要	文件上的號數	文件上的日期	文件所在的張次	備註
		錄存明嘉靖年間有關闕里碑記及		年月日	—	
		修理京師賜第題奏文稿彙訂本		年月日	—	
				年月日	—	
				年月日	—	
				年月日	—	
				年月日	—	
				年月日	—	
				年月日	—	
				年月日	—	
				年月日	—	

填寫人　　年月日

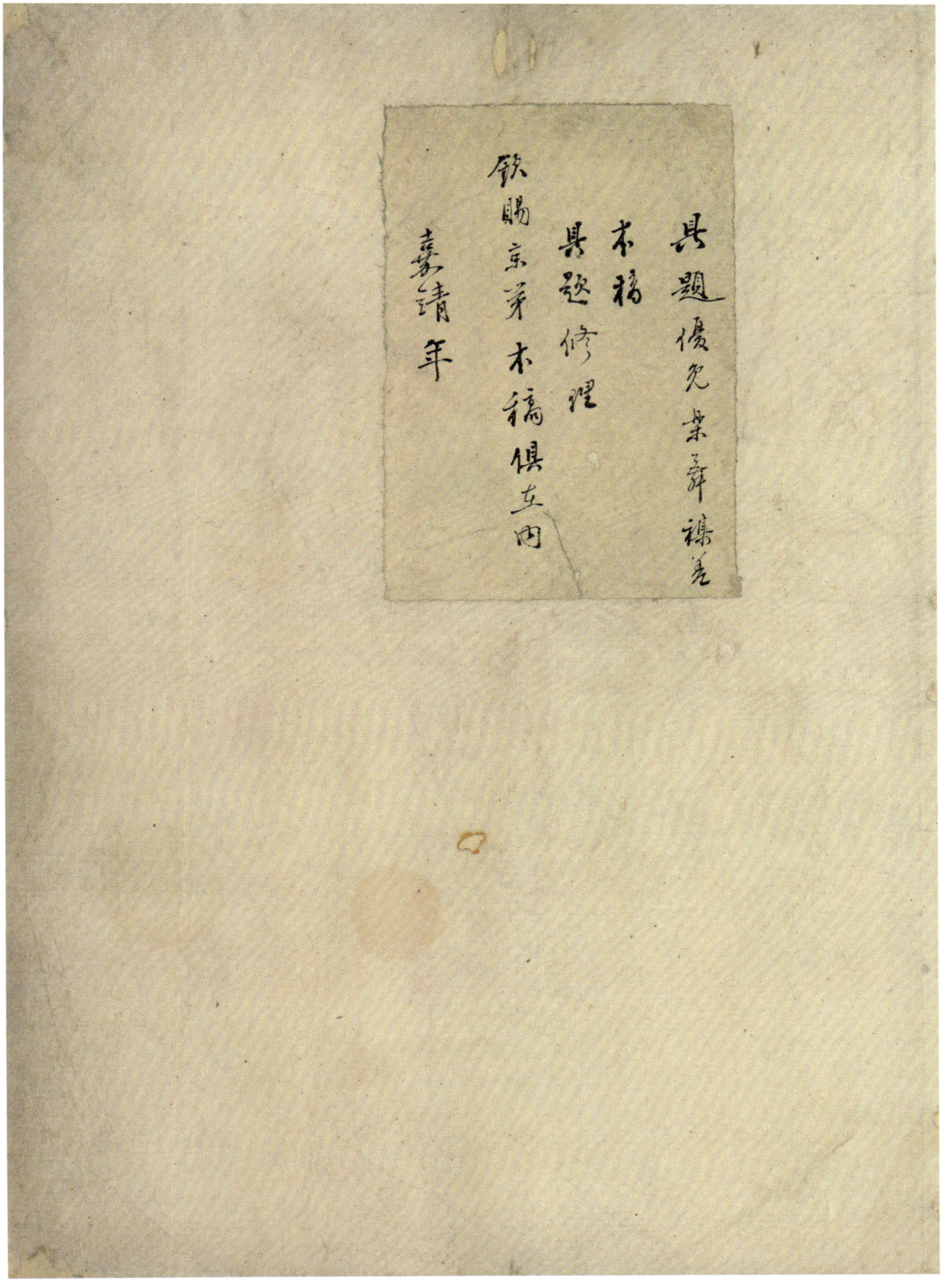

具題優免樂舞祿差
本稿
具題修理
欽賜京第本稿俱在內
嘉靖年

24.5cm x 32.2cm

〔嘉靖年間〕

24.5cm x 32.2cm

奎文閣重置書籍記

聖賢之道非言莫明聖賢之言非書莫載天下之書亦多矣雖偏正純駁言人人殊要之明道則一而已闕里爲杏壇遺址孔聖與諸賢傳道之所也先在曲阜縣城外舊有奎文閣閣中之書天下莫備焉正德辛未盜入山東焚毀殆盡守臣以聞

上乃命遷縣于闕里築城而并包之又命禮部頒

御書以賜崇儒重道可謂至矣上於五經四書性理大全通鑑綱目者取諸言之正且純者其他不以與也己卯相濬等廵按首之闕里謁焉

衍聖公孔聞〇樂善好古道之以遍視諸勝卒登夫閣書不盈架

24.5cm x 32.2cm

問而知之歸以告也撫都御史永平王公翊同寅平陸劉公翀餘姚陳公克宅三公曰是不可遑也任其責者非吾輩而誰乃求其目於提學副使江君潮凡若干册屬其費於參議陳君玉僉事鍾君宏黃君昭道王君僖凡若干金乃檄兗州府教授林馨市之於四方以庚辰九月至三氏學及縣學諸生皆動色相慶曰而今後吾無憂乎書憂夫讀之有未勤耳知縣孔公說曰春秋大事必記茲非大事乎敢乞一言以垂諸後使後之有是責者見之敝不能以不新也缺不能以不補也使諸生常有所諷誦而玩索之乎以博其聞見究其義理体之日用庶斯道常明於杏壇而吾黨

24.5cm x 32.2cm

之幸益大矣予曰今天下之人知有君臣焉父子焉夫婦長幼朋友焉而不至於昏焉瞶焉夷狄焉禽獸焉者聖賢之力也若仕者爲聖賢之徒而食其力者尤多今仕於聖賢之鄉乃坐視其子孫之俊秀罔知所以教之不幾於忘本乎是舉也發之於予和之諸公不約而同蓋理之在人心有同然者自不容已也或曰書籍聖賢之糟粕耳聖賢之後自異於人何待於誦法陳言而後道可明耶曰孔子大聖猶曰我非生而知之者好古敏以求之者也聖人不常出乃以是而責其後不幾於誣乎若以爲糟粕者則聖賢之遠久矣後之人有所持循學聖賢焉而企之者不求於書將惡求哉或曰聖賢之道得書

24.5cm x 32.2cm

備矣諸子百家果何爲者乃求之以誤後生邪曰譬之道路然
經書大道也諸子百家特路之小者耳然雖其至則皆有所通於
行者皆有所益故稗官宗雅古人亦所不廢學者誠能博以求之
約以得之篤以行之則諸家之言皆聖賢之羽翼也聖賢之言皆
吾身之憑藉也爲得而邪益亂此讀書之法也亦聚書者之意也
諸士子其勉之哉以毋忝厥祖

正德十五年歲次庚辰秋月吉

賜進士文林郎河南道監察御史瑞陽台峯熊相尚弼撰
賜進士奉議大夫山東等處提刑按察司僉事古杭錢宏書篆

24.5cm x 32.2cm

重修洙泗講壇記

賜進士及第翰林院修撰高陵呂柟撰文
賜進士出身刑部尚書邑人孟鳳書丹
賜進士出身都察院右副都御史濟寧劉澤篆額

洙泗講壇在孔林東一里乃夫子與其徒講道之地也自夫子殁子貢輩築場之後人專事孔林此地鞠為茂草二千餘年至元戊寅宣慰東野潛偕孔澈嘗修復焉明興猶新正德中盜火其門殿廡亦敝素請段元巡按山東李御史獻暨吳副使山孟參議洋乃議增治而未成呂參政經

24.5cm x 32.2cm

暨完其事使使問記修撰呂柟曰嗟乎昔夫子亦不及時
食不及日與其徒栖栖皇皇思以救天下數萬世者此地正
其本根乃後之人忽不知事維廣建基石繁植宰木豈美
子所欲者乎或曰夫子之道固難擬於後世周以來稱盛時
者非漢魏隋唐宋元耶斯其代不盡講而見用者則為蕭
曹房杜不見用而能講者則為董王程朱且講且用而行
其私者則為莽雄林甫安石曰嗟乎是謂講者未必用用
者未必講且講且用者未必於夫子之道盡也且夫子之道
何道也伏羲之卦爻炎帝之耒耜軒轅氏之衣裳堯之中

24.5cm x 32.2cm

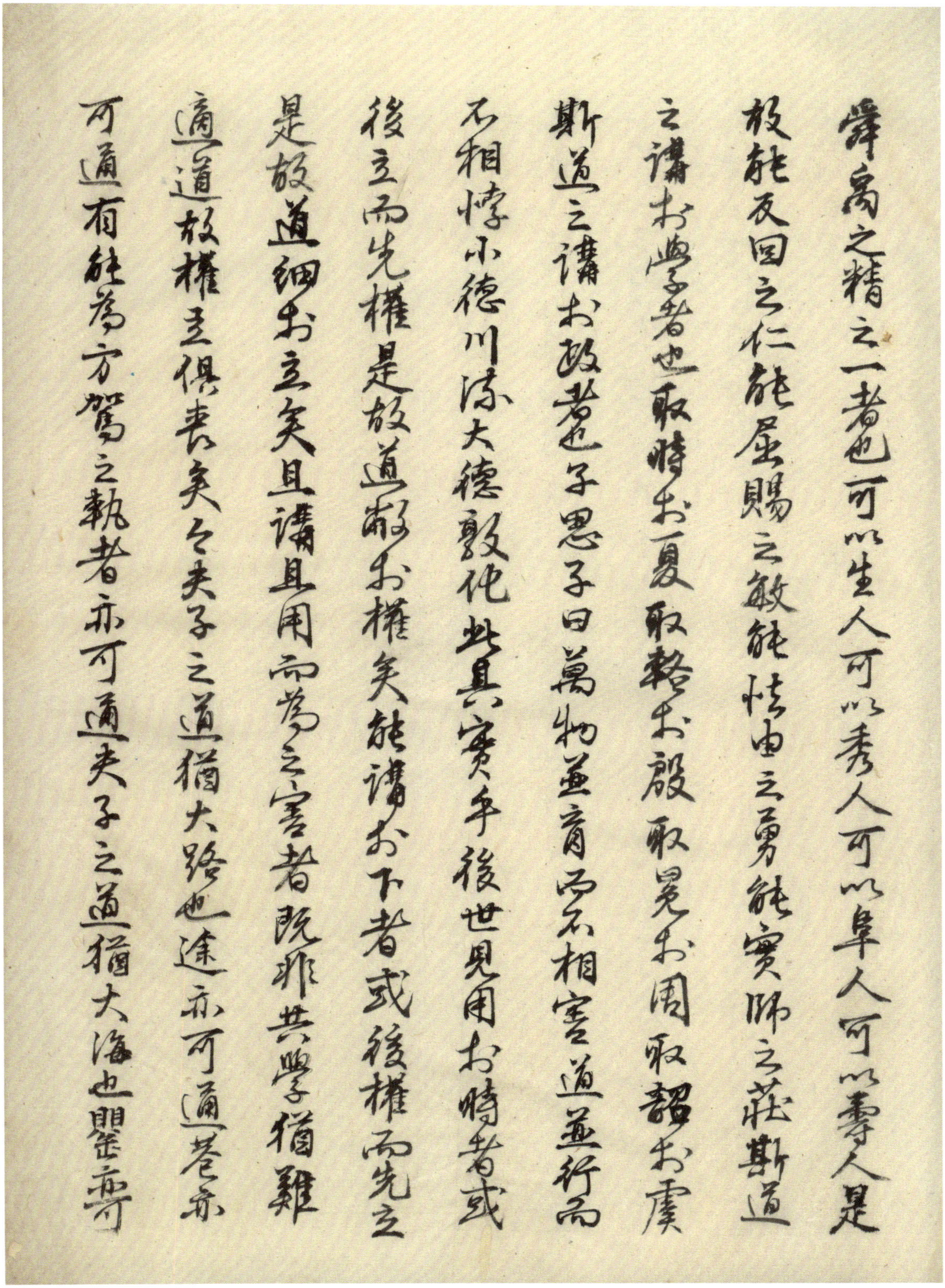
舜禹之精之一者也可以生人可以秀人可以阜人可以壽人是故能反回之仁能屈賜之敏能怯由之勇能實師之莊斯道之講於學者也取時於夏取輅於殷取冕於周取韶於虞斯道之講於政者也子思子曰萬物並育而不相害道並行而不相悖小德川流大德敦化此其實乎後世見用於時者或後立而先權是故道廢於權矣能講於下者或後權而先立是故道細於立矣且講且用而爲之害者既非共學猶難適道故權立俱喪矣夫子之道猶大路也途亦可適道卷亦可適道有能爲方駕之執者亦可適夫子之道猶大海也罌亦可

24.5cm x 32.2cm

取瓶亦可取有能為萬石之嶽者亦可取是故以容教子桑則可以容教子張則不可以言教子騫則可以言教子我則不可何者主精非不善也滯於陸氏之門蓋其禪也務博非不善也滯於王氏之門豈其鄙也故夫子所講之道鮮矣故佛氏或得而議我也故老氏或得而笑我也故治日常少亂日常多也然則洙泗講壇之修將斯道可由是而明乎將夫子之靈其真在於斯乎將諸君子之舉其亦有志也乎是役也總理者同知姚良瑞督理者訓導呂應祥將亦與有聞乎

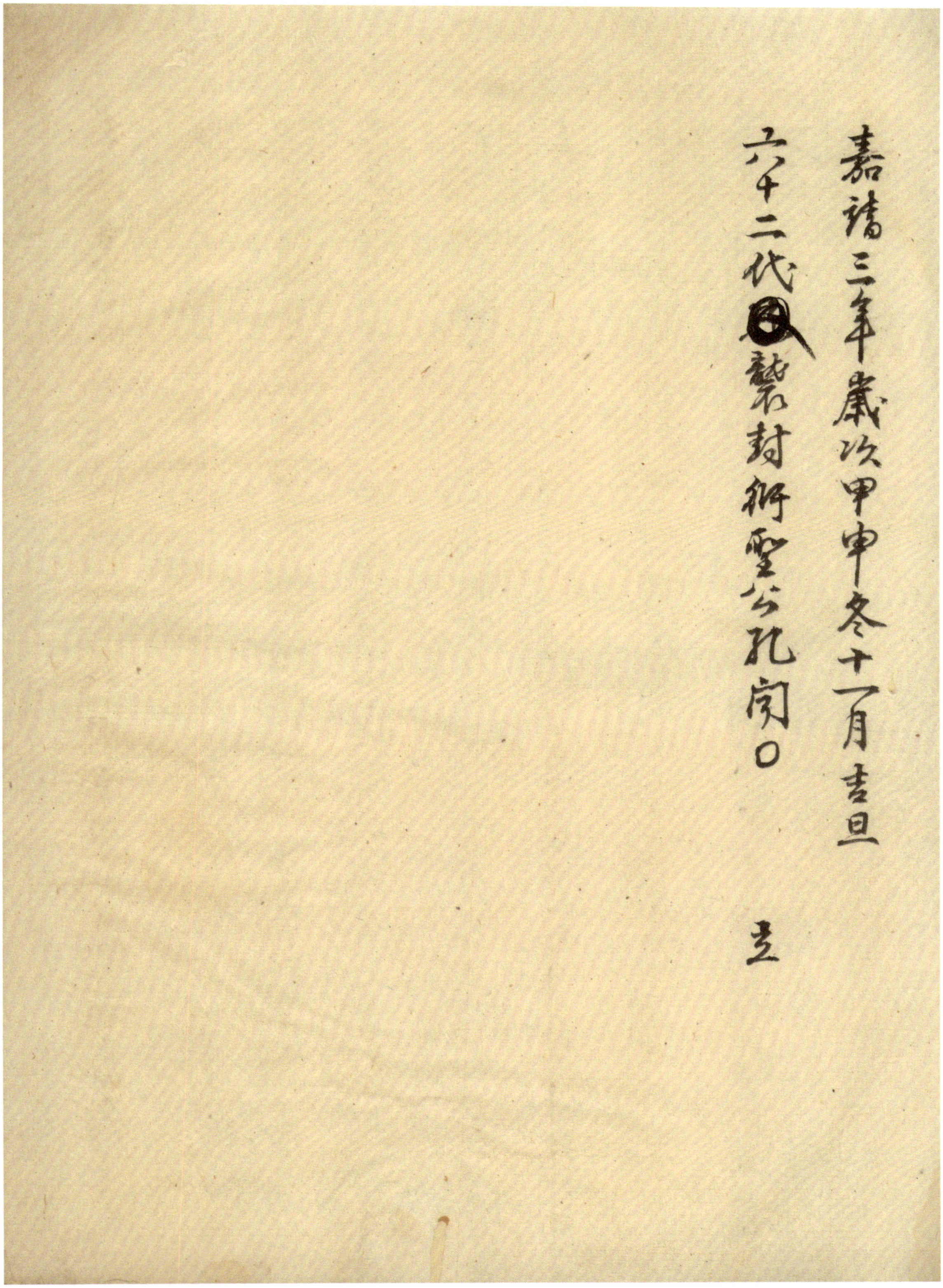
嘉靖三年歲次甲申冬十一月吉旦
六十二代[illegible]襲封衍聖公孔聞〇　立

24.5cm x 32.2cm

24.5cm x 32.2cm

城闕里記

新築闕里城成衍聖公知德謂茲舉為
國家盛事不可使無聞於後也以書來屬宏為記闕里與曲阜相去十里
故皆無城而闕里尤為孤曠守望無所恃焉正德壬申盜入兗以正
月七日破曲阜焚官寺民居數百虐焰所及不崇朝縣治為墟是
夕移營犯闕里秣馬于廷汙書于池雖廟宇林墓幸無虞然族
屬散走神人震恐岌岌乎危亦甚矣監司議遣兵四百來戍賊衆
我寡又望風輒潰於防禦固無濟也維特今按察使潘君珍以方
以僉事按行東兗謂縣廟必相須以守盡即廟為城而移縣附之

24.5cm x 32.2cm

旬甫浹遂疏于
朝會科道紀功茲土者亦以為請下之司徒司徒曰是舉一而兩得宜
亟圖之下之撫按撫按合藩臬咸曰境內之事孰有重於是者其
何可緩羣議既協
詔從之爰命司空庀工而令役焉其基周八里三十六步而益以負郭之
田其版築用丁夫萬人而取諸農務之隙其材用為銀三萬五千八百
餘兩多出於諸司罰鍰而復募高貲好義者助之經始於癸酉之秋
七月訖工於嘉靖壬午之春三月視其外則高墉深溝與泰山洙泗
暎帶而縈迴視其內則廟貌公府侁然中居而縣治儒校衍豐分

24.5cm x 32.2cm

司以及市廛門巷羅布環列雅足以增宮墻之重前此千百年之
缺典乃今始克舉之後此千百年而或有外侮焉於是乎庶幾無
患矣夫恃而不備君子以為莒罪故勇夫重閉王公設險緊有不
容已焉者也而春秋書城築數十傳乃謂凡志皆譏蓋養民在愛
其力非時興制而輕用之聖人於此誠不能無慮焉然事有至重且
急而關於天下之故不可以勞民而但已者故虎牢之城以夷夏之
防所當嚴也則許之成周之城以君臣之分所當正也則善之至若
閟宮之復泮宮之修以宗廟學校為有國者所當先務則又録而
不棄是可以測聖人之深意矣萬世而下三綱敘正而諸夏乂安實

24.5cm x 32.2cm

惟夫子之道焉是賴顧茲闕里以廟則道祀之宗也以學則立教之
首也因盗警而慎未然之防即城築以致尊崇之意在今日忽得
而緩此諸臣之議
天子之詔所以無悖於聖人之訓而遂成千百年創見之功也宏不佞無
能爲後幸執筆從史氏後於
國之大事得述焉故不辭而記之嘗是時與其議者司徒則孫君
交司空則李君鐩紀功則給事中柴君奇御史吳君堂巡按
都御史則今司空趙君璜巡按御史則李君璣在藩臬爲布政
使則今司徒秦君金及按察使吳君學參政孫君禎副使王君

24.5cm x 32.2cm

金參議閔君楷僉事盛君儀蔡君芝董其役者則知府童旭
同知李鉞知縣孔承夏於法皆牽聯得書者也
嘉靖四年歲在乙酉夏六月初吉
光祿大夫柱國少保兼太子太保吏部尚書
謹身殿大學士鉛山費宏謹書

24.5cm x 32.2cm

24.5cm x 32.2cm

維正德八年歲次癸酉正月辛未朔越十二日壬午
皇帝謹遣巡撫山東都察院右僉都御史趙璜敢昭告于
先師孔子大成至聖文宣王　曰比歲盜起北方肆行東郡
屢經闕里侵犯廟庭蓋嘗申命將官分兵守護
聖靈昭布竟保安全逆亂既平儀文斯舉聿嚴祀事爰
飭有司灑掃汙穢修葺損壞式還舊觀仰慰
明神尚祈
鑒歆永佑邦國謹告
孔子六十二代孫襲封衍聖公臣孔○○　立

24.5cm x 32.2cm

維正德九年歲次甲戌七月壬戌朔初九日庚午兖州府
知府龔旭敢昭告于
大成至聖文宣王曰
於赫闕里
素王鍾英，誕兆于紀，震驚　廟庭，孰吏茲土，殫心經營。
天子曰都，僉議遂行，乃遷舊邑，乃築新城，既保族姓，亦安
聖靈。秋至之吉，畚鍤肇興，庶民百工，子來不勞，尚祈
神貺默相厥成，謹
告

24.5cm x 32.2cm

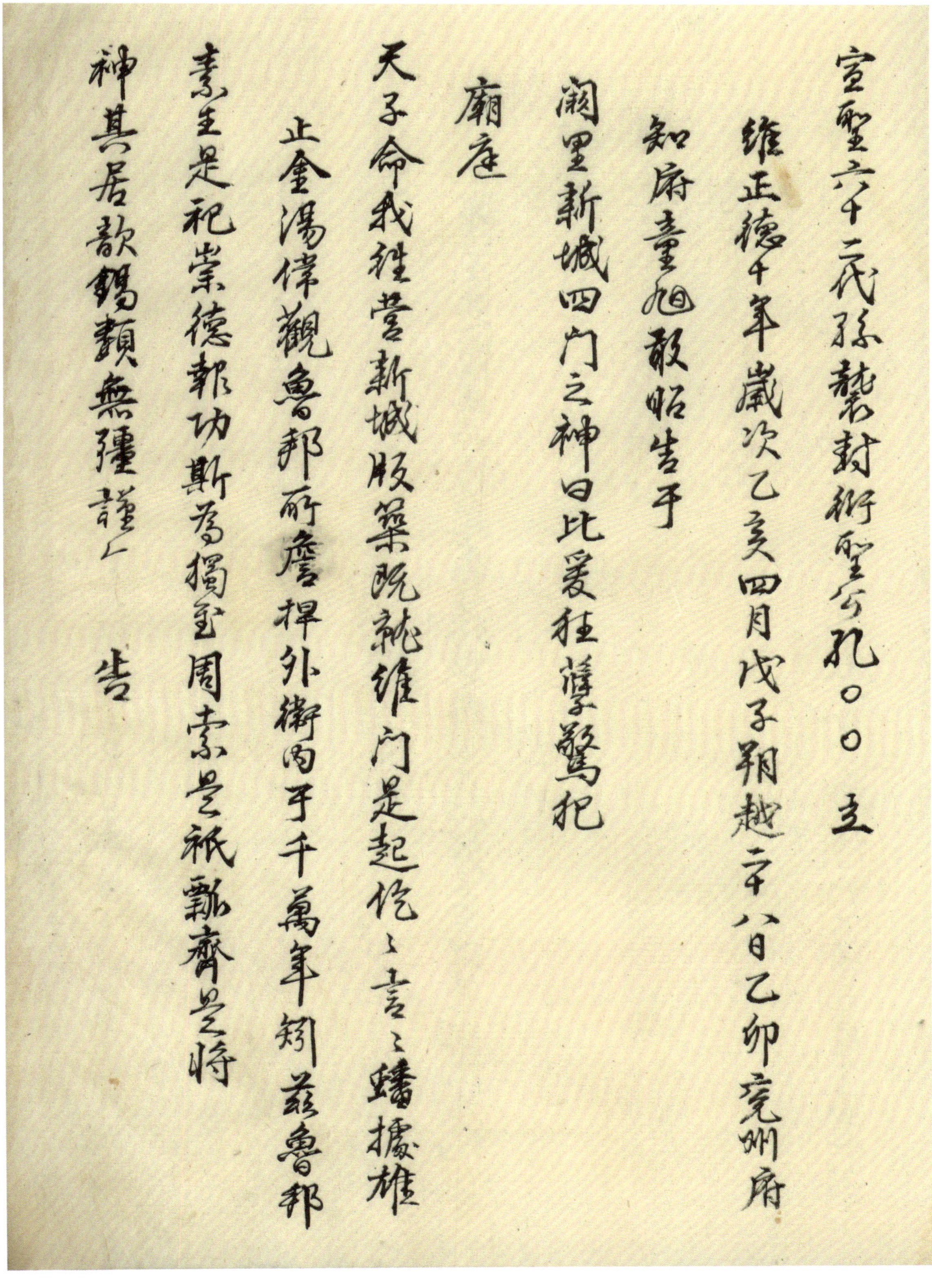

宣聖六十二代孫襲封衍聖公孔〇〇 立

維正德十年歲次乙亥四月戊子朔越二十八日乙卯兗州府

知府童旭敢昭告于

闕里新城四門之神曰比爰狂孽驚犯

廟庭

天子命我經營新城版築既就維門是起屹屹言言蟠據雄

止金湯偉觀魯邦所詹捍外衛内于千萬年剗茲魯邦

素王是祀崇德報功斯爲獨至周索是祇黝齋是將

神其居歆錫類無疆謹告

24.5cm x 32.2cm

宣聖六十二代孫襲封衍聖公孔〇〇 立

維正德十一年歲次丙子正月癸未朔初九日辛卯

兗州府知府臺旭敢昭告于

大成至聖文宣王曰遹者流賊竊發越入魯境曲阜為邑地僻

城卑不足防禦民既奔潰賊肆兇悖焚署廬室突犯

廟庭有司深以為懼寇平得請于

朝遷築縣治城衛

宮牆俾適居之民與

神明之護翼匡助望永建厥家工報竣功謹用粢盛牲醴

24.5cm x 32.2cm

用伸虔告謹　告
宣聖六十二代孫襲封衍聖公孔〇〇　主
維正德十四年歲在己卯八月壬戌朔越二十三日甲申河南
等處提刑按察司按察使後學陳鳳梧敢昭告于
先師大成至聖文宣王曰文武之道傳之周公封于魯邦
禮樂昭融奕奕尼山源源洙泗靈秀所鍾貞元間氣
五百昌期生吾　夫子繼天立極上承姚姒道高德厚教
化無窮六經炳燿如日方中曉茲　闕里宮墻有翼其百
王所尊與天無極譬則泰岳萬山攸宗譬則東海萬水

24.5cm x 32.2cm

攸同藐椎小生質愚而鈍方其髫稚已知敬信朝夕在齋
百拜稽顙如見　聖容洋洋在上迺設繪像配以四賢春
秋釋菜必恭必虔講習之餘瞻容慕德寤寐或見恍然
侍側及叨一第歷官中外奉像以隨致嚴無怠幸典文
衡晉楚兩邦維明正學以淑俊良家有精舍梓其崇祀
朝夕展肅傳之世世顧茲　聖御未遂瞻拜積此愚悃二
十餘載敬趨杏壇沐浴齋莊陟降左右道德之光如登泰
山天下小矣如觀於海難乎為水觀於　聖門實難為
言仰鑽瞻忽若後若前四時行焉百物生焉天何言哉

24.5cm x 32.2cm

聖道則然尚冀　聖靈佑啓小子不隳真傳深釋本始

祇謁之初篤此蘋蘩斯文萬古天壤俱存謹

告

維正德十五年歲次庚辰三月己丑朔越二十有五日癸丑兗

州府知府羅鳳敢昭告于

大成至聖文宣王曰惟闕里定道化之根始廟庭舉天下之具

瞻報祀孔殷禮樂夙備曩因流寇披擾毒延東土致將彝

器殘毀有司因循未之修舉積有歲年鳳承乏守郡謁此

聖典實睠于懷迺稽按載籍發汲上之藏錢市群材以從事

24.5cm x 32.2cm

貿以儀譜各從品式々者百物咸具八音亦完謹涓吉日奉
安敢以牲醴用伸虔告惟
王其鑒之尚饗

24.5cm x 32.2cm

維嘉靖元年歲次壬午三月戊申朔越六日丁卯
皇帝遣詹事府掌府事吏部尚書兼翰林院學士石珤致
祭于
大成至聖文宣王曰惟
王以天縱之聖為文教之宗萬世而下綱常正而世道隆實
有賴焉茲予賜位之初景仰惟深特申祭告永資
聖化翊我皇猷尚　饗
孔子六十二代孫襲封衍聖公臣孔□□　立
維　嘉靖元年歲次壬午十月癸酉朔越六日丙申巡

24.5cm x 32.2cm

撫山東地方都察院右副都御史後學陳鳳梧敢昭告于
先聖大成至聖文宣王 維吾
夫子 天縱聖神體用一貫玉振金聲 闕里有宮海宇瞻
仰日星斯明天地斯廣昔嘗祗謁忽焉三載羹墻若見
左右如在茲以菲薄備員撫巡敬用展肅義路禮門謹遵
聖訓庶富而教薄斂輕徭禮讓是效科條既具民寧以隨鄒
魯古風期于復回蠢爾盜寇荼毒東邦提兵于征元惡
來降惟
聖文武有赫厥聲却來夷兵隳三都城伏伏

24.5cm x 32.2cm

聖靈誅逆討賊殲厥渠魁脅從可釋在泮獻馘惟
聖之功民阜化成　王紀永崇謹
告
嘉靖九年秋七月良以職事至魯以是月二十一日謹帥魯
齋之學官諸生合二千餘人祗謁
宣聖行釋菜禮特行人鄆城田濡奉
詔諸藩適至良主獻濡獻東哲五十八代孫學録公杰獻西哲
曲阜縣學教諭鈔奇訓導崔經分獻東西廡六十二代孫衍
聖公聞○六十代孫曲阜縣知縣承震以家事不與五十八代孫

24.5cm x 32.2cm

山西僉事致仕公才及三氏學諸生孔承謙顏重清孟承禮百
眾人與禮畢遂祇謁
周廟　顏廟是日晨雨有事而霽祀事復大雨唯諸師儒
肅恭趨事若對
天地體依文母若容聲有聞有感恩至淚下者所以見
聖道在人秉彝良知在人萬古一日云宜紀歲月列人與地于
左方
兗州府推官張　濟　　泗水縣知縣袁　渠
曲阜縣縣丞汲　緒　　學正教諭訓導共七十四員

24.5cm x 32.2cm

江都葉如蘗
祥符胡琦
上海沈雲
金谿徐達
儀鎮汪稷
泰和王貞吉
嘉定聶元雋
黃道州黃河
莆田林大道
嶺南陳焯
陳時來
九江蔡綱
江陰卞槐
杞縣楚儀
傅術
侯海瓚
盧龍劉金
耀州馮仲
李奎
張鸞
張奎
劉尚古
安陽周臣
劉樸
胡編
高崗
饒平陳瑚
鄞縣徐璋
貴州謝東秀
唐山賈璠
江寧許仲
杉潛林鳳梧
金壇徐鏜
馮謹

24.5cm x 32.2cm

李經　寶應　周官　安陽　祝濟中　平陽　李文禎
揚州　張定　賀汝耕　涞水　薛廷瑋　清河　王佑
南宮　李蓁　合肥　袁濾　代州　黄金　安東　周鎬
永年　趙昱　大同　趙達　嘉定州　夏證　遵化　張鐙
錢塘　朱應元　寶應　丁冕　嘉定州　劉貴　鄞縣　金秉
大同　陳清　唐縣　劉鐸　衛輝　劉增　蒲縣　郭翀
祥符　董彥宗　嘉興　姚鏊　平定　呂宸　趙州　楊通
扶溝　陳謨　清江　王隆　南皮　孟璽　襄陵　王廷瑞
汲縣　李琦　蓬州　毋志　朔州　計通　薊州　王世臣

24.5cm x 32.2cm

〔嘉靖年間〕

豐城 金璽 三河 高鐸 分水 陳增 邢臺 崔瑋

兗郡學諸生百四十人 泗水諸生八十人 嶧諸生六十二人

費諸生七十人 定陶諸生七十四人 鉅野諸生五十五人

范諸生六十人 冠縣諸生八十人 滋陽諸生七十四人

鄒諸生七十人 寧陽諸生八十六人 郯諸生五十九人

曹縣諸生百四人 鄆城諸生百十五人 朝城諸生六十九人

丘縣諸生七十六人 曲阜諸生六十五人 曹諸生百四十三人

嘉祥諸生五十九人 濮諸生百四十人 觀城諸生四十三人

館陶諸生六十四人

24.5cm x 32.2cm

大明嘉靖九年秋七月山東按察司副使奉
敕提督學政台仙居應良謹識
嘉靖九年十二月廿九日
皇帝自作安
聖祖告文曰自昔混沌之初　天命羲皇農軒聖創世開物以
至堯舜禹湯文武周公以及
先師列聖相繼奉　天行道立教誨人肆我
聖祖開造區宇代行天下我　聖祖崇祀于
先師者御製有文典冊俱在予惟寡昧之人仰遵

24.5cm x 32.2cm

祖憲去胡元褻慢之偶像如祖制崇禮之聖謨考稽核實
知皇究本以遵禮典兼體先師默鑒及良輔洪儒所贊之區爰
先師至意予寔不聰頼
擇令辰特命大臣奉安
先師神位以及配從之位于此惟先師鑒知永依陟降大運神
化裁我君民俾予性理早開而無負皇天付托之眷命暨士庶
學業咸正高遠
先師傳道之至情予寔有望焉惟先師覺之以
復聖顏子　宗聖曾子　述聖子思子　亞聖孟子配　尚享

24.5cm x 32.2cm

祭

啓聖祠日

啓聖公孔氏日惟公誕生至聖為萬世王者之師功德顯著故茲安

奉公位於此以

先賢顔氏　先賢曾氏　先賢孔氏　先賢孟孫氏

先儒程珦　先儒朱松　先儒蔡元定　配　尚享

維嘉靖十五年歲次丙申二月丙戌朔越廿九日甲寅兖州

府知府呂繻敢昭告于

至聖先師孔子惟

24.5cm x 32.2cm

［嘉靖年間］

先師道存宇宙嘉惠無窮緜以來學誦服有年茲者奉
天子命來牧茲土百拜　宮墻不勝瞻戀謹以釋菜之儀用告
素悰伏惟尚　饗
維嘉靖十五年歲次丙申越四月念又五日後學沈謐謹以
香帛之儀敢昭告于
至聖先師孔子之靈嗚呼　聖師道參天地後世蒙其覆載而不
知其恩　聖師明並日月後世被其照臨而不知其功
聖師之文章如星斗江河從心所發後世效之而不知其本
聖師之學如精金美玉渾然天成後世習之而不知其真夫考當

24.5cm x 32.2cm

特及門之士號稱傳得其宗者不過顔曾思孟四公而已嗣後寥
寥餘二千載雖有英賢特達後先倡明此學賴以不墜亦未見
光顯邁徹如 聖師之精切神妙化變無方者也
聖師在天之靈能無情之不安矣乎近得豪傑君子履危當險
深體 聖師之心曲闡揚致知之學曉若 聖師復生耳提面
命簡易直截後之有志者可以佩服終身免其不著不察之患也矣
未學小子幸返 聖師之鄉後沿闕里之化誠千載一時佳期難得徒
迎人而不自察見聖而不克由其學罪愈甚矣且深矣敢怠愚陋卒業
素懷凡有世情習態消之未盡克之未能者

24.5cm x 32.2cm

聖師默佑扶翼陰加悔悟免爲　聖門棄人此小子日夜惓惓
忘死而後已焉者也　宮墻拜謁不勝慨嘆念言之念致相信
之誠更有勝感通之機矣
聖師其鑒察之物薄心真篤其
尚饗

24.5cm x 32.2cm

〔嘉靖年間〕

24.5cm x 32.2cm

正德壬申二月廿七日吏科給事中崐山柴奇監察
御史常熟吳堂奉
勅軍前紀功恭謁
廟庭拜瞻之餘敢識歲月書吏曹鳳李教從行

節以東巡得如曲阜祗謁
先聖孔廟若墓若顏子周公廟既事而還感激無任嗚
呼何幸而遂此天下古今之奇觀耶時隨行者兖州府
通判祥符白海舟也三氏學教授絳州王洪也學録孔公鐄

24.5cm x 32.2cm

本縣知縣孔承泗皆聖裔也先是六十二代衍聖公有事
於京師值公弟兩博士君每延款焉併識之
大明正德三年戊辰十月署監察御史參陵胡節謹書
嘉靖元年四月二十一日刑部員外郎棠陵方豪奉
勅山東審録偕同年兖州府知府鶴峯陳誒同謁
孔廟及顔廟又往謁　孔林回叩南溪書院時衍聖公威菴
孔〇〇初來自京二博士興齋閔公立齋閔公西莊顔重德
相與周旋得以縱觀宮墻之盛追躡墓室之蹤平生好
游茲爲第一尚愧造次不能賛一辭以並前游孫聖人

24.5cm x 32.2cm

之门寔難為言乎禮部儒士平陽吳印篆

答曲阜孔縣尹暨學録語

柟既捧謁

先師至聖廟及復聖顏子廟至觀乎　手植檜陋巷井出東

门謁　文憲王周公廟遂謁　宣聖林林多楷木至觀子

貢築室張望久之曰此室亦托與天地長久者也退坐于齋

堂當是時縣尹公鈺三氏學〻録皆在也茶已公鈺問留言

柟曰觀師尹容貌皆　先師之遺體也其官爵皆

先師之遺澤也可不舉　先師之遺道乎尹能舉之以為政

24.5cm x 32.2cm

即百姓咸良師能舉之以為教即諸生咸材時又有何陳
雨生杜侍則又謂之日可傳告諸及皆闕里之後英也無令
尹師獨任其責云不深思以踐修之哉二子亦懷漢雨生
嘉靖十四年冬十月戊申國子祭酒呂柟謹書

明嘉靖乙未冬十有二月二十三日總理河道工部右侍郎兼都
察院左僉都御史麻城劉天和恭謁
闕里觀杏壇遺址手植檜及漢唐以來碑刻繼謁
孔林向洙泗還謁　周顏二廟儼風頫於一日之間可謂盛矣

24.5cm x 32.2cm

兗州府同知前監察御史上蔡馬敭推官固安王繼芳侍行

24.5cm x 32.2cm

［嘉靖年間］

24.5cm x 32.2cm

少保兼太子太保禮部尚書臣席書等謹

題為陳情再乞

天恩遵比舊例優免供給人丁事祠祭清吏司案呈奉本部送禮科

抄出山東兗州府濟寧等州曲阜等縣南城崇聖等籍仲穩等

奏切照臣等充

宣聖廟樂舞生身後自洪武七年十一月十一日奉禮部咨填

內府湯字三十二号勘合為釋奠事內開

宣聖廟四時祭祀合用樂舞生於府州縣儒學生員內遴選

或於民間俊秀子弟內選用備行准取到濟寧曲阜等縣樂

24.5cm x 32.2cm

舞生張濤陳慶等一百二十餘名內將二十名起送太常寺協
律郎處習演樂舞生熟閑蒙
欽賜寶鈔回還常川在廟應充前後俱照廩膳生員事例除本身
優免供給人二丁專一習演樂舞聽候四時致祭至成化十二年間
該國子監祭酒周洪謨見得大成樂章不能全設奏為增加文
廟禮樂事奉
聖旨尊崇孔子是朝廷盛典准他奏增樂舞為八佾加籩豆為十
二增添樂舞生李整等八十名通行天下諸司衙門知道欽此除
欽遵外至弘治九年間又該太常寺卿崔志端奏為陳言時政

24.5cm x 32.2cm

事奉
聖旨是准令添樂舞生二十六名俱照前例優免其間老幼故准令
各生家下弟姪兒男代替如無相應照例取補原額之數以備應
祭欽此至正德六年間各該州縣里書求索不遂將樂舞生
供給人丁革去一槩科派重差累極未便正德十三年九月十一
日該樂舞生楊嵩等奏爲陳情懇乞
天恩遵照舊例優免雜差事奉
聖旨是准照舊例優免欽此除欽遵外禮部咨行都察院轉行山
東撫按等衙門遵照舊例仍前優免造冊繳部又行給與各

24.5cm x 32.2cm

生印信帖文存照至嘉靖三年遇例審編均徭比被各該里書圖
利不遂將冊內樂舞生供給人丁字樣削去一槩編派大戶馬頭快
手等項重差見今負累不前臣等因無供給每遇大祭難苦萬
狀情實不堪難以應役以致
宣聖廟庭四時大祭大成樂章不能全設伏望
皇上垂念　累朝頒降盛典乞　勑禮部轉行撫按衙門仍行司府
州縣將臣等原設供給人丁科派前項重差遵照舊例照前優
免庶不有孤
聖朝崇重之盛典臣等戰慄不勝感戴

24.5cm x 32.2cm

天恩之至等因奏奉
聖旨禮部知道欽此欽遵抄出送司案查正德十三年十月內該山
東兗州府濟寧州曲阜縣民楊嵩等奏稱臣等見應
宣聖廟樂舞生身役舊例優免戶下人二丁專一供給今照各該
官員陞轉不一遷遠有間將供給人丁一槩革去編作雜泛差役
乞要照前優免等因該本部覆題奉
武宗皇帝聖旨是准照例優免欽此已經備咨都察院轉行山東
撫按衙門行令司府州縣將各生戶內供給人二丁雜泛差役照
前優免去後今該前因案呈到部看得山東曲阜等縣掌

24.5cm x 32.2cm

等籍仲穩等奏稱臣等各充
宣聖廟樂舞生身役自洪武年來舊例除本身優免各生
戶内供給人二丁雜泛差役後節蒙禮部明文照舊優免造冊
繳部給有印信帖文今遇例審編均徭致被一槩編派大戶馬
頭等項重差貧累不前難以應役乞要遵照舊例仍前優免
一節為照崇重　先師乃　國家盛典既有前項舊例相
應遵照舉行合無候　命下之日移咨都察院轉行彼處撫
按衙門令司府州縣查照先年樂舞生楊嵩等奏
准事例如果是實即將各生戶内供給人二丁雜泛差役照依舊例

24.5cm x 32.2cm

優免仍各給帖執照各該官吏務要照舊遵行毋致補來奏
擾不便緣係陳情再乞
天恩遵比舊例優免供給人丁及奉
欽依禮部知道事理未敢擅便嘉靖五年九月十九日少保兼太
子太保本部尚書席書等具題奉
聖旨是欽此欽遵擬合就為此合咨前去煩照本部題奉
欽依內事理欽遵轉行山東按撫衙門一體欽遵施行須至咨者
少保兼太子太保禮部尚書席書
右侍郎劉龍　右侍郎翟鑾
祠祭清吏司郎中畢廷拱　署員外郎中歐陽必進　主事曾存仁王瑋

24.5cm x 32.2cm

〔嘉靖年間〕

24.5cm x 32.2cm

孔子六十二代孫襲封衍聖公臣孔○○謹
奏爲乞
恩修理
欽賜宅第以便居處事伏念臣自父祖以來荷蒙
累朝厚恩不能殫述仰惟
賜宅一事初在於東城後改於中城地方俱因狹小又改
賜令宅坐落小時雍坊之北臣恭遇
萬壽聖節赴京慶
賀即在本宅住居但歷年既久木植墻壁俱各損壞以致房屋

24.5cm x 32.2cm

滲漏風雨不蔽去歲臣嘗自行修蓋中房三間所有門房餘房
一應墻壁之類臣寔力不能給若不及時修理誠恐寖以摧墜將
無以昭
盛世重道之鴻庥亦且有孤
列聖崇德之大典伏望
皇上勅下工部量加修理使臣赴京有所依庇則
如天之恩加重於
先朝向日之誠益切於沒齒矣為此具本親齎謹具奏
聞伏候

勑旨　本月十五日奉
聖旨工部看了來說
自為字起至費字止計二百一十七字紙一張
右　謹　奏
聞
嘉靖七年八月十三日孔子六十二代孫襲封衍聖公臣孔○○

24.5cm x 32.2cm

八月二十日工部覆本

等因抄出送司案呈到部臣等看得孔子六十二代孫襲封衍聖孔

奏称宅第房墻損壞滲漏乞要量加修理一節爲照前項宅第係

先朝欽賜歷年既久損壞必多相應修理但所費工料未經相看難便

議擬合無候

命下之日本部委官一員帶領營繕所官作人等親詣所奏宅第逐

一相看如果損漏估計工料停當本部措辦委官修理但

先師以儉讓爲範居宮以簡美爲宜今修衍聖公賜宅惟在朴素堅完

以圖經久其門墻堂室舊材可用似宜悉仍舊貫如此則

24.5cm x 32.2cm

国恩有制而聖教猶存也緣係奉
欽依工部看了来説事理未敢擅便謹題　本月二十二日奉
聖旨是

襲封衍聖公臣孔聞韶為乞
恩修理
欽賜宅第事荷蒙
聖恩欽准修理合赴鴻臚寺報名次日早
謝

24.5cm x 32.2cm

嘉靖七年九月初一日報
十月初三日工部覆本
工部
題為乞
恩修理
欽賜宅第以便居處事營繕清吏司案呈奉本部送據營繕所申所
丞湯傑作頭白鋭等相估得衍聖公宅第應修房墻合用木料開申
送司案查先該礼
孔子六十二代孫襲封衍聖公孔

24.5cm x 32.2cm

奏稱宅第房墻損壞滲漏乞要量加修理該本部議擬委官帶
領官作親詣相看如果損漏估計工料本部措辦修理奉
聖旨是欽此已行欽遵去後今申前因案呈到部臣等看得衍聖
公宅第房墻既稱損漏相應修理合用蘇麻等料於本部收有
內放支其餘木料并各色人匠工食動支前項官銀買辦雇覓即
行委官湯傑督同匠作照依原宅修理剋期完報務在堅固不
許虛費冒估之弊舉治施行緣係動支官庫修理宅第及奉
欽依事理未敢擅便謹題請
旨　本月初五日奉

24.5cm x 32.2cm

聖旨是依擬修理

計開修理

大門一間　儀門一座　影壁一座　廳房住房六間

廂房十六間　園房三十一間　廚房三間

築打周圍土墻六十五丈五尺地面低窪并地基

合用物料

本部收有內放支

楸榥五百根　蘇麻四百斤　石灰二萬八千九百斤

燒造土一百六十六斤半　臺水桶三隻　掇盆挽子各四箇

24.5cm x 32.2cm

中白綿八兩　土系五斤　泥兜学布二疋
動支官銀買辦
柁木二百六十八根　散木三百二十九根　枋柁十二根
松椽一千根　杉條一百根　松木五十根
三四寸釘四千二百箇　望板釘二十一斤　棗核釘五百箇
馬蝗駒四百箇　魚線膠十五斤　倉瓦三萬一千四百片
同瓦六百二十五片　青灰六千九百三十斤　麻觔一千四百四十五斤
斧刃磚四千五百九十箇　減角磚一萬一千五百五十箇　葦箔一百九十三丈六尺
土坯四萬一百五十箇　勾頭滴水一百箇　板瓦一千六百七十片

24.5cm x 32.2cm

尺二方磚四百箇
尺六尺二獸六箇
獅馬二十箇
泥稔草二千束
花邊瓦一百五十片
桐油三百五十斤八兩
水膠九十四斤八兩
墨煤四十七斤八兩
白麪一百五十三斤
雜油一百四斤半
黄丹無名異各十斤
光粉十七斤
碙砂大碌七斤半
碙砂二碌七斤半
碙砂三碌八斤
石大青五斤四兩
石二青五斤四兩
靛花青四斤
土粉一百五斤
踏垛石四丈闊尺二寸
街條石九十四丈闊尺八寸至二寸厚五寸至三寸
石頂八十箇各見方一尺二寸厚五寸

24.5cm x 32.2cm

十月十三日未時動工修理
工部委官營繕所所丞一員　湯傑
吏四名　孫思忠　劉仲良　劉道　上官昂

作頭
木作白銳　匠頭姚宣　貝顯　丁英　楊山　陳順
瓦作劉鋼　匠頭呂忠　李仁
油作魏永　匠頭王慶
石作顧鎮　匠頭王瓚
土作曹英　匠頭李宣

24.5cm x 32.2cm

伍墨作王雄　匠頭趙敬
搭材作宋廷相　匠頭焦本
鉄作宋源　匠頭沈安

動工告文

維
嘉靖七年歲次戊子十月己亥朔越十三日辛亥
欽修衍聖公宅第謹以清酌之奠敢昭告于
太歲土府之神曰惟
神生育萬物德庇生民興修補築全仗威靈興工之後諸煞潛

24.5cm x 32.2cm

伏百福來迎潔心告祭願鑒微誠留
恩賜吉歲月亨通官祿永固子孫興隆神祇照格謹告

24.5cm x 32.2cm

24.5cm x 32.2cm

考證表

機關代號第　　號

保管單位第　　號

本案卷内共有叁拾肆張已編號之文件。

保管單位缺點的説明。

附註

檔案工作人員的職務（簽名）

公元一九六二年十二月　日

無朝年

代号 | 卷号 0000059

衍聖公府

案卷標題

明朝官服款式抄單

机構或類目

資料

本卷張數

壹張

保管期限

起止 年 月 日

曲阜文物保管所整理

代号 | 卷号

孔府檔案彙編

卷內目錄

順序號	作者	內容摘要	文件上的號數	文件上的日期	文件所在的張次	備註
		明朝官服款式抄单		年 月 日	—	
				年 月 日	—	
				年 月 日	—	
				年 月 日	—	
				年 月 日	—	
				年 月 日	—	
				年 月 日	—	
				年 月 日	—	
				年 月 日	—	
				年 月 日	—	

填寫人

年 月 日

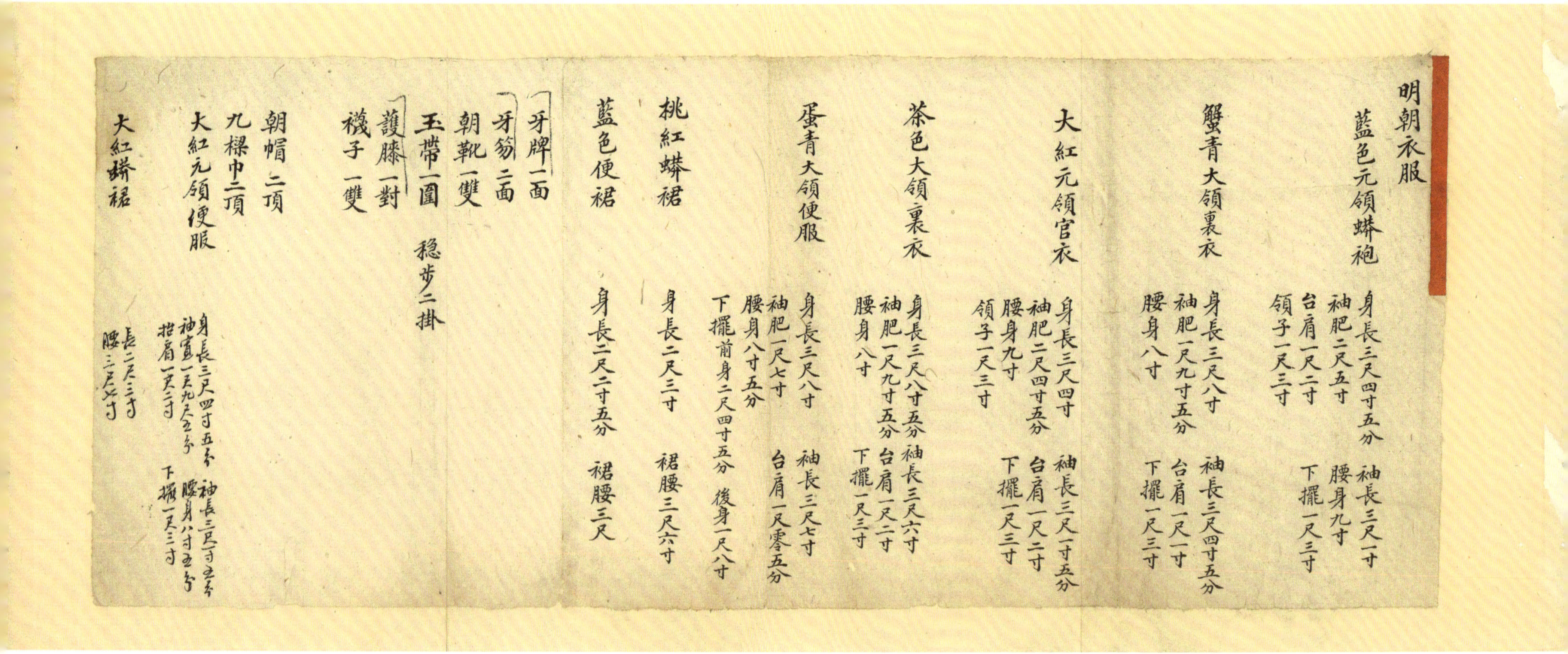

明朝衣服

藍色元領蟒袍
身長三尺四寸五分　袖長三尺一寸
袖肥二尺五寸　腰身九寸
台肩一尺二寸　下擺一尺三寸
領子一尺三寸

蟹青大領裏衣
身長三尺八寸　袖長三尺四寸五分
袖肥一尺九寸五分　台肩一尺一寸
腰身八寸　下擺一尺三寸

大紅元領官衣
身長三尺四寸　袖長三尺一寸五分
袖肥二尺四寸五分　台肩一尺二寸
腰身九寸　下擺一尺三寸
領子一尺三寸

茶色大領裏衣
身長三尺八寸五分　袖長三尺六寸
袖肥一尺九寸五分　台肩一尺二寸
腰身八寸　下擺一尺三寸

蛋青大領便服
身長三尺八寸　袖長三尺七寸
袖肥一尺七寸　台肩一尺零五分
腰身八寸五分
下擺前身二尺四寸五分　後身一尺八寸

桃紅蟒裙
身長二尺三寸　裙腰三尺六寸

藍色便裙
身長二尺二寸五分　裙腰三尺

牙牌一面
牙笏二面
朝靴一雙
玉帶一圍　穩步二掛
護膝一對
襪子一雙
朝帽二頂
九梂巾二頂

大紅元領便服
身長三尺四寸五分　袖長三尺一寸五分
袖寬一尺九寸五分　腰身八寸五分
抬肩一尺二寸　下擺一尺三寸

大紅蟒裙
長二尺三寸
腰三尺六寸

66.6cm x 26.7cm

明朝官服款式抄單

□□□

考証表

机关代号第　　号

保管單位第　　号

本案卷内共有壹張已編号之文件。

保管單位缺点的説明。

附註

公元一九六二年十二月　日

档案工作人員的職务(簽名)

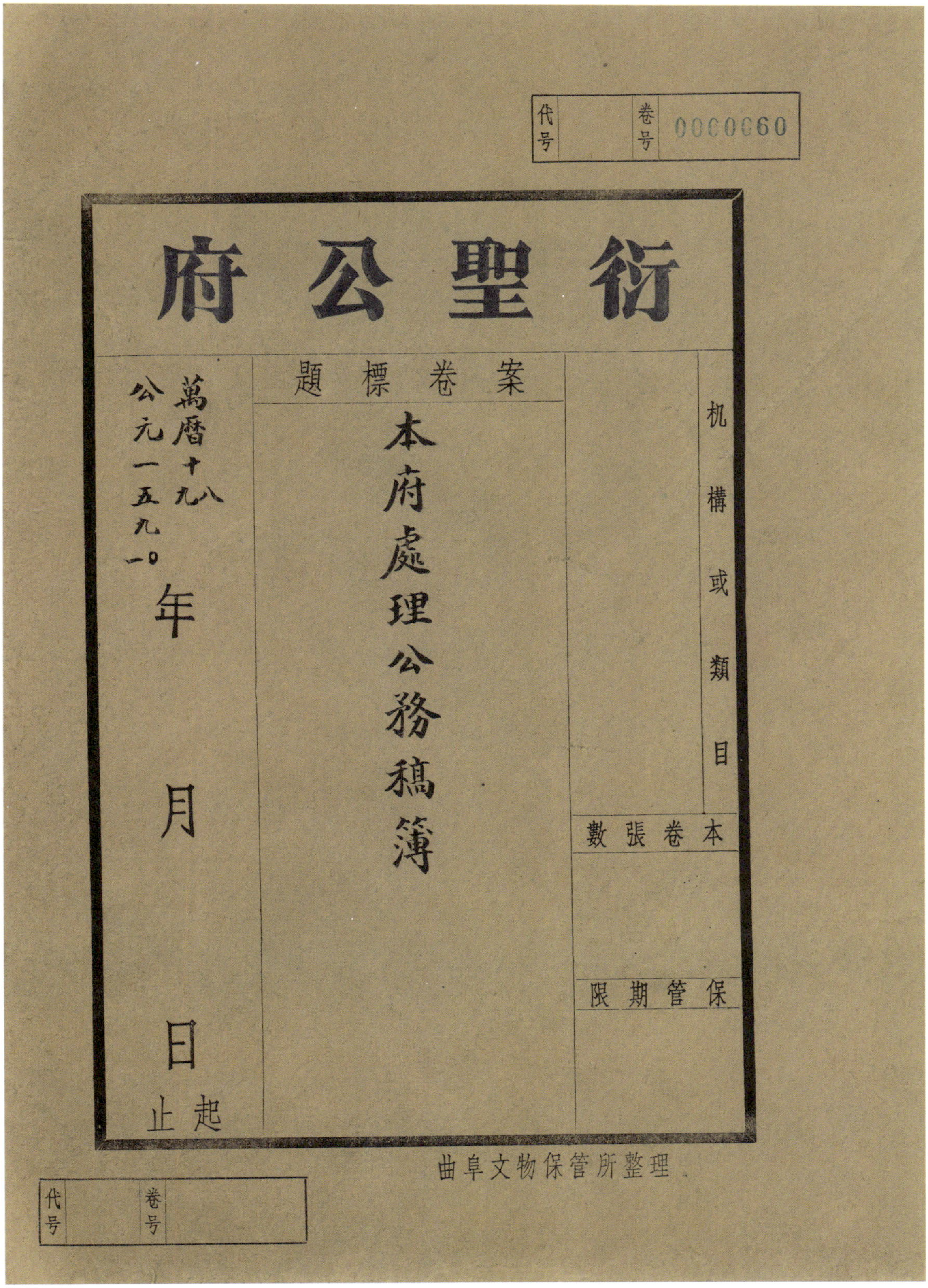
代号 卷号 0000060

衍聖公府

案卷標題

本府處理公務稿簿

萬曆十八 十九 年 月 日 起 止

公元一五九〇 一五九一

机構或類目

本卷張數

保管期限

曲阜文物保管所整理

代号 卷号

萬曆年間衍聖公府處理催徵租銀等府務事稿簿

萬曆十八年至萬曆十九年

26.5cm x 50.0cm

襲封衍聖公府為極惡土豪逞兇肆奸不納錢粮事案照萬曆十七年五月初四日該本
府倚恃兇惡佃户陸廷受等恃強抗賴節年應辦粮差銀壹百柒拾柒兩壹
分逞奸不納復行聚衆毆傷公差緣由移咨
巡撫都察院兇追已經批行
分守東兗道轉行鄒城縣拘獲各犯具由申詳

26.5cm x 50.0cm

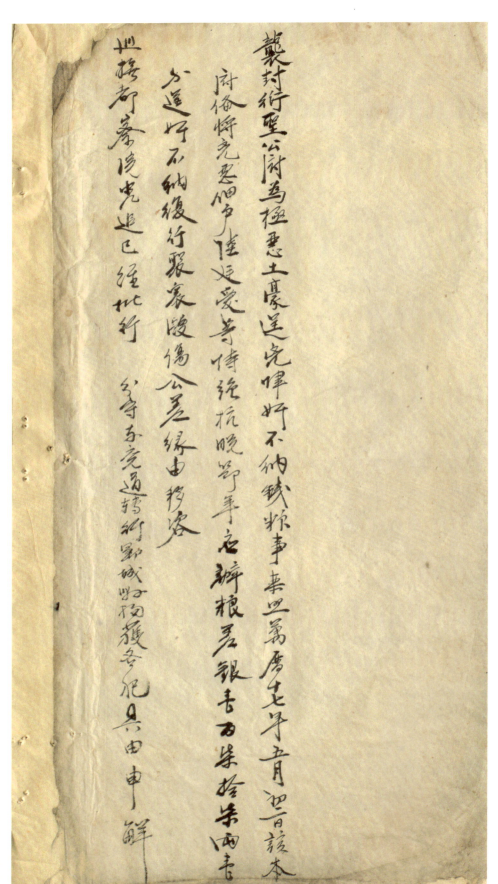

兗州府監追緣本犯奸僧成性刁悍異常百計支吾意在展脫前欠銀兩委爲未妥
合用手本前去　貴府煩將見犯陸廷愛械押過府以憑查對踏開見種地土及所
有事產的數具實另行轉送　貴府比追庶
聖祖血食不匱而奸頑知警觀望効尤者有所懲戒矣
一行
兗州府
萬曆十八年十月　[illegible]六日行
公府爲盜賣官麦事今差本役票仰平陽屯屯長王守恒即將犯人張敖户内户頭貼丁
人等逐名拘獲解　府立等查理不許時刻違延遲悞

26.5cm x 50.0cm

計提犯人六名
戶頭張錦　貼戶張朝舉　張輔寅　張擎　張達　張朝相　并本排甲首連拘解
萬曆十八年正月　面　日差閆政　定限本月十九日繳
仰屯長王守恒即將奸調佃戶卞化許同火速着令該排甲首即便鎖來，如再延遲，先將甲
首并親屬拏解赴　府，比完不許再敢違限
萬曆十八年二月　初六日　差屯長王守恒　定限本月十七日繳
公府為奸頑佃戶拖欠年例布花事。案照萬曆十七年七月間已經票行鉅野平陽屯屯長李烱、王守恒
嚴催該屯本年年例布花完解去後，該役不行上緊督催，通同怠慢，經年未見完
報，情甚可惡。合查解過數目，其後開奸頑花名王田、王金等所欠布花，着落本役即

26.5cm x 50.0cm

併該排里胥人役星夜督催務要納完敢有仍前恃奸復行延捱者就將本犯逕

名鎖解赴府以憑重治如有支吾故縱一併拏究決不輕恕

計開鉅野屯拖欠布花姓名

徐何花四斤　王彥安布一疋花二斤　刘边布一疋花二斤　張登布一疋花二斤　高京花二斤

孫廷氣布一疋花二斤　孫貫布一疋花二斤　孫守秦布一疋花二斤　刘相布一疋花二斤　呂庚恩共布三疋花六斤

呂其布一疋花二斤　徐鮮布一疋花二斤　李宦布二疋花四斤　仉坤仉進共花二斤　呂世富花一斤半

張萬花半斤　仉君儀花半斤

共欠布十四疋　共欠花三十八斤半

一平陽屯拖欠布花姓名

許朝娟布二疋花十斤　卞天儒布七疋花十二斤　韓容布一疋花二斤　李朝用布一疋花二斤　張祥布一疋花二斤

26.5cm x 50.0cm

黃子信布一疋　高尚礼布一疋花二斤半　李崇信花四斤　蔣金布二疋花五斤　白口如布一疋花四斤

陳思進布四疋花十二斤　李鉄布一疋花一斤半　刘中布二疋　肖自臣布一疋花十斤　胡秉魯布一疋花十二斤半

張岩花二斤　刘思孝布二疋花二斤半　賈登布二疋　鄒達布二疋花二斤　許頂布一疋

王德布一疋花一斤　呂懷仁布一疋花三斤　褚君成布一疋花四斤　王愷布一疋花四斤十三兩　王大明花三斤五兩

王守路布一疋　李尚仁布一疋　苗滿布一疋花三斤

共布四十疋　黃花壱百零九斤

一票御雅野屯屯長李烱　甲首　王田　徐約　于虎　王世舉　李登

刘君　馬自善　張周　韓金　王常　高京

一票御平陽屯屯長王守恒　甲首　王全　尹當　王愷　亓思立　姚邦礼　李崇信

趙思　陳汝良　苗滿　姚仁　鄒宗付

26.5cm x 50.0cm

一票差鉅野屯佃當　王照　刘吉

一票差平陽屯佃　王科　蔣信　胡季　鄒建　陳讓

萬曆十八年二月　初八　日發行　定限次月初一日繳

襲封衍聖公府為盜賣官麥事，今差本役管押犯人張敖前去張家灣，眼同原差尹強

并店家張朴等清查盜賣過官麥數目，其欠少價艮火速追完，解府以憑覆查。如

出店家設立騙局，即便鎖此赴所在官司陳告追給，毋得疎縱延捱，取究未便。

計押犯人一名　張敖

一批差快手門節　胡泰

26.5cm x 50.0cm

萬曆十八年正月　廿四　日發行　二月初九日書　違限四月四日繳

襲封衍聖公府為極惡土豪逞兇肆奸不納錢糧事萬曆十八年正月初七日准
兗州府手本押解犯人陸廷愛前來餘犯陸守江陸守山另行提送希速查對明白
仍押解過府以憑審招轉解等因到府准此查審得陸廷愛共欠節年糧差銀
一百七十七兩一錢俱招認明白開具欠數手本在卷及查本犯見承種祭田地三頃二十六
畝續買民地一頃五十畝庄宅草房百有餘間耕牛九隻騾二頭羊一百五十餘隻雜

26.5cm x 50.0cm

樹約有千株見存雜糧二百餘石子花三千余斤措辦所欠糧差銀兩須稍有餘待
奸慳怙恣意健訟搪餙玩法欺上莫此為甚行間隨據本府鄆城屯本排甲首魏
先報稱此月二十七日鄆城縣差人行拘犯人陸守山等當被陸守江陸守山陸守業
陸守會陸守銘等各持刀鎗器械行兇拒捕不服拘擒等情據此看得陸守江
等兇獷異常真同叛逆藐視憲法動毆公差須嚴限擒拿庶能捕獲若
以尋常牌拘則彼視如故事法應痛加懲治為此合用手本前去先將犯人陸廷愛
觧回貴府煩為收禁照數比追仍希另將未獲陸守江等添差兵壯併該
縣巡捕員役設法捕獲從重問遣以戒餘黨庶兇頑知懼而糧有歸祭祀不廢
而法紀益肅矣

26.5cm x 50.0cm

計押解犯人一名
陸廷愛
一　行
兗州府

萬曆十八年二月　十二　日

爲公務事票仰秋山屯屯長王守岩本地即處石灰一千斤人夫四名泥水匠
二名前赴魯橋宅修理應用事完繳毋不許失悮如違究治

二月十五日　又派匠夫　張陽一名　肩王一名　魯原二名　臧西一名
俱赴魯橋宅修理房完應用

26.5cm x 50.0cm

仰催事伴當宋照等每名即送宰過肥犬二隻火速備完赴
府交納不許遲悞如違重究

計開

宋照　畢茂　尋頂　張節　畢樓　張玘　尹朝用　牛道

李崇義　于澤　史計道　陳韵　何守仁

萬曆十八年二月　十六　日差

定限本月十九日繳

票仰看宅家人劉天祿即撥空房一間候孔育生聽選寓住于完繳票查考

萬曆十八年二月　十九日

莊亭

26.5cm x 50.0cm

襲封衍聖公府為補役事據佃户伴當魏純等告稱班頭李樂病故今保得班

内伴當卞化謹慎小心奉公守法衆素信服堪補前役等因到府據此看

得伴當卞化年力精壯應役歲久屢奉差遣頗効勤勞委於所保無異相

應准補為此合給批付本役收執即便遵照舊規督率本班伴當人等依期

赴府接班應役聽候差撥毋得懈惰自取罪戾未便

一批付班頭卞化

萬曆十八年三月 初一 日給

定限 事完 繳

26.5cm x 50.0cm

為公務事今差本役要仰鉅野 鄆城 平陽屯屯長李烱 王仲才 王守恆照票事理即將本屯見年甲首每名下催辦銀兩作算本年分夏糧依限赴府交完繳聽候差人置買進

貢馬及應用毋得違延取罪未便

計開

一鄆城屯十二甲首共銀七十二兩 交完訖 買進馬使銀二十兩 見交五十二兩

一鉅野屯十甲首共銀六十兩 止買進馬使銀三兩七錢 其余未交

一平陽屯八甲首共銀四十八兩 全欠

一票仰 鉅野屯長李烱 鄆城屯長王仲才 平陽屯長王守恆

萬曆十八年三月初三日 定限本月廿日繳

26.5cm x 50.0cm

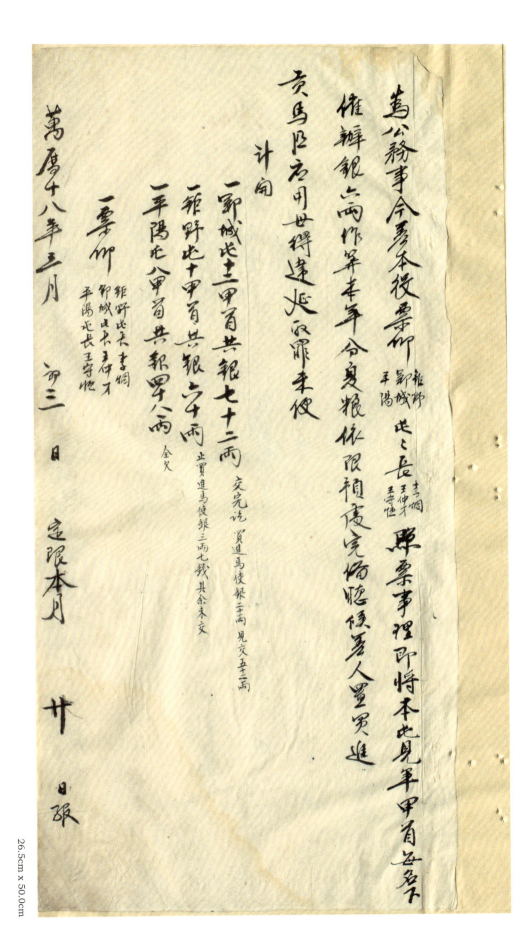

票仰抄報撥兒馬丁李詩令將派去萬曆十八年夏季工食銀壹兩伍錢封筒
十八箇各照數查收具領狀繳
自壹百肆拾伍号起 至壹百陸拾貳号止
萬曆十八年三月 十三 日 定限本月 廿 日繳
為公務事今差舍人陳宋 王諟 等前往河南澶關臨濮等處置買進
貢馬匹公幹仰鄆城屯屯長王仲才鉅野屯屯長李烱平陽屯屯長王守恒如遇本役
到屯查照舊規各撥人夫四 名脚力二 頭徃回捧護馬匹一應盤纏仍管顧草
料俱毋違錯未便

26.5cm x 50.0cm

萬曆十八年至萬曆十九年

一票差伴當 光珣 徐翠 劉吉 准此

萬曆十八年三月 十六 日 定限本月廿二日繳

襲封衍聖公府為慶賀事今差各役前往懷濮会置買進貢

萬壽聖節馬匹仰經過閘津把截去處驗批放行以懷濮不便所經河

南濟閘等處訪買各該閘隘一体遵照施行毋得阻滞

一批差舍人 陳采 王琨 伴當 劉吉 徐翠 苑珣

萬曆十八年三月 十六 日

定限次月　日 回日繳

26.5cm x 50.0cm

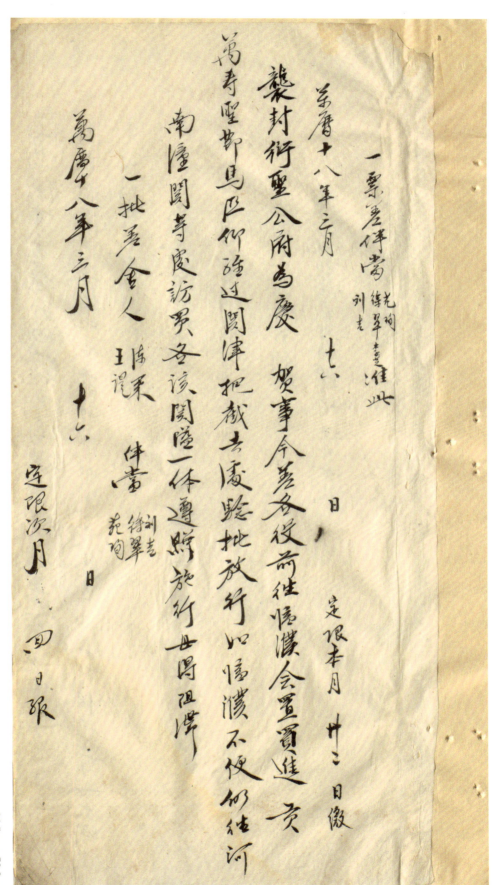

爲馬價事查得鄆城屯佃戶高世寶錢棟王熙原欠官馬張年未交今
行提催馬屯孽仰屯長王仲才即將未交馬匹無匹折價銀二十兩火速上
完封固解 府毋得似前延捱支吾取究未便

一鄆城屯仰王仲才催解佃戶 高世寶馬價廿兩 錢棟馬價廿兩 王熙馬價廿兩

一鉅野屯李煱自領馬折價銀廿兩

一平陽屯王守恒自領馬折價銀廿兩

一東阿屯張汝臣自領騾折價銀廿兩

一孽仰各屯長

8

26.5cm x 50.0cm

萬曆十八年至萬曆十九年

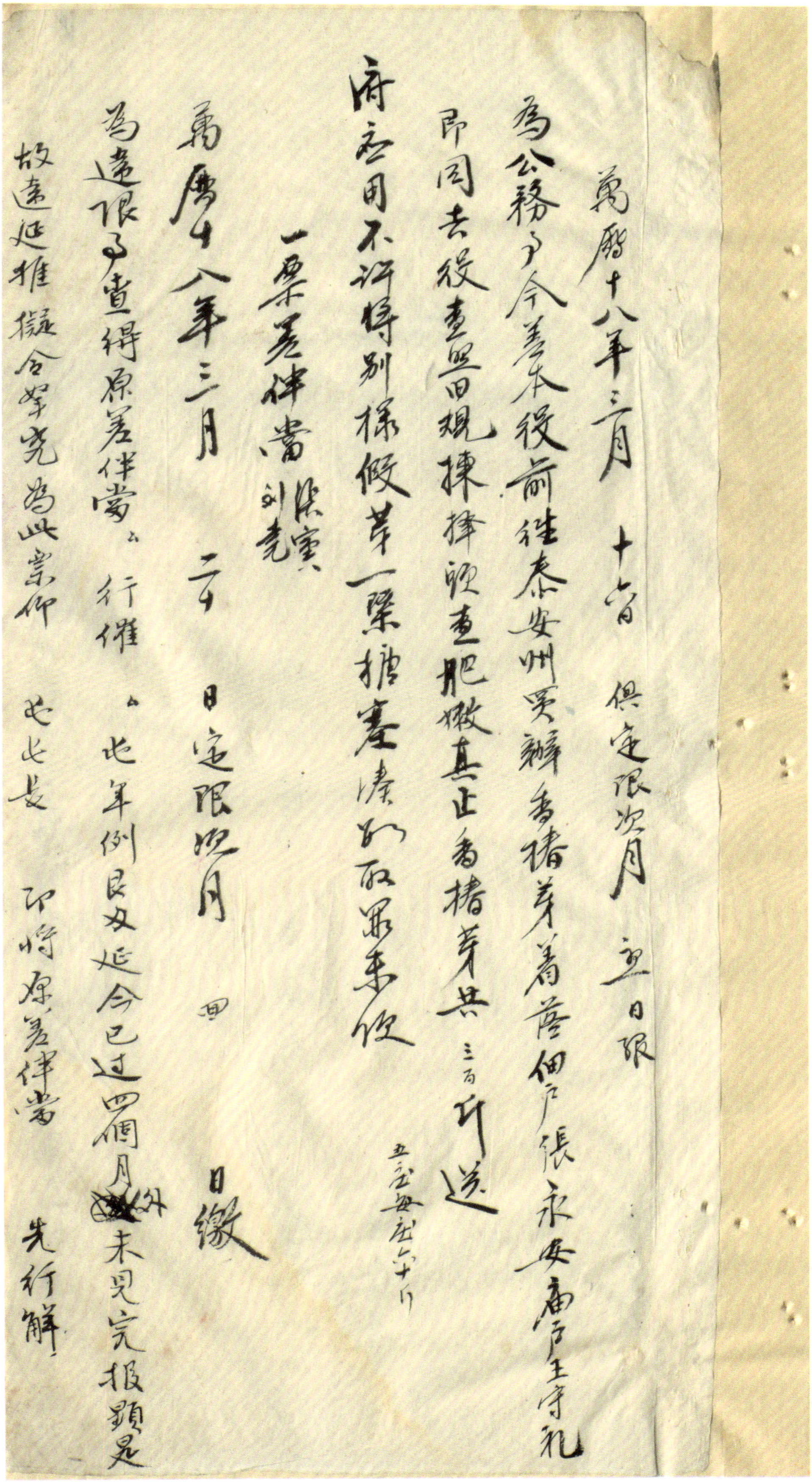

萬曆十八年三月　十一日　俱定限次月　廿五日限
為公務事，今差本役前往泰安州買辦香椿芽、萵苣、佃户張永安、扁户王守孔
即同去役查照田規揀擇頭查肥嫩真正香椿芽共三百斤送
府應用，不許將別樣假草一槩搪塞，湊取罪未便
五[illegible]庄六十斤
一票差伴當　張實　劉堯
萬曆十八年三月　二十　日定限次月　四　日繳
為違限事，查得原差伴當　行催　，比年例已及延，今已過四個月外，未見完報，顯是
故違延推，擬合拿究，為此票仰　比比長　即將原差伴當　先行解

26.5cm x 50.0cm

府着役仍將各役每名下扣退脫班工食銀各貳兩并退各伴當應納草例銀及查
照原數一併嚴比務要追完封固解來不許扶同支調敢有再遲違行重治不恕
一票差
鄆城屯 徐翠 霍甯 魏紀 付清 差伴當周松提催仰屯長王仲才
鉅野屯 王照 劉吉 差伴當周松提催仰屯長李烟
平陽屯 郁璉 滕信 王科 陳讓 胡季 差伴當 提催仰屯長王守經
東河屯 蕭壽 劉本 差伴當徐進提催仰屯長陳世臣
獨山屯 門節 張禎 差伴當周松提催仰屯長王守岩

26.5cm x 50.0cm

萬曆十八年至萬曆十九年

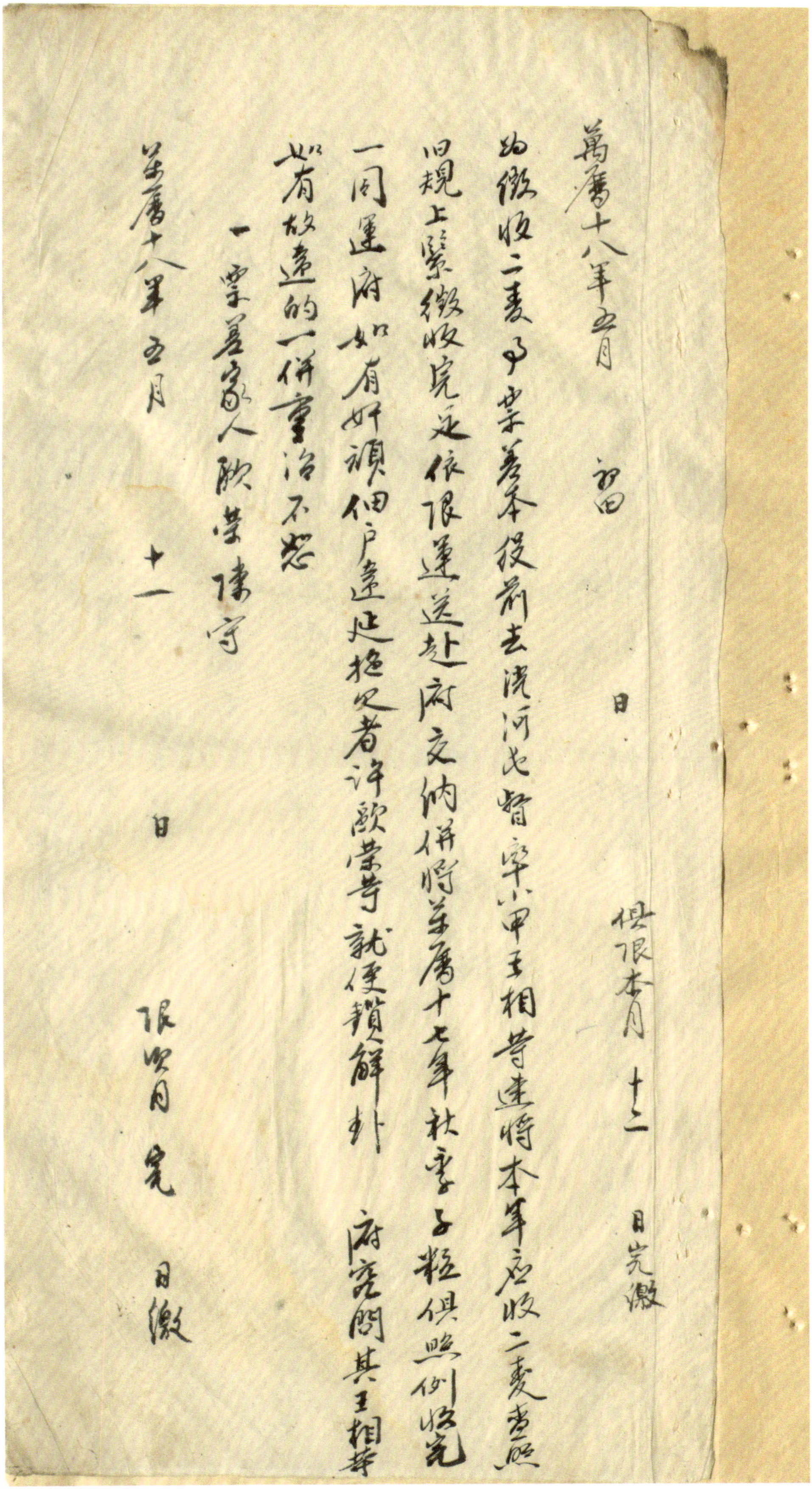
萬曆十八年五月　初四　日　俱限本月十二日完繳
爲徵收二麥事 案查先役前去洸河屯督率小甲王相等速將本年應收二麥查照
舊規上緊徵收完足依限運送赴府交納併將萬曆十七年秋季子粒俱照例收完
一同運府 如有奸頑佃戶違延拖欠者許歆崇等就便鎖解赴 府究問 其王相等
如有故違的一併重治不恕
一 票差家人歆崇 催守
萬曆十八年五月　十一　日　限次月　完　日繳

26.5cm x 50.0cm

票仰平湯屯屯長王守恒即將脫班并違限伴當張敖、姚穗、王科各正身火速解
府查究，並役伽于各名下公同扣追曠役工食各貳个月銀各貳兩併解
府，不許通同支調，如違一併處治。
又票提小甲許周
右票仰屯長王守恒　華周松
一鄆城屯提違限并曠役伴當霍齊、宋夔、魏從、王友各追工食銀二兩　華周松遲票
一票仰屯長王仲才
萬曆十八年七月　初四日發　定限本月十二日限
為查收租麥事，今差家人郝沅、胡宣前往鄆城廒督收官地租種二麥，着落火甲

26.5cm x 50.0cm

張寶并小甲牛頭人等速將應收二麥并租麥照數催完晒曬乾淨運赴官倉收
貯開具實收數目手本回報毋得𢤱延徇情通同花費如違查出體究治
一票差 郝沈 胡宝
萬曆十八年五月　十　日
定限次月　完　日銷
為拖欠糧銀事查得佃戶張朴拖欠萬曆十六年分糧銀子粒共該銀玖兩貳久
未納顯是奸頑延挨擬合提催為此票仰屯長李炯即將該佃戶張朴等
所欠銀兩查照數目火速比併完解如再延慢就將張朴鎖來此處毋得怠緩

26.5cm x 50.0cm

侯了取完

一票仰屯長李烱

萬曆十八年五月十一四日定限本月廿五日繳

五、夏
也、秋季粮銀遵照原限上緊催完開具手本并帶各排甲首人等赴

府完納不許仍前脫欠各户不許生奸取役零交截收取有仍前故違定將管了人役

及該排甲首并零交粮銀花户提来究追仍不准等處治不貸

萬曆十八年五月初一日發

各都批启迸

夏秋共十帖

26.5cm x 50.0cm

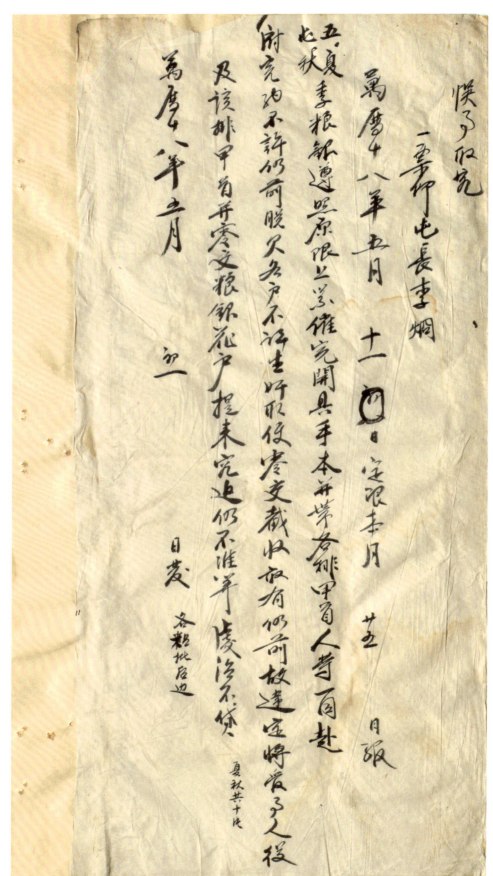

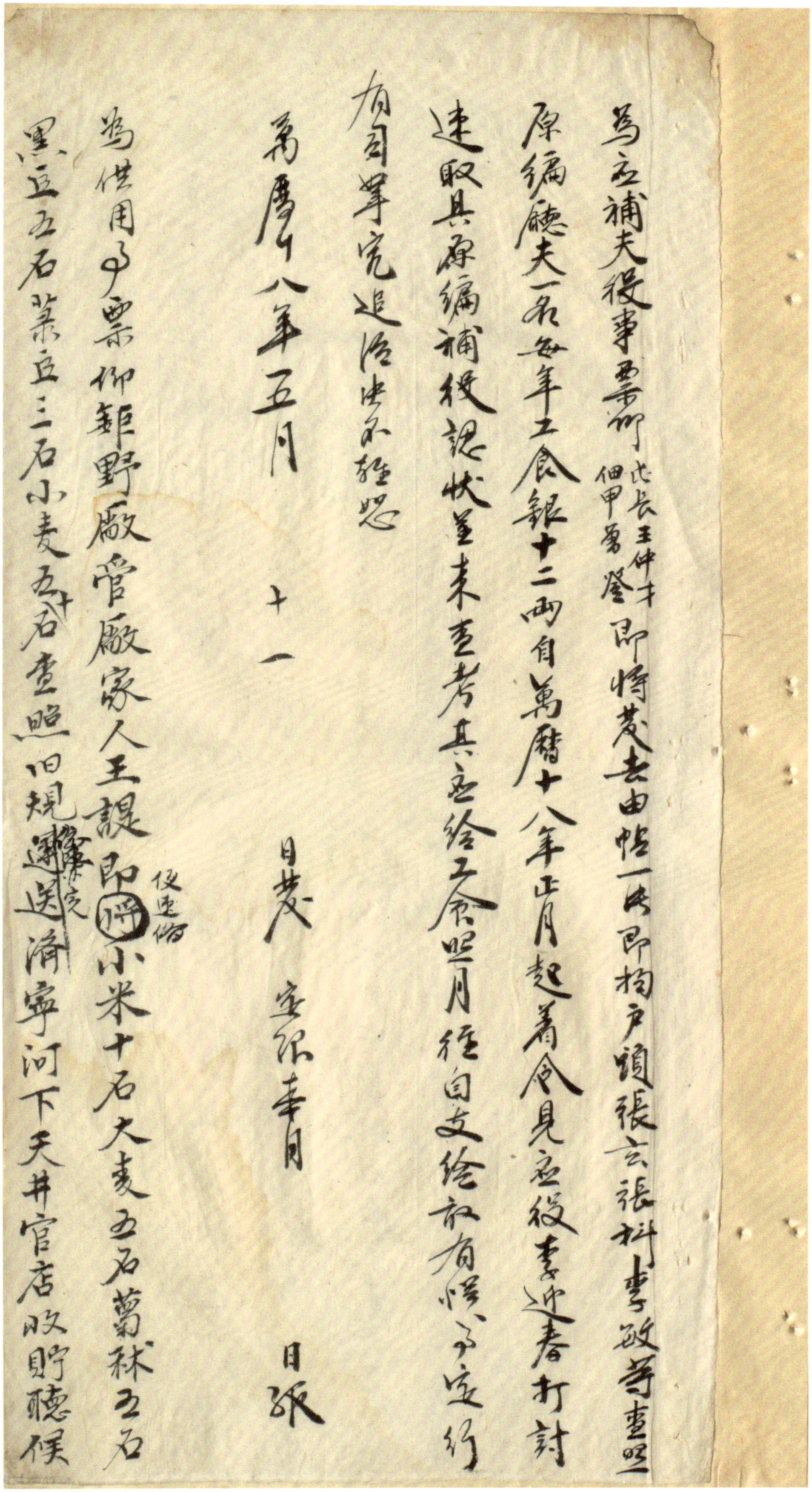

為應補夫役事。票仰比長王仲才、佃甲曾登，即將發去由帖一紙，即拘户頭張玄、張科、李敬等查照
原編聽夫一名，每年工食銀十二兩，自萬曆十八年正月起，着令見應役李迎春打討
速取具原編補役認狀呈來，查考其應給工食，照月徑自支給。敢有違悮，定行
有司筭究追治，決不輕恕。

萬曆十八年五月 十一 日發 定限本月 日銷

為借用事。票仰鉅野廠管廠家人王謨即將小米十石、大麥五石、蕎秫五石、
黑豆五石、菉豆三石、小麥五石，查照舊規，運送濟寧河下天井官店收貯聽候

26.5cm x 50.0cm

萬曆年間衍聖公府處理催徵租銀等府務事稿簿

萬曆十八年至萬曆十九年

上船交納京中應用毋得臨期悮事

一稟仰管廠家人王湜

萬曆十八年五月 九 日 定限七月初一日繳

爲供用事稟仰平陽廠管廠家人夏澤印（伍倍）將小米十石蜀秫五石大麥六石菉豆

二石黑豆五石小麥五十石照旧規（依限加差之）運送濟寧河下天井官店收貯聽候上船

交納京中應用毋得臨期悮事

一稟仰管廠家人夏澤

12

26.5cm x 50.0cm

萬曆十八年五月　花　日　定限七月初八日繳

為催用事票仰鄆陳屯（屯長壽才　佃甲曾登）即將應辦後開紬布花絨香油等項及年例折行
銀又各照原攤甲首分數出錢置買作速備完依限運送張秋聽候船到交納上
京應用毋得臨期悞事取究未便

計開

綿紬二十四疋　生眼布四十疋　平机布五十疋　粗布六十疋（段平机布二十疋）

香油二百斤　折行銀二十六兩　支應銀六兩　花絨二百斤

一票仰屯長佃甲（王仲才　曾登）

26.5cm x 50.0cm

萬曆十八年五月　花　　日　定限七月初六日繳

為供用事，票仰平陽屯屯長王守恒即將應辦後開紬布、花絨、香油等項及年例比行銀兩，各照原攤甲首分數出錢置買，作速備完，依限運送張秋，聽候船到交納上京應用，毋得遲期悮事，取究未便。

計開

綿紬八疋　生眼布二千疋　平機布四千疋　粗布四千疋（改平機布二千疋）

香油一百斤　支應銀二兩　比行銀十兩　花絨一百斤

一票仰屯長王守恒

26.5cm x 50.0cm

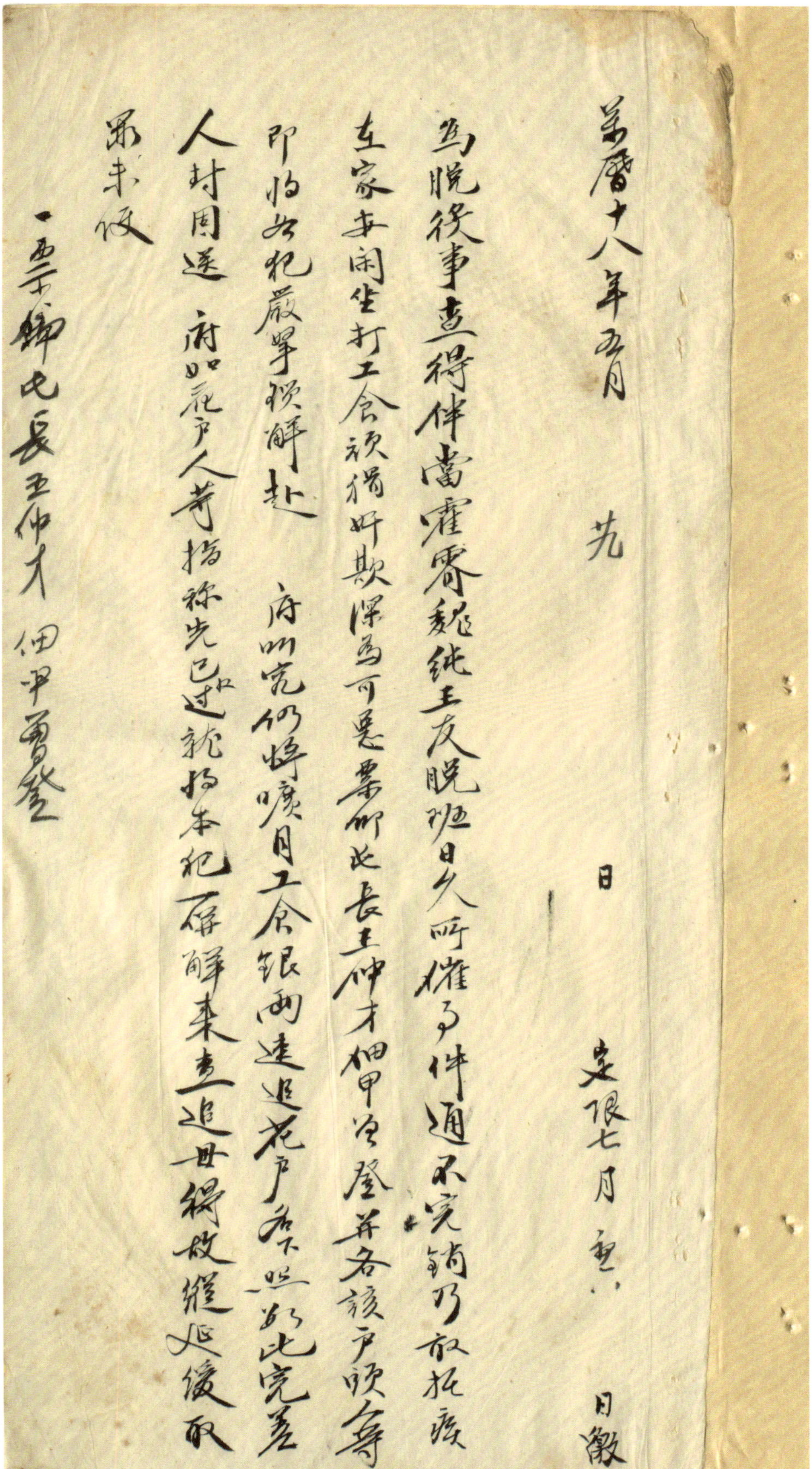

萬曆十八年五月　先　日　定限七月[illegible]日繳

為脫役事。查得伴當霍零、魏純、王友脫班日久，所催子件通不完銷，乃敢抗違

在家安閑坐，打工合該攢奸欺，深為可惡。票仰比長王仲才、佃甲呂登并各該戶頭等

即將各犯嚴拏綁解赴

府，以完伊將曠月工食銀兩，速追花戶名下照數比完。差

人封固送　府。如花戶人等指稱先已支過，就將本犯併解前來查追。毋得故縱延緩取

罪未便。

一票仰鄉比長王仲才　佃甲呂登

26.5cm x 50.0cm

為縣呼不在甲首事據比長王仲才呈前事據此擬合提究為此票仰比長王仲才但甲
曾巻即將後開犯人徐運等各正身火速拘究解
府以憑查究毋得違延取罪未便
計提犯人五名
徐運　比是　比熟　王獻化　魯勤

萬曆十八年五月　廿四日　行
限次月初六日繳

26.5cm x 50.0cm

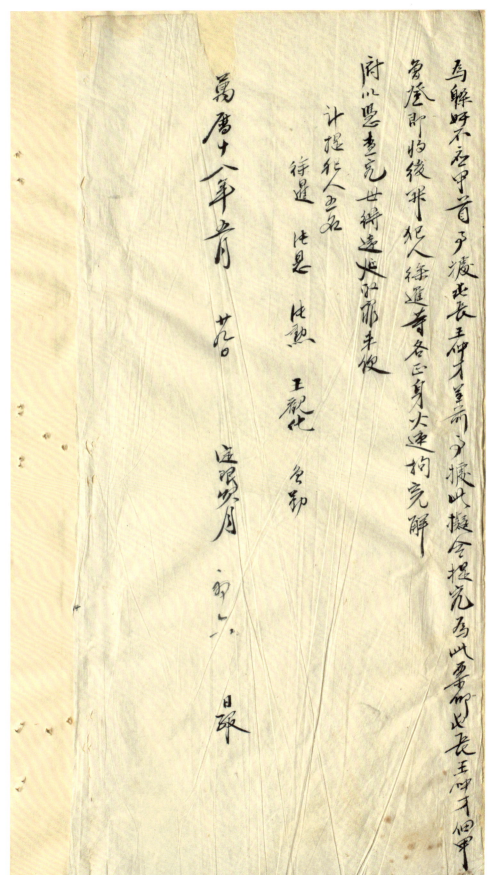

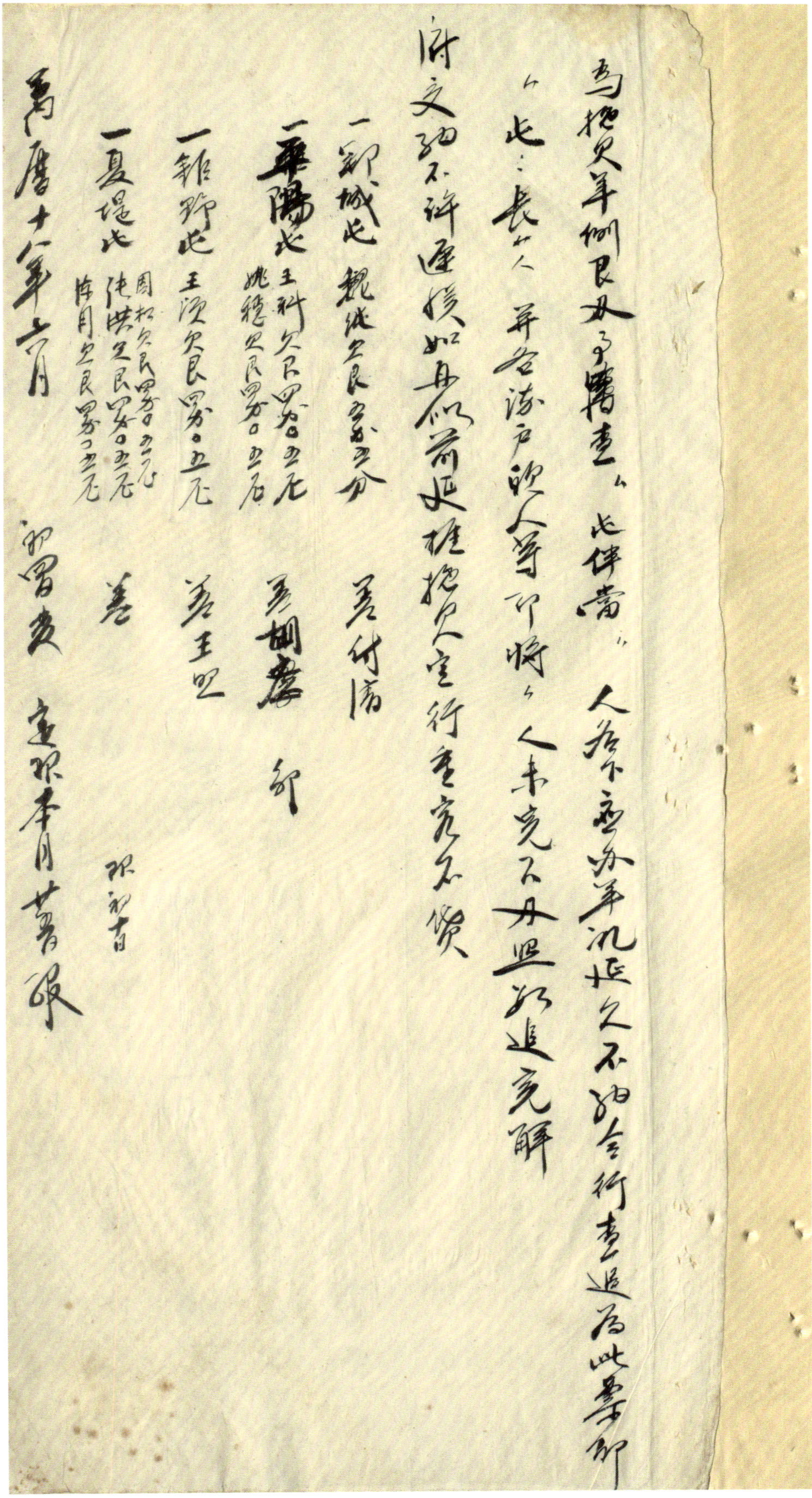

為拖欠年例銀兩事。照得[illegible]佃人等不應拖欠年例延久不納，合行查追，為此票仰
[illegible]屯[illegible]長[illegible]人并各該戶頭人等照依[illegible]人未完下項銀兩，即追完解
府交納，不許遲誤。如再似前延挨，拖欠之人定行查究不貸。
一 鄆城屯 魏紙欠銀五錢五分　差付[illegible]
一 華陽屯 王科欠銀四分五厘　姚穩欠銀四分五厘　差胡[illegible]　[illegible]
一 鉅野屯 王[illegible]欠銀四分五厘　差王旺
一 夏堤屯 周松欠銀四分五厘　張洪欠銀四分五厘　陳月欠銀四分五厘　差　限初十日
萬曆十八年六月 初[illegible]差　定限本月廿[illegible]繳

26.5cm x 50.0cm

爲催賣子花事票差李登前去鄆城縣即仰公同都說胡宣速將縣内收貯子花
揀年催賣且拘年各役所收官花俱有行將總帳是總不許差錯稍有私意致取
別議近况今時子花價銀已上一兩七八分遲速之間斟酌隨宜速賣不許拘泥推
諉候事如催過子花斤數并價銀若干陸續報來方差人來取務要秉公毋因徐
須而傷己潔速毋違

一票差家人李登

萬曆十八年六月　　初四日　　定限本月　　日繳

26.5cm x 50.0cm

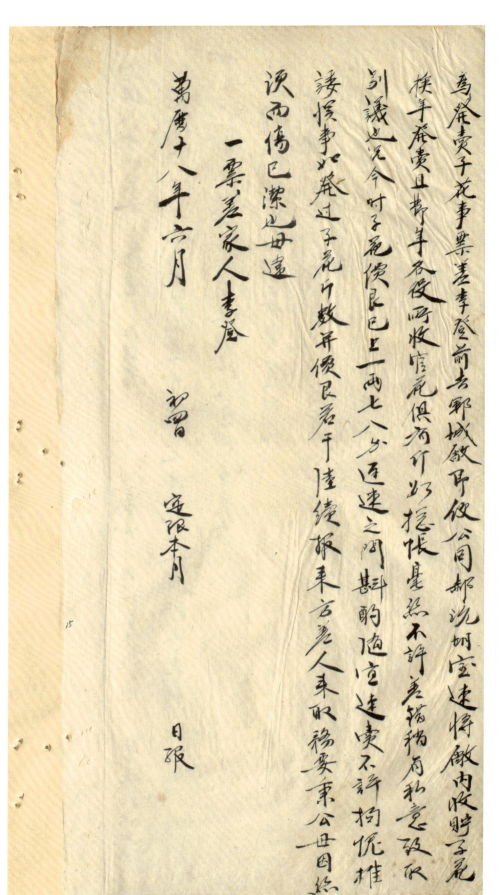

為奸猾佃户拖欠年例銀兩事本府佃户張聰等應辦年例延欠不納合行差追為此今

差本役前去該户鎖拿人等即將張聰等每名下欠銀四分五厘照數追完赴

府交納如不許違悞如再延緩定行重究不貸

計開全欠七名

張聰 胡連 李達 張見 李業 徐寬 蘇紀

半全

郭慶欠銀二分五厘 胡演欠銀二分二厘 王璘欠銀二分四分 王準欠銀二分五厘

王清欠銀九厘 蘇山欠銀一分 陳進欠銀一分八厘 史儒欠銀一分七厘

一票差佃當 劉堯 周朝用 胡炎 牛道

萬曆十八年六月 初八日 定限本月二十日限

26.5cm x 50.0cm

為奸猾佃戶侵欺事。據催分王準呈稱前事。據此，合行查追。為此，今差本役，即將
各戶戶頭畢寅等逐名速拘赴
府，聽候查追。據欠銀兩，不許遲延。如違，重究未便。

畢寅戶內欠一兩　胡米福、胡君望戶內欠一兩　郭九義、郭江戶內欠一兩
徐文亨戶內欠一兩五錢　宋進戶內欠一兩二分　高彬、高金戶內欠一兩
李志信戶內全欠　宋山戶內全欠　陳收戶內全欠　陳春戶內全欠　并十六年欠一兩
尋社全欠　劉穀全欠　阮世祖全欠

一票差

萬曆十八年六月　初八　日定限本月　廿　日繳

26.5cm x 50.0cm

公府票仰廟戶畢寬等各照後開花名前赴門上照票支領官麥速磨麵麩每斗淨重十五斤俱要
淘洗潔淨磨極細白麩交麩同原票繳不許延挨遲違重究

計開共三十二戶　共領麵麥一十二石

畢寬四斗　郭見四斗　韓隆三斗　尹世法四斗　劉彥二斗　兒隆二斗
胥忠四斗　王民二斗　陳守付五斗　呂庠三斗　陳進五斗　劉守成五斗
阮世科四斗　吳成四斗　劉敦三斗　王計儒五斗　顏慶五斗　田思義五斗
張見二斗　簡忠三斗　馮志候五斗　劉欽四斗　胡許三斗　王計政五斗
李節四斗　蘇守高三斗　李秉禮三斗　沈業四斗　李東周五斗　陳山三斗
宋夏四斗　半榮三斗

一票差伴當孔綱　正身　劉德

26.5cm x 50.0cm

萬曆十八年六月 十六 日發

各戶另給小票三十二張 定限本月 廿三 日限

票仰本戶人 即赴門上照票支領官麥速磨麵麩每斗淨重十二斤俱要淘洗潔

淨磨極細白麵麩交麩同原票繳不許延捱違悞如違重究

計開

其人領麥 斗

萬曆十八年六月 十六 日同大學給散各戶

26.5cm x 50.0cm

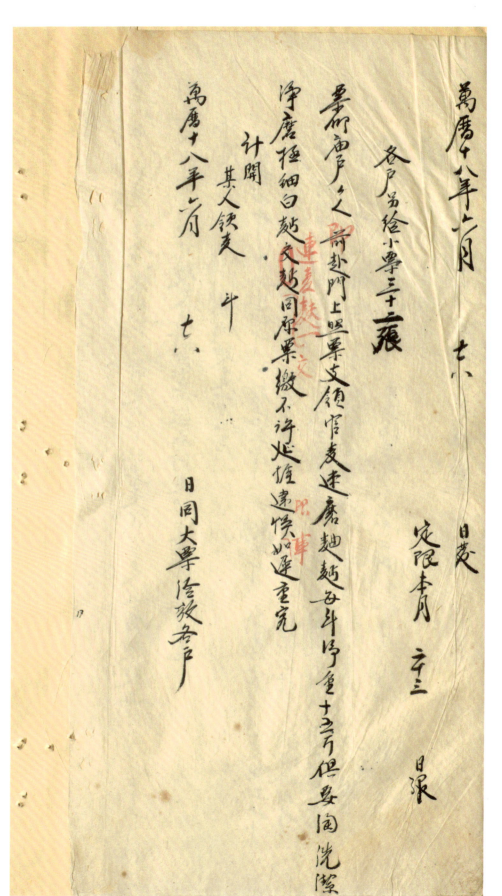

襲封衍聖公府爲極惡土豪逞兇肆奸不納分粮事據本府鄆城屯佃甲首蔡敖稱鄆城縣見管佃人陸廷愛捏架虛詞主令惡男陸守山假係曹州巨野縣民籍冒勝赴　巡撫都察院　巡按察院及　布政司告准蒙批懷濟道後詭辭案批　東昌府粮刑二所問理見今呼提乞行究報等因到府據此

案照萬曆七年五月初旬該本府備將佃戶陸廷愛抗欠夏秋分粮共該銀一百七十七兩三分及毆打公差緣由移咨　巡撫衙門已經批行　濟寧道轉行鄆城縣問明招解　兗州府復審欠銀供實發縣追還去後今據前因看得陸廷愛恃頑故欠租供分粮逞兇毆打府縣公差既經明究復行展轉妄告以產業擾塞異手府

26.5cm x 50.0cm

本府爰之以為訟階，繼而大肆刁詐，捏虛篇告，求批別府，其欺上玩法，蔑府甚于此
者。擬合重究正法，為此，合用手本前去
貴府，煩查先今事理，希將先發鄒城縣犯人陸廷爰仍行嚴提，重加究比，禁戢刁
奸，庶頑良得以速究，而健訟者知所懲戒矣。

一行兗州府

萬曆十八年　月　十五日　行

文副啓

26.5cm x 50.0cm

為慶賀事，要仰總甲諸文通即將常行水手劉通、諸得浦、富浦相、劉現、劉
見、尋或另揀選殷實水手，或南河佃戶，開具花名手本，轉齎赴濟寧聽候查
懸應役，不許異買利船、遲延誤用，如誤事，一併重究。

[illegible]揀殷實應役者

[illegible]不許誤事如違

一票差伴當胡嘍

萬曆十八年六月　十四　日　吏孫資　　日報

本年[illegible]

26.5cm x 50.0cm

襲封衍聖公府爲慶　賀事恭遇
萬壽在邇本府躬親赴京慶　賀所有座船合先查取爲此今差本役帶領總
甲諸文通等前往臨清西河等處封貼官民座船二隻連夜撑駕前來
濟寧河下灣泊听候乘坐應用仰沿途閘座及經過地方如遇船到即速
量撥閘夫十名以便拽送不許時刻遲悞以違重究
右牌差舍人于鯨等　　准此
萬曆十八年六月　　艽　　日遣行
定限次月四日繳

本年四次寫

26.5cm x 50.0cm

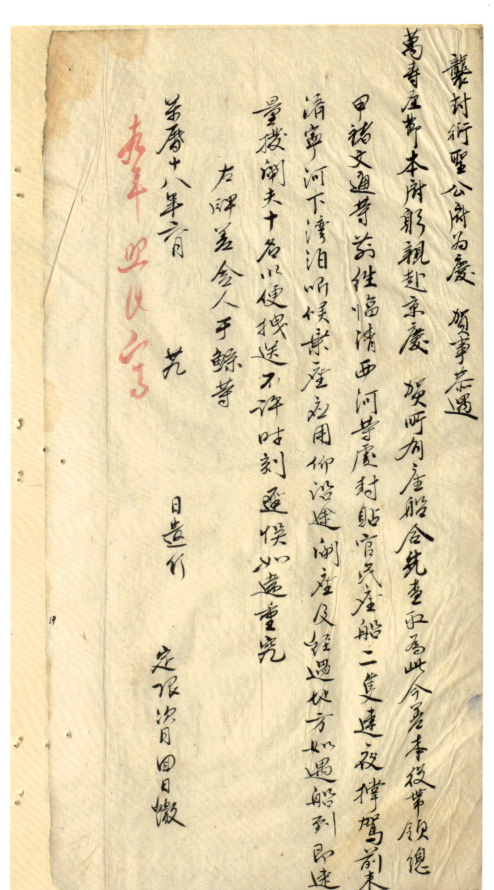

行傳牌

襲封衍聖公府為慶賀事恭遇
萬壽聖節本府躬親慶賀的於本月十五日卯時自曲阜縣起馬至濟寧州登舟由水路
赴京所據合用廩糧夫皂馬匹等項合先遣牌預備為此牌仰經臨後開衙門官吏照牌
事理即便查照原行勘合一體應付責差應接員役帶領接替遇夜多備燈火毋得
臨期悞事牌具不違依准候繳

一牌仰經臨有司軍衛驛遞巡司等衙門准此

萬曆十八年七月 十九 廿一 日遣行

牌至潞河驛候繳

26.5cm x 50.0cm

齎牌案一件

公府為慶　賀事今差本役齎牌赴京仰沿途經過州縣驛遞等衙門照票事理即撥

壯馬壹匹仍備飯食一飡以便速遞毋得臨期悞事取究未便

一票差　宋鏜

萬曆十八年七月　廿　日發行　定限次月初八日繳

夫馬牌

襲封衍聖公府為慶　賀事照得本府赴京慶　賀

萬壽聖節訂於本月廿五日　時自曲阜縣起馬由濟寧州登舟所據合用夫隸馬匹等項

26.5cm x 50.0cm

今先遣牌預備為此牌仰經臨後開衙門官吏照牌事理即撥後開夫馬整理齊備
責差應接員役帶領接替遇夜多備燈火毋得臨期悞事牌具不違依准候繳

計開 背

印官一員大轎一乘夫三班皂隸十八名槓三十擡鞍馬貳匹中馬叁匹馬快十名
軍牢八名吹鼓手一副 兩具全

一牌仰經臨各司軍衛驛遞巡司并衙門

萬曆十八年七月 二十二 日遣行

牌由曲阜滋陽昌平濟寧南城驛 候繳

26.5cm x 50.0cm

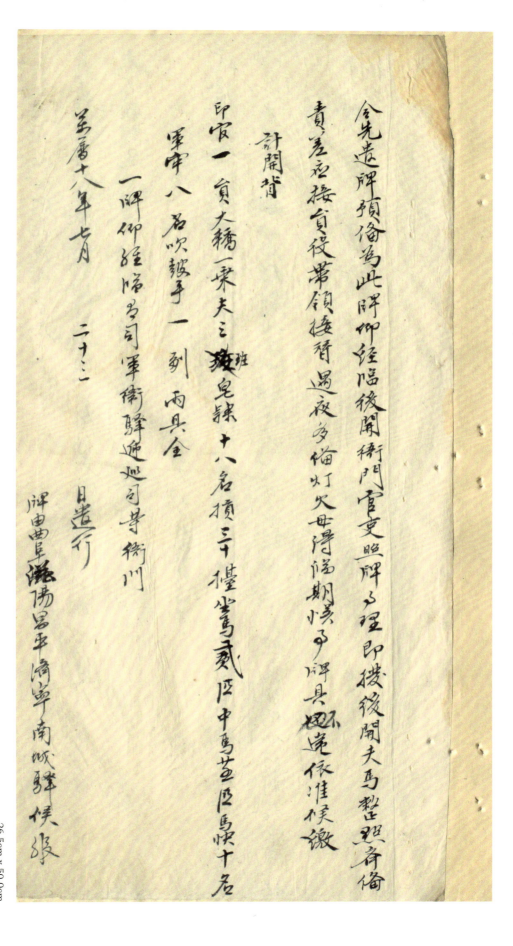

襲封衍聖公府為應付事恭遇
萬壽聖節例該本府躬親赴京慶　賀詣府應進
表文箱櫃及合用皂快人夫車輛舡隻等項案照先准
兵部被字一千六百三十号勘合實起馬匹抄黏連字十号
符驗一道依例廩給口粮水路站紅舡隻陸路車輛馬匹并家人八名俱支口粮應付脚力及議定
應付事例為此合行劄付本州照依劄付內事理即便查照定規仍分行前路官司一体
應付施行
計開

21

人夫百八十名　皂隸十八名　過關米一石三斗　馬快八名　吹鼓手二付

弓手十二名　大車五輛　門尉四名

一劄付濟寧州

萬曆十八年七月　廿一　日

本府為年例各節事票仰屯長王仲才票此收花支除逃將年例各節一百文即并各

排甲首嚴限比完查照舊額收解其逃絕戶人名下欠數就於相應人戶編補務

要如數完足不准掛欠如有故違著屯長王仲才就將本排甲首重懲或有奸頑者即便

鎖解赴府追處當本人等敢有通同推諉一併處治

佃甲首總并花戶

及徇情支調朦欠者

一票仰屯長王仲才

26.5cm x 50.0cm

萬曆十八年七月　廿一　日

交限　月　日

張

22

26.5cm x 50.0cm

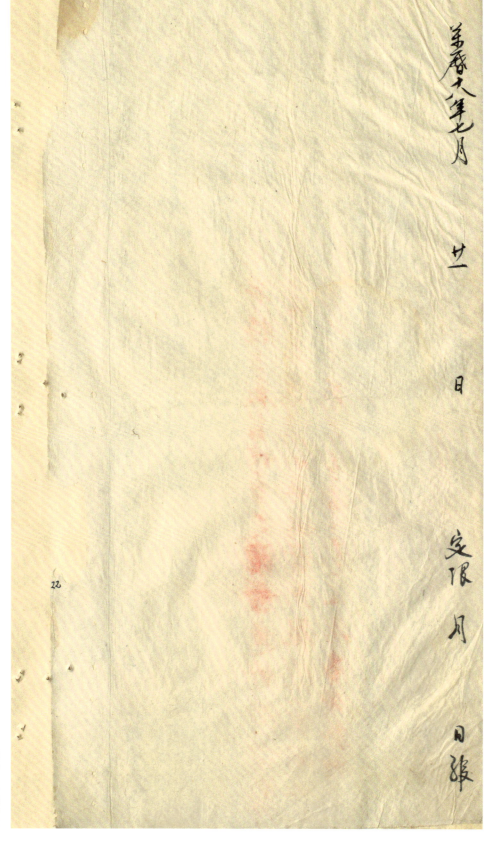

府爲徵收三廠秋租事，票差本役并牛頭徐孝、楊孟崇、徐廷和、馬寵，即將各廠官地見種秋季租粮逐一嚴催赴廠上納，不許遲悞。如有奸頑花户似前拖欠及自在地盜取，許去役即便鎖拏押解赴府，以憑追處施行，毋得延遲悞事。如違重究不恕。

并將三廠官地查丈明白造冊送府，不許

毫無隱漏，如再似前欠租，從重問罪

租人户花名年分完欠開報

萬曆十八年七月二十五日　定限九月　日完　張

一票差李登、胡宝帶領伴當

公府爲查收地租事，今差李登、胡宝管催鄆城、高平等廠官地并租，即便分投嚴催各該莊頭名下地户，速將該納租花租銀查照冊内數目上緊赴時赴廠上納。其舊欠租花租銀并地基新舊房銀及佃户應納年例布疋，俱各一體完報。我閱該屯，即使公同屯長王仲才設法

26.5cm x 50.0cm

違廢不許推諉怠慢亦不許仍前掛欠如有違悞定行究治

計開座頭五名

張桐　李奉　張邦應　張允　董彥周

一票差李燈胡宝帶領伴當

萬曆十八年七月　廿五　日　定限九月　完　日張

府爲供用事票仰鉅野屯管廠王諟屯長李綱即將本年年例布花查照各排花戶應納布花上緊催

完依限赴

府解納毋得違延悞事如有奸頑抗違指名呈來以憑法廢

23

26.5cm x 50.0cm

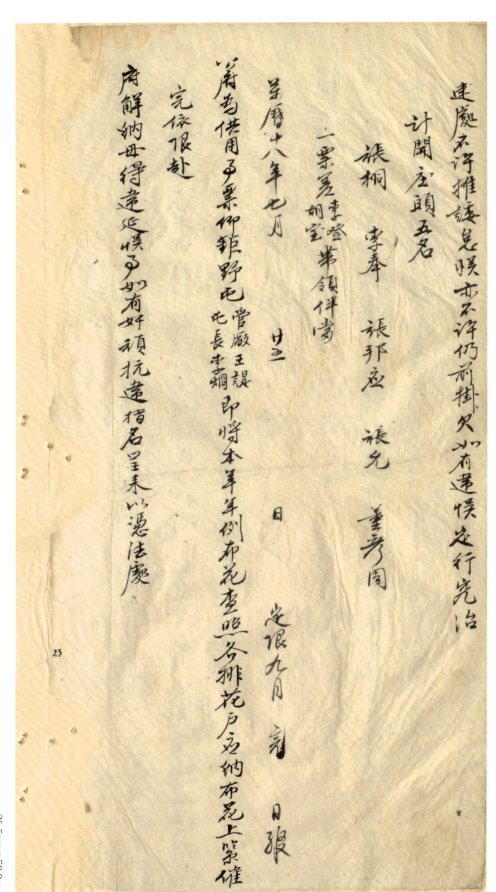

計開
一戶張智布三疋花六斤
一戶李道 李宅 布一疋花二斤
一戶劉艳布三疋花六斤
一戶李友布一疋花二斤
一戶王子五布一疋花二斤
一戶蔡進布三疋花六斤
一戶孟高布一疋花二斤
一戶伊寵布三疋花六斤
一戶于守節布四疋花八斤
一戶李守太 董京 布二疋花四斤
一戶孫綱布二疋花四斤
一戶李應奎布一疋花二斤
一戶仉君宣布四疋花八斤
一戶刘錫布三疋花六斤
一戶呂忠 呂孝 呂虎 布三疋花六斤
一戶張佃布二疋花四斤
一戶李前布二疋花四斤
一戶宣時布一疋花二斤
一戶尹臣布三疋花六斤
一戶趙文相布四疋花八斤
一戶李炳布二疋花四斤
一戶李逵 李順 布二疋花四斤
一戶徐河布四疋花八斤
一戶孫賢布二疋花四斤
一戶王高布二疋花四斤
一戶王世舉布一疋花二斤
一戶徐討先布一疋花二斤
一戶呂端 呂其 布三疋花六斤
一戶孟現布一疋花二斤
一戶穆表布二疋花四斤
一戶張世倫 張周 布二疋花四斤
一戶郜景布三疋花六斤
一戶許坤布四疋花八斤
一戶王景高 王貴 布二疋花四斤
一戶劉準布一疋花二斤

26.5cm x 50.0cm

一戶馬善布一疋花二斤　一戶王永濟 王海 布四疋花八斤　一戶劉京布二疋花四斤　一戶王佩布三疋花六斤　一戶高京布一疋花二斤

一戶姜虎布一疋花二斤　一戶趙京布一疋花二斤　一戶王明照布一疋花二斤　一戶楊選布一疋花二斤　一戶劉迎 劉文助 劉松 劉天增 布四疋花八斤

一票仰薛野屯　管廠王誤　屯長李嫺

萬曆十八年七月　二十五　日　定限九月　完　日　張

公府為借用事。票仰平陽屯　管廠夏澤　屯長王守恒　即將本年年例布花查照各排花戶名納布花上緊催完，依限赴

府解納，毋得違延。候到如有奸頑抗違，指名呈來，以憑法處。

計開

一排甲首許朝卿　許邦相布七疋花二十斤　卞天儒布七疋花十六斤　王時布一疋花二斤

24

26.5cm x 50.0cm

韓容布一疋花二斤
張祥布一疋花二斤
蔣金布二疋花五斤
陳思進布四疋花十二斤
鄭隆花二斤
刘廷召布一疋花二斤
一排甲首張嵩
賈登布二疋

李朝用布一疋花二斤
黃子信布一疋
白儒布一疋花四斤
李鈇布二疋花三斤
一排甲首王其
尹邦珠布一疋花二斤
張還布五疋花七斤
一排甲首鄒逑布三疋花六斤

一排甲首張錦
高尚禮布一疋花二斤半
周好學布一疋花二斤
劉申布二疋
王虎布一疋花二斤
胡秉魯布三疋花二十斤
姚仁布四疋
張浦布一疋花二斤半

張時進布一疋花五斤
李崇信布一疋花四斤
一排甲首陳伯萬
陳許布一疋花二斤
蘭自臣布五疋花十斤
陸鈇布一疋
刘思孝布一疋花一斤半
許昇布一疋

26.5cm x 50.0cm

王德布一疋花一斤　吕懷仁布一疋花三斤　楊記花二斤　諸君威布一疋花四斤
一排甲首王大明　王愷布五疋花十八斤　李金布四疋花十斤　王大明布四疋花十斤
劉芳布二疋花二斤　曹君平布二疋花二斤　曹位布二疋花二斤　王守路布一疋
李尚仁布一疋　一排甲首楊仲布一疋　苗科布三疋花三斤　苗秀布三疋花三斤
苗大常
段界　共布一疋
一票仰平陽屯　管厰夏澤
屯長王守恒
萬曆十八年七月　廿五　日　定限九月　完　日張

26.5cm x 50.0cm

萬曆十八年至萬曆十九年

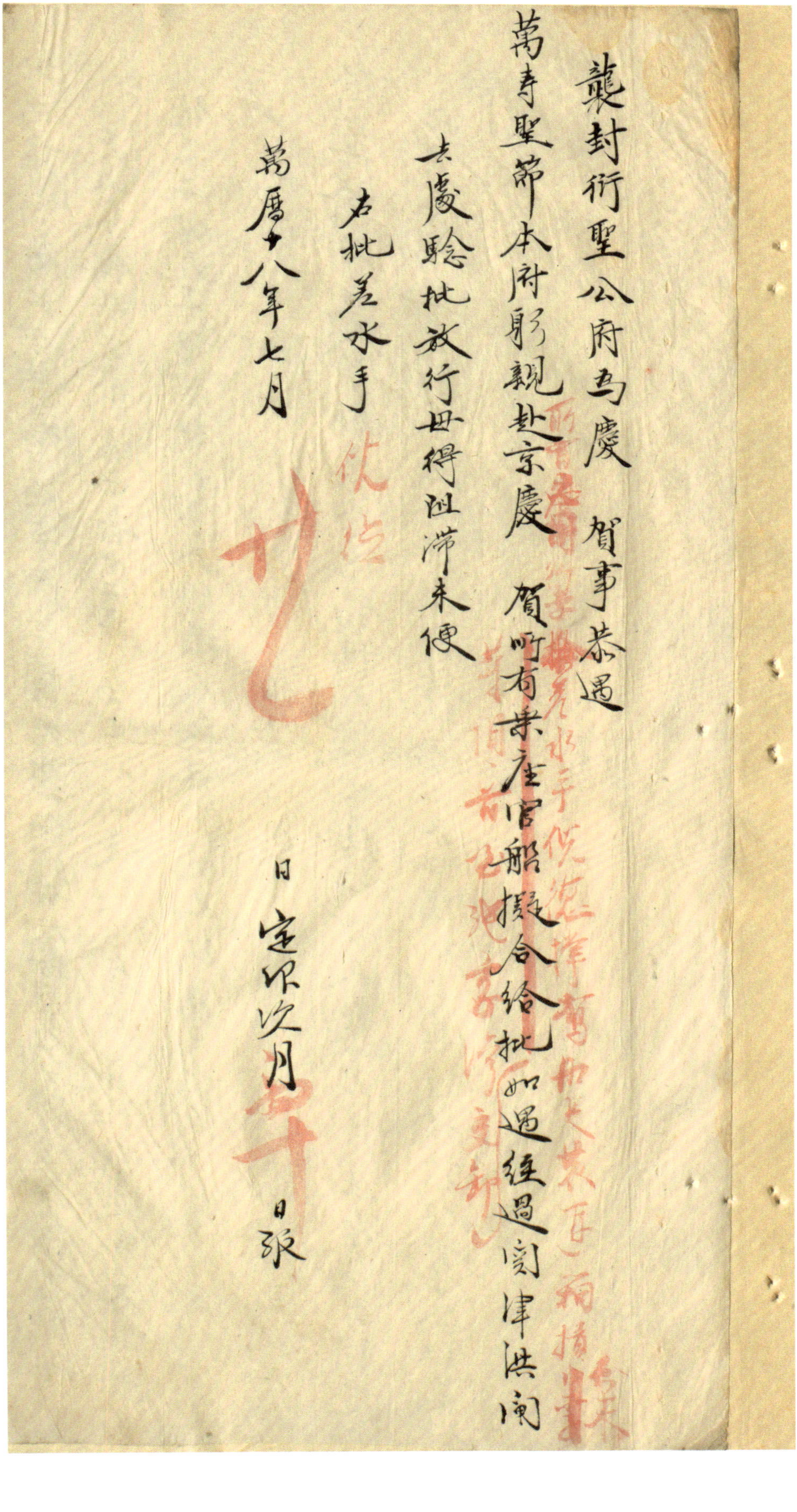

襲封衍聖公府為慶賀事恭遇
萬壽聖節本府躬覲赴京慶賀所有乘座官船擬合給批如遇經過閘津洪閘
去處驗批放行毋得阻滯未便
右批差水手
萬曆十八年七月　日
定限次月　日張

26.5cm x 50.0cm

公府示諭居民人等知悉本府東園地基許諸人起蓋房屋居住每間定以六尺以東園墻爲則至西長十二步爲止不許違越另築大墻照式建完每間照月納銀二分先具認狀赴門上及該管人役處投遞不許多占故諭

六月　　日諭

公府示諭居民人等知悉本府鐘樓門外地基許諸人起蓋房屋居住每間定以六尺每間照月納銀二分深長十步爲止不許違越先具認狀赴門上及該管人役處投遞不許多占故諭

七月　　日諭

26

26.5cm x 50.0cm

萬曆十八年至萬曆十九年

公府為傳徵租麦事照得本年二麦薄收一凡戶人應納租麦暫且停徵候來年豐收照數補
納各宜安心耕種秋禾毋得躲避致失農業如有積猾催收者許具實陳告罪究
一告示張掛　張陽　齊王　顔要莊　夏坨屯　汶河屯
萬曆十八年七月　日給

公府為發落賊犯事票仰酒掃戶刀頭宋　即將發去賊犯宋九安并宋智查收
攤派一應差役仍照具派過差數并收後回覲供認狀繳來不許扶捏虛為影射訪出
一体治罪決不輕恕
萬曆十八年七月　日

26.5cm x 50.0cm

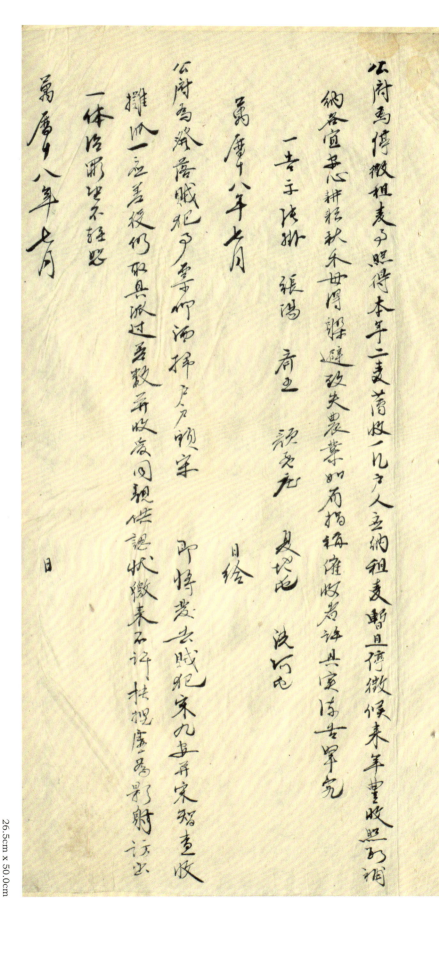

公府示諭管内外衙人役知悉賊犯宋九安已痛責革出其父宋鶴并皋子鈞口人等
俱不許擅入府門違者訪出一体治罪不恕故諭

七月　廿八日　諭

自一

起旱赴京夫馬牌

襲封衍聖公府為慶賀事照得本府赴京慶賀
萬壽聖節的於本月初七日卯時自天津衛楊村驛起馬由陸路赴京所據合用夫馬皂快等
項合先遣牌預備為此牌仰經臨後開衙門官吏照牌事理即擬後開夫馬
整點齊備責差應接員役帶領接替遇夜多備灯火毋得違期悞事未便

27

26.5cm x 50.0cm

萬曆年間衍聖公府處理催徵租銀等府務事稿簿

萬曆十八年至萬曆十九年

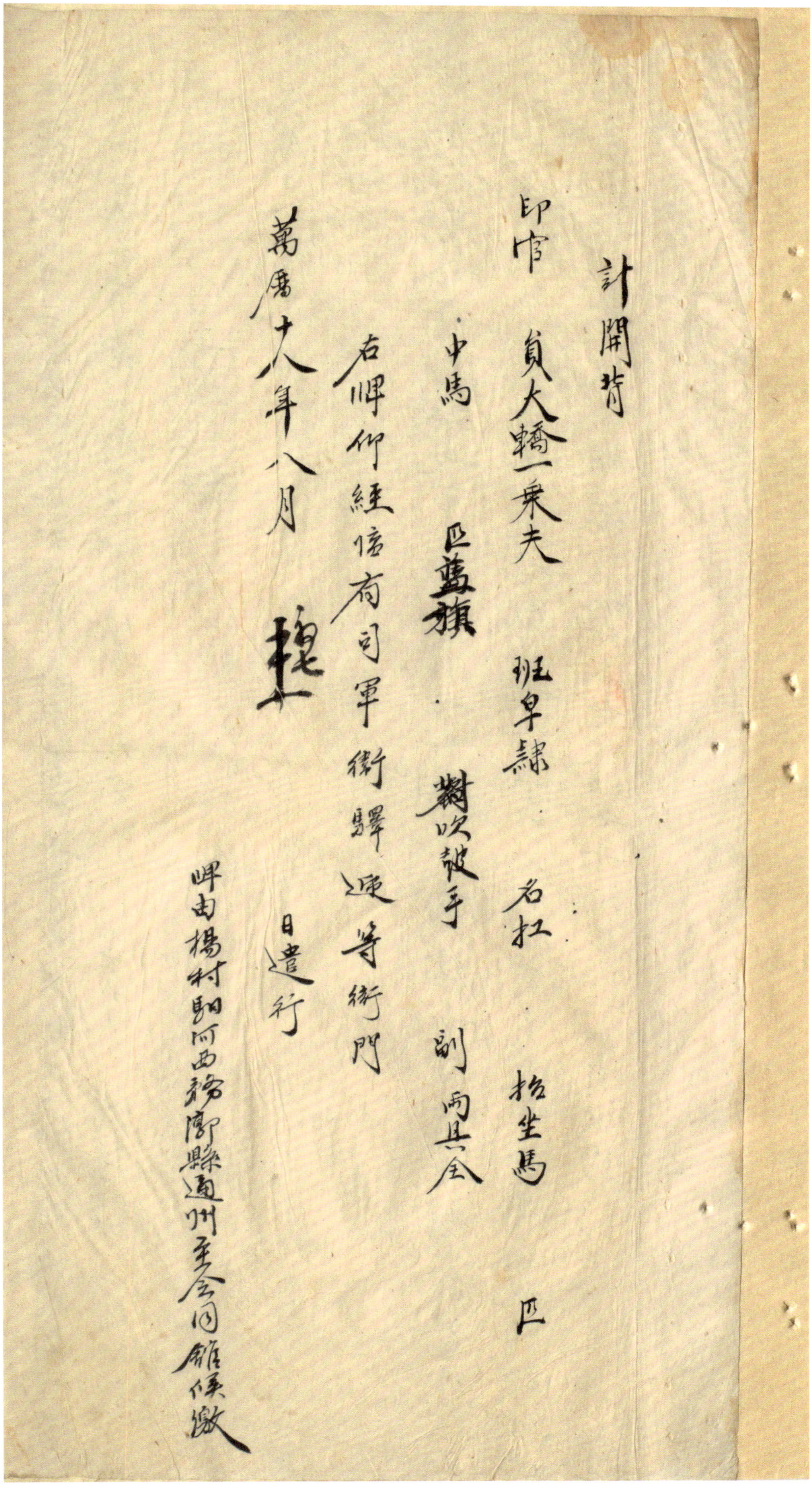

計開背

印官　負大轎一乘夫　班皁隸　名杠　抬坐馬　匹

中馬　匹藍旗　鼓吹鼓手　副兩具全

右牌仰經過有司軍衛驛遞等衙門

萬曆十八年八月　日遣行

牌由楊村驛河西務漷縣通州至會同館繳

26.5cm x 50.0cm

萬年例供用事，票差本役即便守催菜戶韓振等查照舊規，每日輪流辦送時鮮菜蔬

送府應用，不許遲悞，如前奸猾者定行重責不貸。

又下章　史得寧奉票

票差　肖書　于完

萬曆十八年八月　十四　日

襲封衍聖公府為祭祀事：據本府鉅野屯佃戶王鴻儒、吳守等告稱：原撥地土窄狹，不

敷耕種，各帶家小前往北直隸武清縣地方丁字沽居住，買賣遊手營辦祭祀錢糧，緣無

文憑，告乞執照使益。據此，合行批付本告收執，每年納糧換批，如有彼處地方火甲人等攀

28

26.5cm x 50.0cm

甯民差庄朝地夫護役不許擅派許執此赴官陳告聽究各佃戶亦不許分外生事取究
未便

計開

王鴻儒　吳宇　吳良仕　吳良行　李保　陳明　鄭仁　齊佑
王世仁　宣振　鄭寅　鄭楠　鄭桂　鄭棟　文英　沈志仁
沈志儒　孫計先　王成　王秀　吳邦家　胡家　韋奉　王邦
金保　劉鋭　陳仁　李宗安

一批付總甲王鴻儒吳宇等

萬曆十八年九月　　日　押

定限次年九月　中　日繳

26.5cm x 50.0cm

為公務事。票差本役前去丁字沽着落總甲王鴻儒、吴宇等，即將本年應解年例銀兩
查照定規，上緊催完，交納，不許違延。候事，如違，重究不恕。
一票差　尋相　郭槤
萬曆十八年九月　十三　日　定限本月　日限

水田頭行牌

襲封衍聖公府為慶賀事。照得本府慶賀
萬壽聖節事竣回府，的於本月十七日卯時自會同館起馬，由水路回府。所據合用
廩粮夫隸馬匹等項，合先遣牌預備。為此，牌仰經臨後開衙門官吏，照牌事理

27

26.5cm x 50.0cm

即便遵照勘合查付夫差應接負役帶領接替遇夜仍備灯火毋得悮期悮事咨具

不違依准候繳

一咨仰經過有司軍衛驛遞巡司等衙門

萬曆十八年十月　五　日遣行

咨由通州潞河驛至濟寧州南城驛候繳

又票

為慶賀事今差本役齎咨由府仰沿途驛遞官吏照票事理即撥壯馬一匹仍備

飯食一餐以便速遞毋得違悮取究未便

一票差快手陳于寵

26.5cm x 50.0cm

萬曆十八年十月　吉　日定限次月初　日限

襲封衍聖公府爲慶賀事，照得本府慶賀

萬壽聖節事務，的於本月二十四日辰時，自會同館起馬，由陸路回府。

所據合用夫皂馬匹等項，合先遣牌預備。爲此，牌仰經臨後開衙門官吏，照

牌事理，即將後開夫馬整點齊備，責差應接員役帶領接替，遇夜防備

燈火，毋得臨期悮事。牌具不違依准候繳。

計開皆

30

26.5cm x 50.0cm

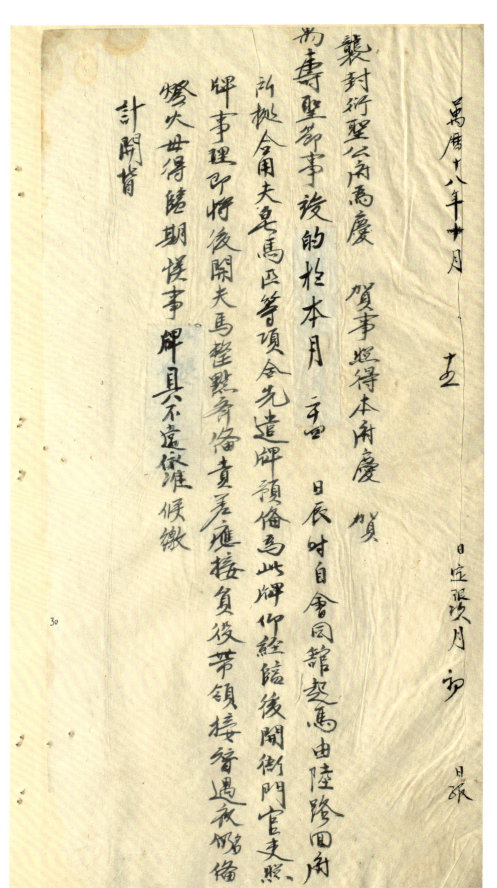

印官　員大轎　乘夫　班皂隸　擡坐馬　匹中馬　匹馬快　名

軍牢　名字　副兩具全

一牌仰經過有司驛遞等衙門准此

萬曆十八年十一月　平　日遣行

牌由良鄉固節驛涿州涿鹿驛新城縣汾水驛
雄縣歸義驛任丘縣鄚城驛河間縣瀛海驛
獻縣樂城驛富莊驛阜城縣阜城驛景州東光
驛故城縣武城縣臨清州清源驛候繳

26.5cm x 50.0cm

為奸玩脫役事，票差本役前去平陽屯著落屯長王守恒并該排甲首，即將極奸脫班伴當胡學

鎖拿，仍着差去役并甲首押解至臨清三等處治，并追工食，自七月起至十月終止四個月

銀兩一併同解。差去人役并管事人等毋得通同縱放支調，決不輕貸。

一提劄選此稿同

萬曆十八年十月　初七　日差管司伴當

26.5cm x 50.0cm

差本役着落戶頭畢寬并畢用畢成畢忠等即將逃田佃當畢茂火速
嚴拏赴　府先責　板收禁馬房聽候發落敢有通同縱放一併究
治不恕

萬曆十八年十月　初七　日發

一票 差本役并戶頭袁仲義速將本年租炭貳千伍百斤預先備辦送門上寄收
完足叫候回　府查稱聽收如有頑猾之人單送門上重打比追不許拖延如違者人役通同
延捱遲誤併處不恕
查有拖欠田租一併催完納

一票差畢洪

26.5cm x 50.0cm

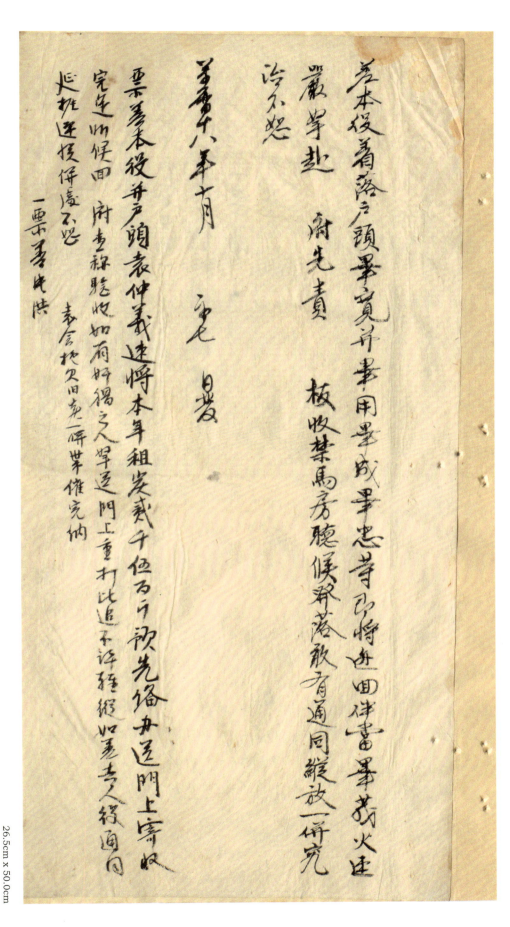

萬曆十八年十月　廿五　日

爲徵收房分事票差本役前去各亭鎮守催小甲李墉等速將本年四季房分銀六十兩二錢四分一併催完開具一年本甲欠十甲等赴府完納敢有延挨奸詞定行罪究不恕

一票差

萬曆十八年十月　廿書

完限十二月　日繳

繳　午呼批

32

26.5cm x 50.0cm

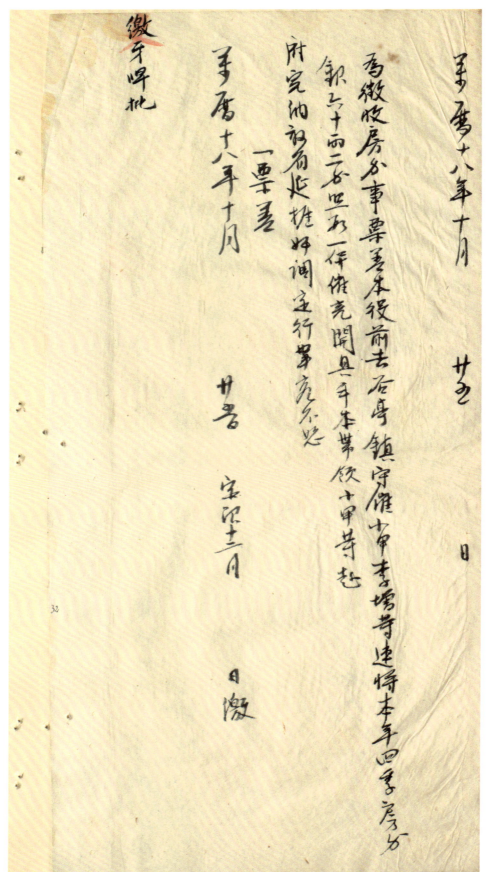

萬曆十八年至萬曆十九年

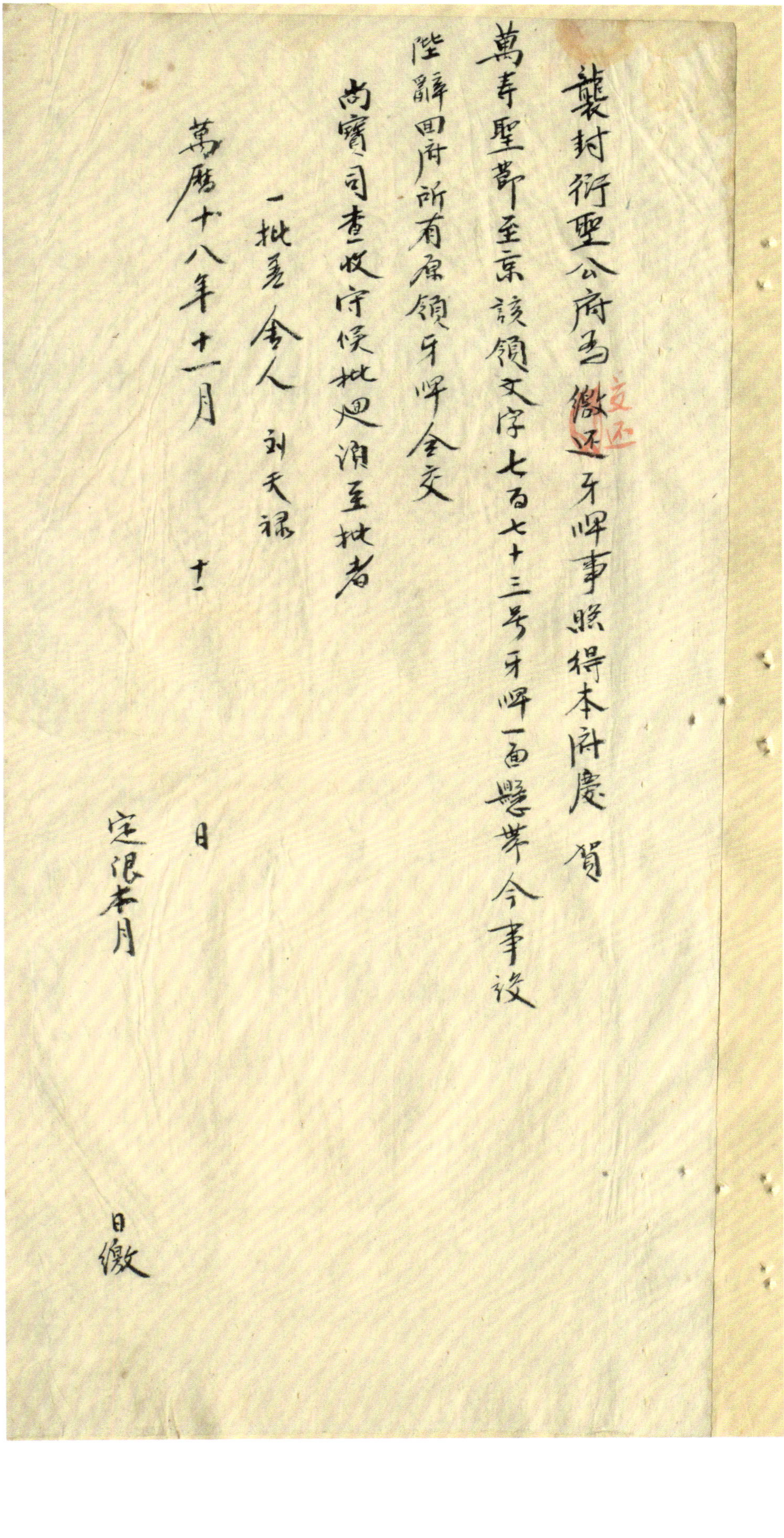
襲封衍聖公府爲徵還牙牌事照得本府慶賀
萬壽聖節至京該領文字七百七十三号牙牌一面懸帶今事竣
陛辭回府所有原領牙牌合交
尚寶司查收守候批廻須至批者
一批差舍人 劉天祿
萬曆十八年十一月 十二 日
定限本月 日繳

交还

26.5cm x 50.0cm

公府為年例供用銀兩事：票仰某屯長并甲首人等即將本屯各花戶該辦

年例供用銀共　兩　錢，查照舊例，逐一徵完，依限解府上納。如稍有違延，

即便類來重治，毋得怠緩，取究未便。

一鄆城屯銀八十七兩　差屯長王仲才

一鉅野屯銀六十七兩　差屯長李嫻

一平陽屯銀六十七兩　差屯長王守恒

一東阿屯銀二十七兩八錢　差屯長張汝臣

一獨山屯銀二十七兩五錢　差屯長王守岩

33

26.5cm x 50.0cm

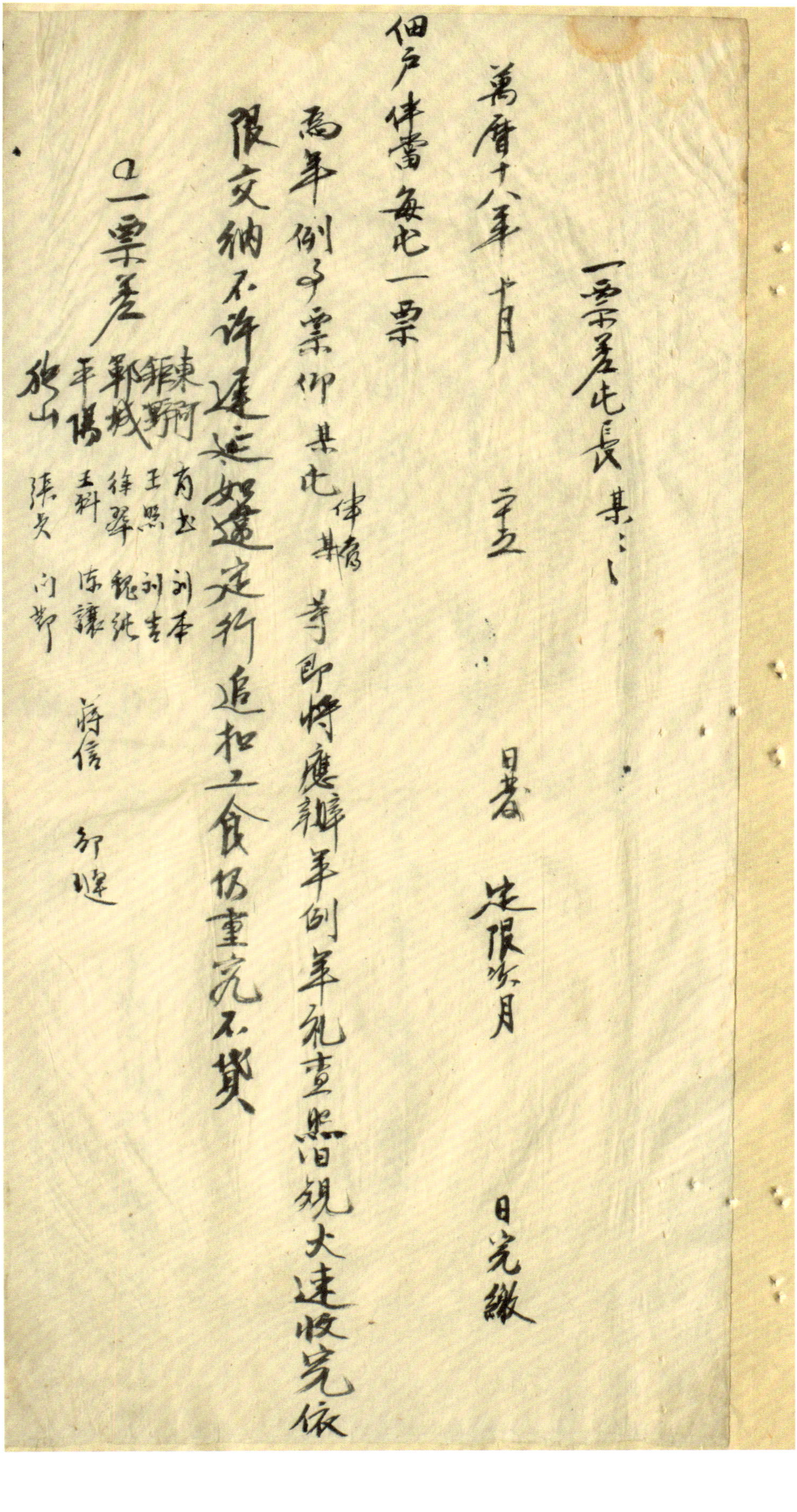
一票差屯長某某
萬曆十八年十月二十五日巻 定限次月日完繳
佃戶律當每屯一票
為年例事票仰某屯 律某 等即將應辦年例年孔壹照舊規大達收完依
限交納不許違延如違定行追和工食仍重究不貸
一票差
東阿 肖表 劉本
鉅野 王照 劉吉
鄆城 徐翠 魏紀
平陽 王科 陳讓 蔣信 鄒璉
獨山 張奂 閆鄙

26.5cm x 50.0cm

一畨戶倂當兵老家人一稿

爲單例事票仰陳其、陳鉞已將應辦事例等項盡照舊規火速收完依限交納，不許遲延，如違定行重究不貸。

〇一佃戶倂當卞化等　猪十口　分差各屯倂當

〇一畨戶倂當陳其等　猪十口　差陳其　劉堯　胡尖

〇一老家人段月等　猪五口

一畨佃戶人畢寬等　猪十四口

一畨戶人韓隆等　雞一百隻

34

26.5cm x 50.0cm

萬曆十八年至萬曆十九年

爲案例事票仰後開洒掃户畢寬等即將應納羊猪查照舊
規上納催完赴
府交納應用不許違延悞事如違定行重究

計開

畢寬户内猪一口　陳春户内猪一口　郭堯義户内猪一口　陳恆户内猪一口

李直户内猪一口　胡天福户内猪一口　高彬户内猪一口　宋進户内猪一口

徐大才户内猪一口　李志信户内猪一口　孫春户内猪一口　西王義户内猪一口

宋山户内猪一口　王守福户内猪一口

爲案例事票仰後開洒掃户韓隆等即將應納羊雞查照舊規上納催完赴
府交納應用不許違延悞事如違定行重究

26.5cm x 50.0cm

計開

韓隆二隻　劉善二隻　胡天福二隻　尹安恩二隻　孔榮二隻　李冠二隻　薛友二隻

李芳二隻　高真二隻　陳道二隻　貴时二隻　劉勤二隻　楊任二隻　周敎二隻

畢寬二隻　陳興二隻　李志信二隻　楊自平二隻　郭元義二隻　李宗智隻　馮寧二隻

孟伯能二隻　宋林二隻　胡仲良二隻　李大讓二隻　尹收二隻　孔松二隻　劉仲儒一隻

牛進孝二隻　宋齊二隻　劉峯二隻　宋義二隻　梁成二隻　雷電二隻　徐文二隻

宋舟二隻　徐利二隻　李友二隻　趙何一隻　段翔二隻　董士讓二隻　李能二隻

于会二隻　宋友賢二隻　蘇四二隻　藺道二隻　王守祖二隻　田登二隻　馮志二隻

李志学一隻　李安二隻　陳春二隻　孔名遠二隻　王敘祖二隻

35

26.5cm x 50.0cm

一票差伴當

萬曆十八年十月　日安限次月　日繳

襲封衍聖公府為慶　賀事照得本府慶　賀

萬壽聖節事竣由水路至臨清的於本月十六日本府自本州起馬由陸路回府所有

應用夫隸馬匹車輛等項合先遣牌預備為此牌仰沿途經過衙門官吏照牌

事理即將後開夫馬等項整點齊備責差委接員役等領在於本衙門伺

候按程接護遞送多備灯火以便遞行毋得臨期悞事牌具不違依准係繳

計開背

26.5cm x 50.0cm

印信
賀大轎一乘夫　班中轎二乘每乘夫　班外轎一乘夫　班
皂隷　名扛　擡坐馬　跟中馬　跟馬快　名
吹手　付大車二輛　兩具名
右呼仰經臨有司驛遞等衙門
萬曆十八年十二月　初十　日　遞行
呼由臨清州清陽驛掛年縣銅城驛東阿縣舊縣驛東平州東原
驛汶上縣新橋驛濟寧州南城驛暫繳

26.5cm x 50.0cm

襲封衍聖公府為慶　賀事照得本府慶　賀
萬壽聖節事竣的於本月廿七日辰時自濟寧州起馬回府所有應用夫隷馬匹等
項合先遣呼預備為此呼仰經過後開衙門官吏照呼事理即將後開夫馬等
項遵照齊備務要應接負役帶領接替遇夜多備燈火以便連行毋得悞期
悞事呼具不違依准候繳
計開背
印官　乙負大轎一乘夫
一呼仰經過滕縣軍衛驛遞等衙門

26.5cm x 50.0cm

呼由濟寧州南城驛汶陽驛昌平驛曲阜縣

催徵

襲封衍聖公府為清查房租以杜侵欺事查得本府在城及各關廂官房地基租銀
節年拖欠甚多管收人役未見報完顯是通同作弊而原催胡仁漫不經心專可
支吾俱應重治追賠姑念清算明數聽候細查另行嚴追外合行出給告示曉
諭任房人等知悉自本年正月初一日為始其應納房錢按月納完管收人役按
月收完開具手本赴即解府如任房人等故有違延指名呈來以憑拿究如管
收管催人役若仍前緩怠違限徇情悞事的定行一体重處決不輕貸

37

26.5cm x 50.0cm

一告示敕樓門外大街張掛

萬曆十九年正月十八日給

計開醮壇用金銀

張陽庄二十五把　齊王庄二十把　魯原庄二十五把

春亭庄十五把　西岩庄十二把　棧王庄十二把

南池十把　華南庄五把

八座共取金銀一百二十五把

26.5cm x 50.0cm

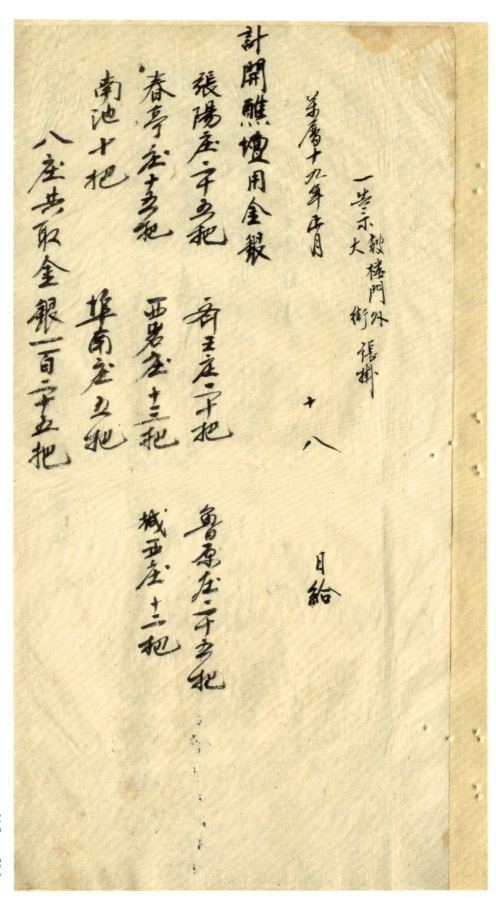

告　六　日限二十二日送完

公府示諭租住本府官房人等知悉速將原欠萬曆十八年應納房租銀兩俱照

月分同本年銀每月一併帶納不許拖欠敢有延調定行拏究管催管收人役并

或緩縱即係通同定行一体嚴懲故示

闕大街鼓樓城隍廟張掛

告　六　日示

38

26.5cm x 50.0cm

萬曆十八年至萬曆十九年

票仰鉅野廠即將發去官號卷箱照式速做九箇務要多加釘鰾輕妙堅固每
箇仍用籃袱套或皮套尤可定限五月內送府不許悞用交箱票繳
硃筆如似高梅楷做椅盌伐官樹作弊茍利私囊或拉花官粮查出
另有處治

萬曆十九年五月　十　日

26.5cm x 50.0cm

計開

東廟東大墻北大墻應築尺丈并派定各屯堵數就委各該屯家人率領甸人
等各帶築墻榜杵杴钁等物定限二月初九日興工其墻高厚照依式樣嚴
令各屯照式速做墻樣各一付以便分工速築務要堅固經久不許草率減工
完之日各將築過丈尺堵數用石刻寫鑲在墻上以便稽查如有怠損工程及
墻不堅者定行究治不貸

洸陽屯壹百柒拾伍尺
魯原屯壹百伍拾肆尺
齊王屯壹百肆拾尺

發屯李鉞帶領小甲崔楫 郝守才等
發屯黃潘帶領小甲郝守廉等
發屯李鉞帶領小甲李崇敬 郝坤等

26.5cm x 50.0cm

西岩屯捌拾肆尺　　魯屯侯洪敬等領小甲王東魯等

城西屯柒拾尺　　齊屯侯叟等領小甲李閏等

春亭屯柒拾尺　　魯屯陳俊等領小甲畢忠等

後作屯百伍拾肆尺

正月　二十一　日

為奸猾庙戶抗違不納年例備銀事擬原催律當王準呈前事

計開欠銀花戶九名

陳春　宋山等　陳收　宋進　郭書　畢寬　劉相　李大明　胡思中

26.5cm x 50.0cm

萬曆十九年十二月　二十九　日差　定限次月初三　日繳

為奸猾抗違不納儲銀事，拘原催佃首張梓等星前來。

計拘欠銀花戶名若

張星　孔有仕　宋玉　高思文　李上信　張智　高登　趙西孝　宋行

阮守相　翟興　何守仁　劉德　劉奉　張和　劉東魯　阮大仁　歐如

劉興魁　孔守信　張廷　張玉　高仲德　張文智

萬曆十九年十一月　廿八　日差　定限次月、初二　日繳

26.5cm x 50.0cm

票仰抄報撲兒馬丁彥詩今將發去本年。春季壹季。自正月初一日起至閏三月
終止銀（壹季工食）貳兩 正月初一日起至閏三月終止計開十八個各照數查收具領收繳

萬曆十九年二月　　立　　日差管勾佳當

差龐惠催收濟寧官完店房房錢遵限完納如有奸頑拖欠延捱不納者
執此告追本役敢有通同侵費租銀定行追究重治決不輕貸
予四季交納遵限畢近例
壹克二十

萬曆十九年二月　　初四日差龐惠

定限十二月　中　繳

26.5cm x 50.0cm

一件禮儀手札付濟寧州札生賈夢祥領訖
萬曆十九年二月十七日給

襲封衍聖公府為侵欺官銀事今差各役前去不分遠近州縣鎮店集場慶親等處嚴拏脫逃犯人陳業并親男陳情等各正身限在目下得獲解府以憑追處如有土豪窩藏把持占恡就便於該州縣陳告添差人役拏解立等究問施行去役不許在彼遷延受賄縱放訪出一體究罪

計擬拏犯人四名

26.5cm x 50.0cm

陳策　陳情　陳剛　小殿氣

一牌差快手班 劉吉 劉科 王選 王照 并親屬 陳雨 王應兆 陳位 陳進 等

萬曆十九年三月　智　日　定限本月初十日繳

公府為查報地土事。仰鄆城屯長王仲才即將闔屯祭田地土，責令十二排甲甲首花户

人等各開實數，類造草冊一本，連夜差人封固解府，以憑查對議處施行。毋得毫釐

隱匿遺者，查出重究，地土入官，坐罪不輕貸。

一票差伴當門節

26.5cm x 50.0cm

萬曆十九年六月　押　日　定限本月十二日繳

爲公務事。今差本役，票仰鉅野、鄆城、平陽屯屯長李炯、王仲才、王守恒，照票事理，即將本屯見年甲首每名下催辦銀六兩，作

算本年分夏糧，依限類完，倫聽候差人置買進

貢馬匹應用，毋得遲延取罪未便。

計開

一鄆城屯十二甲首，共銀七十二兩。收良貳拾壹兩，又收五十壹兩完。

一鉅野屯十甲首，共銀六十兩。收良貳拾貳兩四錢乙下，七月初九日又納良三十七兩五錢九分。

一平陽屯八甲首，共銀四十八兩。全欠

一票仰

鉅野屯屯長李炯

鄆城屯屯長王仲才

平陽屯屯長王守恒

42

26.5cm x 50.0cm

萬曆十九年三月　初九　日　定限本月　日繳

襲封衍聖公府為慶　賀事。今差各役前往臨濮會置買進　貢

萬壽聖節馬匹，仰經過關津把截去處驗批放行。如臨濮不便，仍往河南潼關等處訪買。各該關隘一體遵照

施行，毋得阻滯。

一批差舍人　劉邦勇　王諟　伴當　范詢　徐翠　李行

萬曆十九年三月　十五日　定限次月　回　日繳

26.5cm x 50.0cm

為公務事今差舍人劉邦彥王謨等前往河南潼關臨濮等處置買進貢馬匹公幹仰鄆城屯屯長
王仲才鉅野屯屯長李炯平陽屯屯長王守垣如遇本役到屯查照舊規各撥人夫四名脚力二頭往回伴
護馬匹一應盤纏仍管顧草料俱毋違錯未便
一票差伴當徐翠等
萬曆十九年三月十五日 定限本月二十五日繳

43

26.5cm x 50.0cm

為供用事今差本役前往泰安州買辦香椿芽着落佃戶張來安廟戶王守禮即同去
從查照舊規揀擇頭查肥嫩真正香椿芽共三百斤送
府應用不許將別樣假芽一槩搪塞湊數取罪未便　五庄每庄六十斤

一票差伴當張寅　尋相

萬曆十九年三月　花　日　定限次月初五　日繳

票仰看宅家人劉天祿即撥空房一間候孔貢生到京寓住了畢繳票查
考須　莱亭

萬曆十九年閏三月　初一　日　定限次月　回　日繳

26.5cm x 50.0cm

襲封衍聖公府爲清查祭田事照得鉅野屯地土年久未經均丈被無知之人詭計影
射作弊甚多以致軍民混頼殊失額數查爲未便爲此合行出給告示曉諭
祭屯甲首户頭人等各將本户原業地共若干頃畝逐一丈量實數或自種若干
賣與佃户軍民某人若干俱要明白開具結狀投赴該屯屯長李烱查收按
數清丈或真或差明註結後仍備造手冊一本并結狀呈府覆查若各户復
蹈故轍詭計爲奸隱瞞分釐地土者許地鄰及諸人指實訐告查審不
虚本犯重究地土入官丈地人等以違坐懲治決不輕縱
一告示鉅野屯張掛

44

26.5cm x 50.0cm

萬曆十九年閏三月 [illegible] 日給

公府為清查祭田地土事照得鉅野屯祭田地土雖有冊籍今經年久未行清查中間多
買承種已多更換不合舊冊殊為未便為此牌仰屯長李烟照牌事理即便拘齊
槩屯甲首戶頭人等逐一清丈查明要見原業主某人地若干頃畝見在某人承
種細註軍民籍貫明白開造清冊一本星速呈來不許朦朧徇私取罪不貸
若覆查有弊定行重懲仍枷號示衆

一牌仰屯長李烟

萬曆十九年閏三月 初一 日發行

26.5cm x 50.0cm

萬拖欠價傳役夫銀事查得鄆城屯王默先領官馬壹匹該價銀貳拾兩正
久不納原懇工夫壹名自萬曆十年三月初十日起至十九年十二月終止共該一
百貳拾一個月零二十日每月一兩共該傳役銀一百二十一兩八錢拖欠不行解銀顯是
該屯管事人役通同作弊情委可惡擬合查追為此票仰屯長王仲才佃甲曾登
併拘該户頭速將王默王鯨正身嚴拏解
府以憑追處不許通同延緩狥私故縱取罪未便須至票者
萬曆十九年閏三月十五日發行　定限本月十九日繳
一票差伴當梁松

45

26.5cm x 50.0cm

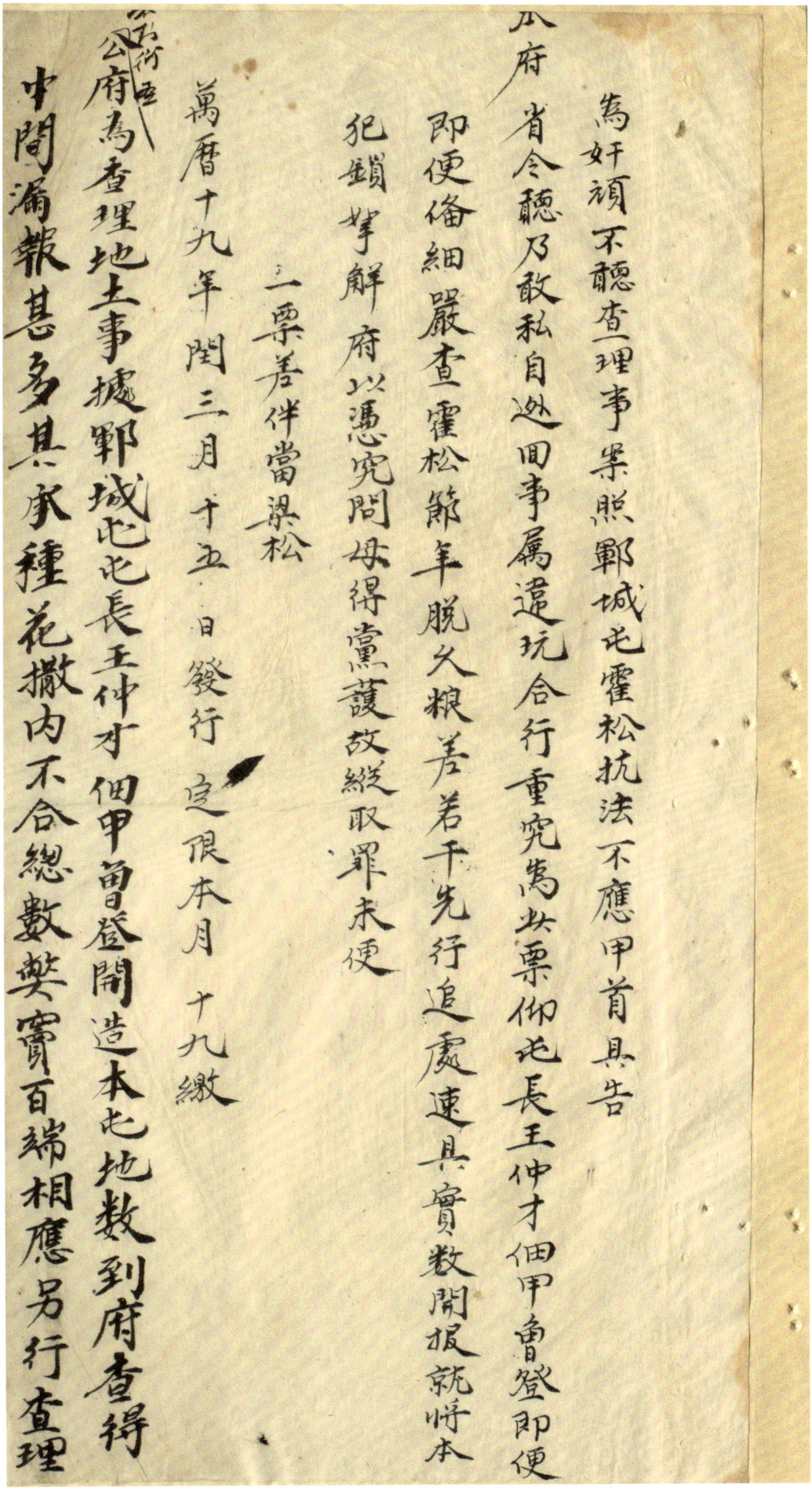

為奸頑不聽查理事。案照鄆城屯霍松抗法不應，甲首具告

本府，省令聽乃敢私自逃回，事屬違玩，合行重究。為此票仰屯長王仲才、佃甲曾登即便

即便備細嚴查霍松節年脫欠粮差若干，先行追處，速具實數開報，就將本

犯鎖拏解府，以憑究問，毋得黨護故縱，取罪未便。

一票差伴當梁松

萬曆十九年閏三月十五日發行　定限本月十九繳

公府為查理地土事。據鄆城屯屯長王仲才、佃甲曾登開造本屯地數到府，查得

中間漏報甚多，其家種花撒內不合總數，弊竇百端，相應另行查理

26.5cm x 50.0cm

除差人逐段丈量外合行出示曉諭鄆屯佃戶人等知悉有知隱瞞實數
許報者就將其地給與本人永遠為業本犯從重治罪亦不許枉捏妄報者若
有涉虛一體嚴究定不輕貸須至告示者
一張掛鄆城屯

萬曆十九年閏四月 廿九 日給
六月初五日發去

為清查漏報地土事票仰鄆城屯公直佃戶錢耕 井世爵 侯萬言 張玄即便行查本屯地土蕭皮口
野猪腦黑虎廟楊家橋等處原汶上縣均丈寘字宙洪荒四號內外各零邉佃
戶地土逐段照名細查從實開報以憑覆勘如有作弊支吾定行重治決不輕恕

26.5cm x 50.0cm

須至票者
一票仰公直佃户 候萬言 錢耕 并世爵 張言 張允 李彦 王宗周
萬曆十九年四月　廿九　日發行　定限次月　日繳上司指發去
為查理地土事票仰本役即便會同屯長王仲才佃甲曾登連將本屯地土每排甲丈量
二三十段開具開長各若干步筭成畝數報
以憑查對若有窺弊另行提究不許徇私通同訪出一體重治
一票差
萬曆十九年四月　廿九　日發行　定限次月　日繳
府

26.5cm x 50.0cm

票仰舉事孔公源即將未完林墻速令各戶戶頭人等查照原派工程上緊脩
完開具完工手本呈　府查驗如有延捱悞事的即指名呈来以憑究治
施行不許通同徇情遲悞
一票仰舉事孔公源
萬曆十九年閏三月　十三日　定限次月初一日繳
着老家人張月即拘各戶幼丁七八歲以上十六七以下人丁通開具花名手
本定限四月初一日辰時俱赴　府投遞听候揀選敢有隱瞞親丁或顧

26.5cm x 50.0cm

覓禿瘸瞎病之人搪塞充點查出定將本役重責四十枷號卌張月通
同作弊扶同了事亦重責三十如有違限後到的一併處治決不輕宥
閏三月　二十三　日差
定限四月初一　日繳
~~票差家人~~　前
票差家人　前往鄆城也發賣官糧子花如祿糧時價相應子花斤價可責連夜據實
開價報來聽候批示即開倉房平支發賣不許隱弊一面速于各排甲抽丈祭田一面啟內
急為稱量發賣庶得併行不相悞事矣務宜盡心處辦毋以徇情憒事事完之日備

26.5cm x 50.0cm

造抽丈過各排地段實數草冊，并發賣過稞糧子花斤數，同收過各價銀，清開手本交
繳，不許錯悞違慢。

一票差家人

萬曆十九年閏三月　日　定限次月　日繳

爲查收租麥事。今差家人郝沉、胡宝前往鄆城廠收官地租種二麥，着落大甲張實
并小甲牛頭人等，速將應收二麥并租麥上緊催完，晒颺乾淨，運赴官倉收貯，開具實收
數目手本回報，毋得市恩徇情，通同花費。如違，查出一體究治，須至票者。

一票差家人　郝沉　胡宝

26.5cm x 50.0cm

萬曆十九年四月十八日定限次月四日繳

衍聖公府為知情盜典官地事查得張陽庄小甲鄭守才崔棟玩法擅將本府官地盜典與人耕種共一頃六十畝零近已審明丈量地數明白除將二犯另行究處外其私種官地各家亦係知情法宜坐罪姑且寬宥但地內種麦六十六畝零即今成熟自合本府收割為此出示曉諭種地軍民人等知悉前地所有春耕者九十五畝零如願承種者每畝納穀壹石草廿束各具租狀赴府投遞候批該管人役至秋查收其見種二麥本府即令差人管收其鄭守才等曾受典價省令各家徑自向伊取討如執迷阻當而通同盜典情罪照然本府定行移文法司從重擬罪決不輕縱

26.5cm x 50.0cm

一告示張陽庄張掛

萬曆十九年四月　初十　日給

告示　押

為看守官園事票差小甲畢用看守果園不許縱容奸人盜竊官果及折伐樹木敢有違因定行追究其園內培植樹株栽補各色果樹供要宜時料理如有怠惰或荒蕪果園重治不貸

萬曆十九年四月　十一　日差小甲畢用

26.5cm x 50.0cm

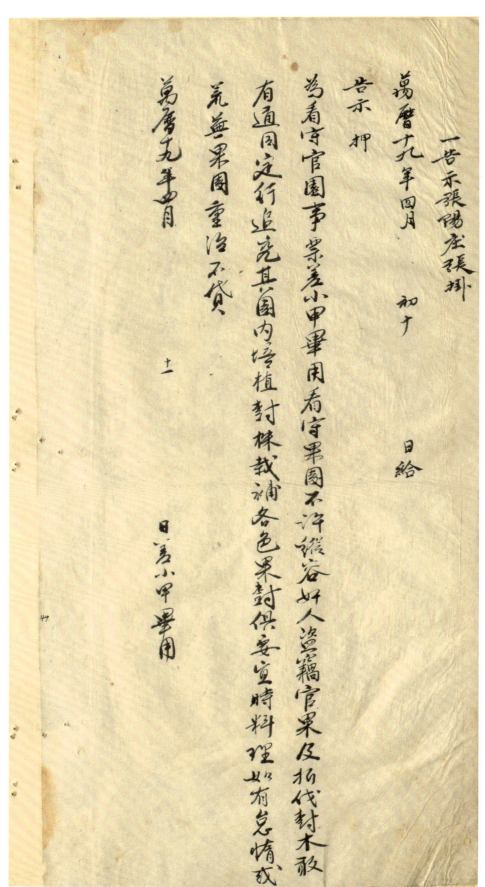

票仰抄報撥見馬丁學詩將發去夏季工食銀壹兩伍錢照數查收具領狀繳外封簡拾
捌箇自拾玖號起至叁拾陸號止每五日一次遞到入遞定限二日到
府
不許仍前違限如違照日扣追工食另行查究　自十九號起至三十六號止
萬曆十九年四月　十二　日　定限本月　日繳

為虎惡毆傷生命事票差本役着落屯長王仲才佃甲曾登甲首徐孝小甲鄭可久火速鎖拏
添差甲首達夜解
府聽候查究不許違悞　孟得振告
萬曆十九年四月　十一　日差徐翠　定限本月十五日繳

26.5cm x 50.0cm

為徵收租麦事票差家人陳守前去洸河屯催領小甲王相等并種地人等速將本年租麦并十八年秋季子
粒折麦共該三十三石玖斗并帶徵十八年分未交租麦及子粒共該三十三石九斗二年共四季通共該
（硃筆定王随帮催辦事）
租麦六十七石八斗俱照定規一併上緊徵收完足依限赴　府交納如有奸頑佃戶延捱把持着陳守即便
照名鎖來究行追治决不輕貸

一票差家人陳守甲首王坤

萬曆十九年四月　十五　日　定限次月初一日繳

為徵收租麦事票差本役前去張陽庄帶領小甲酆恭等即將本庄佃種官地人戶將應納本年
租麦十四石九斗七升五合并十八年分未納租麦十四石九斗七升五合并帶徵十七年分未完

26.5cm x 50.0cm

租麦六斗七升五合各照原數一併上緊催完各開手本赴　府交納如有奸頑拖欠着去役即便

鎖拿追治不許通同遲悞

計開

三年共該租麦三十石零六斗二升五合

一票差張明

萬曆十九年四月　十五　日定限次月初一日繳

為徵收租麦事票差本役前去齊王庄帶領戶頭袁仲義等即將本庄佃種官地人戶將應納本年

租麦十八石五斗二升五合并十八年分未納租麦十八石五斗二升五合并帶徵十七年分未完租

麦一石二斗四升各照原數一併上緊催完各開手本赴　府交納如有奸頑拖欠着去

26.5cm x 50.0cm

役即便鎖來追處不許通同遲悞

計開

三年共該租麦三十八石二斗九升

一票差張禎

萬曆十九年四月　十五日　定限次月初一日繳

為徵收租麥事票差本役前去顏孟庄帶領户頭崔珏等即將本庄佃種官地人户將應納本年租麥十一石五斗三升三合并十八年分未納租麥十一石五斗三升三合并帶徵十七年分未完租麥一石四斗四升三合各照原數一併上緊催完各開手本赴　府交納如有奸頑拖欠着去役即便鎖來追處不許通同遲悞

26.5cm x 50.0cm

計開

三年共該租麥二十四石五斗零九合

一票差張維

十五日　定限次月　初一日繳

萬曆十九年四月

爲徵收租麥事票差本役前去下地屯帶領小甲張緑等即將本屯佃種官地人户將應納本年租麥三十石九斗零六合并十八年分未納租麥三十石九斗零六合并帶徵十七年分未完租麥三石七斗七升八合各照原數一并上緊催完各開手本赴　府交納如有奸頑拖欠着去役即便鎖來追處不許通同遲悞

26.5cm x 50.0cm

計開
三年共該租麥六十五石五斗九升
一票差傅清
萬曆十九年四月　十五　日定限次月　初一　日繳
爲供用事票仰平陽廠管廠家人夏潭即將小米拾石蕎麥伍石大麥六石菉豆二石黑豆五石
小麥五十石查照舊規運送濟寧河下天井官店收貯聽候上舡交納京中應用毋得臨
期悞事須至票者
一票催管廠家人夏潭

26.5cm x 50.0cm

萬曆十九年四月（押）日　定限七月初十日繳

為供事用票仰鉅野廠家人王諟即將小米拾石大麥五石蕎秫五石黑豆五石菉豆三石
小麥五拾石查照舊規運送濟寧河下天井官店收貯聽候上船交納京中應用毋得
臨期悞事須至票者

一票仰管廠家人王諟

萬曆十九年四月（押）日　定限七月初十日繳

為供用事票仰鄆城屯長王仲才屯佃甲曾登即將應辦後開細布花絨香油等項及年例北行銀兩
各照原攤甲首分數出錢置買作速備完依限運送張秋聽候船到交納上京應用毋

26.5cm x 50.0cm

得臨朐縣悞事取完未便須至票者

計開

綿紬二十肆疋　生眼布肆拾疋　平機布五拾疋　粗布六十疋 改平機布三十疋

花絨二百斤　香油二百斤　北行銀二十六兩　支應銀六兩

一票仰屯長王仲才 佃[illegible]曾登

萬曆十九年四月　廿五　日定限七月　初十　日繳

為供用事票仰平陽屯屯長王守恒即將應辦後開紬布花絨香油等項及年例北行銀兩各

照原攤甲首分數出錢置買作速備完依限運送張秋聽候舡到交納上京應用毋得臨

53

26.5cm x 50.0cm

期悮事取究未便須至票者

計開

綿紬捌疋　生眼布二拾疋　平機布四十疋　粗布四十疋改平機布二十疋

花絨一百斤　香油一百斤　支應銀二兩　北行銀十兩

一票仰屯長王守恒

萬曆十九年四月　廿五　日定限七月初十日繳

26.5cm x 50.0cm

公府票仰廟戶畢寬等各照後開花名前赴門上照票支領官麥速磨麵每斗淨重

斤俱要淘洗潔淨磨極細白麵交麵同原票繳不許延捱遲悞如遲重究

計開共叁拾貳戶　共領麵麥壹拾貳石

畢寬肆斗　尋恩肆斗　韓條叁斗　尹世法肆　劉彥貳斗

孟強貳斗　齊忠肆斗　王味貳斗　陳守付伍斗　呂虎叁斗

陳忠伍斗　刘守分伍斗　阮世相肆斗　梁成肆斗　刘敎叁斗

王計儒伍斗　胡慶伍斗　田思英伍斗　張貞貳斗　荀忠叁斗

馮應候伍斗　刘欽肆斗　胡許叁斗　王計政伍斗　李朗肆斗

54

26.5cm x 50.0cm

蘇守高叁斗　李景福叁斗　張棠肆斗　李東周伍斗　陳山叁斗

宋良肆斗　王崇叁斗

一票差總甲當　張綱　正身　劉德　日定限此月初十日繳

萬曆十九年五月

爲慶賀事票仰總甲褚文通即拘常行水手劉通褚得潘富潘相劉現劉恩等或另揀選殷實水手或南北河佃戶揀堪應役者開具花名手本拘齊於濟寧聽候查點不許悞事如違一併重究

萬曆十九年五月　日　定限本月四日繳

26.5cm x 50.0cm

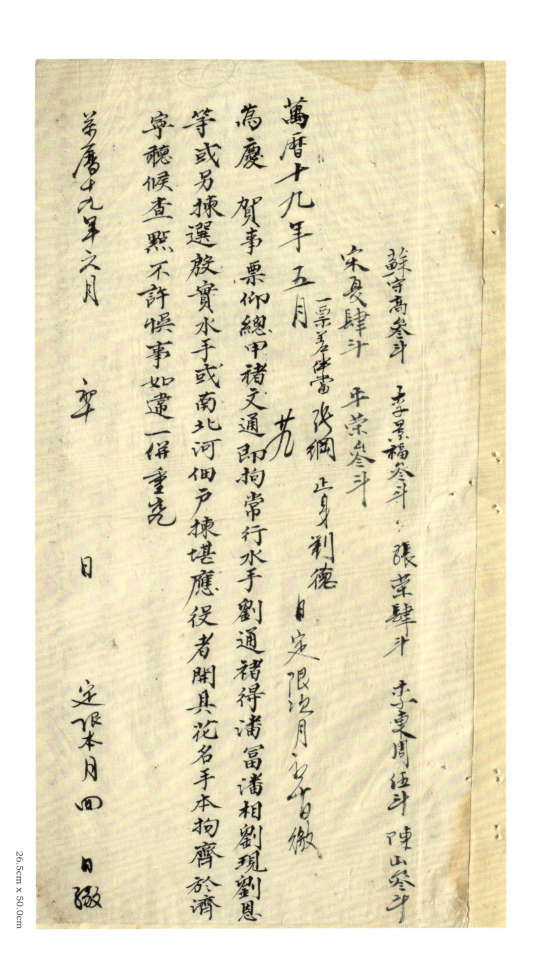

為查催糧銀事票差舍人王憲前去臨清等處提催總甲諸文通等照查
節年未完糧銀每年納過若干外欠若干各查照原欠糧銀上緊催完
開具納糧手本并應交糧銀一同完納如諸文通等延推就行鎖來追
治不許通同枉縱遠錯併究
一票差舍人王憲等
萬曆十九年六月初十日 定限本月四日繳

公府票仰族長孔公源即將發去關防查収用仍具収管繳來查考

26.5cm x 50.0cm

計發去關防一顆四角全

萬曆十九年六月　初一　日　差張綽

舉事孔公爵票同　差胡邦禧

襲封衍聖公府為慶賀事恭遇

萬壽聖節本府躬親赴京慶賀所有座船合先查取為此今差本役帶領總甲褚

文通等前往臨清西河等處封貼官民座船二隻連夜撐駕前来

濟寧河下灣泊聽候乘座應用仰沿途閘座及經過地方如遇船到即速量撥閘夫十

名以便拽送不許時刻遅悞如違重究

26.5cm x 50.0cm

一牌差舍人王惠等

萬曆十九年六月　初十　日　定限本月　廿　日繳

爲清查房租事照得谷亭鎮官宅房租銀兩自萬曆十三年正月内清查造冊後每年該納
租銀六十兩零二錢取具各住房人等賃房租狀及花名簿冊連年以來拖欠甚多向委小甲李
增等看守官宅催辦房錢每每指以住房人役拖欠未妥處的抑恐李增等擅自侵欺花
費妄指住房人等拖欠亦未可知若不逐一清查還難追治爲此票差張斐胡寶等即便前去該
帶領小甲李增等即查歷年所欠房錢果在住房人等名下拖欠或係李增等收過擅自花
費務要面對明白一一照欠查寫實數開具花名手本呈

26.5cm x 50.0cm

府立等行　道究問追治施行如或通同隱蔽查出併究
不貸上緊回報不許延遲
一票差家人張斐
胡寶等
萬曆十九年六月　十二　日　定限本月　二十　日繳
張陽屯小甲鄭守才將罡典官地除麥地六十六畝零六厘麥已查明追收訖其地着李鐵
并小甲鄭通至彥教准令租種每畝租粮壹石柴壹百六拾斤收租完日俱運送赴
府交納不許差錯其見種春地玖拾伍畝叁分壹照告示每畝租谷壹石草貳
拾束每束重捌斤俱照此數查時收完并秋地租粮租柴一同開具完租手本併

26.5cm x 50.0cm

差本役弁該户户頭即將久逃佯當李達等火速嚴拏解
府查究應役不許違延
計拘
李達（弁李樹聲） 李業（弁户頭李東高） 王敎（弁户頭王孟洋）
萬曆十九年六月 十八 日差（李來 將信） 定限本月廿 日繳
襲封衍聖公府爲清查族譜事照得宗枝苗衍久未查理中有異姓遺腹及寄養螟蛉不無淆
亂聖裔深爲未便爲此牌仰（族長孔公源 舉事孔公爵）即便着落各該户頭户舉逐一備細將本户見在族人從
實開報要見係某祖弟幾枝派下共人若干丁首畫枝派圖以便查對如年七十以上註一老字十

26.5cm x 50.0cm

府　立等行　道究問追治施行如或通同隱蔽查出併究

不貸上緊回報不許延遲

一票差家人張斐胡寶等

萬曆十九年六月　十三　日　定限本月　二十　日繳

張陽屯小甲鄭守才稟署典官地除麥地六十六畝零六厘麥已查明追收訖其地有李鉞

并小甲鄭通查產數准令租種每畝租粮壹石柴壹百六拾斤收租完日俱運送赴

府交納不許差錯其見種春地該拾伍畝叁分壹照依告示每畝租谷壹石草貳

拾束每束重捌斤俱照此數查時收完并秋地租粮租柴一同開具完租手本併

26.5cm x 50.0cm

差本役并該户户頭即將久逃佃當李達等火速嚴拿解
府查究應役不許違延

計拘

李達（并李樹擧） 李業（并户頭李東高、） 王敎（并户頭王孟洋）

萬曆十九年六月 十八 日 差（李來 將信） 定限本月廿 日繳

襲封衍聖公府爲清查族譜事照得宗枝留衍久未查理中有異姓遺腹及寄養螟蛉不無淆
亂聖裔深爲未便爲此牌仰（族長孔公源 擧事孔公舒）即便着落各該户頭户擧逐一備細將本户見在族人逐
實開報要見係某祖弟幾枝派下共人若干丁首畫枝派圖以便查對如年七十以上註一老字十

26.5cm x 50.0cm

府 立等行 道究問追治施行如或通同隱蔽查出併究

不貸 上緊回報不許延遲

一票 差家人 張斐 胡寶 等

萬曆十九年六月 十二 日 定限本月 二十 日繳

張陽屯小甲鄭守才爲冒典官地除麥地六十六畝零六厘麥已查明追收訖其地有麥茬

并小甲鄭首道查處教准令租種每畝租粮壹石柴壹百六拾斤收租完日俱運送赴

府交納不許差錯其見種春地玖拾伍畝叁分查照告示每畝租谷壹石草貳

拾束每束重捌斤俱照數宜時收完并秋地租粮租柴一同開具完租手本併

26.5cm x 50.0cm

差本役爭該户户頭即將久逃伴當李達等火速嚴拏觧

府查究應役不許違延

計拘

李達（爭李楷等） 李業（爭户頭李東高丶） 王敎（爭户頭王孟洋）

萬曆十九年六月 十八 日差（李來 將信） 定限本月廿 日繳

襲封衍聖公府爲清查族譜事照得宗枝蕃衍久未查理中有異姓遺腹及寄養螟蛉不無淆

亂聖裔深爲未便爲此牌仰（族長孔公源 舉事孔公舒）即便着落各該户頭户舉逐一備細將本户見在族人從

實開報要見係某祖弟幾枝派下共人若干丁首畫枝派圖以便查對如年七十以上註一老字十

26.5cm x 50.0cm

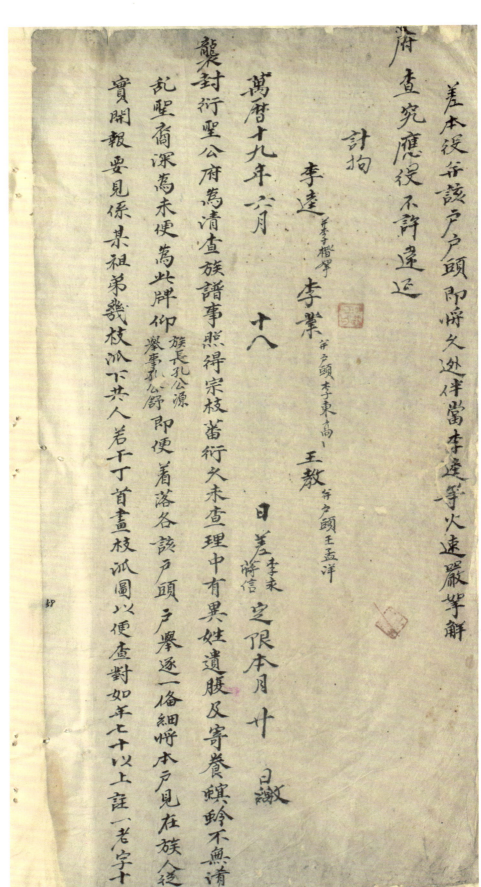

萬曆十八年至萬曆十九年

[illegible]

戚以下註一紉字明白審註造冊或有生育不明不許一槩混入譜內若朦朧妄開冒紊譜牒者体

訪得出本連坐以不孝論亦不許因而科斂自取物議决不輕恕

[illegible]凉

26.5cm x 50.0cm

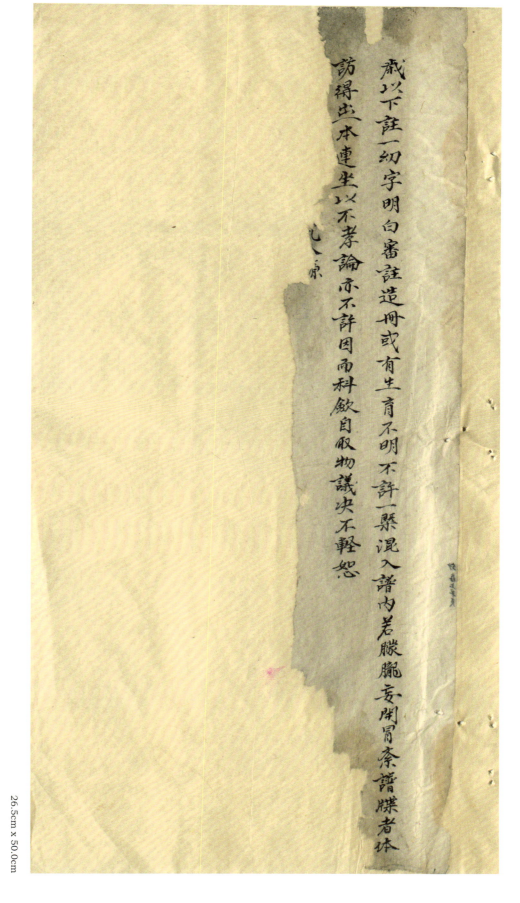

考証表

机关代号第　　号

保管單位第　　号

本案卷內共有陸拾張已編号之文件。

保管單位缺点的說明。

附註

档案工作人員的職务（簽名）

一九七六年九月十一日

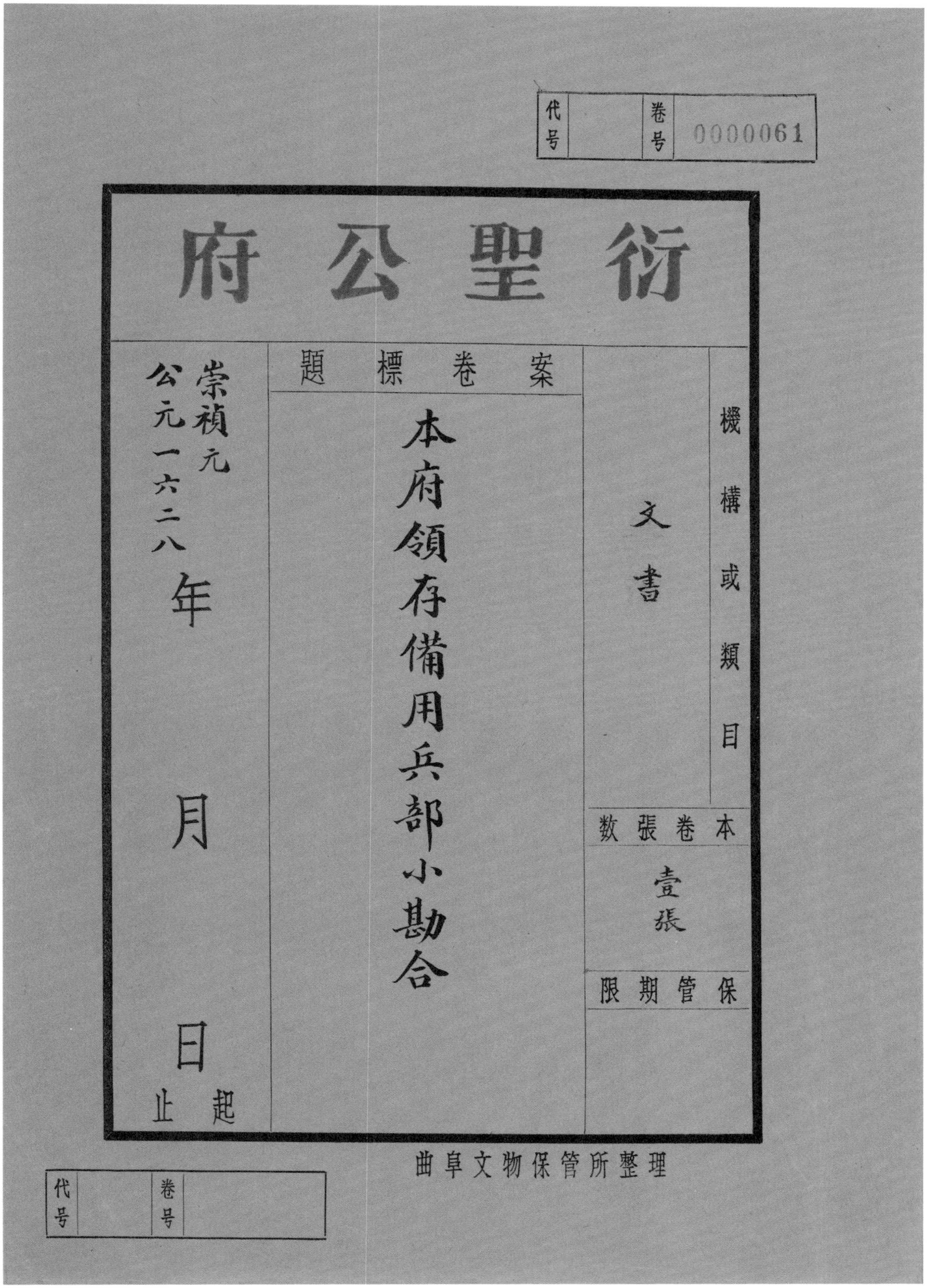

代号 卷号 0000061

衍聖公府

案卷標題

本府領存備用兵部小勘合

機構或類目

文書

本卷張数

壹張

保管期限

崇禎元
公元一六二八
年 月 日
起 止

曲阜文物保管所整理

代号 卷号

卷内目錄

順序號	作者	内容摘要	文件上的號數	文件上的日期	文件所在的張次	備註
		本府領存備用兵部小勘合		年月日	—	
				年月日	—	
				年月日	—	
				年月日	—	
				年月日	—	
				年月日	—	
				年月日	—	
				年月日	—	
				年月日	—	
				年月日	—	

填寫人

年　月　日

崇禎元年正月衍聖公府領存備用兵部小勘合

崇禎元年正月

72.8cm x 57.7cm

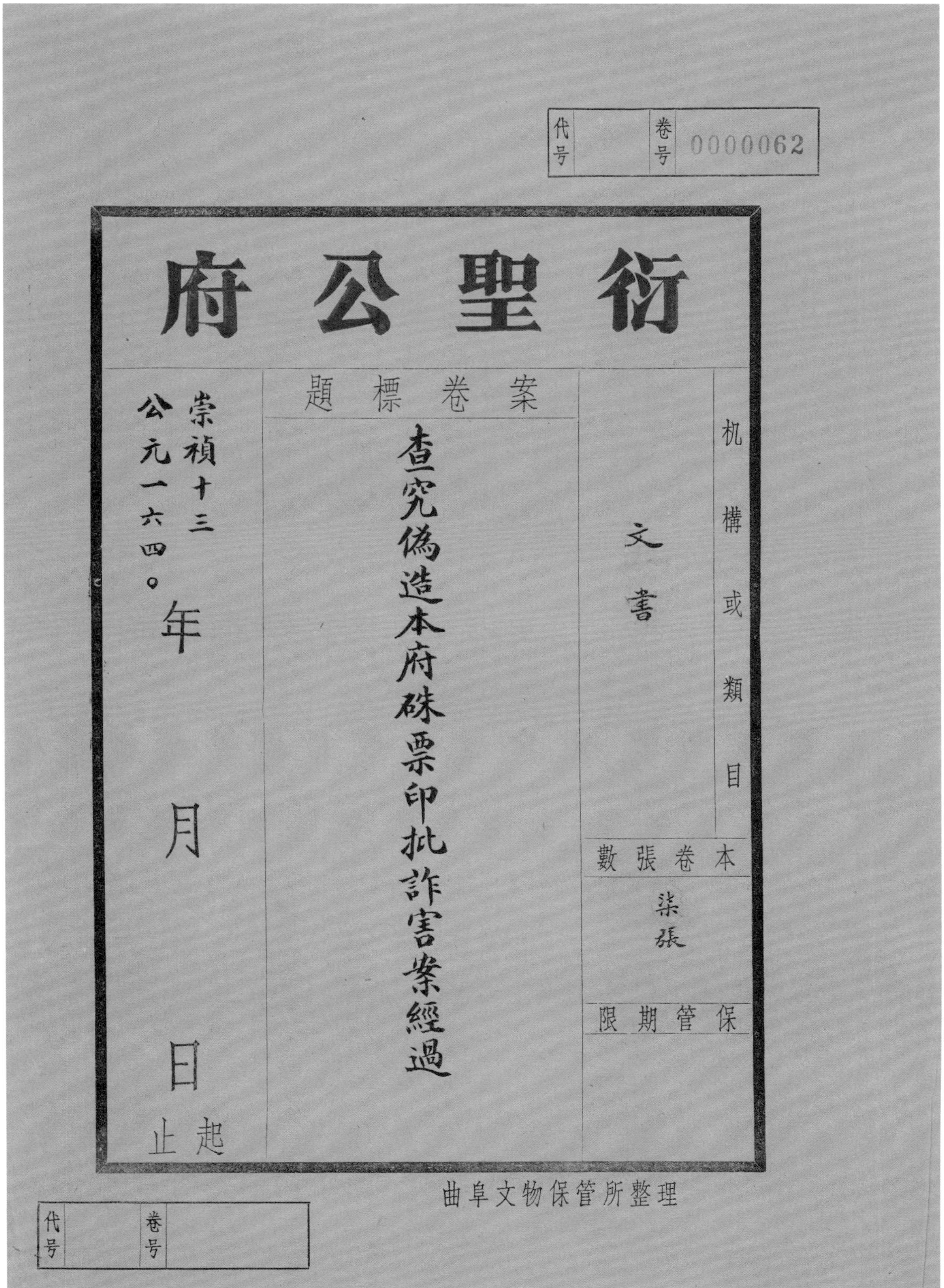

代号 卷号 0000062

衍聖公府

崇禎十三 公元一六四〇 年 月 日 起 止	案卷標題	机構或類目
	查究偽造本府硃票印批詐害案經過	文書
		本卷張數：柒張
		保管期限

曲阜文物保管所整理

代号 卷号

卷內目錄

顺序号	作者	内容摘要	文件上的号数	文件上的日期	文件所在的张数	备註
一	鄒縣民金珠	狀告王肇基王光裔父子假寫聖府硃票屢詐多人		崇禎十三年 月 日	—	
二	衍聖公府	行鄒縣據金珠控王肇基父子假寫本府硃票肆行敲詐請依律定罪		崇禎十三年六月 日	—	
三	衍聖公府	行鄒縣底稿前事		崇禎十三年六月 日	—	
四	鄒縣民金珠	控王肇基等寫聖府假硃票搶去蒜及大麦求作主究辦		崇禎十三年六月 日	—	
五	鄒縣民劉魯海	禀王光裔等打死伊子劉小并又詐去銀五兩畏其豪悪黑冤难伸請求作主		崇禎十三年六月 日	—	
六	司樂吴以憲	呈稱金珠及刘魯海先後控王肇基王光裔父子罪悪批戝嚴審王肇基情愿將指詐金珠地退出似此不法必責王光裔以儆悪少而伸被害之冤		崇禎十三年六月 日	—	
七	衍聖公府	咨山東撫院為薛應麟等假印假批赴開州孔氏族人詐銀詐馬請批行廉明依律治罪		崇禎十三年 月 日	—	
				年 月 日	—	
				年 月 日	—	

填寫人 年 月 日

衍聖公府爲指稱聖府硃票抄殺事文卷卷面

崇禎十三年六月

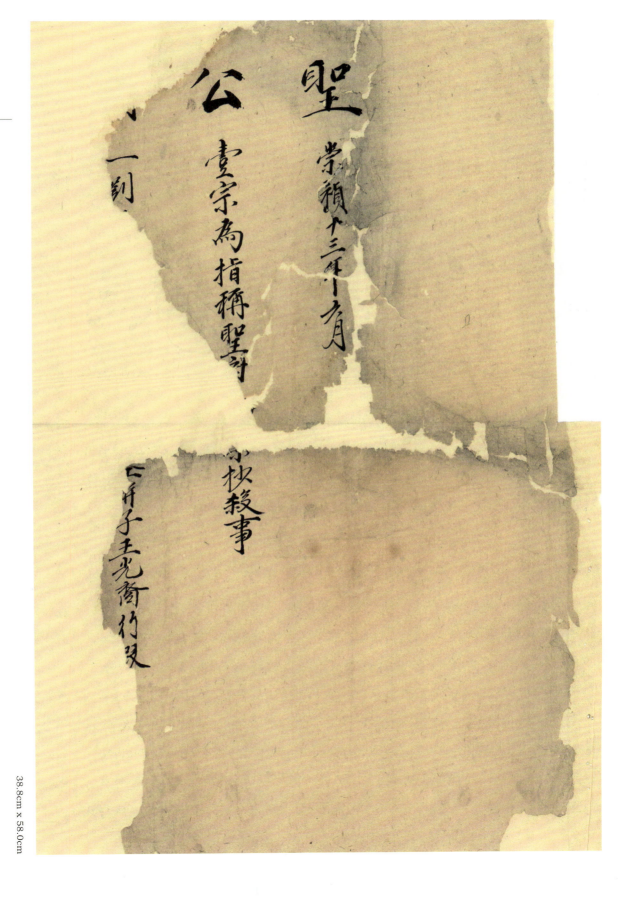

聖
公

崇禎十三年六月

壹宗爲指稱聖府[illegible]抄殺事

一到

[illegible]子王光裔行

38.8cm x 58.0cm

衍聖公府爲王肇基父子假寫聖府硃票公行搶詐煩爲嚴究事致鄒縣劄付定稿

崇禎十三年六月二十八日

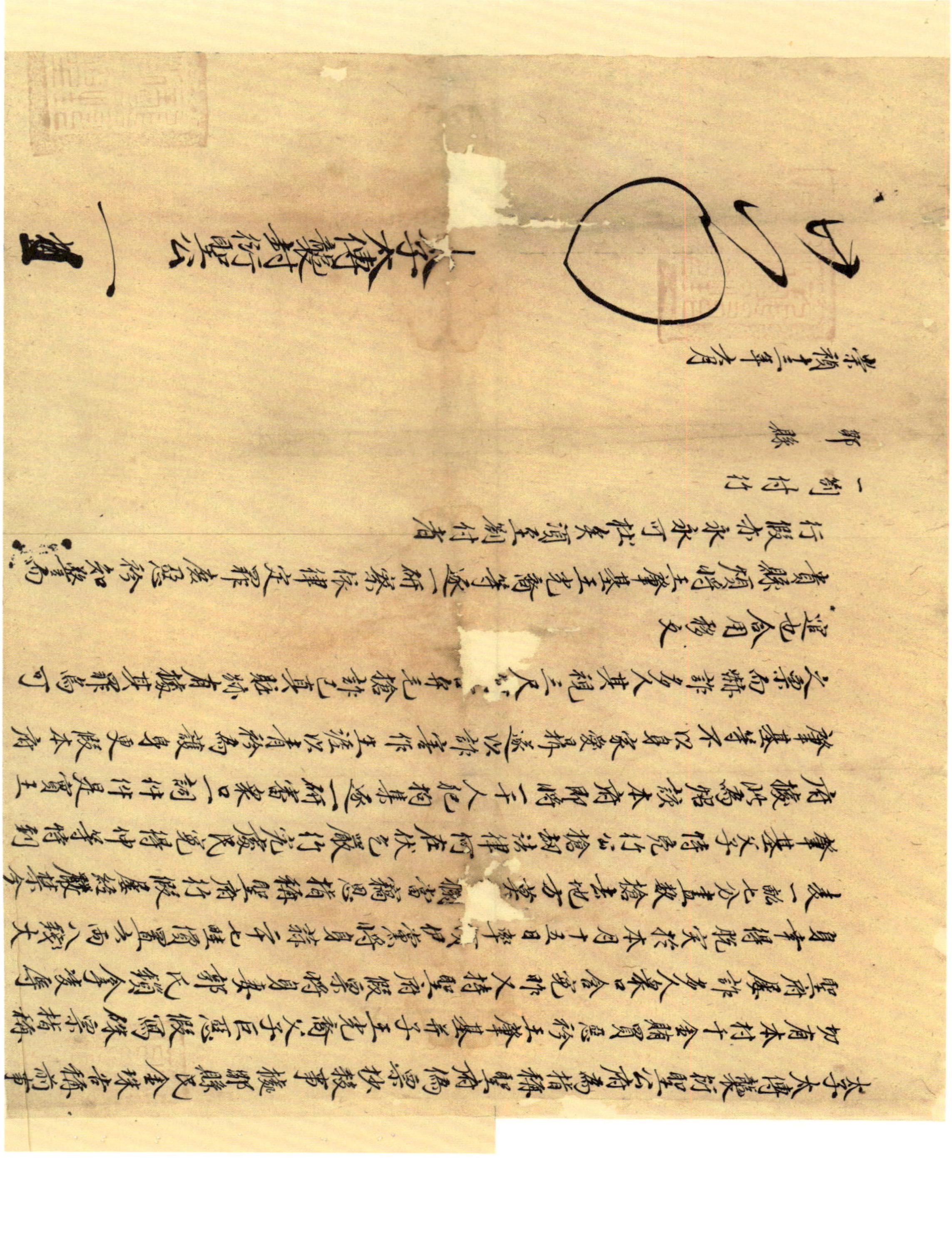
太子太傅襲衍聖公府為指稱聖府僞票抄殺事據鄒縣民金珠告稱前事
切有本村千金賄買惡衿王肇基并子王光裔父子巨惡假寫硃票指稱
聖府屢詐多人衆口含冤昨又持聖府假票將身妻郭氏鎖拿凌辱
身幸得脫究於本月十五日率[illegible]伊黨將身蒜子七畦價置六兩八錢大
麦一畝七分盡數搶去地方莫[illegible]當竊思指稱聖府行假屢經嚴禁今
肇基父子恃兇行公搶劫法律何在伏乞嚴行究處民冤得伸等情到
府據此為照該本府即將一干人犯拘集逐一研審衆口一詞件件是實王
肇基等不以身家愛惜遂以詐害作生涯以青衿為護身吏假本府
之票而嚇詐多人其視三尺[illegible]弁毛搶詐已真贓跡有據其罪焉可
逭也合用移文
貴縣煩將王肇基王光裔等逐一研察依律定罪庶惡衿知警而
行假亦永永可杜矣須至剳付者
一剳付
鄒縣
崇禎十三年六月
太子太傅襲封衍聖公
一直

73.2cm x 58.0cm

明代卷

衍聖公府爲王肇基父子假寫聖府硃票公行搶詐煩爲嚴究事致鄒縣劄付草稿

［崇禎十三年］六月二十五日

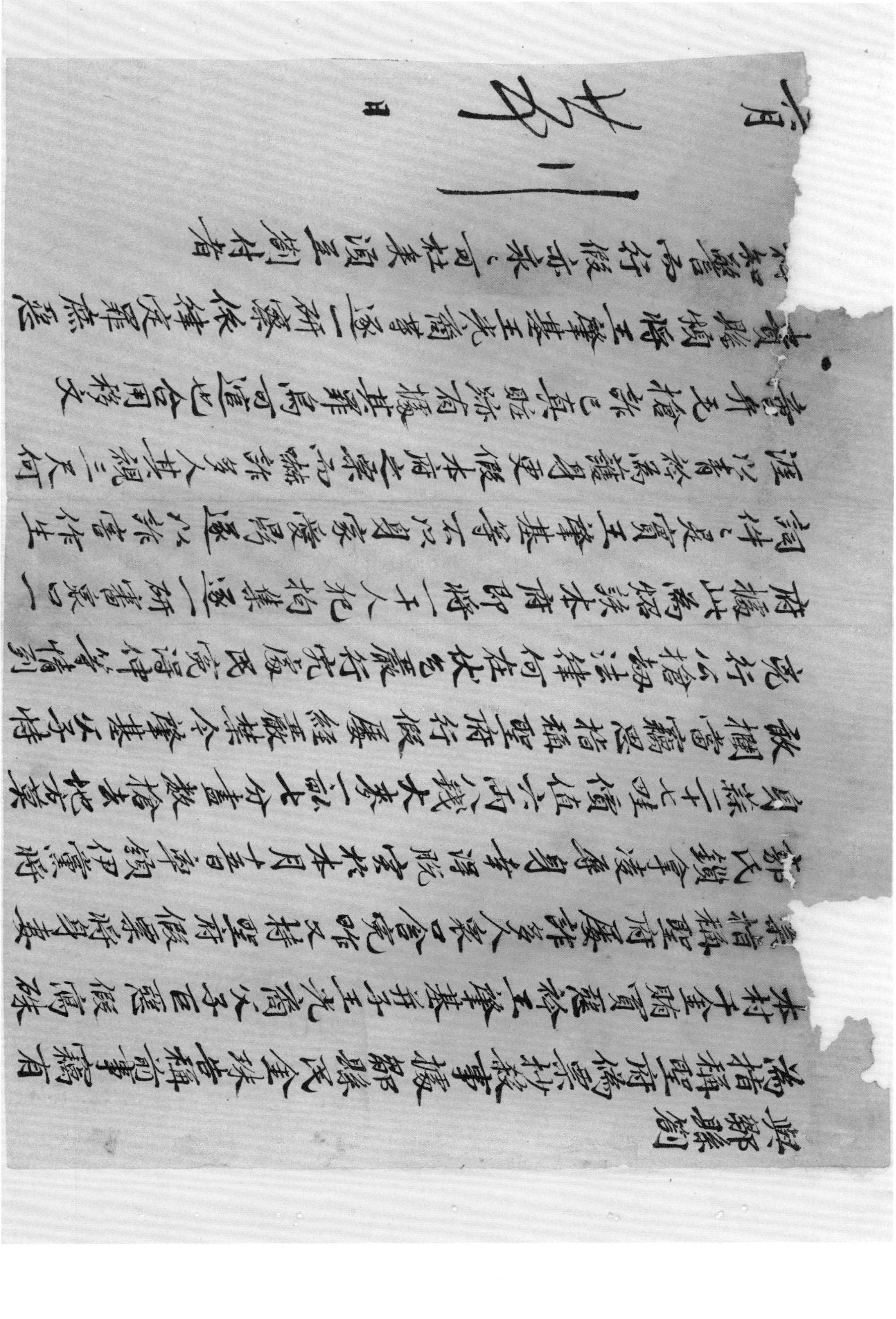

42.1cm x 29.3cm

鄒縣民金珠爲王肇基等僞造公府硃票搶詐事致衍聖公府啓狀及批

［崇禎十三年六月］二十六日

[illegible]係鄒縣民啓爲僞票充扶事切緣本村千金儺儒王肇基等慣硃假票借充
[illegible]詐數次身不敢言啼鄉约地方恐日後
[illegible]清天批狀該會查明事實伊不見
[illegible]說實是户人提鎖身妻郭氏嚇身逃避伊止户人行勢強將身蘇二十七溪價直六兩八錢大麥屯畝七分本月十五日盡數[illegible]
[illegible]具告府縣不究有冤何訴乞乃代
送院與民除害万代罔拱皇祖老爺貪蟻爲此具啓
[illegible]叔啓　王肇基　王光禽　金奉儀　金性淳　卜三尚　[illegible]金　王好礼　于數人不知名審伊招報
[illegible]證本村地方刘魯海并金耀蘭等証

共　准

日具　啓狀人　金珠

58.7cm x 77.2cm

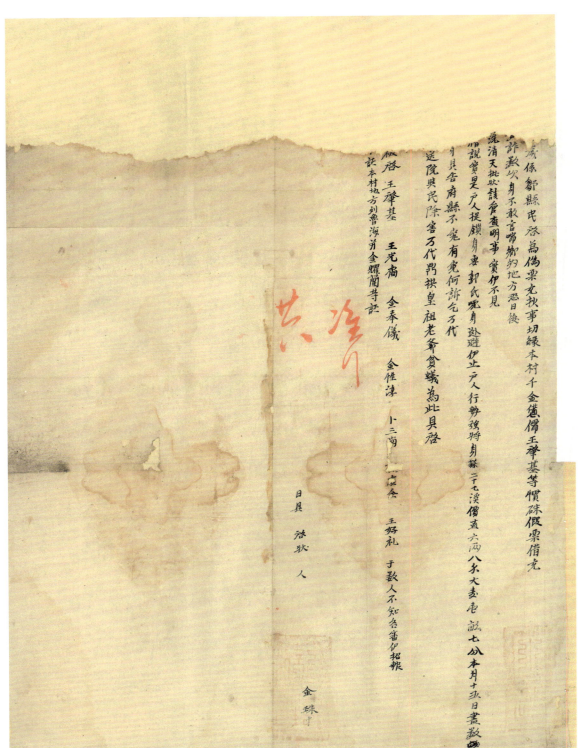

海年四十七歲係石里村三所地方稟為謀賺人命事身男刘小井年十三歲被擒黠王光裔仗父穎豪王肇基謀串伊叔王
廷二逢基男王小黒朋謀打死推宗井伊隱昧不住叫身務出面帶血皮便身重傷身赴告惟伊一家勢強群和息許
買棺木同一干言過埋訖其身伊賺身埋訖毫耒吐光裔父子倚勢吞肥身向一干礼説伊説在告身貧無力屈君威勢不
伊狼心不胞屢年窺詐身男苦死屈命难伸又窺嫠產艮五两伊指官炮名色詐去自肥身冤何訴乞
追出詐身艮入賞公用身狀有歸為此具稟

詳行

被稟 王光裔 王肇基 金奉儀 王好礼

干証 王养賢（保長） 王承基（生員） 王者佐（生員） 王印朝（保地方） 王性善（保地方） 和事一干 巨係伊一家 逦兄弟侄

年六月 日 具稟人 刘魯海

37.0cm x 69.7cm

衍聖公府司樂吳以憲爲回報審問人犯王肇基與王光裔父子事致衍聖公府啓及批

崇禎十三年六月初八日

本府司樂吳以憲啓爲回報審問人犯事據鄒縣金殊啓爲僞票充役事又方劉魯海啓爲欺罔藏法事
俱蒙批職逐一嚴審具問証作靳成等衆口一詞王肇基自知理屈將前指詐殊地十畝情願退迴覌此退地一事
則基之父子濟惡不審而昭然矣但基係青衿難以行法姑責其子王光裔十板亦未盡辜稍以戒惡火之性微以伸被
害之冤耳倘
天恩寛恕姑置之不究如爲地方除害或 咨之 文宗或解送本縣剪惡救良造福一方豈淺鮮哉卑職不敢擅專伏候
老爺詳奪施行

崇禎拾叁年陸月 日具啓

送鄒縣

知

53.3cm x 57.2cm

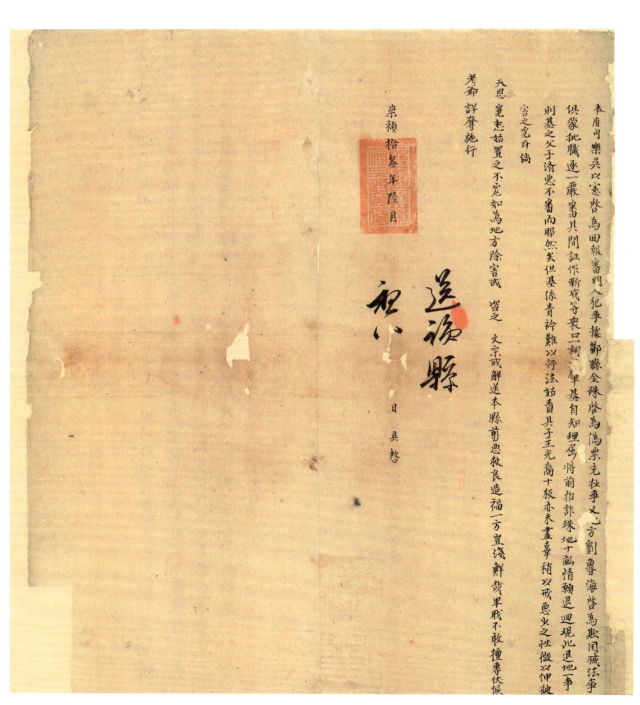

衍聖公府爲請將假印假批欺詐銀馬案人犯薛應麟等治罪事致山東撫院咨稿

［崇禎十三年］閏四月十一日

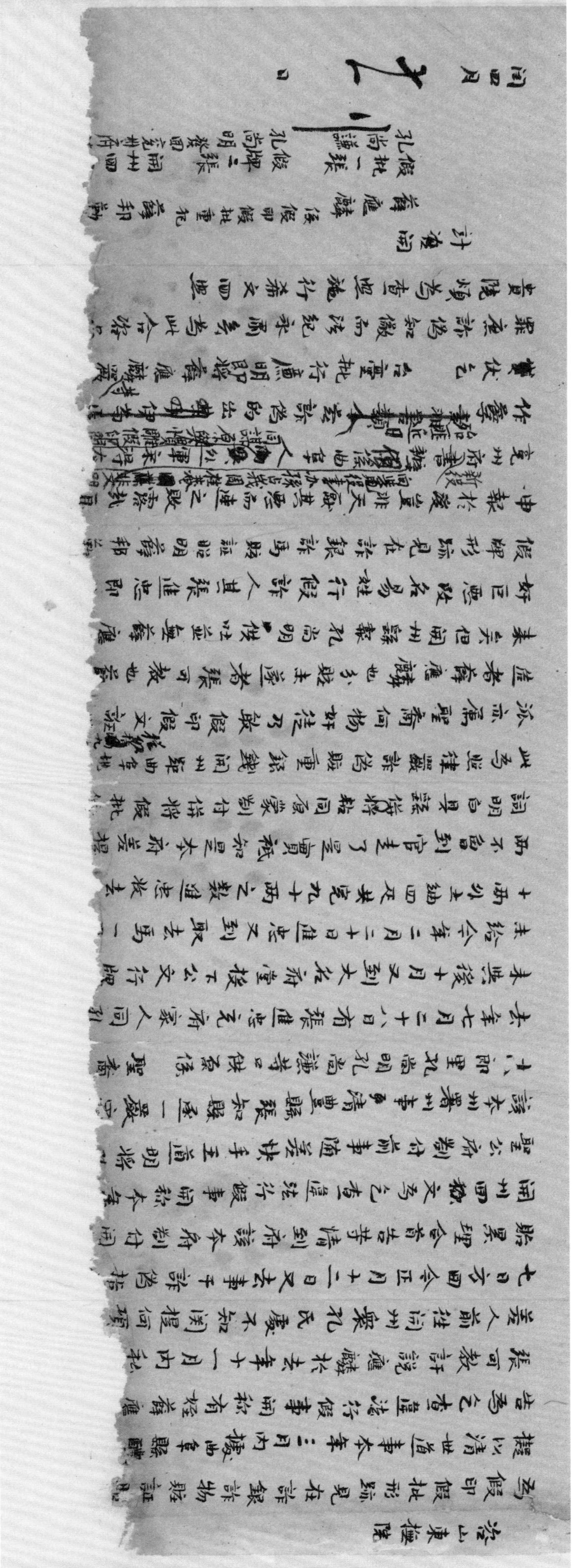

70.5cm x 24.6cm

考證表

機關代號第　　號

保管單位第　　號

本案卷内共有柒張已編號之文件。

保管單位缺點的説明。

附註

檔案工作人員的職務（簽名）

公元一九六二年十二月　　日